全国旅游职业教育教学指导委员会
科研成果集 2016

RESEARCH ACHIEVEMENTS OF CHINA STEERING COMMITTEE FOR
TOURISM VOCATIONAL EDUCATION AND TEACHING 2016

全国旅游职业教育教学指导委员会 主编

北京·旅游教育出版社

责任编辑：果凤双

图书在版编目（CIP）数据

全国旅游职业教育教学指导委员会科研成果集. 2016/全国旅游职业教育教学指导委员会主编. -- 北京：旅游教育出版社，2018.2

ISBN 978-7-5637-3693-5

Ⅰ. ①全… Ⅱ. ①全… Ⅲ. ①旅游教育－教学研究－中国－文集 Ⅳ. ①F590-4

中国版本图书馆CIP数据核字(2018)第015222号

全国旅游职业教育教学指导委员会科研成果集2016

全国旅游职业教育教学指导委员会　主编

出版单位	旅游教育出版社
地　　址	北京市朝阳区定福庄南里1号
邮　　编	100024
发行电话	（010）65778403　65728372　65767462（传真）
本社网址	www.tepcb.com
E - mail	tepfx@163.com
排版单位	北京旅教文化传播有限公司
印刷单位	北京京华虎彩印刷有限公司
经销单位	新华书店
开　　本	787毫米×1092毫米　1/16
印　　张	21.75
字　　数	419千字
版　　次	2018年2月第1版
印　　次	2018年2月第1次印刷
定　　价	58.00元

（图书如有装订差错请与发行部联系）

《全国旅游职业教育教学指导委员会科研成果集 2016》编委会

编 委 主 任：魏洪涛

编委副主任：缪沐阳　计金标　余昌国　保继刚
　　　　　　石培华

执 行 主 编：韩玉灵

编委会成员：（按姓氏拼音排序）
　　　　　　操　阳　陈　萍　樊豫陇　郭肇琪
　　　　　　康　年　聂海英　孙　赫　臧其林
　　　　　　张文菊　周春林　朱承强

序

近年来，国务院相继出台了《国务院关于促进旅游业改革发展的若干意见》（国发[2014]31号）和《国务院关于加快发展现代职业教育的决定》（国发[2014]19号）等文件，从国家层面给予了旅游业和职业教育前所未有的重视。国家旅游局将旅游职业教育发展列入重要议事日程，不断加大对旅游职业教育的支持力度，并于2015年与教育部联合出台了《关于促进现代旅游职业教育发展的指导意见》（旅发[2014]241号），更在《"十三五"旅游业发展规划》中强调了旅游职业教育发展的重要目标，良好的政策和制度环境为旅游职业教育改革发展带来了重大机遇。

旅游职业教育发展迄今已形成一定规模，截至2016年末，全国共有高等旅游院校及开设旅游系（专业）的普通高等院校1690所，在校生44.04万人；中等职业学校924所，在校学生23.2万人。当前旅游职业教育的发展正处于由规模扩张转向全面提高质量的关键时期，旅游职业教育的功能和目的也正在从单纯注重传播知识和培养实践型人才向注重教书育人，培养德、智、体、美全面发展，适应行业需要的高层次、高素质、高技能人才转变。良师方能出高徒，从事旅游职业教育的教师肩负着培养高素质优秀旅游人才的重任，在旅游职业教育改革发展的重要时期，应当主动转变教育思想、改革教育方式，在提高自身教学能力的同时，重视提升理论水平和研究能力，主动开展对相关知识领域和旅游职业教育及其规律的科学研究，并将研究成果反哺教学。

全国旅游职业教育教学指导委员会（以下简称"旅游行指委"）作为推进旅游职业教育发展的专家组织，积极发挥行业指导作用，推动科研项目的研究工作，不仅牵头申请教育部发布的研究项目，还在研究过程中邀请行业及院校专家对项目进行专门指导，为从事旅游职业教育的教师创造了研究机会和科研平台，有助于提高职业院校教师的研究能力。

为促进科研成果的推广与交流，旅游行指委编辑出版了这本汇编。本书收录了旅游行指委2016年获准立项的8个项目的研究成果，包含了旅游职业教育发展均衡度、"双师型"教师队伍建设、旅游院校学生的就业趋向、企业人才需求预测等旅游职业教育领域热点问题的研究成果，还收录了 2016 年旅游行指委牵头申请的教育部《行业人才需求与专业设置指导报告》和《中高职衔接专业教学标准》制定项目的研究成果，提出了对旅游职业院校酒店管理专业人才需求的看法和酒店管理专业、旅游管理专业中高职衔接的课程和教学标准问题等，并对当前旅游职业教育面临的一些突出问题提出了合理化的意见与建议。这些研究成果既有理论性又有实践性，可以帮助旅游职业院校教师结合实践更好地完成教学工作。

这是旅游行指委第三次发布科研项目成果，在前两次经验积累的基础上，我们有了新的改进和突破。参与本项工作的有关负责人以认真的态度投入研究，所在学校给予了大力支持。参与项目评审的专家不仅认真评阅研究成果，更是悉心传授研究方法。在此，我们一并表示感谢！今后，旅游行指委将会把此变成我们的年度工作计划的重要组成部分，为我国旅游业发展积淀更多的智力成果。

全国旅游职业教育教学指导委员会主任委员　魏洪涛

目 录

第一部分 全国旅游职业教育教学指导委员会2016年科研项目成果 1

旅游类专业校企合作机制研究与实践
    ——以苏州为例 3
全国旅游职业教育教学指导委员会职能及运行机制完善研究 28
中国旅游职业教育发展的均衡测度与比较研究
    ——基于京津沪渝的实证调查 41
旅游业发展与高职旅游类人才需求预测 58
产教融合进程中职业学校旅游类专业"双师型"教师队伍建设路径探析
    ——以重庆市旅游学校为例 95
旅游高等职业院校毕业生流向与职业认同的差异化研究 115
旅游高职院校"双师型"教师队伍建设策略与培养路径研究 142
大众旅游时代下会展管理专业人才需求预测及课程体系优化 177

第二部分 教育部"行业指导职业院校专业改革与实践项目"成果 215

酒店行业人才需求预测与旅游院校人才培养质量研究 217
中高职衔接酒店管理专业教学标准的开发研究 227
《中高职衔接旅游管理专业教学标准》调研报告 283

第一部分　全国旅游职业教育教学指导委员会2016年科研项目成果

项目名称：旅游类专业校企合作机制研究与实践——以苏州为例
项目编号：LZW201508
项目负责人：臧其林
项目负责人所在单位：苏州旅游与财经高等职业技术学校

旅游类专业校企合作机制研究与实践
——以苏州为例

一、引言

校企合作、工学结合是职业教育的本质特征。从中央到教育部，从各省到市，对深化校企合作都有专门的文件和要求。深化校企合作，关键在机制。众多学者已经对此研究了很长时间，也有了很多的观点和结论，但是仍然难以从根本上解决深化校企合作的热点、难点问题。本课题希望通过对苏州职业院校旅游类专业校企合作的研究和实践，探索突破经验，归纳创新做法，分析共性的原因，为同类院校和专业的建设提供可供借鉴推广的具体经验。

（一）研究背景

职业教育一头连着教育，一头连着产业，只有建立产教深度融合、校企紧密合作的体制机制，才能让人才培养和社会需求无缝对接。就开设旅游类专业的职业院校而言，就是必须在专业配置、学生培养目标、教学大纲尤其是实训实践等环节邀请相关行业、企业积极参加，针对需求开展人才培养，以就业为导向提升人才培养素质，使毕业生在就业市场中更有竞争力。所以，加强校企合作是职业院校健康发展的必然趋势。从另外一方面来看，据世界旅游组织预测，我国将在 2020 年在全球旅游国中位列第一，在旅游客源国中升至第四。旅游产业的蓬勃发展，为大量兼具旅游专业知识和从业技能的实用型人才提供了广阔的空间。

旅游教育的基本任务是人才培养。本课题立足于对校企合作的理论进行分析和研究，结合政府职能部门的工作实际和苏州职业院校旅游类专业实践，既对校企合作模式在应用型人才培养中的重要性有充分的认识，又有对当前存在的各种体制障碍的体会和反思，力求探索一条旅游类专业校企合作的可行之路。

（二）研究目标

通过开展基于苏州职业院校旅游专业实际的校企合作机制创新研究，逐步形成相对稳定的，具有良好氛围、互利共赢的合作模式，探索适合旅游专业的校企合作运行机制和发展途径。

（三）研究意义

1. 在现有研究成果基础上有所突破。校企合作问题经过学界长期的研究，已取得较多研究成果，已有研究也有许多值得继续深入探讨的问题，需要有新的研究不断突破、不断创新。

2. 解决现有实践面临的现实困难和问题。目前职业院校在进行校企合作时面临办学条件不足、育人模式陈旧、就业状况不佳等严重的现实制约。借鉴发达国家百年职业教育经验，结合中国及苏州实践，可以有力说明，校企合作的办学模式能有效破解以上发展难题。校企合作是职业教育的现实属性和特色，也是院校达成学生培养目标的关键手段。

3. 探索培养旅游专业高素质人才的路径。面对激烈的国际竞争，我国旅游产业若要发展壮大，就需要大量高素质应用型人才，而校企合作正是旅游职业教育培养优秀旅游人才的重要途径。我们可以构建校企合作有效机制，促进校企合作的顺利进行，统筹校内校外资源，为学生的成长成才提供平台支撑，一方面可以改进和提升职业院校旅游类专业的教学水平和办学层次，提高学生的综合素质和职业竞争力，另一方面又可以有效提升旅游行业的竞争力，促进行业持续稳定发展。

总之，本研究通过把校企合作的理论同职业院校的校企合作丰富实践紧密融合，探讨构建职业院校旅游类专业校企合作促进机制，进一步丰富职业院校旅游类专业校企合作的理论。研究适合我国旅游业实际情况的校企合作促进机制，对职业院校旅游类专业和旅游行业的健康发展，都具有重要的现实意义。

（四）研究内容

1. 校企合作的规范性文件研究。从旅游专业出发，研究起草适用于全部专业的市级"校企合作促进办法"，争取以政府规范性文件形式颁布，起草"校企合作促进办法的实施细则"。

2. 个案研究。基于不同实际，关注建设过程中的亮点特色，如校企合作的企业学院建设，校企合作的专业开发、课程改革，校企合作的校内实体建设，校企合作的组织机构建设等。

3. 校企合作沟通机制和平台建设研究。完善苏州市旅游职业教育委员会沟通机制，构建苏州市校企合作服务平台，开展相关建设内容、实践途径、策略和方法的研究。

4. 国际化背景下校企合作研究。基于国际合作办学的校企合作实践研究以及校企合作背景下旅游专业实体输出建设研究。

（五）核心概念

1. **职业教育**：职业教育（vocational education）是指让受教育者获得某种职业或生产劳动所需要的职业知识、技能和职业道德的教育。如对职工的就业前培训、对下岗职工的再就业培训等各种职业培训以及各种职业高中、中专、技校等职业学校教育等都属于职业教育。

2. **旅游管理**：旅游管理专业是随着我国旅游经济的发展、旅游产业的发育而建立的一个新型学科。在我国，这门学科的产生只有三十多年的时间，但已成为管理学科体系中的一个重要的学科部门。旅游管理已与工商管理并列，是管理学下的一级学科。

3. 校企合作：校企合作是指教育机构与产业界在人才培养、科学研究和技术服务等领域开展的各种合作活动。职业教育的校企合作就其核心内容而言主要是职业院校与企业在相关人才培养、培训中进行的合作，属于国际上通称的合作教育。合作教育不但符合"实践—认识—实践"的认知规律，也符合我们教育与生产劳动相结合的教育方针。

（六）研究路径

1. 研究所依据的理论基础

（1）人力资本理论："人力资本是一种体现在人身上的资本，是在对生产者进行教育和职业培训时所花费的成本，以及劳动者在接受教育时所产生的机会成本的总和，在劳动者身上具体表现为各种生产知识、劳动技能、管理技能以及身体健康素质的存量的总和"。[①] 舒尔茨认为对人进行投资是人力资本形成的方式，人力资本是一种综合能力，它"隐藏于人的体内，主要包括知识、经验、技能和专业化熟练程度"。[②] 职业教育培养的是生产一线需要的生产劳动者，学生一方面要学习理论知识，另一方面也要到相关企业中进行实习培训。两种学习环境使得学生的素质提高，成为企业需要的人才。因此，可以从投入与产出的观点对职业教育未来发展的方向进行研究，促进资本投入的科学化，以最小的投入获得最大的利益。

（2）组织合作理论：组织是由两个及以上的人，为实现某一既定的目标，相互协作而构成的集体。职业院校和企业都是社会中重要的组织。职业院校是以培养人才为目标的一种公益性文化组织，企业则是以盈利为目的，以利益最大化为目标的经济性组织。"合作是为达到共同目标，个人之间、群体之间彼此配合的一种'联合行动'"。[③] 组织理论认为，学校与企业之间的校企合作首先需要一个共同的目标，以通过这个共同的目标加强校企一致性。第二，校企合作，双方应该有认识的一致性、合作目标、方法、步骤等，遵循的行为在于一个共同的行动守则。第三，双方应加强学校与企业之间的沟通，增进相互信任、相互理解、彼此依赖，以营造相互合作的和谐氛围。第四，必须确保合作顺利进行的物质条件。

（3）博弈理论：1944 年由冯·诺依曼和奥斯卡·摩根斯坦恩合著的《博弈论和经济行为》，形成博弈论的基本框架。20 世纪 50 年代，纳什明确提出纳什均衡的概念，为博弈理论的发展奠定了坚实的基础。博弈论认为："博弈是个人、团体或其他组织，在面对一定的环境时，在一定的规则约束下，依靠所掌握的信息，同时或先后，一次或多次从各自允许选择的行为或策略进行选择并加以实施，并从中各自取得相应结果或收益的过程。一般的博弈问题最少由三个要素构成：参与者、策略、支付的集合，即策略集合以及每一个参与人所作的选择和赢得集合"。[④] 校企合作实践中，利益和目标上的差异使得对于是否选择合作，校企双方有各自选择。职业院校为提高学生实践技能，提高就业率，增强学校竞争力，希望与企业合作。企业则追求利润的最大化，"一方面，认为教育是学校的事情，与企业关系不大。因此，不愿意在培养学生方面额外投资；另一方面，企业发展需要

[①] 陈学春. 国内产学研合作学术研究的主要脉络：一个文献述评 [J]. 研究与发展管理，2012，17（4）：98-102.
[②] 陈学春. 国内产学研合作学术研究的主要脉络：一个文献述评 [J]. 研究与发展管理，2012，17（4）：98-102.
[③] 陈学春. 国内产学研合作学术研究的主要脉络：一个文献述评 [J]. 研究与发展管理，2012，17（4）：98-102.
[④] 陈学春. 国内产学研合作学术研究的主要脉络：一个文献述评 [J]. 研究与发展管理，2012，17（4）：98-102.

高级应用型人才，而单纯依靠学校的课堂教育难以保证应用型人才培养的高质量"。[①]

2. 研究的保障条件

（1）具有实践基础。本课题对于地方教育主管部门的政策引导和开设旅游类专业的职业院校根据自身情况的积极实践进行深入研究，从理论到实践，实践又推动理论完善，再来指导实践。地方教育行政管理部门牵头，行业、企业大力支持，各旅游类专业的职业院校全力付出，为江苏全省乃至类似地区开设旅游类专业的职业院校推进校企合作、产教融合提供可借鉴的经验。

（2）具备人员基础。本课题研究人员组成包括苏州市教育行政主管部门人员、部分开设旅游类专业的职业院校领导和职能部门负责同志以及研究人员，政策影响力、研究实力和实践能力俱佳。

3. 研究思路、过程与方法

（1）总体思路：本课题通过理论研究、政策引导、实践研究来探索苏州市职业教育旅游类专业校企深度合作的实现途径，最终落实到职业教育发展和人才培养质量的提升上，为江苏全省职业院校同类专业校企合作提供可借鉴的实践经验。由苏州市教育管理部门大力支持、学校牵头、政府关心，来构建打破校企合作一头热、一头冷的局面，通过制度建设、平台建设、合作模式创新、国际化等诸多方式，形成旅游类专业校企合作的创新机制，促进职业院校校企合作的发展。

（2）研究方法：主要使用文献研究法、调查研究法、案例研究法等。

（3）研究过程：主要分为准备阶段、调研阶段、实施阶段和结题阶段。

准备阶段：2015年5月至10月，查阅文献资料，进行理论归纳分析。

调研阶段：2015年10月至2016年5月，进行问卷调查、实地调研，分析数据。

实施阶段：2016年5月至11月，结合建设实际，从不同角度撰写研究论文；积累数据及文字资料，形成阶段性成果。梳理研究进展，查找存在的问题并采取措施、提出对策，进一步推动相关建设。

2016年11月至2017年5月，撰写苏州职业教育旅游类专业校企合作机制研究报告，分类归纳整理课题组资料，装订成册；聘请专家，进行鉴定。

结题阶段：2017年5月至2017年6月，重新梳理材料，修改完善研究报告，申请结题。

二、研究综述

（一）旅游职业院校校企合作机制理论研究

"校企合作机制"，指的是使推动校企合作系统前进的力量得以激发、作用和协调的机制。校企合作机制是从组织整体的视角，设计一套机制组合，用以引导、激励、约束、控制组织行为，形成整体合力。校企合作机制的核心是透过内在机制的分析，把制度建立在符合人性、切实可行的基础上，通过"机制"而不是"人治"来构建校企合作组织秩序。同时，校企合作系统是有反馈的自我调节的控制系统，从而使系统受到控制和调节。

[①] 陈学春. 国内产学研合作学术研究的主要脉络：一个文献述评[J]. 研究与发展管理，2012，17（4）：98-102.

1. 构建校企合作机制的机理分析

按照系统论的观点,"机制"一词是指一个系统中各要素之间相互作用、制约,从而使系统良性循环健康发展的规则、程序的总和。校企合作的主体是职业院校和企业,双方在校企合作过程中互为要素、互为动力、互为制约的关系,即是校企合作的机制。企业为了获得先进的科学技术和人才的输入有求于职业院校;职业院校教学同样需要企业为学生的实习锻炼提供必要的场地,反过来又有求于企业。这种双方的需求是校企合作的基础。可见,校企合作最初的动因是各自需求,没有需求便没有合作。①

2. 构建校企合作机制的因素分析

(1) 企业寻求职业院校合作的因素分析

校企合作中的职业院校和企业,能够达成合作主要源于"市场需要"。中国经济发展正步入"新常态",市场经济大趋势的需要是企业与职业院校合作的最大动力因素。因为企业人员流动较快,真正高素质技术技能人才缺乏,需要有稳定的新员工的来源。另外,企业科研能力有限,很难独立完成产品的研发和生产。这种危机感和紧迫感逼迫企业不得不重视高素质技术技能人才的引进和培养,不得不重视产品研发和技术创新活动,这时他们自然会把目光聚焦在具有这些能力的职业院校特别是高职院校身上,变成企业寻求校企合作的最大动力。对于人才培训的持续需求是企业选择校企合作的另一重要因素。企业的培训资源往往不足,有了校企合作,就可以轻易地聘请到职业院校人才到企业做技术咨询、授课,企业科技人员可以参加职业院校的培训和进修。通过合作,企业一方面培养了自己的技术骨干,壮大了技术实力;另一方面可以在项目合作中发现职业院校师生中优秀的技术人才,为企业引进稳定、高值、实用的专业人才提供参考。同时,企业技术人员的参与也为职业院校科研成果尽快地转化为生产力铺平了道路。

(2) 职业院校寻求企业合作的因素分析

职业院校毕业生的就业问题应该是首要的原因。苏州作为经济较为发达地区,一直以来毕业生就业率在98%以上,甚至是一名毕业生可以有几个岗位选择。但是随着经济发展形势的转变,职业院校毕业生真正的对口就业率在不断下降。大量的毕业生只能以升学代替就业。另一方面,随着90后乃至00后毕业生的出现,多元的价值观逐渐成为主流,新生一代的毕业生对于就业岗位的要求也多样化。从经费投入角度来说,苏州虽然是经济发达地区,但是实行严格的经费审计和绩效分配工资以后,大量的经费沉淀在院校账面无法使用,院校及教师更加青睐企业的横向经费。与此同时,开发更多的资金渠道也是民办院校发展的现实需要。除此以外,就是职业院校学生"良好的实践环境"的需要。校企合作的有效开展为广大师生将理论与实践相结合提供了空间和平台,校企合作的形式不应局限于师生进入企业进行交流,还包括较为丰富的形式,如邀请行业专家担任学校的兼职导师,参与人才培养,在校内做讲座,将行业发展趋势和市场信息传递给在校大学生。

(3) 政府推动校企合作的因素分析

从政府角度来说,国家高度重视职业教育,地方政府必定要从政策到经费给予相应的

---

① 张丽立. 产学研合作中企业与高职学校全面合作模式探讨 [J]. 研究与发展管理,2012,10(3):15-18.

保障。从区域来说,经济发展地区由于产业需要大量的技术技能型员工,因而需要由当地的职业教育承担主要的人才培养任务。而区域职业教育的发达程度,也是吸引外来资金投入的一个重要原因。当然,作为服务型政府,必须认识到,校企合作中市场规律在起着决定性的作用,市场的需求是根本的内因,政府的推动只能是引导以及辅助作用,外因只能通过内因而起作用。

(4)校企合作机制各因素之间的关系

无论政府引导支持校企合作、企业积极推进校企合作,还是职业院校加强校企的联合,都受到一定因素的影响。政府为了更好地发展职业教育,推进区域经济发展和产业转型升级,吸引更多外来资本;企业积极推进校企合作的动力因素是获得高质量劳动者,研究开发新技术,获得院校资源等;职业院校加强校企合作的因素是毕业生高质量就业、获取实习实训场地、科研资助、促进科研成果转化、提高师资水平和人才培养质量。校企合作是内在、综合的合作,并非各方资源和技术力量的简单叠加。校企各方的合作一旦形成,就构成一个系统,各子系统间的有效协调配合对于系统功能具有重要影响。所以,校企合作的成效受到系统内部和外部多种因素影响。

3. 校企合作机制的模型构建

根据职业院校和企业间合作机制的因素分析,我们认识到促使校企合作的根本动力都是提高自身的发展潜力,那么如果合作行为能够对自己的发展有利,就会具有合作的动力,同时必须关注对方的需求,在互相促进、共同发展中将合作持续深入开展下去。因此,我们可以探索建立以下模型:

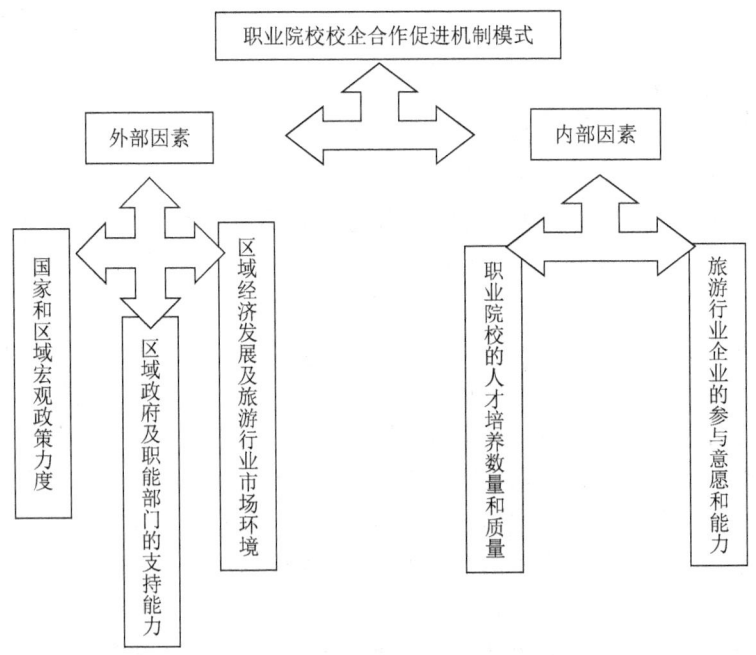

图1 校企合作促进机制模型

将校企合作系统的内部影响因素和外部影响因素都引入到该模型的构建过程中,从校企合作对企业和职业院校的影响力看,企业可以利用职院的科研、人才优势,解决自身的技术难题,推动技术创新,丰富人力资源的储备,提高员工的素质及理论水平,从而增强企业的竞争力;职业院校在企业需求的促动下,提高人才培养质量,扩大人才培养的规模,加强科学研究成果的转化,注重适应性、创新性人才的培养,有利于进一步提高科研水平和教学质量,有利于改善学生的实习和就业环境,而且还能弥补科研与教学经费的不足,进而使职业院校提升自我,强化其服务社会的功能,尤其是那些即将毕业的学生可以利用学校与企业的合作关系,更容易争取到实习机会,扩大就业途径,减少择业的盲目性。此外,校企合作还可以提高职业院校和企业的反应能力并降低风险。

(二)旅游职业院校校企合作机制实践研究

1. 国外旅游职业教育校企合作主要模式

国外职业教育的发展已经有一百多年的时间,人才培养的模式也相对成熟。旅游业在世界范围内的蓬勃发展,使得旅游职业教育培养技能型、应用型旅游专业人才的重要性越发显著,而校企合作作为有效的人才培养方式在旅游职业教育中也得到了普遍的应用。由于历史教学传统不同,各学校所处具体环境也存在着差异,因此每个国家旅游人才培养中的校企合作方式也各有特色。德国、美国、瑞士、英国、澳大利亚、日本等国在长期的发展过程中都形成了自己的完善又具有本国特色的校企合作模式,值得我们借鉴。

(1)德国"双元制"模式

德国职业教育发达,追求实践性、应用性教学。"双元制"模式是德国一种国家立法支持、校企合作共建的办学制度,德国人称之为经济腾飞的"秘密武器"。[①] 双元制当中,一元是指各个职业学校,主要负责传授相关职业的专业知识;另一元是指企业、公司等各种校外的实训场所,主要负责让学生在企业当中接受有关职业技能的专业培训。德国"双元制"的培养理念是培养合格的职业人才,这一理念就需要学校和企业的密切合作。双元制是由学校和企业共同负责人才培养的任务,按照企业需要的人才进行教学组织和岗位培训的人才培养模式。

(2)英国"三明治"模式和"现代学徒制"模式

英国是世界近代旅游业的发源地,旅游业每年收入达到700多亿英镑,占世界旅游收入的5%左右,在世界各旅游国家中居于第五位。旅游业是英国重要的就业领域,超过19%的就业人员从事与旅游相关的工作。旅游教育特别是旅游职业教育在英国受到普遍的重视。为了激发企业参与职业教育的积极性,英国政府在1989年宣布成立培训与企业协会,让企业在当地组织中起主导作用,赋予其培训青年的重任,促使学校教育与职业教育协调发展,形成了独具英国特色的旅游职业教育校企合作人才培养模式——"三明治模式"和"现代学徒制"模式。在正规学程安排工作学期是其主要特点。在工作学期当中,学生可以"职业人"的身份进行顶岗工作,并可以获得报酬。学生也分两类:依托企业和依托学院。以企业为依托的学生,无论是在企业工作还是在学校学习,都可以获得由企业支付

---

① 赵长春.发达国久盛不衰的动力源[N].经济参考报,2005-05-12.

的薪水。以学院为依托的学生,在学校学习时由学校提供资助,在企业实习时领取企业支付的工资,这样的安排使得学院学习与企业实习融为一体。

(3)日本"产学研"模式

在日本,旅游业正日益发展为国民经济的支柱,旅游专门学校在培养专业人才、实现日本政府旅游者倍增计划方面的作用举足轻重。为了培养合格的旅游人才,旅游专门学校在课程设置、教学方式、人才培养模式等方面进行了长期的实践和探索,积累了宝贵的经验,形成了具有日本特色的职业教育人才培养模式——产学研合作模式。产学研合作模式注重实践性和主体性,以职业能力为本位设置人才培养目标。该模式利用学校和行业、企业两种教育资源和教育环境,以培养生产、建设、管理、服务方面的应用型人才为主要目的。校企合作的主要方式有学校与产业界在办学上的合作、人事上的交流、科研上的委托等。这种合作模式与学生将来就业方向相结合,强调基础性和宽口径,可以使学生不仅仅在旅游业而且在旅游业相关的领域施展才华。

(4)瑞士"洛桑"模式

瑞士比较重视旅游职业教育,1893年创办的洛桑酒店管理学院是世界上第一所专门培养旅游管理人员的学院。该学院的办学理念是"学校建在饭店内",学生的生活、学习、实践全在饭店内,是典型的"店校合一"人才培养模式。洛桑酒店管理学院传承了欧洲旅游职业教育的特质,在酒店管理人才培养和旅游教育理论探索方面功绩卓著,以其独特的旅游职业人才培养模式驰誉世界,这就是"洛桑模式"。在这一模式中,校企合作体现在方方面面。洛桑模式突出的特点是"以店为校,店校合一",注重理论与实践相结合,书本知识与实际操作相结合。学校强调实践教学,边教边学,实践课比理论课占更多的学时,力求在学习中掌握工作技能。关注酒店行业的特点和需求,产教结合、学以致用,使学校的教育适应酒店行业需要,把学校教育转变为适应酒店需求的应用技术,培养既懂操作又懂管理的人才。

2.国内旅游职业院校校企合作主要模式

我们经过多年来对国外校企合作模式的借鉴和探索,进行本土化研究和实践,取得了不少成果,也形成了一定的经验和模式。

(1)订单模式

"订单式"在旅游职业院校的校企合作中是指旅游院校与旅游企业经过协商共同签订培养协议,学校根据企业提出的所需人员的数量、知识水平、专业技能等要求,在规定时间内向企业提供相应的数量与质量的人力资源的合约式教育方式。[①]"订单式"这种模式在校企合作中也被广泛应用。上海师范大学旅游学院(上海旅游高等专科学校)根据合作的旅游企业为班级命名,有"丽嘉班""宝矿班""万豪班"等。黑龙江旅游职业技术学院与英国洲际集团合作,成立了"洲际英才班"。还有辽东学院的旅游管理学院与北京长城饭店的合作,北京联合大学旅游学院与北京全聚德集团的合作,北京吉利大学旅游学院与顺峰集团的合作等。

---

① 赵贵府.订单式教育有效性及人才需求方应对策略之分析[J].职业技术,2006(14).

（2）股份合作制模式

股份合作模式是指企业和学校通过订立章程，企业以场地、设备、技术、货币等多种形式向学校注入资金，双方形成一个新的股份合作实体的合作模式。由于校企双方是股权关系，双方始终是一个利益共同体，所以与其他校企合作模式相比，这种合作模式更为稳定持久。旅游职业院校与企业的股份合作模式并不是很多，因为这需要企业和学校有一定的经济基础和实力。太原旅游职业学院是在校企合作模式中应用股份合作制较成功的旅游院校，学院拥有可供师生亲身实践的经营性专业实体——已运营二十多年的校办企业太原育英旅游公司，双方形成了稳定的股份合作关系。

（3）集团化办学模式

校企合作模式中的集团化模式是由多个独立的个人或组织为了共同开展职业教育活动而组成联合体。职业教育的集团化模式是依据行业发展和产业规律将企业的集团化经营模式引入到职业教育中，以企业、行业和政府等为依托，建立起结构性的伙伴关系，从而加强学校与企业之间、学校与学校之间的联系，整合教育资源，实现资源共享。中国职业教育集团化起步于20世纪90年代初。近年来，海南省旅游职业教育集团无论从合作单位的数量上还是质量上都位居全国旅游教育前列。该集团内旅游院校的学生可以直接在集团内的旅游企业培训实习，对学校来说可以提高学生的职业生活经验和就业能力，对企业而言可以在较短时间内培养出技能型和应用型的旅游人才。集团内学校和企业通过共同培养人才，共同提升集团实力，从而使联盟各方利益共赢。

3. 国内外比较

（1）国外旅游职业教育校企合作模式的主要优势

通过对国外旅游职业教育校企合作模式的研究和本土化实践，我们发现，国外旅游职业教育校企合作模式主要存在以下优势：

一是制定了完善的校企合作法律法规。从国外旅游职业院校校企合作的发展过程来看，完备的法律法规体系是校企合作顺利、有效运行的关键。德国、美国等国家都通过相关的立法详细规定了校企合作的相关事宜，为校企合作顺利进行提供了法律基础。德国联邦政府早在1969年就颁布了《职业教育法》，规定到企业接受训练的学徒必须与企业订立合同。合同的具体内容包括：职业培训的性质、内容、时间安排及目的；职业训练的开始时间和期限；训练场所以外的训练措施；日常正规训练的期限；试用期的长短；劳动报酬的多少；休假期等，对合同解除的条件也做了明确规定。英国政府在1989年成立了培训与企业协会，赋予企业培训青年的重任。其目的就是让企业在当地组织中起主导作用，促进学校企业间合作的协调发展。

二是成立校企合作组织管理机构。西方国家成立专门负责管理校企合作相关事宜的组织机构，对校企合作的过程进行管理。这些机构存在的主要目的是协调学校与合作企业之间的关系，对校企合作的运行情况进行监督，评估校企合作质量等。美国设有"美国高校大学—企业委员会"，对校企合作的相关事宜进行监督，专门负责协调企业、学校和学生之间的关系。德国设有职业教育委员会、职业教育研究所等机构，各州还有各自的职业教育委员会，这些机构的主要任务是为政府提供咨询服务，促进学校和企业在职业教育上的合作。自2000年以来，日本政府为培养社会急需的适应性、创造性高级职业人才，文部科学省制定了一系列的政策，采取了一系列的措施，并且通过财政支持高等教育机构开展相关项目研究。

三是确立立足地方、服务地方的原则。国外旅游职业院校的校企合作结合本国的特色和优势，逐步发展具有自己国家特色的合作模式。以本国的具体情况为依据，选择不同的校企合作重点，或侧重于学校，或侧重于行业和企业。就德国来说，由于行会制度在本国经济社会发展过程中发挥了重要作用，因此德国的校企合作侧重行业企业，行业协会的作用比较突出。这种模式下校企合作比较密切，学校的办学过程中行业协会的作用贯穿其中。美国重视教育对经济发展的重要作用，美国的校企合作当中，行会的作用较小，侧重于学校，重视发挥学校的优势带动校企合作的发展。总结西方国家校企合作发展的经验，立足地方是任何国家的校企合作都应该坚持的原则，往往以服务地方经济发展的原则，结合自身优势，办出自己的特色。

四是调动企业参与校企合作的积极性。校企合作需要企业积极参与，正是由于本国企业的积极参与，才有西方国家校企合作的成功。德国的校企合作侧重于行业，企业参与学校办学的全过程，并发挥着主导作用，企业除了参与学校的日常管理之外，还积极参与学校日常教学，学生实训实习以及与企业相关的科研项目管理等。"来自合作企业的经费是德国职业院校办学经费的主要来源，来自政府的拨款很少。"[①] 美国的校企合作虽然侧重学校，但是企业的作用同样重要。校企合作联合会的领导由来自企业的管理人员担任，保证企业在校企合作中的话语权、参与权。没有本国企业的积极参与，西方国家职业院校就不会有今天的发展成就。

五是建立健全校企合作的评估制度。国外旅游职业院校校企合作重视合作质量，才有了校企合作的健康发展，并形成了固定的模式。多个国家都成立了校企合作的质量监督机构，并制定了相关的制度规定。在德国，联邦政府设有职业教育委员会，以及职业教育"主管单位"。另外，各个州都有自己的职业教育委员会，负责对职业学校与企业的合作进行管理、监督，规范校企合作的有关事宜。此外，职业学校的学生一方面要在学校进行考试，另一方面还得参加由行业协会组织的考试，考试成绩由行业协会参与评定。职业院校学生的毕业论文也要以实习企业的实际情况为现实依据，论文写作由两位导师进行指导，一位来自学校，另一位则是来自企业，论文写作成果由学校和企业一起评定。学生还要参加行业协会组织的考试，这种考试是对学生技术水平和等级进行的鉴定，考试达到要求的学生才具有某种职业任职资格。澳大利亚除了有国家规定的质量管理要求之外，各个州也分别制定了本州的质量评价制度，涉及培训系统、培训组织、机构注册、质量认证、培训质量的标准和评价等方面。澳大利亚的职业资格证书制度对校企合作的顺利进行也起到很好的保障作用，虽然不是政府制定的政策，但是澳大利亚民众都把职业资格证书制度当作一项政策对待，违反职业资格证书制度就如同违反法律。国家和每个州都有行业培训委员会负责检测校企合作的质量，会每年评估各个学校的教学质量，经常调查企业雇主对

---

① 方丛慧.我国高等职业技术教育校企合作问题与对策研究[D].南京理工大学,2005.

本企业的职业教育和培训的满意程度，听取受调查企业建议，有效提高了职业教育的办学质量，有利于校企合作健康运行。

（2）国内模式的不足

与国外旅游职业教育较为先进的校企合作模式相比，国内旅游职业院校的校企合作模式存在一些明显的问题和不足之处，主要有：

①知识本位的价值取向

知识本位以知识的授受为中心，并止于知识的授受。[①]国内旅游职业院校在培养目标上强调要培养应用型人才，但是在实际合作过程中，学校与企业在培养学生的过程中还是没能摆脱知识本位的教育方式。在教学过程中还是以理论教学为主，企业和学校在课程的设置上还是存在传统的重理论轻实践现象，学校的教师在授课时也是以理论知识为主，实践教学的能力较弱。与此相反的是，国内的中职教育有时候走向另外一个极端，就是单纯强调技能，忽视知识的积累——学生单纯练习技能，重复技能，知识一笔带过。这也是由于中职生源质量过低无法接受较有难度的各类知识造成的。这种情况导致学生综合素养很差，难以胜任稍有难度的工作。

②旅游企业参与校企合作积极性有待提高

国内的旅游企业还没有形成主动与旅游职业院校深度合作的意识。很多企业认为参与职业教育会增加企业的财物负担。加之旅游行业的门槛较低，旅游企业会在人才市场上选择一些学历不高但有工作经验的人员到旅游企业工作。旅游企业还不能从知识及人力资本的高度出发，把校企合作看成是企业人力资源管理的重要组成部分。国内旅游职业院校本身也存在一些问题，如培养目标不明确、课程设置重复、教材陈旧、教学内容脱离实际、教师实践技能不强、实习期间管理不规范、校企合作方式单一等。

③合作周期较短

由于国内旅游职业院校的校企合作中往往是以院校为主，旅游企业在短期获得的利益少，加之校企合作激励机制、学历职业认证等方面还不够健全，使旅游职业院校与企业的合作只是短期的合作，导致旅游企业与学校合作的意愿不强。即使是在校企合作过程中签订合同，也不能保证学生毕业后就能留在该企业，旅游企业很有可能浪费了培训成本。而且国内的许多地方旅游淡旺季现象非常明显，许多旅游企业只会选择在旺季招收部分实习生。

④实习效果有待提高

学校与企业对学生在实习期间的管理力度不够、方法欠佳，造成学校即使与旅游企业进行了合作，也没有达到让学生将理论与实践知识有效结合的效果。目前，旅游企业为旅游职业院校实习学生提供的岗位较为单一，很少实行轮岗制。对旅游企业来说，单岗制可以节省旅游企业对学生的培训时间与培训成本，旅游企业可以在较短的时间内让实习学生上岗工作。但是对旅游院校的学生来说，单岗制不能让其对旅游企业有全面的了解，学生在实习期间不能整体把握旅游企业各部门之间是如何沟通与协作的。这样就导致学生不能在实习期间得到多方面的锻炼。

---

① 易斌. 改革开放30年中国基础教育英语课程变革研究（1978—2008）[D]. 湖南师范大学，2010.

4.苏州旅游职业院校校企合作机制的实践研究

(1) 苏州旅游业发展情况

①苏州经济社会发展情况

苏州下辖四市六区,辖区面积8488.42平方公里,水域占42.5%,是著名的江南水乡。2016年底全市常住人口1061.74万人,其中城镇人口802.24万人,户籍人口678.20万人。全市流动人口实有登记数超过700万人,常住流动人口(暂住半年以上)占36%,苏州成为继深圳后的全国第二大移民城市。2016年全市完成地区生产总值1.54万亿元,人均14.5万元。全体常住居民人均可支配收入4.65万元,其中城镇常住居民人均可支配收入5.44万元。地方公共财政预算收入1730亿元。全市实现工业总产值35 767亿元,其中规模以上工业总产值30 679亿元。全年实现服务业增加值7916亿元,占GDP比重达51.4%。实现制造业新兴产业产值1.5万亿元,占规模以上工业产值的比重达49.8%。全市有国家级开发区14个,苏州工业园区获批全国首个开放创新综合实验区。经济社会的快速健康发展为苏州高等教育发展创造了良好的外部环境。

②苏州旅游业发展情况

2016年是苏州旅游业"十三五"发展的起步之年。全年接待过夜入境游客161.33万人次,同比增长6.7%,旅游创汇21.56亿美元;接待国内游客11 294.8万人次,同比增长6.5%;旅游总收入2078亿元,同比增长11.5%。全市共有5A级景区6家(11个点)[①]、4A级景区36家、五星级饭店29家。省级以上旅游度假区10家,其中国家级2家。苏州获批全国首批、全省唯一"国家全域旅游示范性"创建城市。

(2) 苏州旅游职业院校基本情况

苏州是国家首批历史文化名城、全国重点风景旅游城市,是世界知名的旅游目的地,旅游业收入一直位居全国城市前列。苏州旅游企业、关联企业等数量、规模越来越大,旅游收入占比越来越重,旅游业吸纳就业人口规模也越来越大。以苏州28家五星级酒店为例,2011年以来每年都要招聘专科层次人员6000余名,旅游产业已经成为苏州经济社会发展的战略性支柱产业。苏州市委市政府深刻认识到"大力发展旅游业是促进苏州经济转型升级、服务业提质增效、城市功能整体提升的重要抓手"(苏委发〔2015〕31号),并把建设"具有独特魅力的国际文化旅游胜地"作为苏州"十三五"期间的四大战略发展定位之一,明确到2020年旅游总收入超过3000亿元,产业增加值占GDP比重超过6%,旅游相关产业就业人数达45万人。多年来,从旅游人才的本地培养现状来看,苏州现有5所本科院校(含独立学院)、13所高职院校开设了旅游类专业(见表1、表2)。

表1 苏州本科高校开设旅游类专业情况表(2017)

学校	专业	在校生人数
苏州大学	旅游管理	128
苏州科技大学	旅游管理	305

① 资料来源:2016年苏州旅游业发展报告[J].苏州市旅游局,2017.4.

续表

学校	专业	在校生人数
常熟理工学院	旅游管理、酒店管理	295
苏州大学应用技术学院	酒店管理、旅游管理	542
苏州科技大学天平学院	酒店管理	523
合计		1793

表2 苏州高职院校开设旅游类专业情况表（2017）

学校	专业	在校生人数
苏州经贸职业技术学院	旅游管理、酒店管理等	780
苏州卫生职业技术学院	酒店管理	40
苏州市职业大学	旅游管理	530
苏州工业职业技术学院	旅游管理	185
苏州农业职业技术学院	旅游管理	200
沙洲职业工学院	酒店管理	52
苏州工业园区职业技术学院	旅游管理	105
苏州百年职业技术学院	酒店管理	45
硅湖职业技术学院	旅游管理	116
苏州托普信息职业技术学院	酒店管理	125
昆山登云科技职业学院	酒店管理、旅游管理	228
苏州高博软件技术职业学校	酒店管理	26
苏州信息职业技术学院	旅游管理、酒店管理	90
合计		2522

（3）苏州旅游职业教育校企合作典型案例

①充分发挥政府服务功能，强势推进职业院校校企合作

多年来，苏州市教育局主动适应经济转型升级新形势，大力实施产教融合工程。主要有以下做法：

一是加大经费支持力度。通过教育经费及旅游专项经费渠道加大经费投入，为校企合作创造优良环境。例如，昆山市对于接受教师下企业锻炼的企业每人每个月给予2200元补助，给予教师个人1100元补助。苏州市2017年也参考昆山市标准制定实施办法，仅市级财政每年这一项的补助支出就将超过300万元。

二是大力强化制度建设。根据《中华人民共和国职业教育法》以及国家、省中长期教

育改革和发展规划纲要等文件精神，结合苏州实际，委托本课题组起草了《苏州市职业教育校企合作促进办法》并提交市政府，于2014年7月22日，以苏州市人民政府办公室名义发出《关于印发苏州市职业教育校企合作促进办法的通知》（苏府办〔2014〕127号），并于2014年9月1日起正式实施。《办法》共有二十条，主要围绕职业教育校企合作适用范围、促进原则、运行机制、职责分工、优惠扶持等方面做出了明确的规定。《办法》的创新或特色之处在于通过对各类校企合作项目的政府奖励和税费减免等措施来促进和保障此项工作的深入推进。2017年初，完成了实施细则的起草工作，目前正在修订。2017年8月底，牵头完成起草了苏州市职业院校企业学院建设指导意见和评审标准。

三是建设校企合作服务平台。市教育局牵头，采取政府购买服务的形式，招标建设苏州市校企合作服务平台，市财政投入了650万元。2016年4月，该平台在省内率先上线运行。目前平台入驻包括旅游企业内在的企业700余家，在苏的46所大中专院校都已经上线成为会员单位，有效用户数量多达20 000余名。2016年5月份，平台组建了苏州市创新创意中心，推动全市职业院校创新创业工作的开展。平台的建立和上线运行，对于进一步统筹高等教育、职业教育、行业企业和政府资源具有重要作用。

通过以上做法，引导广大职业院校始终面向企业、面向市场办学，与行业企业结成"合作双赢，共同发展"的伙伴。据不完全统计，目前苏州市职业院校平均每所学校的合作企业达60多家，实现了学校全覆盖、专业全覆盖、学生全受惠。

②苏州旅游与财经高等职业技术学校酒店管理国际化人才培养模式的创新实践

国际知名酒店管理公司全过程融入教学，创建初中后五年一贯制职业学校培育国际酒店职业人才的理念及其路径，构建"课程与酒店岗位标准零距离，教学过程与酒店工作流程零距离，学生实习与就业零距离"教学模式，实现国际核心课程教材与本土特色课程教材有机融合，依托中外学生混合编班、全英文教学环境、国际通用评价标准等有效育人载体，培养具有国际化视野、具备流利外语应用能力和跨文化沟通能力，掌握国际型酒店管理知识和经营规则的高素质、技能型酒店业人才。主要有以下做法：

一是明确培养目标，创制酒店国际化课程体系。学校对苏州万豪酒店、上海红塔精选酒店等65家国际品牌酒店进行问卷调查，构建初中后五年一贯制的渐进国际化教学体系：前三年主要完成国家规定的教学计划和课程，同时逐步增加听、说、读、写等各类英语课程和课时，四、五年级实行国际核心课程，配套编写较为通俗易懂的英文版辅导手册，学习国际最前沿的酒店业知识。同时，加强本土特色课程和教材国际化改造，编辑出版双语版特色教材——《游学苏州，体验文化》丛书，对外输出茶艺、烹饪、民俗等具有中华传统文化特点的课程。

二是推动国际融合，创设酒店国际化育人条件。67名在编专业教师具有多年的留学经历，或在海外接受过3个月以上专业培训，全部能用英语开展专业课教学。在国际知名酒店管理公司的指导下，学校投资3000多万元建设了酒店实训中心，全真模拟国际型酒店环境，所有课程均使用英语作为教学载体，提升学生外语应用能力，每年招收30名左右的外籍学生，与该校四、五年级学生混合编班，提升学生跨文化沟通与合作能力。

三是加强校企联动，创新国际化实践教学模式。以"3.5+0.5+0.5+0.5"教学模式，在国际化模块教学基础上开展工学交替，过程中，15个紧密合作型国际品牌酒店深度参与制订国际化人才培养方案、建设实训基地、设定课程标准、直接参与教学等。学做合一，在实景教学基地中，学生分组按照顾客、服务者或管理者的角色进行体验式学习，教学过程和酒店工作流程相一致，让学生未进酒店就掌握国际型酒店管理知识和基本技能，培养了学生的环境适应能力和营销能力。

四是重视教学评价，保证酒店国际化教学质量。每学期末聘请国际品牌酒店经理，按照酒店岗位工作标准开展技能教学评价，形成"顾客导向型"技能教学质量监控机制；专业教学每年都要系统接受合作方以及澳大利亚高教质量与标准署教学质量风险评估，全面引入"Turnitin"防抄袭检测系统，与海外学校同步使用，保证学术公平和教学质量。

通过开展以上工作，取得了明显的成效，主要有：

一是提升了学生就业竞争能力。以苏州为主体，在上海、厦门、深圳等沿海重要城市顶级酒店，甚至迪拜帆船、阿玛尼等国际顶级酒店都有该校学生的身影，毕业生就业竞争能力优于其他同类型学校。

二是增强了学生可持续发展潜力。国际很多知名院校对该校酒店专业学历和学分给予认可，毕业生可在职场大显身手，或者出国继续深造。10年来，已有近百名毕业生分别在澳大利亚、美国、加拿大等地留学。

三是促进了学校各项事业发展。专业师生在国家、省、市各级职业院校技能大赛中获得一等奖50多项，专业实训基地被江苏省教育厅命名为省酒店管理专业技能教学研究基地，获得2013年江苏省教学成果特等奖、2014年国家教学成果二等奖。

四是扩大了学校海内外影响力。欧亚各国及港澳台地区的海外学子到校就读，使该校成为少数能够规模化培养外籍学生的职业学校之一。从2014年开始，该校举办副学士中外合作办学项目，还以中国历史文化教育为特色，在校内提供国际短期修学旅行，开办培训学校，传播中国文化的地域特色和魅力。

五是提供了国际化人才培养经验。打造了多元文化交融的国际化办学环境，实现教学设施实景化、技能训练模块化、学生角色职业化、课堂教学情景化，辅之以汉语教学为基础，中华优秀传统文化为核心的文化课程；引入国际服务性行业管理规范，逐步形成一套国际学生管理制度和体系，积累了一套行之有效、特色鲜明的国际学生培养经验，每年有数十家兄弟院校来校学习交流。

六是拓宽了学校服务企业的渠道。除向酒店输送优秀人才外，还充分发挥学校酒店运行研究中心等机构作用，为一些国际品牌酒店提供价格调查、开展横向课题研究和运行成本概算等软性服务。

③苏州工业职业技术学院构建"三级企业学院"创新本土化校企合作模式

学院利用区域经济发展的优势，在政府主导、行业指导、企业参与的办学机制下，打造深度融合的校企共建"三级企业学院"，从保障机制、合作路径、运行机制、合作内容四个方面构建基于"三级企业学院"的本土化高职校企合作创新模式，各方面取得了显著成效。主要有以下做法：

一是成立四方合作理事会，实现校企合作有力保障。2013年以"政府搭台，行会牵线，校企合作，四方联动"为宗旨，成立了理事会，由市委常委担任理事长，学院党委书记、院长为副理事长，吴中区政府、市发改委等政府有关部门为副理事长单位，同程旅游、创元集团等知名企业为理事单位。

二是构建三级企业学院，建立校企合作机制新常态。构建学校、系（院）、专业三个层面的企业学院：学院层面校企共建企业学院，重在推进办学体制机制的创新实践；系（院）层面校企共建二级企业学院，重心在系（院），重点把校企合作育人的主线落实到人才培养全过程；专业层面校企共建三级企业学院，出发点和落脚点在专业（群），活力在专业人才培养模式的不断创新，涉及专业群及其群内的每一个专业、每一门课程（群）、每一本教材、每一个实训项目、每一项大赛、每一个社团等，每一位专业教师至少承担其中一项校企合作项目。三级企业学院构建了"专业＋企业"的新型合作模式，为专业建设和人才培养提供全面支撑。2016年学院出台《关于推进三级企业学院（厂中校）建设的若干意见》，将三级企业学院（厂中校）建设作为未来三年重点打造的校企合作特色项目。

三是实施"六大"品牌项目，推进校企合作内容创新。通过企业学院，学院将校企合作内容贯穿于人才培养全过程，通过六大品牌项目全面实现合作的创新。一是冠名、订单建班级，实现人才共育；二是实践、实习工作站，实现师生共享；三是博士、教授进企业，促进科技服务；四是劳模、经理进校园，推动文化育人；五是领导、干部互聘挂，实现优势互补；六是党建、团建手拉手，确保保障有力。

通过开展以上工作，取得了明显成效，主要有：

一是校企合作成效显著提升。2013年首开苏州同类院校先例，与苏州创元集团携手创办学校层面企业学院——创元学院，系（院）层面与紧密型企业相继成立"文化书香学院"（苏州书香酒店管理公司）、"同程国际学院"（同程旅游）等7家二级企业学院，在人才培养与职工培训、科技创新与技术服务、资源共享与共同发展等方面开展全面合作，在专业建设、培训基地、创新创业平台等方面开展深入合作和建设。

二是人才培养质量显著提高。融合政行校企多方资源，促进学生充分就业，助推学生成长成才，服务区域人才需求，受到了政府、行业、企业和学生的一致好评。学院近五年毕业生初次就业率均在90%以上，年终就业率均在98%以上。2012年、2014年连续荣获"江苏省高校毕业生就业工作先进集体"荣誉称号。"十二五"期间学院共获得省级以上政府部门举办的职业院校技能竞赛奖项35项。2016年获江苏省高等职业院校技能大赛一等奖。学院大学生创业园2014年荣获"江苏省第三批大学生创业示范基地"，2016年荣获"苏州市校园大学生创业孵化基地"称号。学院近五年毕业生就业质量相关主要指标明显提升。

三是社会服务能力显著增强。建成16个技术开发与应用中心和科研所等。与企业合作完成市厅级及以上科技项目108项、横向科技项目349项，获企业资助的科技经费达2423.6万元，取得知识产权315项，其中专利270项。建设完成13个企业继续教育与校外培训教学点。为社会培训各类人员达33 719人次，在省级国际服务外包人才培训基地内，培训服务外包人才3049名，培训创收达2220万元。

四是获得社会各界广泛认可。2015年5月26日，江苏省教育厅第13期教育工作简报上对学院做了题为《苏州工业职业技术学院推行企业学院形成本土化校企合作新模式》的专题报道。光明日报分别以《212家企业为何青睐一所高职院校——苏工院特色化培养人才纪实》《找准校企合作"最大公约数"》《奏响产教融合新乐章》，中国教育报以《苏州工业职院紧盯产业调整办学方向、加深校企合作——校企在"无缝对接"中和谐共振》为题进行了深度报道；有关订单班、冠名班、创元学院等校企合作的相关报道超过20篇，专题报道3篇，理事会牵头的政行校企四方合作新举措得到社会的普遍好评。

与此同时，该校的校企合作工作形成了突出的亮点和特色。一方面提出了"构建三级企业学院校企深度合作"的理论框架与方法体系，特别是创新"专业+企业"的新型合作模式，实现了校企合作育人的深度融合。另一方面走出了一条产教结合、校企合作本土化实践的人才培养新路径，加强了专业建设和人才培养，打造了"合作办学、合作育人、合作就业、合作发展"的综合平台。

三、研究结论

（一）苏州旅游职业教育校企合作机制创新

1. 夯实投入机制

一是财政支持、学校配套。根据苏州地方经济社会发展实际，结合旅游行业和职业教育发展特点，苏州职业教育校企合作的投入机制方面主要还是依赖于政府财政支持以及学校自筹部分配套。苏州地方政府高度重视教育，也希望构建与城市地位相匹配的职业教育体系，与国内其他同类城市相比，苏州地方各级政府手中集中着较多的资源。每年教育投入超过300亿元，其中每年投入到职业教育发展中的经费超过20亿元。由于高职以省财政投入为主，且学校硬件设施均无须大投入，因此，在中职内涵发展尤其是校企合作等领域，市本级及县市区财政有能力有愿望发挥主导作用。

二是社会协作、承担项目。除了财政主渠道以外，通过社会支持、承担项目等方式多渠道筹措校企合作所需经费也是有益的补充。很多企业在科学论证、广泛调研基础上，愿意通过提供相关设施设备、生产线甚至部分经费的方法来支持学校人才培养。既保证旅游职业院校实训室设施设备的先进性，又可以深入挖掘潜力，合理配置资源，争取资金效用最大化。例如提供带有旅游企业自有标志的客房设施、餐厅设施、软件系统等。虽然与制造业企业提供的动辄数百万元的生产线和设备相比显得金额较少，但是也是有益的补充。与此同时，通过承担项目，纵向的政府项目及横向的企业项目，不仅增加了发展经费，也提升了学校研究水平和服务能力，还锻炼了队伍。

2. 完善保障机制

一是建章立制，形成制度规范。苏州市教育局牵头制定的苏州市校企合作促进办法是省内首个校企合作方面的规范性文件，《办法》的出台有助于建立一套切实可行的规范、管理、扶持、引导校企合作发展的长效机制，也将打破目前影响职业教育校企合作向紧密型发展的体制性障碍，实现苏州市职业教育高位持续发展。2014年12月，课题组成员代表苏州市教育局作为唯一的地市级代表受邀参加了教育部在天津召开的校企合作立法座谈会。2016年，苏州市教育局同样委托本课题组起草《苏州市职业教育校企合作促进办法》

的实施细则。

二是组建机构，形成组织体系。苏州市级层面成立苏州市旅游委员会，各相关政府部门、国有大型旅游企业作为成员单位。旅游委在市委市政府领导下，推动全市旅游业，包括旅游职业教育、旅游校企合作工作的开展，每个月定期召开会议。市级层面还建立了经教联席会议。从2008年开始，定期召开会议，邀请市旅游局在内的政府各部门、各行业协会、各知名企业及院校代表参加。联席会议的成立，为政府各职能部门共同商讨经济发展对人才的需求，共同研究职业教育发展的形势，共同为职业教育发展出谋划策提供了平台和定期沟通机制，取得了良好的成效。

苏州市教育局层面成立旅游职业教育集团，是14个市级专业性职教集团之一。张家港市建立了江苏扬子江职业教育集团，内部也包含旅游类专业，拥有28家跨区域会员学校以及18家会员企业。职教集团的建立，大大促进了多校多企集群式合作的开展。大中型企业、行业协会、普通高校等都被引导参与集团的建设，实现了资源共享、优势互补、合作发展，实现了职教集团在促进教育链和产业链有机融合中的重要作用。

各旅游职业院校层面组建旅游类专业教学指导委员会。由企业专家与学校教师共同组建的教学指导委员会或专业建设委员会，共同参与专业、课程体系建设，人才培养方案制订、实验实训基地建设等。教学指导委员会的建立，一方面使得旅游企业专家依托行业企业服务职教，大大推进了校企一体化培养模式，另一方面旅游职业院校教师依托职业教育资源，服务行业企业，使职业教育最大限度地贴近现实生产技术水平和管理水平。

3. 丰富协同机制

一是积极引企入校，设立企业学院。将企业引进学校，零距离地进行校企合作，是校企紧密合作的重要形式。苏州各旅游职业院校主动与知名旅游企业包括酒店、旅行社、景点、网络公司等合作。苏州工业园区职业技术学院与知名旅游企业同程网在学院设立了同程学院。通过企业学院的设立，校企不仅共同培养人才、研发新品，而且共同申报科研项目和产品技术专利。苏州旅游财经高职校设立了苏州水天堂餐饮管理学校，由餐饮企业和本地学校设立紧密型校企合作，这是全省餐饮业的首家。苏州工业园区工业技术学校和外包学院在园区管委会的大力支持下，突破政策限制，成立学校自己的餐饮配送企业。苏州旅游与财经高等职业技术学校也成立了学校自己的旅行社和饭店。2017年，苏州市教育局将全面支持职业院校企业学院建设，正在制定企业学院建设指导意见和建设标准，并将给予专项经费支持。

二是开展订单培养，形成双主体育人。订单培养有利于形成专业共建、人才共育、过程共管、成果共享、责任共担的实质性合作办学机制。苏州农业职业技术学院先后与太仓市政府合作举办"太仓班"、与企业共建"江南园林班"等冠名班。苏州市职业大学以就业为导向，以教学改革为切入点，将旅游专业任课老师与企业资深专家相对接，将专业课程教学与企业相关培训相互补，推动学校发展、学生就业、行业繁荣。苏州工业职业技术学院与同程网等知名企业组建各类订单班30余个，通过"把教室搬进车间，把车间搬进教室"，实现学生培养的"私人定制"。

通过创新合作模式，进一步整合了资源。校企也从人才、信息、资源等多个维度，建立了紧密型的合作关系,推动了产业与专业的"无缝对接",实现了相互依存、联动发展。各职业院校培养了各自特色和核心竞争力,错位发展,避免了恶性竞争和教育资源浪费。除此以外,旅游职业院校和旅游企业还通过共建"专门实训室"、设立企业奖学金奖教金、教师下企业锻炼等形式推进合作不断向纵深发展,大大缩短了企业的需求与学校的教学之间的距离,促进了院校文化与旅游企业文化的融合,提升了师生的理论联系实际的能力和技能操作水平,为教产结合教学模式和学做一体学习模式改革创造了条件。

4. 拓展合作机制

一是澳洲模式:从引进到本土化改造。苏州旅游职业院校国际合作办学最知名的就是苏州旅游与财经高等职业技术学校的中澳合作酒店管理项目。自2004年开始,该校就同澳大利亚蓝山国际酒店管理学院联合开展酒店管理专业合作办学项目。经过十余年的努力合作,该项目取得丰硕成果,累计培养中外毕业生700余人,基于该合作项目教学实践所形成的课题——《酒店管理国际化人才培养模式的研究与实践》获得2013年江苏省教学成果特等奖和2014年国家优秀教学成果二等奖。2014年起,中澳合作办学项目升格为副学士学位项目,这就意味着学生从学校顺利毕业时将获得澳大利亚蓝山国际酒店管理学院颁发的商科副学士学位,并可衔接至澳大利亚或其他国际院校继续深造本科课程。在国际合作办学过程中,企业也是不可或缺的重要力量,大批国际知名酒店管理公司的积极参与,为学校师生提供了大量优质的培训、实习和就业岗位。目前,学校酒店类专业学生实习就业全部在国际品牌五星级酒店。

二是英德模式:从试点到全方位拓展。多年来,苏州市充分利用外向型经济发展优势,深入研究德国"双元制"模式,并在德资企业聚集的太仓地区职业院校进行了长期的教学实践及本土化研究。2013年以来,苏州健雄职业技术学院和江苏省太仓中等专业学校对德国"双元制"的研究和实践成果获得两项江苏省职业教育教学成果一等奖和两项国家职业教育教学成果二等奖。2016年开始,苏州市教育局启动德国双元制全覆盖工程,争取推广到各市区,目前全市各市区基本都有一所代表性学校开展了德国双元制人才培养模式研究和实践。现代学徒制是目前教育部大力推广的职业教育人才培养模式。2014年,在江苏省教育厅的大力支持下,江苏省常熟中等专业学校与英国驻沪总领馆合作开展中英"现代学徒制"试点项目,2017年江苏省教育厅在苏州召开了现场会,双方将探索制定出既适合中国当地人才需求、又体现"双重身份、双元育人"的英国现代学徒制优势的教学体系。

随着国际合作的不断深入,充分利用了苏州市外资企业和国际职业教育资源,以双向互动为导向,以互惠双赢为原则,不断发挥外资企业和跨国公司的媒介作用,实现了职业教育领域国际交流与合作的创新。引进国(境)外先进模式并进行本土化研究和创新有利于推进职业院校的专业课程、专业证书与国际标准对接,有利于长期保持与国(境)外职业院校的紧密合作关系,有利于打造有国际影响力和对外输出实力的职业教育品牌专业。

5. 创新服务机制

一是创新构建绩效评价机制。校企合作培养旅游管理专业人才的目标是否实现,培养出来的人才是否有质量上的显著改善,需要通过相应的绩效评价机制来进行效果评价,以便为后期的人才合作培养提供经验借鉴。如果没有相应的绩效评价机制,校企双方对合作培养的效果缺乏客观的评价，不能及时总结和反馈其中存在的问题，就无法为后续人才培养效果的持续改善提供依据与参考。2016年开始，苏州市教育局在全省乃至全国地级市率先开始分别编写市级层面的高等职业教育、中等职业教育人才培养质量年度报告，把校企合作作为专门内容。2017年开始，率先编写市级层面的高等职业教育毕业生就业创业年度质量报告。2018年开始，将启动专门性的年度旅游专业人才培养和就业创业年度质量报告，已经列入2018年度财政预算。通过绩效评价，用数据说话，对校企合作日常工作出现的问题、学生的考核与评价结果、企业在合作中所获得的直接和间接收益以及合作中产生的费用进行分析，对学生进行合作培养的意见征询等，可让校企双方能够对合作的效果有全面客观的认识，有利于后续合作的可持续进行。

二是创新发挥服务能力。校企合作的重要立足点就是旅游职业院校和企业服务地方经济和社会发展的能力，特别是服务地方旅游业发展的能力。校企合作助力重大旅游活动。苏州作为重要旅游城市，每年有大量的旅游节庆活动，尤其是政府主办的活动。在打造服务型政府的大背景下，政府以购买服务的方式客观要求旅游职业院校和企业提高服务水平和能力。苏州旅游职业院校和企业合力，每年为苏州丝绸国际旅游节、苏州东方水城国际旅游节等大型国际性旅游节以及旅游类展览会、博览会提供优质服务，甚至为上海世博会、中国—东盟论坛等重大活动提供服务。校企合作助力旅游人才培养项目。近年来，为适应苏州不断加大旅游人才培养力度的趋势，旅游职业院校和企业合作参与姑苏旅游人才计划、旅游领军人才、重点人才以及旅行社创新人才、旅游紧缺人才等的专题培训和培养工作，提供优质师资、专家，提供实习实训科研的便利。校企合作助力旅游内涵提升项目。为实现全域旅游的发展目标，苏州各区域都在加大对旅游区、景区项目的投资力度，加快内涵发展。旅游职业院校和企业抓住机会，发挥专长，为项目建设提供支持，为苏州旅游事业十三五规划等各类规划编制提供智力支撑。

（二）目前苏州旅游职业教育校企合作机制存在的问题

1. 政府引领作用发挥还不够充分

职业教育的健康发展，离不开校企合作，而"政策的推动作用是影响职业教育发展的关键因素之一"。[1] 从国外职业教育校企合作的发展历程来看，最初的校企合作都是政府驱动型，政府的支持是企业参与校企合作的第一推动力。企业是以盈利为目的的，这是其根本属性。因此，要提高企业参与校企合作的积极性，政府应充分发挥宏观调控的作用，利用多种手段引导企业参与校企合作。从我国职业教育的现状来看，要促进职业院校校企合作的发展就必须"完善政府的导向机制，形成推动校企合作发展的动力"。

2. 校企合作双赢的机制尚未建立

校企合作不仅是一种教育行为，更是一种经济行为。企业是以盈利为目的的组织，这是其本质属性。从博弈分析的模型中可以看出，当企业从校企合作中获得的收益小于其付出的成本时，无论职业院校采取什么策略，企业都会选择不合作策略。要达成持久、稳固、有效的校企合作，就必须"建立利益驱动机制，找到双方利益的结合点，调动校企双

---

[1] 刘虎，匡瑛.世界高职教育政策取向的比较研究[J].职教论坛，2009，21：56-58.

方合作的积极性"。① 另一方面,对于开展校企合作过程中应该给予的各类激励措施还不到位,力度还不够大。

3. 企业文化进校园氛围尚未形成

职业院校与合作企业之间的合作,不仅要从外部进行政策机制、制度机制建设,还要进行校企合作文化机制建设,加强双方文化融合。企业是以利益最大化为目标的盈利性经济组织,学校是以培养人才为目标的公益性组织。成功的校企合作需要和谐的合作氛围。院校校园文化主要包括群体意识、价值观念、行为方式以及生活方式等文化现象,校园文化对学生有重要影响,在学生的成长过程中有教育、引导作用。企业文化是指"企业在长期发展过程中,由企业领导者所倡导,在员工中逐渐形成的共同的价值观念、行为模式、企业形象的综合"。② 校园文化是以培养人才、追求学术为主要特征,企业文化是以追求利润为主要文化特征,人才、学习、技术是两种文化的共通要素。

4. 行业协会等组织功能尚未完全发挥

我国在《国务院关于加快发展现代职业教育的决定》(国发〔2014〕19号)中指出:要依靠行业企业发展职业教育,推动职业院校与企业的密切结合。"加强行业指导、评价和服务。加强行业指导能力建设,分类制定行业指导政策。通过授权委托、购买服务等方式,把适宜行业组织承担的职责交给行业组织,给予政策支持并强化服务监管。行业组织要履行好发布行业人才需求、推进校企合作、参与指导教育教学、开展质量评价等职责,建立行业人力资源需求预测和就业状况定期发布制度"。行业协会本质上是一种中介组织,促进本行业的发展,创造良好的行业秩序是其追求的目标。协会通常以为行业内企业服务为宗旨,其主体是行业内的企业,各个企业缴纳会费作为行业协会活动经费。目前我们的行业协会都没有设职业教育委员会,行业协会协调政府、企业、学校功能发挥不充分,协调解决职业学校与合作企业在教学方面产生的矛盾,及时向主管教育部门反映学校在教育教学中存在的问题功能发挥不充分。

(三)对策建议

1. 提高对必要性的认识

为了与时俱进,增强企业相较于竞争对手而言所具备的竞争优势与核心能力,完成与跨国企业间的合作,我们将努力学习国内外的先进理念和领先科技,积极推动校企合作。职业学校作为企业的合作者,在企业利益上与传统的股东、债权人等有要求权的合作者不相同,它有传统合作者不具备的独特、专注和无可取代等特点。

目前,苏州经济飞速发展,飞速发展的经济也向我们苏州职业教育界提出了新的要求。苏州的职业院校负责教育出有较高素质的复合型人才,学校和企业合作教育无疑是较为有用的方法,采用这个方法能更快、更多地教育出高水平人才。

2. 强化政府部门导向作用

一是制定完善的法律体系。国外旅游职业教育是在国家法律保障体系下开展的,德国

---

① 刘虎,匡瑛.世界高职教育政策取向的比较研究[J].职教论坛,2009:56-58.
② 周三多,陈传明.管理学——原理与方法[M].上海:复旦大学出版社,2009.

的《职业教育法》规定职业培训是企业应尽的责任,英国通过立法推动企业参与职业教育,澳大利亚有国家认证体系,职业技术教育学院办学必须遵守该体系。正是由于完善的法律,西方发达国家的职业教育才取得丰硕的成果。我国的《职业教育法》对职业教育的地位、作用、体系、结构、方针、原则、管理体制以及经费的筹措做了详细的规定。而且我国不断出台了很多旨在加强职业教育校企合作的文件政策。但是,没有从根本上改变我国职业院校的校企合作在实际运作中乏力的局面。因此,要从立法的层面明确定位职业教育的地位。完善的法律体系作为保障,才能有效促进校企双方的共同合作。

二是提供坚实的政策保障。长期以来我国人民都对职业教育存在认识上的误区,总认为自己的孩子在职业学校所受的教育就是"二流教育",没有前途、低人一等。这种偏见影响了人们对于职业教育的认识。虽然政府和社会做了很多努力,但是现实职业教育的发展仍然面临很多困难。因此要增强宣传力度,改变人们对于职业教育的错误认识,消除对职业教育的偏见。在政策上对职业教育的招生、人才培养、学生就业方面给予更多的支持。现阶段,我国市场经济体制处于改革发展阶段,市场制度还不够完善,单凭市场来推动校企双方的合作还比较困难,需要政府在政策上进行扶持,在"产业政策、税收政策、金融政策等方面采取政策措施促进企业与职业院校间校企合作的开展"。①

三是持续加大投入保障。与普通教育不同,职业教育有职业性和实践性的特征,成本比起普通教育要高出2~3倍。为保障落实旅游人力资源开发,提高旅游业从业人员的素质,保障旅游业的持续、健康发展,美国、德国、英国、日本等国制定了一系列的相关政策。德国政府规定对于那些接收学生实习的企业可以免交部分国税,澳大利亚规定企业必须拿出工资额的2%用于教育培训。与国外发达国家相比,我国的职业教育投入总量相对不足,经费来源渠道仍较单一,主要呈现"两元"主体结构,一是财政投入,二是学费收入,财政性经费所占比例达到74%,多渠道筹资能力不强。从支出结构来看,财政性教育经费主要用于教师工资和校舍建设等方面,专用设备经费总体不足,尤其是高职各项办学指标都低于普通本科院校。从地区分布来看,东中西部地区间经费投入差异还很大,中西部地区生均公共财政预算经费偏低,生均校舍面积等指标大部分未达标,甚至呈现出了严重的"中部塌陷"现象。从拨款方式来看,截至2014年5月,全国有15个省份出台了中等职业教育生均拨款标准,20个省份出台了高等职业教育生均拨款标准,部分地区的职业教育经费投入还未建立制度保障体系。因此,我国在提高职业教育的经费投入上有很大的提升空间,国家和地方政府应增加在资金、人力、物力方面对职业教育的投入力度。②

3. 完善校企合作激励机制

一是政策上要保障企业利益。企业作为社会经济活动的主体,追逐经济利益是其参与校企合作的动力与目标,是否可以获利也是企业是否参与校企合作的根本因素。地方政府可以通过税收减免、贷款优惠等政策对参与校企合作的企业在政策方面做一些倾斜,鼓励企业自觉、自愿地参与到校企合作中来。

---

① 吴彦.我国高等职业院校产学研合作教育的研究和思考[D].河北师范大学,2007.
② 资料来源:教育部财务司有关负责人就职业教育财政投入答记者问,2014.6.

二是制度上保障企业用人需求。企业希望学校培养的人才可以满足自身对技术技能型人才的需要。这种人才不仅有较强的实践能力而且应该有较高的职业素养，能否得到所需的人才是影响企业参与校企合作的重要因素。因此，在与职业院校的校企合作当中，企业希望可以优先录取自己所需的优秀学生，提高员工素质，提升企业的知名度和竞争力。通过保证合作企业的优先选人制度，职业院校可以很好满足企业的人才需求，保障企业用人方面的利益，有利于企业积极参与到校企合作中来。

三是校企合作实现人才共享。职业院校和企业要发挥各自在人力资源方面优势，实现校企人才的共享。旅游职业院校可以选择聘请旅游业的优秀人才作为学校的教师，这些教师实践经验丰富，可以参与学校人才培养方案的制订和课程设计，展开实践性的教学活动，为学生提供操作指导，带来旅游界最新的行业动态和技术等。企业也可以邀请职业学校理论知识较为丰富的名师到企业中通过讲座和培训的形式，开拓企业员工眼界，更新企业员工理念，从而使他们更加胜任自己的岗位。

四是制定校企合作的评估保障制度。应建立学校为核心，行业和企业参与的教学质量监控保障体系。对教师理论课提出要求，对教师技能、教学过程质量要求是评价体系的重要内容，把"知识+能力+素质"作为评价过程的核心，作为对学生能力评估的一种手段。评价学生的学习能力、创新能力和政治人文素养，以及学生学习和质量等方面的科学技术和文化素质。同时，引入社会评价机制和国际通用职业资格证书任务的要求，引入教学内容的评价。得出员工绩效考核体系，建立学生学习、教师教学效果评估体系，实现学校人才培养质量评价体系的内部和外部相结合。

4. 建设校企合作文化

一是营造"重技术"的校园文化氛围。职业教育的培养目标是技术技能人才，因此，职业院校在各个教学方面都应体现出技术技能教育的特点，比如课程体系建设、师资队伍培养、考试考核制度设计、教学手段等方面。职业院校通过技术技能与企业对生产技术的需要相结合，应通过以技术技能为导向的课程体系建设、"双师型"人才培养、实训基地建设、技能大赛等方式努力营造起"学技术""练技术""重技术"的文化氛围。

二是树立服务企业的办学理念。从发达国家校企合作成功的经验可以看出，职业院校应把"服务企业"作为办学的价值取向，以"立足地方、服务地方"为办学宗旨，在人才培养、技术开发、学校软硬件设施建设等方面，根据本地区经济特点，结合自身优势，办出自己的教育特色。国外企业在校企合作过程中，充分利用学校的教育资源，满足自身发展人才需求，人才培养成本大大减少。

三是实现校企文化互融。"企业员工所体现出来的团结协作、锐意进取、改革创新的精神，自律、高效及吃苦耐劳的作风会影响学生，使他们受到教育"，[①]企业可以利用职业院校学生在本企业实习的机会，要求企业员工在工作中通过自身的言传身教，让学生感受到本企业的文化，帮助学生形成良好的职业精神和行为习惯，让学生在优秀企业文化的熏陶下，不仅学会相关的职业技能，而且具备在今后的就业当中所需要的良好的职业素养。

---

① 欧阳剑波.校企合作环境下德育社会化的创新思考［J］.广东技术师范学院学报（职业教育），2009：17-19.

学校可以将企业所崇尚的创新意识、竞争意识、质量意识、效率意识、服务理念等与学校的校训、校风、学风、教风相融合。可以以共办文化活动的形式促进双方文化互融。"一方面，学校可以邀请优秀企业到学校参加文化活动，进行企业文化的展示，表达企业文化内涵，展示企业良好形象。另一方面，学校可以鼓励、支持企业承办学校文化活动。也可将学校文化活动办到企业里去，或邀请企业到学校来开展企业的文化活动。"既让学生接受到了技能教育，又实现校企文化互融。

5. 发挥行业协会作用

一是利用行业协会促进校企信息交流。由于信息的不对称，博弈的一方难以了解另一方的行为，免不了会出现其中一方"违约"的行为。因此，有必要建立校企合作的信息平台，让职业院校和企业能够充分交流和了解。行业协会在校企合作当中是校企双方信息的枢纽。行业协会应定期开展本行业人才需求状况调研，对行业人才需求进行预测，把行业企业的相关信息及时传递给学校。校方通过行业协会反馈的信息对行业动态和人才需求，进行及时准确的把握。这些宝贵的信息为职业院校人才培养方案的调整提供依据，使职业院校办学的质量和效益不断提升。在行业协会的帮助下，职业院校与合作企业实现更有效的交流，学校和企业之间的沟通不再是点对点的沟通，而是进行大信息量、高准确度的全面交流。有效沟通为校企双方的资源共享创造了条件，校企合作更加顺畅。

二是利用行业协会实现校企人才共享。行业协会通过对本行业专家人才库的建立，聚集职业院校和行业企业的精英人才，为本行业的建设发展提供人才支持。行业协会利用各种合作项目比如公共开发旅游项目，促进职业院校与合作企业开展科研方面的合作，使旅游企业与职业院校紧密联系。校企双方在科研合作中，学校的科研资金得以保证，新的科研成果不断显现。职业院校特别是高职院校在技术和人才方面支持企业，有利于较好、较快提升企业自身竞争力。

三是利用行业协会监督评价校企合作。行业协会监督、约束参与合作企业的行为，对企业界参与校企合作也是一种保障。校企合作的顺利进行需要加强行业协会的管理监督职能。推动企业积极与职业院校展开合作，不仅行业协会的服务职能要充分发挥作用，行业协会在职业院校与企业交流合作过程中的监督和评价职能也要有所作用。欧美国家建立的旅游行业协会与政府分工明确、紧密配合，在旅游职业教育发展中各自扮演重要角色。正是由于在行业协会的规范和引导，德国才建立起来"理论与实践相结合的现代学徒制度"。① 美国、英国的旅游行业协会各自在促进本国职业教育校企合作方面也发挥了重要的作用。

参考文献

[1] 国家中长期教育改革和发展规划纲要（2010—2020）.
[2] 唐书哲.基于校企合作视角的高职旅游教育动力机制研究[D].湖南师范大学硕士论文，2015.

---

① 朱建.试论企业界参与校企合作的动力机制[J].陕西交通职业技术学院学报，2008（2）：5-7

［3］仲吉昊.旅游高职院校校企合作问题与对策研究［D］.广西师范大学硕士论文，2014.
［4］叶雯.市场需求视角下旅游中职教育校企合作问题研究［D］.四川师范大学硕士论文，2014.
［5］黄艳葵.粤东地区职业院校旅游管理专业校企合作人才培养模式探析［J］.广东技术师范学院硕士论文，2014.
［6］薛宁.旅游高职教育校企合作模式研究［D］.河北师范大学硕士论文，2013.
［7］韩丹.中澳高职旅游教育校企合作模式比较研究［D］.沈阳师范大学硕士论文，2012.
［8］高山艳.法律视角下的校企合作制度［J］.教育与职业2010（26）：12-14.
［9］刘德强.加快推进我国高职校企合作立法的系统思考［J］.职业教育研究，2011（1）.
［10］黄曦.旅游职业院校校企合作培养模式的实践与探索［J］.学校党建与思想教育，2011（2）.
［11］陈静.高职旅游教育校企合作动力机制研究［D］.辽宁师范大学硕士论文，2010.
［12］曹曼娇.旅游院校校企合作教育模式研究［D］.辽宁师范大学硕士论文，2009.
［13］邱永成.高职教育中校企合作动力机制探索［J］.教育与职业，2009（26）：8-10.
［14］于亚杰.旅游管理专业校企合作办学研究［D］.辽宁师范大学硕士论文，2008.

项目名称：全国旅游职业教育教学指导委员会职能及运行机制完善研究
项目编号：LZW201602
项目负责人：韩玉灵　周航　严泽美
项目负责人所在单位：北京第二外国语学院　北京财贸职业学院　苏州旅游与财经高等职业技术学校

全国旅游职业教育教学指导委员会职能及运行机制完善研究

一、研究背景和意义

为更好地引导全国范围内的旅游职业教育的发展，凝聚优势资源，促进旅游职业院校交流，2011年3月在教育部和国家旅游局的领导和支持下，组织来自全国优秀职业院校、行业、企业专家，成立了全国旅游职业教育教学指导委员会（以下简称"旅游行指委"），为职业教育的发展提供信息支持和服务，发挥专家智库作用。

根据《教育部关于公布全国行业职业教育教学指导委员会（2015—2019年）组成人员的通知》（教职成函[2015]9号），第二届全国旅游职业教育教学指导委员会（以下简称"旅游行指委"）委员名单正式公布，在国家旅游局和教育部的领导下，第二届旅游行指委已开展了一年多工作。在行业形势发展的新常态下，随着旅游行指委的规模不断扩大，机构承接的任务和功能内容也越来越复杂，有必要对本机构进行重新审视和完善，以更好推动日常事务和活动的正常进行，发挥更大作用。

为此，旅游行指委秘书处组织相关工作人员围绕本机构日常事务和运行流程开展研究，借鉴其他行指委的有益经验，完善机构运行机制，明确各专业分委员会的职能，建立起一套政策贯彻及时、信息传达有效、职责分工明确的行业引导机构，进一步发挥旅游行指委的作用，提高运行效率。

二、第一届旅游行指委经验总结

（一）行政主管部门给予的高度重视是工作保障

1. 坚持大力发展旅游职业教育不动摇

第一届旅游行指委工作周期正值我国职业教育快速发展、大力改革时期，国务院相继出台了《国务院关于加快发展现代职业教育的决定》（国发[2014]19号），《国务院关于促进旅游业改革发展的若干意见》（国发〔2014〕31号）等文件，国家层面给予了职业教育及旅游业前所未有的重视，旅游职业教育发展迎来契机。

国家旅游局深入贯彻落实国家重视职业教育的工作方针，将旅游职业教育发展纳入中国旅游业"十二五"发展规划纲要，列入重要议事日程，并制定出台了《中国旅游业"十二五"人才发展规划》。李金早局长在2015年全国旅游工作会议工作报告中指出加强旅游人才队伍建设，建设一支高素质人才队伍是旅游工作的当务之急，要在全国范围内扶持一批旅游院校的旅游专业，推动旅游职业教育改革与发展，"实施国家万名旅游英才计划"，为促进旅游职业教育稳定可持续发展提供了强大的政策支持和坚实的思想保障。

2. 强化组织沟通，搭建政府与行业共建平台

思想是行动的源泉，为紧跟职业教育发展步伐，不断学习和贯彻教育部有关职业教育工作的新指示和新精神，行指委积极派员参加教育部召开的各项工作会议，会后由秘书处将会议纪要整理成工作简报进行通报和归档保存，并将各项会议精神分解细化到年度工作计划和安排之中，切实贯彻到具体的工作中。

国家旅游局人事司相关领导定期听取旅游行指委关于旅游职业教育工作汇报，出席每年召开的旅游行指委年度工作会议，指导有关工作，为行业职业教育发展提供良好的发展空间；国家旅游局每年安排旅游行指委委员参加一年一度的全国旅游人事教育工作会，为委员深入了解旅游业人才的现状、发展趋势、国家对旅游人才的意见等提供机会；并根据工作需要召开相关工作专题会议，系统研究和解决旅游职业教育发展问题，为促进旅游职业教育稳定可持续发展提供了完善的组织保障。

3. 拨付专款支持旅游行指委工作的开展

国家旅游局建立旅游职业教育投入保障机制，以人事司为主要执行部门，落实旅游职业教育发展专项经费、教师培训专项经费、旅游行指委专项工作经费。近年来，"2014年旅游职业教育与产业对话活动"，2014年、2015年共六期"中等职业学校旅游服务类专业教学标准培训班"，全国职业技能大赛的举办，以及2014年、2015年旅游行指委项目经费都得到了国家旅游局及地方旅游局划拨的专项资金支持，为促进旅游职业教育稳定可持续发展提供了充足的经费保障。

（二）不断加强机构自身建设是工作基础

1. 建立合理的组织机构

（1）坚持行政主管部门的主导地位。坚持国家旅游局人事司主导地位，发挥其在工作中的导向性、指引性，为旅游行指委更加准确地把握落实国家有关旅游业发展及旅游职业教育发展的各项方针政策、展开各项工作，提供政策领导。

（2）组建覆盖全国的旅游行业专家队伍。旅游行指委成立以来，逐渐改变了主要依靠行业内骨干院校的发展模式，经过2012年的重组、2015年的换届，旅游行指委选拔了来自全国各地中高职旅游院校的科研专家、骨干教师担任旅游行指委的委员，同时聘请知名旅游企业的中高层主管人员，担任旅游行指委的委员。将全国旅游职业院校师资力量与行业内人才精英凝聚起来，形成强大的专家队伍，为充分发挥行业主管部门主导职业教育、培养符合行业发展的人才奠定了基础。

2. 健全工作制度和工作机制

（1）制订年度工作计划及专项工作办法。在成立之初制定的《全国旅游职业教育教学指导委员会工作细则》的基础上，根据教育部、国家旅游局新颁布或制定的各项规划及有关文件精神，不断修订完善工作细则，确保相关内容与时俱进；制订年度工作计划，确保各项工作有序开展。针对专项工作，制定了《全国旅游职业教育教学指导委员会国家级教学成果奖推荐办法（试行）》《全国旅游职业教育教学指导委员会科研项目管理办法（试行）》等工作实施办法。各项办法制定的不断完善保障了旅游行指委日常工作的规范化管理。

（2）设立高效运转的工作机制。依托中国旅游人才发展研究院设立了行指委秘书处办公室，秘书处在国家旅游局人事司的指导下，作为旅游行指委的日常办公机构，同时也是上级主管部门与职业院校及行业企业的沟通媒介。秘书处在日常工作中不断探索总结工作经验，建立了一套行之有效的工作机制，主要包括：第一，上传下达的信息传递机制，即秘书处作为上级部门和职业院校的沟通桥梁，负责相关通知和反馈意见的上传下达工作；第二，承上启下的组织协调机制，即秘书处负责有关会议和活动的组织调动、协调联络工作。通过秘书处这个重要的纽带，加强委员间的相互沟通，凝聚各方力量和智慧，使经验和成果得以共享，建议和意见得以反馈，问题和困难得以解决。

（3）成立专委会。为贯彻落实全国职教工作会议和《国务院关于促进旅游业改革发展的若干意见》的精神，2014年9月启动组建专委会。第一批专业分委员会依托牵头中职标准制定工作的广东省旅游职业技术学校、四川省旅游学校、沈阳市旅游学校、海南省旅游学校、北京市外事学校分别成立高星级酒店运营与管理专业委员会、旅游服务与管理专业委员会、导游服务专业委员会、景区服务与管理专业委员会以及旅游外语专业委员会。在旅游行指委的指导下，专委会主要负责带领本领域的专家进行本专业的专业设置、课程建设、师资培训、教材建设与专业建设相关的工作研究、咨询、指导和服务，更好地发挥骨干旅游院校在我国职业教育改革发展中的领军作用。

（三）始终服务于旅游职业教育发展是工作宗旨

1. 组织参加学术研讨会，提升机构服务水平

为进一步促进旅游职业教育的学术交流、教学改革及行业培训等方面的工作，旅游行指委作为协办单位，先后邀请并组织相关旅游院校参加了四届"海峡两岸旅游观光研讨会"，提议在论坛中专设"旅游职业教育创新与改革"板块，为海峡两岸同仁共同探讨旅游职业教育发展思路、分享旅游职业教育改革创新经验搭建交流合作的平台。承办了中俄两国政府主办的第二、四届"中俄旅游教育论坛"；组团参加俄方承办的第一、三、五届"俄中旅游教育论坛"。联合山东旅游职业学院成功举办了四届"中国旅游职业教育百川论坛"，已成为中国旅游职业教育界的一个品牌性交流平台，取得了良好成果。旅游行指委定期组织委员参加国内外学术研讨会，为各界加强旅游职业教育理念探讨与沟通、推动国际交流与合作提供了良好契机；借鉴国内外旅游职业教育发展和人才培养的宝贵经验，提升机构服务水平，为促进旅游职业教育蓬勃发展搭建平台。

2. 充分发挥行业专家作用，提高机构指导能力

旅游行指委充分发挥专家智慧，接受教育部及国家旅游局委托，组织专家进行相关国

家人才标准的评审工作，开展职业教育教材评审专家的评选工作，教育部拟订各项工作方案、规划的征询意见工作，职业教育法的修改听取意见工作；选拔行业精英担任各项重要工作或重大活动的专家组成员、国赛的裁判员。先后制定或参与讨论了旅游行业国家标准《中国旅游业职业经理人（征求意见稿）》与《特聘导游员管理规范（征求意见稿）》，组织开展了中等职业学校旅游服务类专业教学标准制定工作，承担了高等职业教育旅游管理类专业目录修订等工作。

3. 借助骨干院校带动力量，发挥机构培训职能

旅游行指委始终秉承"以用为本"的人才观，面向企业、面向职业院校、面向校企合作，服务于优化高等、中等职业教育和旅游行业在职培训教育。2014—2015年，联合广东省旅游职业技术学校、四川省旅游学校、北京市外事学校、苏州旅游与财经高等职业技术学校以及海南省旅游学校举办了5期中等职业学校教学标准培训班。并联合南京旅游职业学院、山东旅游职业学院、上海旅游高等专科学校及广州南沙大酒店成功举办5期高等职业学校专业骨干教师国家级培训班，分别是酒店管理专业骨干教师国家级培训班、旅游管理专业骨干教师国家级培训班、旅游服务与管理顶岗实习骨干教师国家级培训班、酒店服务与管理顶岗实习骨干教师国家级培训班。培训课程设计合理、内容丰富，多名行指委委员参与教学。通过课堂教学、顶岗操作以及管理工作实践，帮助学员提升专业教学能力，理解专业教学与旅游企业实际营运管理工作两者的相互关系，使学员在其岗位上有效地开展"产学研"工作，提高旅游大类教师的专业技术水平和教学实践能力，推进旅游职业教育人才培养的改革与创新。

4. 重视人才培养，组织实施"万名旅游英才计划"

为贯彻《国务院关于促进旅游业改革发展的若干意见》精神，落实"515"战略关于旅游人才工作的重点举措，大力优化旅游人才求学成才、干事创业生态环境，加强旅游专业人才培养与储备，为旅游业改革发展吸引、会聚更多优秀人才，增强中国旅游业人才核心竞争力，国家旅游局决定组织实施"万名旅游英才计划"，从2015年起利用3年时间，分批遴选、资助10 000余名旅游相关专业的教师、学生以及旅游企业拔尖骨干管理人才和高级技术技能人才，开展相关人才项目。共资助建设6类项目，其中"创新创业型英才培养项目""实践服务型英才培养项目"和"双师型教师培养项目"的项目执行办公室设立在旅游行指委，旅游行指委负责项目的具体实施，承担名额分配、组织申报、审核评议、中期检查、成果验收等工作。经综合考虑有关院校旅游管理类专业招生规模、办学水平和地区平衡等因素，择优遴选院校并分配项目名额，共有40所本科院校、44所高职院校以及30所中职院校获得项目资助名额。并在每省选任一名旅游行指委委员作为项目督导，保障项目各项工作的顺利开展。

（四）大力推进旅游职业教育改革是工作重点

1. 勤于探索，建立适应职业教育发展的办学理念

为更好地推进旅游职业教育改革，国家旅游局人事司与全国旅游职业教育教学指导委员会秘书处组成调研组，赴旅游院校单位进行实地调研，探索、总结适应职业教育发展的办学理念。初步形成了"重德育、强技能、善管理、高就业"的治学施教思路，并且在按

企业需求设置专业、变革传统教学方法、推进教学改革实验等方面不断探索，实现学生综合素质的提高。基本得出以下两个方面的结论：①构建了基于"以岗位能力形成为核心的职业情境化旅游人才培养模式"；②推行"理实一体化"教学模式。

与此同时，旅游行指委重视开展学术研究工作，引导旅游学术资源服务于中国旅游职业教育的改革与发展，为推动旅游职业教育改革与创新提供智力支持。

（1）组织申报教育部有关项目。旅游行指委于2014年5月开展了教育部关于行业指导职业院校专业改革与实践有关项目的申报工作，3个项目获准立项并通过了第一批结项评审。3个项目的顺利完成具有十分重要的意义，由广东省旅游职业技术学校牵头的"职业院校酒店管理专业顶岗实习标准"项目为今后建设我国职业教育旅游类各专业顶岗实习标准提供了参考；由上海旅游高等专科学校牵头的"旅游行业人才需求与专业设置指导报告"项目的完成有利于指导旅游院校合理设置专业，有利于新业态人才的储备，有利于行政管理部门合理配置教育资源；由武汉职业技术学院牵头的"旅游类专业职业教育教材质量抽查"项目的完成将为旅游职业教育教材的遴选使用提供依据，对于提高旅游职业教育教材质量，充分发挥优秀教材的示范、引领作用，鼓励更多的突出旅游类职业教育特点的优秀教材面世意义重大。

（2）组织编撰《中国旅游职业教育年度报告》。旅游行指委每年组织撰写《中国旅游职业教育年度报告》，年度报告介绍了我国旅游职业教育的总体概览，对热点问题进行具体分析讨论，同时吸收了院校及企业提供的真实案例，为全面了解中国旅游职业教育发展现状，把握中国旅游职业教育发展规律提供窗口。

（3）发布旅游行指委科研项目。旅游行指委紧紧围绕旅游职业教育人才培养的现实问题，2014年旅游行指委首次发布了科研项目，共收到23份申报材料，经资格审查、专家审核评议，共有8个项目获准立项。2015年共收到40份申报材料，8个项目获准立项。项目内容包含对校企合作、教学能力提升、顶岗实习效能、国际化人才培养模式、实践教学团队建设等旅游职业教育领域热点问题的研究，既有理论性又有实践性，可以帮助教师提升科研能力，结合现实问题更好地完成教学工作，以实现科研与教学相互依托、相互促进。为推广科研成果、促进交流，在国家旅游局人事司的支持下，旅游行指委将每年编辑出版《全国旅游职业教育教学指导委员会科研项目成果汇编》。

（4）合办《广东教育·职业教育》"旅游职业教育"专栏。由广东省旅游职业技术学校牵头，旅游行指委、广州南沙大酒店与广东教育杂志社合办《广东教育·职业教育》"旅游职业教育"专栏。2013年11月11日，举行了合作签字、授牌仪式。为办好"旅游职业教育"专栏，成立了专栏编委会，旅游行指委副主任委员余昌国担任顾问，旅游行指委秘书长担任编委会主任，广东省旅游职业技术学校董家彪校长任副主任。专栏为融行业、职业教育于一炉，挖掘属于旅游职业教育研究的好题材、好文章，推出理论与实践联系较紧密的研究论文提供平台。

2. 深化合作，对接旅游人才需求提高企业参与力度

旅游行指委重视引导企业参与职业教育工作，发挥其重要作用。在旅游职业教育各项活动中，旅游行指委依托国家旅游局人事司推荐、校企合作机制和来自旅游企业的行指委

委员等多方力量，鼓励优秀旅游企业参与到旅游职业教育工作中，融入市场力量、行业活力、企业资源。实践证明，只有促使有实力的旅游企业参与到旅游职业教育工作中，大力推进校企合作，才能真正培养出旅游业发展需要的技术技能型人才，实现旅游职业院校与旅游企业的"双赢"。每年的全国职业院校技能大赛、国家级高职师资培训班等大型旅游职业教育活动都受到了企业的大力支持。

旅游行指委与一些长期关注、支持旅游职业教育发展的优秀企业建立了良好的合作关系。联合广州南沙大酒店，以其多年来的校企合作经验为基础，2013年10月27日召开了"广州南沙大酒店校企合作经验推广项目"启动会，旅游行指委确立以旅游业的重点行业酒店为抓手，启动经验推广项目，并于2014年6月7日在广州南沙大酒店召开了"酒店管理专业产教融合汇报展示会暨职业学校专业骨干教师国家培训基地授牌仪式"。会议就目前职业教育实习教学与管理情况存在的问题做了介绍，分享了广东省旅游职业技术学校、山东旅游职业学院、南沙大酒店三家单位实习教学与管理的经验和取得的成效，并完成了酒店管理专业规划教材的再造，于2014年6月出版了教材成果《客房部实习生：从生手到能手》。与会代表还就产教融合实习教学管理问题进行了交流讨论，提出很多具有针对性和可行性的建议及意见。会议引起了广泛关注，为制定酒店实习教学标准提供借鉴和案例，进一步促进了产教融合。

3. 勇于开拓，积极参与并举办职业教育各项活动

（1）成功举办四届全国职业院校技能大赛旅游服务类赛项。在教育部和国家旅游局的指导与大力支持下，旅游行指委取得全国职业技能大赛中职组酒店服务赛项、高职组中餐主题宴会设计赛项、导游服务赛项、西餐宴会服务赛项4个赛项的举办权。旅游行指委参与组织赛项申报、筹备、举办及总结的各个环节，在前期策划、中期部署及后期实施的整个过程，开展了一系列组织协调和宣传总结工作，并对承办院校的工作给予了悉心指导和大力帮助。与此同时，旅游行指委注重大赛所取得社会效益的持续性和普适性，重点突出教学成果转换方面的工作。通过竞赛，促进校企合作，引导企业参与赛项设计、提供技术支持和后援保障，推动工学结合人才培养模式的改革与创新，引导职业院校在行业发展背景下的教学改革与专业建设。另一方面，指导相关赛项负责院校单位根据赛项实际情况，通过整理、搜集相关视频和照片，形成可用于教学的视频材料和图片集，并联合编写专业教材。将大赛优秀选手比赛实况集结成视频教材、将比赛标准及各项细则等主要文件资料结集出版，将比赛成果转化为旅游职业教育的教学资源，以供今后教学中借鉴和使用，出版赛项转化成果。每年一次的全国职业院校技能大赛已经发展成为旅游职业教育界的年度盛会和集中展示旅游职业教育改革建设成果的舞台，以赛促教、以赛促学、以赛促建的成效得以显现，大赛的社会影响不断提升。

（2）举办"旅游职业教育与产业发展对话活动"。作为主办单位之一，旅游行指委举办了2012年、2014年两届"旅游职业教育与产业发展对话活动"。通过主题演讲、专家座谈、产教对话等多种形式，深入学习国家关于职业教育改革发展的新理念、新思路、新制度和新举措，为丰富旅游职业教育与行业合作形式，深度构建旅游职业教育与行业企业合作机制搭建了交流平台。

旅游职业教育大型活动的举办对旅游职业教育发展具有里程碑式的深远意义，是旅游行指委工作的一次成功探索。

三、第二届旅游行指委职能创新与机制完善

（一）立足职能 夯实发展基础

1. 参加上级部门会议，贯彻旅游职教精神

（1）参加2016年、2017年行业指导委员会秘书长工作研讨会。为积极响应《国务院关于加快发展现代职业教育的决定》，提升旅游行指委工作水平、工作效率和自身能力建设水平，加强与全国各地行指委之间的交流与学习，旅游行指委秘书处赴长沙、泰州参加了由教育部行指委办公室主办的2016、2017两届行业指导委员会秘书长工作研讨会。学习了教育部有关职业教育的最新指示和精神，并与参会代表进行深刻研讨、分享工作经验。

（2）参加2016年、2017年全国旅游工作会议。为紧跟国家政策的步伐，学习十八届五中全会、中央经济工作会议、"十三五"旅游业发展规划精神，了解全国旅游业发展情况，旅游行指委秘书长受邀参加了由国家旅游局组织召开的2016年及2017年全国旅游工作会议。学习了国家旅游局局长李金早的重要讲话，并就"十三五"旅游发展思路和全国旅游的相关工作提出了自己的看法和见解，与参会专家交流了促进旅游业发展的经验和做法，积极为中国旅游业、中国旅游职业教育的改革发展建言献策。

（3）参加教育部组织的各项专项工作会议。旅游行指委秘书处派工作人员参加了教育部举办的各项工作会议，如教育部项目研讨会、评审会、全国职业院校技能大赛筹备会、总结会等。认真学习了会议精神，有效落实有关工作，并以简报、新闻等形式传达给旅游行指委各委员。

2. 完善组织机制建设，提高工作运行效率

（1）初步完成中、高职旅游类专业分委员会组建工作。为更好发挥骨干旅游院校在我国旅游职业教育教学改革中的领军作用，推进行业进步与发展，旅游行指委自2015年起开始组建中、高职专业分委员会的相关工作。经过一年多的筹备遴选，2016年7月12个中、高职分委员会的组建工作基本完成。根据教育部新发布的中、高职旅游类专业目录，依托前期牵头修订专业目录的院校，共成立5个中职旅游类专业分委员会和7个高职旅游类专业分委员会。在旅游行指委的指导下，专业分委员会主要负责带领本领域的专家进行本专业的专业设置、课程建设、师资培训、教材建设与专业建设相关的工作研究、咨询、指导和服务，促进专业发展建设。

（2）逐步建设完善旅游行指委网站和微信群。互联网是当今社会最具发展潜力和影响力的新兴大众媒体，也是社会各界获取信息的主要途径。为了更好地宣传旅游行指委工作、与委员单位建立有效联系、服务全国各院校，全国旅游职业教育教学指导委员会网站实时发布新闻、工作简报和有关通知，并收集出版作品，扩大影响，进一步提高网站的宣传、通知功能，提高工作效率。为加强委员之间的沟通联系，向委员及时传达旅游行指委工作近况和计划，旅游行指委秘书处建立了全国旅游职业教育教学指导委员会微信群，方便委员及时分享交流有关工作。

（3）旅游行指委秘书处合理分工提高效率。旅游行指委秘书处现有秘书长1人，助理4人，定期召开工作会议，部署工作计划、总结工作经验，助理们各司其职、分工协作，按照值班表轮流值班，日常工作更有计划性，提高了工作效率。并及时向主任委员、国家旅游局人事司汇报工作，积极搭建联系教育部、国家旅游局、各委员单位及全国旅游类院校的桥梁，做好上传下达的工作。

（二）肩负使命 助推职业教育发展

1. 举办职业技能大赛，搭建旅游职教风采展示平台

（1）举办4个旅游服务类赛项。2016年全国职业院校技能大赛旅游服务类赛项由教育部、国家旅游局、江苏省人民政府、山东省人民政府、浙江省人民政府等32个部门联合主办，旅游行指委取得中职组酒店服务赛项，高职组西餐宴会服务赛项、中餐主题宴会设计赛项、导游服务赛项4个赛项的举办权，分别由苏州旅游与财经高等职业技术学校、南京旅游职业学院、山东旅游职业学院以及漳州职业技术学院四所高校承办。共有来自全国各省、自治区、直辖市、新疆生产建设兵团以及计划单列市的上百所院校共546名选手参加竞赛。本届旅游服务类技能大赛硕果累累，4个赛项共产生一等奖56名、二等奖108名、三等奖163名。

2016年全国职业院校技能大赛在办赛理念、运作机制上均有较大的转变和突破，旅游服务类赛项执委会因势利导引领大赛积极创新。中职组酒店服务赛项首次制作了比赛分项目的技能教学视频，进一步引领并规范该专业教学标准；高职组中餐主题宴会赛项首次采取团队竞赛形式，更加注重对队员间团队精神和集体协作能力的考察；高职组导游服务赛项依据教育部广泛遴选承办校的指示，进行了首次由非旅游类院校承办的探索。

本届大赛与国务院开展的"弘扬工匠精神，打造技能强国"全国职业教育活动周同期举行，大赛贯彻习近平总书记关于工匠精神的指示，通过比赛激励学生专注钻研高水准技能，真正实现以赛促教、以赛促学。这势必会有力推动旅游教育改革创新，有效提高旅游院校人才培养质量，为中国旅游业的科学发展提供强有力的人才保障和智力支撑。旅游行指委高度重视赛项成果转化，2016年3本大赛成果已经出版。自2012年首次办赛至今，已出版大赛成果12本。

（2）召开赛项筹备研讨会暨相关工作研讨会。在全国职业院校技能大赛改革不断深化、体制不断完善的背景下，为总结已办旅游服务类国赛的经验教训，办好"十三五"期间的国赛，促进旅游职业教育发展，旅游行指委于2016年9月7日—9日在南京召开旅游服务类赛项研讨会，组织业界、学界专家对旅游服务类国赛赛项进行总结和筹划。同时，根据工作计划，旅游行指委全力配合国家旅游局开展部际合作促进旅游职业教育发展的相关工作，在赛项研讨会期间，召开会议，对委托行指委委员起草的相关工作方案展开讨论，完善内容，初步确定方案。

2. 实施万名旅游英才计划，响应旅游人才培养战略

（1）组织遴选2016年万名旅游英才计划项目。2016年国家旅游局共资助建设"万名旅游英才计划"项目6类，其中"创新创业型英才培养项目""实践服务型英才培养项目"和"双师型教师培养项目"的项目执行办公室设立在旅游行指委，旅游行指委秘书处负责

项目的具体实施，承担名额分配、组织申报、审核评议、中期检查、成果验收等工作。在吸取2015年工作经验的基础上，2016年"万名旅游英才计划"项目院校遴选工作于3—4月顺利开展，经综合考虑有关院校旅游管理类专业招生规模、办学水平和地区平衡等因素，择优遴选院校并分配项目名额，共有40所本科院校、46所高职院校以及31所中职院校获得项目资助名额。5月，旅游行指委秘书处组织旅游行业专家进行了项目评审，专家组提出：从总体情况来看，本年度申报的质量较上一年提升较多，申报人员态度端正，行文规范，逻辑思维清晰；学生项目的团队结构趋于合理；大多数项目的主题切实可行，申报内容充分翔实，基本达到了国家旅游局文件要求。但仍有少数项目的申报人员资格不达标，项目选题存在逻辑结构不合理、预期成果宽泛、缺乏验收点、经费使用不合理、同一院校的申报项目出现严重雷同等问题。最终85项中职"双师型教师培养项目"，198项高职"双师型教师培养项目"，295项高职"实践服务型英才培养项目"，100项本科"创新创业型英才培养项目"获准立项。

（2）组织中期评审2015年万名旅游英才计划项目。2016年4月底，旅游行指委秘书处着手启动2015年"万名旅游英才计划"项目中期审核材料回收工作，并于5月5—7日在北京外事学校实习酒店召开了2016年度"万名旅游英才计划"项目初审会暨2015年度"万名旅游英才计划"项目中期审核会，来自全国各地的32位旅游高校专家、企业专家担任了评审工作。针对2015年"万名旅游英才计划"中期材料提交情况，专家指出：大多数院校严格按照前期计划有条不紊地实施项目，在各自院校配套经费的支持下，中期成果显著且内容翔实。更有一些项目负责人在经费使用困难的情况下，自费完成预期目标。但仍有一些院校及项目负责人对"万名旅游英才计划"的认识不到位，仅仅提交简要的中期成果报告书，并无佐证材料及预期成果，有的院校甚至出现提交雷同项目成果及实践照片的情况。评审专家总结了目前材料中出现的问题，据此提出了修改意见和下一步的工作安排，为保障项目顺利结项奠定基础。

（3）组织2015年万名旅游英才计划项目结项工作。4月26—27日，在北京第二外国语学院组织召开项目总结工作会。专家表示，总体而言，各类项目结项报告较为规范，内容充实，支撑材料丰富，社会影响比较广泛，基本达到立项预期效果。

3. 组织申报和发布项目，丰富旅游职教研究成果

（1）顺利完成5个2015年教育部科研项目。2015年旅游行指委获教育部批准的科研项目共5个，第一类为行业指导职业院校专业改革与实践项目，共获2项立项：《导游专业技能顶岗实习项目》《酒店管理专业企业生产实际教学案例库》；第二类项目共获3项立项：《酒店行业人才需求和专业设置指导报告》《中高职衔接旅游管理专业教学标准》和《中高职衔接酒店管理专业教学标准》。分别委托浙江旅游职业学院、南京旅游职业学院、上海旅游高等专科学校、郑州旅游职业学院牵头实施项目研究。旅游行指委于2016年1月召开了2015年教育部科研项目开题内审会，邀请了来自全国各地旅游类院校的专家对5个项目的申报内容和开题报告进行评审，提出了中肯可行的建议，为后续研究计划的设计和开展打下坚实基础。并于7月召开了结项内审会，以保障项目高质量高效率完成。旅游行指委秘书处工作人员及委托单位项目负责人还积极参加了教育部组织的各项会议，如

2015 年行业指导职业院校专业改革与实践项目研讨会、《行业人才需求与专业设置指导报告》和《中高职衔接专业教学标准》制定工作启动会、《行业人才需求与专业设置指导报告》和《中高职衔接专业教学标准》内审反馈会等。项目负责人在会议上积极听取专家意见，咨询相关问题，按要求完成本项目的研究工作，为后续研究的开展积累了丰富经验和资源。目前，五个项目均已顺利结项。

（2）组织申报 2016 年教育部科研项目。专业教学标准是高等职业学校进行教学基本建设、专业建设和教学实施的基本标准，是保证教育教学质量和人才培养规格的纲领性文件。《高等职业教育专业教学标准开发规程研究》课题研究，是专业教学标准研制的前期基础性工作，教育部行指委办公室根据《高等职业教育专业教学标准开发规程研究》需要，按照《普通高等学校高等职业教育（专科）专业目录（2015 年）》的专业大类划分共设 19 个子课题，旅游行指委负责《高等职业院校旅游大类专业教学标准开发规程研究》子课题，委托委员单位上海旅游高等专科学校进行研究。课题从 3 月底启动到 6 月底顺利结题，历时 3 个月。在此期间，旅游行指委积极支持承接单位的各项工作，尽可量提供其所需的数据和资源，充分发挥自身优势，努力推进项目高效开展，最终顺利完成该课题。

（3）组织撰写《2015 年中国旅游职业教育年度报告》。截至 2016 年，旅游行指委已出版 4 本《中国旅游职业教育年度报告》，取得了业内较好的反响。《报告》的出版将为中国旅游职业教育发展研究提供重要参考，也将成为中国旅游职业教育发展历程上的宝贵历史资料。

（4）完成旅游行指委 2015 年项目结项和 2016 年项目立项工作。旅游行指委于 2016 年 7 月 2 日—3 日在北京第二外国语学院召开了 2016 年旅游行指委项目初审暨 2015 年旅游行指委项目结项评审会，邀请了来自全国的 18 位旅游职业教育领域专家，对项目进行审核，并提出指导意见。旅游行指委 2015 年发布了旅游职业教育研究的相关科研项目，共有 8 个项目获准立项。此次会议评审专家在听取各项目负责人项目情况汇报的基础上，准予 6 个项目结项，2 个项目延期结项。2016 年旅游行指委共收到 74 份科研项目申报材料，共有 10 个项目通过评审准予立项。旅游行指委一直坚持将提升职业院校教师的科研能力作为重点工作之一，将旅游职业教育课题作为重点研究领域，以探索高效务实的职业教育方法作为出发点，以推进中国旅游职业领域师生共同发展作为最终目标。

4. 举办骨干教师培训班，提升师资教育教学能力

（1）举办 1 期中职骨干教师培训班。受国家旅游局专项资金支持，2016 年中等职业学校骨干教师培训班依托中职高星级饭店运营与管理专业骨干专业分委员会举办，由广东省旅游职业技术学校承办。来自全国 20 多个省的 89 位学员参加了中职高星级饭店运营与管理专业骨干教师培训班，学员主要来自全国各中等职业学校专业带头人、骨干教师或教研室主任。培训班组织学员开展课堂教学设计、进行实地调研等活动，邀请专家解读全国旅游服务类专业规划与专业人才培养模式、专业顶岗实习标准等，并组织学员对教育部现代学徒制试点项目基地考察、对南沙大酒店实地调研，帮助学员提升专业教学能力并对接企业操作实务，理解专业教学与旅游企业实际营运管理工作两者的相互关系，提升教师的教育教学水平，规范旅游专业教学标准。

（2）举办2期高职骨干教师培训班。2016年旅游类高等职业学校专业骨干教师国家级培训班共举办2期，依托高职酒店管理专业分委员会秘书处所在单位南京旅游职业学院承办酒店管理专业骨干教师培训班，依托旅游管理专业分委员会秘书处所在单位郑州旅游职业学院承办旅游管理专业骨干教师培训班。2期培训班共接纳了来自全国各旅游类高等院校的100名学员。骨干教师培训班采用"专家讲座＋互动教学＋案例教学＋现场教学"四位一体的培训模式，通过设计理论与实践紧密结合的课程，采用先进的教学方法，为酒店管理和旅游管理专业的教师提供了师资队伍建设、旅游人才培养的分享交流平台。高职骨干教师培训班向各院校专业教师宣贯新修订的高职专业目录，并结合教材改革发展趋势进行授课，紧密配合即将开展的规划教材编写工作。学员们纷纷表示受益匪浅。骨干教师培训班的成功举办也为我国旅游行业人才培养提供良好借鉴，将有助于推动高职院校旅游类专业教育教学质量与水平的提升。

5. *举办产教融合分论坛，为旅游教育改革提供智力支持*

为深入贯彻《国务院关于加快发展现代职业教育的决定》和《教育部关于深化职业教育教学改革全面提高人才培养质量的若干意见》文件精神，加快推进产教融合、协同育人，在"高校实践教学改革与人才培养模式创新系列活动暨第48届全国高教仪器设备展示会"期间，中国高等教育学会首次按照主管部长的要求，增加了全国各行业职业教育教学指导委员会在成都联合举办"高等职业院校产教融合协同育人发展峰会"内容。全国旅游行指委入选为首批举办产教融合论坛的行指委，于2016年10月18—20日在成都职业技术学院的协助下成功举办以"产教融合——供给侧改革与旅游教育创新发展"为主题的旅游教育分论坛。学界业界专家群策群力，为旅游教育的创新发展提供了新理念、新思路、新对策。

6. *支持现代学徒制试点，探索人才培养新模式*

旅游行指委联合广东省旅游职教集团成功申请教育部首批现代学徒制试点，作为教育部从1300多项申请中挑选出来的162项之一，在没有借鉴的情况下两年来成绩斐然。4月13日召开汇报研讨会，旅游人才现代学徒制人才培养模式初具成效。

7. *开展创新发展行动计划，为高职教育提供指南*

为改革人才培养机制，推动学校内涵建设与核心竞争力提档升级，促进高等职业教育创新发展，根据《高等职业教育创新发展行动计划（2015—2018年）》（国办发〔2015〕36号）要求，在教育部和国家旅游局的组织下，旅游行指委申报创新发展行动计划系列任务（项目），并获批10项，2016年均已经启动。通过一年的建设和创新改革，取得了一系列成绩，100%或超额完成既定任务。

8. *召开援疆旅游人才培训工作会，为落实计划建立有效联系*

为推进国家西部大开发战略，贯彻落实国家关于援疆人才工作的指示精神，分享现代旅游业的职业教育理念与思路，旅游行指委秘书处于2016年3月1日在北京第二外国语学院组织召开了2016年援疆旅游人才培训工作会。新疆维吾尔自治区旅游局副局长刘默然、新疆旅游培训中心主任钱欣、旅游行指委秘书长韩玉灵以及来自全国各省市的10余位旅游教育专家、旅游行指委委员出席本次会议。

援疆旅游人才培养计划的对口院校大多为旅游行指委委员单位，第一批次培训计划的班次安排主要设置旅游行政主管领导班、景区高层班、旅游局长班、乡村旅游专题班、乡村旅游管理（师资）班、旅行社高层班、旅游管理干部班、酒店中层（师资）班8类培训班，共12个班次，分别委托北京市委党校、海南省旅游学校、浙江旅游职业学院、四川省旅游学校、南京旅游职业学院、山东旅游职业学院和广东省旅游职业技术学校7所院校承办。与会专家讨论了改进援疆旅游人才培养计划的具体内容，会议为新疆维吾尔自治区旅游局与全国旅游教育专家建立了有效联系，为培养计划的具体落实铺平了道路。

9. 协助开展导游"云课堂"研修培训，发挥行业指导作用

根据国家旅游局《关于组织实施导游"云课堂"研修培训的通知》（旅办发〔2016〕273号），为提升导游综合素质和职业能力，国家旅游局组织开展导游"云课堂"研修培训，委托旅游行指委组织有关院校导游专业师生登录"云课堂"研修培训平台参加学习。培训课程主要针对导游带团过程中遇到的实际问题，采取案例分析的方式，设置大家讲坛、名导课堂、文明旅游和美丽中国魅力导游等4个主要模块。旅游行指委面向全国各院校旅游专业师生发布《关于组织参加国家旅游局导游"云课堂"研修培训的通知》（旅指委〔2016〕24号），各院校积极响应，咨询课程相关事宜，踊跃报名参与该课程学习。

四、研究结论与展望

在国家旅游局人事司的指导和院校企业的大力支持下，在第一届全体行指委委员的团结协作下，第一届旅游行指委紧紧围绕国家发展现代职业教育的方针政策，在加强自身建设、助推职业教育、发挥专家作用等方面开展了许多工作，组织参与了职业教育领域的大型活动，收获了宝贵的工作经验，为旅游职业教育改革创新做出了一定贡献。

在分享成果的同时，旅游行指委也在积极探索旅游行指委有待改进的空间，以及阻碍进步的各种因素。例如，当前旅游行指委委员并没有分布全国所有省份，还有一些西部省份暂无委员，现有部分委员的作用也未得到最大化的发挥；在专业化分工越来越精细的今天，各专业分委员会还需要进一步发挥作用；由于没有稳定的经费来源，旅游行指委在构思一些工作计划时总是有所顾虑。对于这些困难，我们正在积极思考解决的对策。例如，中、高职专业分委员会成立后，将会充分考虑分委员会委员的地域分布，力求资源在全国范围内共享，也将分解有关工作任务，进一步发挥分委员会在专业建设方面的作用。相信在教育部、国家旅游局人事司的领导和支持下，这些问题都会得到很好的解决。

全国职业教育正处于由规模扩张向全面提高质量的转折期，作为我国职业教育的重要组成部分，大力发展旅游职业教育是贯彻落实国家教育规划的必然要求，是实现旅游业可持续发展的必然选择。在新一届旅游行指委委员的精诚协作下，旅游行指委将继续遵循"人才强旅，科教兴旅"的战略方针，依照《国家中长期教育改革和发展规划纲要（2010—2020年）》"大力发展职业教育"的总体要求，积极投身到推动旅游职业教育教学改革、促进校企合作、推进旅游职业教育国际化进程、建设旅游人才培养队伍等方面的工作中。

在新一轮发展周期，旅游行指委将以写好1本年度报告，办好1个论坛，做好1本杂志，建好1个网站，办好4项大赛，建设1批好项目、好教材、好课程为工作抓手，继续

加强自身组织结构和运行机制建设、完善各项制度，进一步发挥专委会的作用，完善网站和微信群的建设，畅通委员沟通渠道，及时传达有关精神。按照教育部的部署，依托中高职专委会，做好《中职专业目录修订》及《高职专业教学标准修（制）订》工作，按照承接任务继续完成高职创新行动计划，办好全国职业院校技能大赛旅游服务类赛项。并积极完成其他常态化专项工作：出版《2016年中国旅游职业教育年度报告》，办好产教对话，办好中国旅游职业教育"百川论坛"，完成2016年旅游行指委项目结项工作，发布2017年旅游行指委项目，出版《全国旅游职业教育教学指导委员会科研成果集2016》，办好5期国家级培训班，召开2018年国赛旅游服务类赛项专家研讨会等。旅游行指委还将协助国家旅游局开展万名旅游英才计划项目，组织2017年万名旅游英才计划项目遴选和申报，完成2016年万名旅游英才计划项目的中期评审工作。进行中国旅游职业教育教材建设、中国旅游职业教育校企合作评比以及中国旅游职业教育基地建设等工作。

在国家政策大力的支持及上级主管部门的科学领导下，第二届旅游行指委将紧紧围绕国家发展现代职业教育的方针政策，结合我国旅游行业发展需要，从职能出发，服务行业，加强自身建设，进一步发挥专家指导作用，与全体委员携手为开创旅游职业教育发展新格局贡献力量。

项目名称：中国旅游职业教育发展的均衡测度与比较研究
项目编号：LZW201604
项目负责人：陈萍
项目负责人所在单位：上海旅游高等专科学校

中国旅游职业教育发展的均衡测度与比较研究
——基于京津沪渝的实证调查

一、绪论

（一）研究目的和意义

在旅游业大发展和职业教育大改革背景下，旅游经济发展对人才的需求不断增强，国内旅游职业教育也处于不断发展、更新和深化的阶段。特别是近年来，在生源数量相对稳定的基础上，各职业院校开始在提高人才培养质量、增强学校发展内涵上下功夫。但是，由于教育理念、课程体系建设、教师队伍建设和教学基地建设等发展的不平衡，旅游职业教育人才培养中仍然存在一些问题，不同地区之间旅游职业教育发展均衡程度也存在巨大差异。

虽然学界已经充分认识到旅游职业教育的重要性，并对旅游职业教育的发展现状、旅游职业教育的培养模式等问题进行了一定研究，但无论是对哪一方面问题的研究，无一例外都将研究的主体界定于某一地区或某一具体院校，而没有从宏观层面整体研究我国旅游职业教育发展现状，更缺乏对不同地区之间旅游职业教育发展现状的横向比较。而我国由于地区经济的不均衡，不同地区旅游职业教育发展是否也存在不均衡，以及各地区之间差异产生的原因等问题，尚未有人予以关注，更缺乏定量的分析与探讨。本项目对北京、天津、上海、重庆四个直辖市旅游职业教育发展现状及其影响因素进行实证分析，探究各地区旅游职业教育均衡发展的主要影响因素及其作用机制，探索提高旅游职业人才教育质量的方法和路径，构建中国旅游职业教育发展的创新模式，为旅游行业的未来发展提供人才支撑和智力支持，促进旅游业健康有序发展。

（二）研究思路

项目以我国不同区域之间旅游职业教育的发展均衡性的比较为研究的切入点，对旅游职业教育发展均衡测度指标体系进行设计并予以量化，并利用层次分析法、数理统计法对2011—2015年京、津、沪、渝四个直辖市的旅游职业教育发展状况均衡性进行测度，研究京、津、沪、渝旅游职业教育总体和局部态势,剖析发展失衡产生的深层原因,总结影响我国旅游职业教育发展水平的相关因素。通过横向比较,总结借鉴四个城市旅游职业教育的成功经验,提出中国旅游职业教育发展的新方法。笔者提出四阶段的研究方案,见图1。

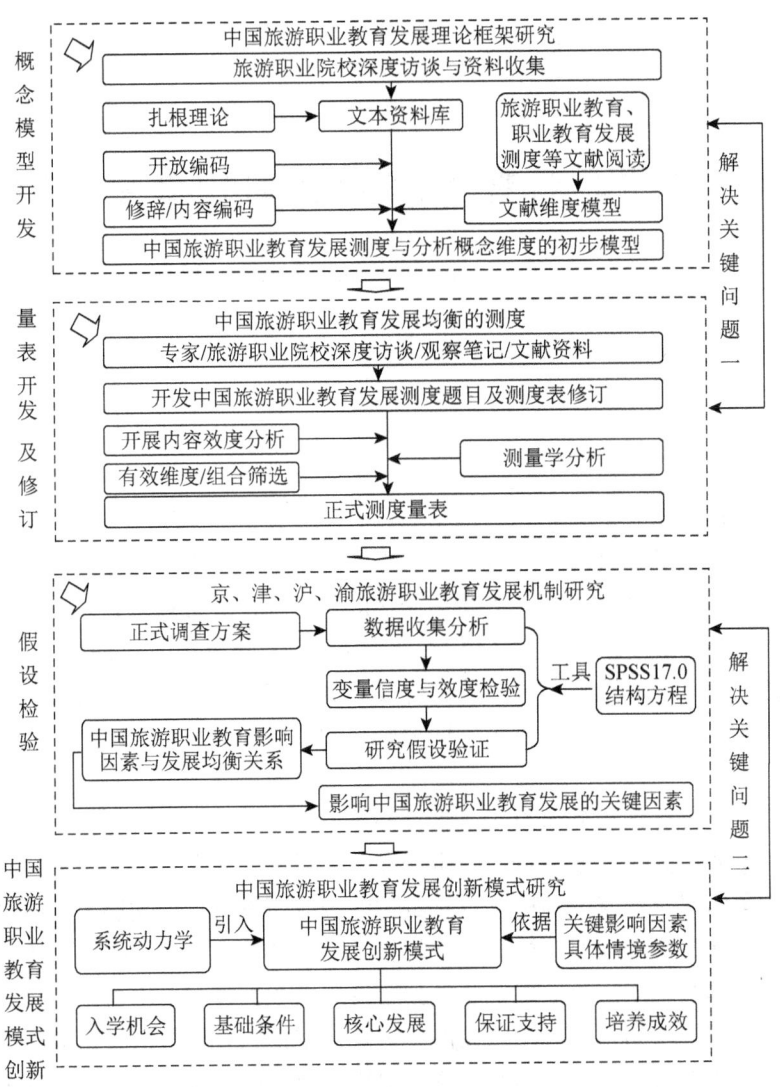

图1 项目研究思路

(三)主要内容

项目以我国旅游职业教育的发展均衡性为研究的切入点,首先对旅游职业教育发展均衡测度指标体系进行设计并予以量化,其次利用层次分析法和数理统计法对2011—2015年5个年度京、津、沪、渝四个直辖市的旅游职业教育发展状况进行均衡测度,探寻各地区之间影响旅游职业教育均衡发展的主要障碍,总结影响我国旅游职业教育发展水平的相关因素，通过横向比较，并总结借鉴成功模式和经验，促进我国旅游职业教育质量的提高。

（四）主要创新点

1. 树立了旅游职业教育研究的新视角

以往对旅游职业教育的相关研究，无一例外都将研究的主体界定于某一地区或某一具体院校，而没有从宏观层面整体研究我国旅游职业教育发展现状，更缺乏对不同地区之间旅游职业教育发展现状的横向比较。基于发展的均衡的视角，定量地分析与探讨旅游职业教育问题，可能为旅游职业教育发展的相关决策选择提供一个新的解释。

2. 构建了旅游职业教育均衡测度指标体系

结合相关统计数据，建立旅游职业教育均衡测度指标体系，解决了旅游职业教育发展均衡的测度问题。在此基础上形成的模型使得对旅游职业教育的研究突破对案例研究范式的依赖，朝实证方向发展。

3. 建构了旅游职业教育均衡发展创新模式

基于实证研究结果，探寻各地区之间影响旅游职业教育均衡发展的主要障碍，总结影响我国旅游职业教育发展水平的相关因素，探究提高旅游职业人才教育质量的机制和路径，构建中国旅游职业教育发展的创新模式。

（五）研究意义

通过实证研究，分析了北京、天津、上海、重庆四个直辖市旅游职业教育发展现状及其影响因素，并对各地区影响旅游职业教育均衡发展的主要因素及相互机制进行了研究，提出适合中国旅游职业教育发展的人才培养模式，具有重大理论意义。

从实践的角度来看，旅游人才队伍的整体水平对旅游业发展的影响和制约作用已日益显现，例如，人才布局失衡、地区旅游教育发展不均衡等现实问题的存在都严重制约了我国旅游业的发展，迫切需要对不同地区之间旅游职业教育发展失衡的原因进行探讨，寻求解决这一问题的有效方法，为旅游行业的未来发展提供人才支撑和智力支持，以促进旅游业健康有序发展。因此，对这一问题的探讨也是实践层面亟待解决的现实问题。

二、研究设计

（一）研究对象选取

北京、天津、上海、重庆四大直辖市在中国经济社会发展中占据特殊位置。京津是环渤海经济圈的中心，上海是长江三角洲经济圈的核心，重庆是长江上游地区的经济中心。四大直辖市、三大经济区域是引领中国经济社会发展的重要增长极和强大引擎。其在经济区位、战略发展意义等方面均具有相似性，但在地理位置、发展基础上又具有差异性。北京、天津、上海是传统直辖市，同属东部优先重点发展地区，经济基础比较好。重庆是新兴直辖市，属于西部重点发展地区，经济基础相对薄弱。京津沪渝的发展在一定程度上代表了中国东西部的区域差距。基于此，本研究以京津沪渝为研究对象，测度并比较四个直辖市旅游职业教育近5年的发展水平与均衡程度，透视中国旅游职业教育的东西部差异。

（二）旅游职业教育发展均衡测度指标体系

根据旅游职业教育均衡发展的内涵，本研究将均衡指标分解为入学机会、基础条件、核心发展、保障支撑和培养成效5个一级指标。采用因子分析法对5个一级指标分别进行二级指标分解，最终职业教育发展均衡测度指标体系由5个一级指标、16个二级指标构成。鉴于所选取的指标大多为定量指标，这些指标的性质和标准不尽相同，加之目标变量建立在各子变量之上，而各子变量的权重不一，本研究又采用层次分析法分别计算出各二级指标的精确权重和各一级指标系数。

（三）数据来源与统计方法

入学机会、基础条件、核心发展三大指标的数据主要来源于2012—2016年《全国教育事业发展统计公报》《中国统计年鉴》《北京统计年鉴》《天津统计年鉴》《上海统计年鉴》《重庆统计年鉴》《北京教育年鉴》《天津教育年鉴》《上海教育年鉴》《重庆教育年鉴》《北京市中等职业教育质量年度报告》等；保障支撑指标数据来源于2012—2016年《中国教育经费统计年鉴》；培养成效指标数据主要通过年鉴数据、网络搜集、问卷调查得到。满意度问卷是根据Parasuraman等人的服务质量差距分析模型（SERVQUAL量表）改编而成。问卷调查通过网络方式在京津沪渝的旅游高职、中职院校进行，发放问卷700份，收回有效问卷521份，其中京127份、津113份、沪132份、渝149份。

统计分析以京津沪渝之间的相对比较为主，以相关标准为参照的绝对比较为辅。相对比较主要采用描述统计和推断统计，采用表格展现区域、年度差异。绝对比较主要以教育部出台的相关文件为参照标准，高职以《高职高专院校人才培养水平评估方案（试行）》（以下简称《方案》）和《普通高等学校基本办学条件指标（试行）》（以下简称《指标》）为依据，中职主要以教育部制定的《中等职业教育督导评估标准》（以下简称《标准》）和教育部《关于"十二五"期间加强中等职业学校教师队伍建设的意见》（以下简称《意见》）为衡量标准。

三、京津沪渝旅游职业教育发展的均衡测度与比较

（一）入学机会指标

职业教育公平一方面指每位社会成员拥有平等接受职业教育的权利和机会，即职业教育对个体的公平性；另一方面指职业教育在与普通教育的关系上，得到与普通教育同等对待，即职业教育与普通教育的平等性。入学机会指标包括在校生人数和招生人数两个指标。

1. 在校生人数

由表1，从年度变化看，重庆旅游高职在校生人数保持小幅增长，5年每年增长幅度不超过10%，天津出现震荡式增长，2012年达到最高值，2015年回落至5509人，5年总体增长幅度为2.59%，与2011年基本持平，北京呈现逐年减少趋势，5年减少幅度为11.59%，而上海同样在2012年达到最高值，此后逐年下降，5年下降幅度为12.86%。总体来看，天津和重庆保持上升趋势，北京、上海在校生人数呈现下降趋势。横向来看，四个城市在校生人数有逐渐拉近趋势，至2015年，除上海人数明显高于其他三个城市外，京津渝三个城市差距不大，都在5000人左右，天津位列第二，而北京人数降至最低。

从中职在校生数看，天津和重庆人数依然保持增长趋势，5年增幅分别为50.56%和25.29%，北京和上海出现下降，其中，北京由2011年的9370人迅速下降至2015年的2691人，下降幅度达到71.28%，而上海则表现为逐年小幅下降，5年下降幅度在20%以内。横向来看，京津沪渝中职在校生人数差距显著，北京和天津人数最少，都在4000人以下，上海在7000人左右，最高的重庆为20 419人，是最低的北京的7.59倍，上海的2.94倍。

表1 2011—2015年四直辖市旅游高、中职在校生人数

单位：人

直辖市	2015年		2014年		2013年		2012年		2011年	
	高职	中职	高职	中职	高职	中职	高职	中职	高职	中职
北京	4753	2691	5141	4725	5294	7472	5277	9646	5376	9370
天津	5509	3615	5300	3061	5304	2699	5562	2548	5370	2401
上海	7592	6948	7795	7831	8391	8271	8883	7734	8712	8010
重庆	4901	20419	4641	20199	4324	20792	4211	18126	4001	16297

2. 招生人数

从高职近5年招收学生情况看，北京略有下降，5年下降幅度为15.29%，上海下降比较明显，5年下降幅度为48.80%，天津招生情况有所振荡，2015年相比2011年略有下降，重庆基本保持稳定，略有上升。横向来看，四个城市高职招生人数北京最少，上海最高，但差距不是特别明显，最大差幅为33.46%。

从中职招生情况看，北京招生人数快速下降，5年缩减招生规模70%，5年间上海中职招生人数在2013年出现拐点，2013年后快速下降，天津、重庆招生整体呈现缓慢增长趋势，偶尔出现负增长。横向来看，四个城市中职招生人数存在巨大差异，最低的北京仅902人，最高的重庆为8267人，相差9.16倍，即使第三位的上海（2249），也与重庆差异巨大（见表2）。

表2 2011—2015年四直辖市旅游高、中职招生人数

单位：人

直辖市	2015年		2014年		2013年		2012年		2011年	
	高职	中职	高职	中职	高职	中职	高职	中职	高职	中职
北京	1579	902	1754	833	1968	1010	1879	2989	1864	3553
天津	1903	1479	2006	1096	2016	1096	1998	1107	2133	1081
上海	2639	2249	2453	2785	2648	3245	2858	2731	3012	2711
重庆	2373	8267	2019	6886	2001	7905	1989	7536	1937	6792

（二）基础条件指标

1. 生均教学行政用房

旅游高职生均教学行政用房面积，2011—2015年京津沪渝不断增加，尤其2015年北京高职生均教学行政用房面积达到23.48平方米。在差异性上，京津沪渝极值分布区间为［16.54，23.48］。对比全国平均水平，京渝生均教学行政用房面积高于全国，津沪低于全国。京渝高职生均教学行政用房面积相对突出，反映出京、渝在办学条件上具有良好保障。

中职生均教学行政用房面积，2011—2015年津沪渝平均面积不断增加，而北京生均面积呈振荡状态。四个直辖市平均面积为15.92平方米，高于全国平均水平。在差异性上，京津沪渝的极值分布区间为［11.87，21.44］，相比全国平均水平，京、津、沪远高于全国，渝与全国基本持平（见表3）。

表3　2011—2015年四直辖市旅游高、中职生均教学行政用房面积

单位：平方米

直辖市	2015年		2014年		2013年		2012年		2011年	
	高职	中职	高职	中职	高职	中职	高职	中职	高职	中职
北京	23.48	21.44	22.17	19.78	20.33	18.57	22.11	18.95	20.06	16.28
天津	16.54	12.12	16.03	12.39	15.79	13.19	15.60	12.74	15.37	11.93
上海	17.33	11.87	15.73	10.91	15.48	10.32	14.73	11.07	14.32	10.21
重庆	21.42	19.69	22.39	18.78	21.97	16.97	20.38	15.89	19.65	15.92

2. 生均仪器设备值

由表4，从时序变化看，2011—2015年京津沪渝高职生均仪器设备值显著增加，北京增幅较大，北京高职院校生均教学科研仪器设备值达到40 707元，每年以20%的比例增加，并呈现差距扩大态势。四个直辖市平均值为8939.71元，高于全国7977.06元的平均水平。京津沪生均仪器设备值远高于全国，渝略低于全国。北京高职生均仪器设备值优势特别突出，京津沪渝之间有显著差异。在差异性上，京津沪渝极值分布区间为［7432.95，40 707.78］，极值差距达5倍之多。

2011—2015年京津沪渝中职生均仪器设备值逐年增加，尤其京沪增幅较大，在差异性上，京津沪渝存在巨大差异，极值分布区间为［5684.37，22018.54］，极值差距为3.87倍，相比全国平均水平，京沪均高于全国，渝略低于全国。整体来看，北京优势特别突出，重庆中高职教育教学条件需要得到改善。

表4 2011—2015年四直辖市旅游高、中职生均仪器设备值

单位：元

直辖市	2015年		2014年		2013年		2012年		2011年	
	高职	中职	高职	中职	高职	中职	高职	中职	高职	中职
北京	40 707.78	22 018.54	33 942.91	20 414.57	27 390.47	19 230.57	22 596.52	17 382.71	19 194.97	14 828.27
天津	26 176.46	14 985.83	23 143.44	13 485.54	20 982.79	12 842.85	18 473.53	9380.38	14 943.58	6839.72
上海	35 832.48	26 572.95	28 122.97	25 483.39	26 859.45	20 948.45	20 433.58	18 945.57	16 459.64	15 905.23
重庆	7432.95	5684.37	7029.56	4934.28	6395.92	3044.98	5219.34	2743.98	4307.63	2016.47

3. 生均图书

由表5，从时序变化看，2011—2015年京津沪渝高职生均图书册数不断增加，北京增幅较大。2015年，北京生均图书册数最高达149.8册，生均图书增加了21.8册，增幅14.6%，而增长率最低的仅为1.28%，差异显现扩大趋势。四个直辖市的极值分布区间为[92.61，149.82]。对比全国平均水平，京津沪高职生均图书册数远高于全国，渝略低于全国。

京津沪渝中职生均图书册数不断增加，增幅比较稳定。从差异看，京津沪渝极值分布区间为[56.84，74.99]，上海生均图书册数最高，为78册，渝仅有56册。相比全国平均水平，京津沪中职生均图书均高于全国，渝略低于全国。

从高、中职集中区域看，京津沪渝四地高职生均图书平均为122册，北京高职优势突出，超过140册，津沪生均超过110册，渝生均90册，高于全国77册的平均水平，并超过《方案》"生均图书80册以上"的要求。中职生均图书接近70册，仅为高职生均图书册数的一半多。

表5 2011—2015年四直辖市旅游高、中职生均图书数

单位：册

直辖市	2015年		2014年		2013年		2012年		2011年	
	高职	中职	高职	中职	高职	中职	高职	中职	高职	中职
北京	149.82	74.99	127.35	68.43	103.52	62.11	87.69	53.17	76.94	44.92
天津	112.73	68.36	108.57	60.63	90.45	56.18	84.58	42.17	66.45	34.71
上海	134.28	78.45	126.88	70.28	110.42	67.38	90.32	56.90	73.19	45.49
重庆	92.61	56.84	84.73	48.32	79.83	42.10	77.89	30.21	69.72	16.97

综合基础条件指标，京津沪渝旅游职业院校硬件条件上逐年改善，办学资源得到一定保障，但资源配置的区域差异较大，有逐渐扩大趋势。北京旅游高职硬件资源配置很好，在生均行政用房面积、生均仪器设备值、生均图书数上遥遥领先，显现出北京高职具有良

好的办学条件。而沪旅游中职硬件资源配置较好，在生均仪器设备值、生均图书数等方面具有优势，渝在各基础条件上还有待于进一步加强。

（三）核心发展指标

1. 生师比

由表6，从时序变化看，随着生源的持续下降，2011—2015年北京旅游高职院校生师比不断降低。2015年，北京旅游高职院校平均生师比为10.92，较2014年12.3的水平有明显下降。沪在震荡中略有下降，天津基本保持稳定并略有下降，而随着重庆旅游高职招生人数的增加，该市生师比小幅上升。四个直辖市差异不大，其极值分布区间为［10.92，16.83］，至2015年，除北京生师比显著低于其他三个城市，天津、上海和重庆生师比基本都在16左右，参照《方案》的要求，生师比基本达到16:1的合格等级。

2011—2015年，京、津、沪、渝旅游中职生师比整体下降，北京中职生师比振幅较大，2011年生师比达到29.93，在2013年后随着学生数量减少快速下降至13.73，天津中职生师比一直表现突出，2011—2015年在震荡中略有下降，2013年最低达到9.49，上海和重庆变化不大，基本保持稳定。但从横向比较，京津沪渝中职生师比差异较大，极值区域为［12.13，28.96］，重庆平均生师比为天津的2倍多，北京和天津明显优于上海和重庆，差距较大。上海和重庆离《标准》要求的20:1生师比尚有一定差距。

对比高、中职，高职生师比优于中职，中职区域差异较大。高职生师比区域差异不大，北京具有明显优势，整体水平距离《方案》要求的生师比16:1不远。中职生师比差异较大，离《标准》规定的20:1尚有一定距离，表现突出的是天津，旅游中职生师比低于高职；重庆生师比（28.96）过高，在一定程度上影响重庆旅游中职教育的办学质量，同时也反映出重庆近年来旅游中职教育迅速发展对旅游专业人才的强烈需求。

表6　2011—1015年四直辖市旅游教育高、中职生师比

		2015年		2014年		2013年		2012年		2011年	
		高职	中职	高职	中职	高职	中职	高职	中职	高职	中职
北京	教师数（人）	436	196	418	160	402	320	410	394	425	313
	生师比（%）	10.92	13.73	12.3	29.53	13.17	23.35	12.87	24.48	12.65	29.93
天津	教师数（人）	344	301	331	255	325	299	310	196	303	172
	生师比（%）	16.74	12.13	16.83	12.35	16.32	9.49	17.94	13.91	17.72	14.26
上海	教师数（人）	451	300	432	326	440	319	442	311	440	30 344
	生师比（%）	16.83	23.16	18.04	24.02	19.07	25.92	20.09	24.87	19.8	26.44
重庆	教师数（人）	306	705	299	690	283	682	290	651	271	602
	生师比（%）	16.02	28.96	15.52	29.27	15.28	30.49	14.52	27.84	14.76	27.07

2. 高级职称教师比例

由表7，从时序变化看，2011—2015年京、津、沪、渝旅游高职院校高级职称教师

比例呈振荡上扬的走势，基本保持稳定增长，天津比例最高，为36.01%，符合《方案》要求"优秀等级的高职院校高级职称比例达到30%以上，合格等级的高职院校高级职称比例达到20%"，北京第二，上海最低，为27.31%。横向来看，四个直辖市差距不明显，极值区域为[27.31，36.01]，京津沪渝需进一步加强教师队伍建设，提高高级职称教师比例，更要逐渐缩小区域差异。

2011—2015年京、津、沪、渝旅游中职院校高级职称比例整体有所提升，但基本保持平稳，变化不大，北京高级职称比例较为突出。横向来看，四个城市之间不存在明显差异，都在21%到28%，达到方案要求。

表7 2011—2015年四直辖市旅游高、中职高级职称教师比例

（单位：%）

直辖市	2015年		2014年		2013年		2012年		2011年	
	高职	中职	高职	中职	高职	中职	高职	中职	高职	中职
北京	33.97	27.80	34.67	26.32	32.11	25.56	30.82	26.15	31.07	24.56
天津	36.01	25.93	36.78	27.39	34.36	26.02	33.03	25.61	32.92	24.99
上海	27.31	21.73	26.7	22.81	26.2	22.04	26.3	21.30	25.4	20.06
重庆	30.10	23.51	29.57	22.90	29.04	23.78	28.77	22.87	27.01	22.03

3. 高学历教师比例

由表8，从时序变化看，2011—2015年京津沪渝旅游高职院校高学历教师比例逐年上升，增长较为平稳，四个直辖市平均比例为40.98%，显现良好发展态势。横向比较来看，高学历教师极值分布区域为[33.14，48.19]，存在一定差异。北京比例最高，为48.19%，上海比例为43.25%，天津和重庆比例较低，都在40%以下，但都达到了《方案》要求的"优秀等级高职高专院校研究生学历或硕士及以上学位教师比例在30%"以上。

从时序变化看，2011—2015年京津沪渝旅游中职教师学历，高学历教师比例逐年增加，增长幅度比较平稳。横向来看，京津沪渝极值分布区域为[25.77，31.82]，京、沪平均比例均超过30%，津渝平均比例在25%以上，四个城市之间存在差异，但差异不大。

表8 2011—2015年四直辖市旅游高、中职高学历教师比例

（单位：%）

直辖市	2015年		2014年		2013年		2012年		2011年	
	高职	中职	高职	中职	高职	中职	高职	中职	高职	中职
北京	48.19	31.82	45.68	29.90	44.79	28.87	45.62	29.03	42.19	27.12
天津	39.33	27.76	37.28	25.45	35.04	23.11	35.48	22.61	33.05	21.78
上海	43.25	30.58	41.59	28.08	40.5	26.35	38.72	26.89	37.46	24.71
重庆	33.14	25.77	31.08	23.92	29.04	22.19	28.77	22.37	29.62	20.85

综合核心发展指标来看，京津沪渝专任教师数量和质量都得到了很大提高，基本满足旅游职业教育需求，但同时也存在一定不足。从数量上看，专任教师仍然存在很大缺口，尤其中职专任教师缺口较大。高级职称、高学历教师整体比例不高，结构有待优化，分布不均，区域配置出现结构性失衡，继续加强对青年教师的培养和培训是中高职师资队伍建设的主要任务之一。

（四）保障支撑指标

1.生均公共财政预算教育事业费支出

由表9，从年度变化看，2011—2015年旅游高职生均教育事业费5年整体呈缓慢增长趋势，除北京增幅较大外，其他3个城市整体增幅均不超过10%。而横向比较京津沪渝高职生均教育经费支出，北京生均事业费最高，2015年事业费超过60 000元，而渝生均事业费为14 109元，北京是重庆的4倍多，上海和天津介于二者之间。

从年度变化看，2011—2015年京津沪渝中职生均教育经费均呈逐年增长，增长速度相对较快，5年增长幅度分别为84%、104.43%、72.62%和86.23%。横向来看，四直辖市存在明显差距，并且从绝对值来看，有逐年增大趋势，高低顺序依次为京、沪、津、渝。其中，北京和重庆之间差异巨大，极值为[9157.31，34 433.36]，上海和天津均在25 000元左右，差距不大。

对比高职，旅游中职生均教育经费仍显不足，从分布形态看，高职、中职的分布近乎一致，这有力地说明职业教育的投入与经济发展水平密切相关。由于京津沪渝经济发展水平差异较大，京、沪等传统直辖市经济基础较好，对高职、中职的投入力度远大于渝。

表9　2011—2015年四直辖市旅游高、中职生均公共财政预算教育事业费

单位：元

直辖市	2015年		2014年		2013年		2012年		2011年	
	高职	中职	高职	中职	高职	中职	高职	中职	高职	中职
北京	61 343.96	34 433.36	58 548.41	28 765.51	47 629.14	23 635.72	47 623.53	21 700.90	44 073.80	18 673.53
天津	20 415.31	26 480.96	18 667.98	22 753.14	23 046.92	19 901.89	21 873.01	17 175.20	19 142.80	12 953.81
上海	30 081.89	25 295.30	27 111.70	20 710.22	30 186.34	20 702.80	30 116.56	17 879.89	29 560.09	14 653.93
重庆	14 109.99	9157.31	13 119.07	7387.96	12 358.08	7560.24	13 976.43	6332.86	12 660.96	4917.11

2.生均公共财政预算公用经费

由表10，纵向来看，旅游高职生均公共财政预算公用经费支出除北京略有增长外，其他三个城市均没有增长，天津基本持平，上海和重庆出现负增长。比较京津沪渝，生均经费从高到低依次为京、沪、津、渝。2015年，北京高职生均预算经费为32 147元，津渝的生均费用仅在8000~11 000元的范围，北京是津渝的3倍之多，沪高职生均预算经费为18 267元，津、沪、渝与北京之间具有较大差异。

从时序来看，京津沪渝旅游中职生均公共财政预算公用经费均大幅增长，尤其是天

津，除2014年增长幅度较小外，其余年度增长率均超过30%，5年增长幅度达到164%，至2015年，生均公用经费已基本接近上海，重庆5年增长也超过120%，尤其在2012年增长率达到66%，其后几年出现震荡式增长，北京和上海增长幅度均在60%左右，最高增幅均出现在2012年，在2012年后增长速度开始放缓。横向比较京津沪渝中职生均财政预算公用经费支出情况，生均经费从高到低依次为京、沪、津、渝。2015年，北京为14 945元，津、沪、渝与北京之间具有较大差异，沪津渝的生均费用仅在4000~9000元的范围，北京是重庆的3倍多，重庆旅游中职教育投入严重不足。

比较高职、中职发现，四个城市高职生均水平均高于中职，除津高职、中职生均水平接近，京沪渝高职生均在中职的两倍以上，说明对高职的投入力度远高于中职。另一方面，从区域上看，京高职、中职生均水平最高，渝高职、中职生均水平最低，显现出京优势突出，渝严重不足的投入状态。

表10　2011—2015年四直辖市旅游高、中职生均公共财政预算公用经费

单位：元

直辖市	2015年		2014年		2013年		2012年		2011年	
	高职	中职	高职	中职	高职	中职	高职	中职	高职	中职
北京	32 147.32	14 945.67	34 710.96	13 473.07	27 058.65	11 108.66	26 618.30	9149.75	26 465.43	9096.94
天津	10 847.94	7882.16	10 224.68	5918.03	15 135.72	5797.35	13 264.04	4054.30	10 850.65	2981.70
上海	18 267.01	8962.48	17 831.19	8110.24	23 857.38	7912.46	23 539.75	7051.29	23 492.42	5394.17
重庆	8382.58	4258.19	8181.15	3639.83	8106.90	3995.18	9778.93	3188.11	9073.88	1914.20

综合保障支撑指标，京津沪渝投入进一步加大，对旅游职业教育的供给力明显增强，但区域投入的差异性也在不断扩大。京高职、中职的教育经费优势特别突出，在生均教育事业费、生均教育公用经费支出上远高于津沪渝。相比之下，渝教育经费投入相对薄弱，生均经费水平明显低于京津沪，面临严重的经费投入不足问题。

（五）培养成效指标

1. 满意度分析

调查表明，京津沪渝满意度值没有出现服务绩效大于学生期望的情况，即学生所期望的服务质量与学生实际体验到的服务质量之间有一定的差距。比较而言，京满意度相对较高，渝满意度相对靠后。中职、高职对比，学生对高职的满意度普遍好于中职。尽管这些年京津沪渝采取了多种措施提高旅游职业教育质量，如不断加大经费投入力度，实行中等职业教育资助政策，着力提升师资队伍水平，加强双师型队伍的建设，加强职业教育基础能力建设等，但由于社会、行业、企业、家长、学生对其都有高期望值，尤其作为既是"顾客"又是"产品"的学生，其需求与期待值就更高，学生对旅游职业院校服务质量的感知与期望之间存在极其显著的差距。

2. 毕业生数

从时序上看，京沪旅游高职毕业生从2011年到2015年呈逐年下降趋势，渝缓慢增长，

基本保持稳定，只有津毕业生数有较大增长，增幅达到77%。2015年，京津沪渝毕业生数最多是沪，京津渝毕业生数基本持平，沪略高。对比2011年，四个城市毕业生数存在显著差异，上海最高，为3625人，而天津最低，仅996人，两者差距达4倍之多，北京和重庆居于二者之间，分别为2024人和1506人。可见，四个城市毕业生人数在逐渐拉近。

从时序变化看，2011—2015年京津沪旅游中职毕业生数逐年减少，只有渝毕业生数仍然呈增长趋势，5年增幅为28.87%。从横向来看，京津沪渝毕业生数最多是渝，达到6070人，与天津的857人差距巨大，京沪在2000人左右，差异有扩大的趋势（见表11）。

表11 2011—2015年四直辖市旅游高、中职毕业人数

单位：人

直辖市	2015年		2014年		2013年		2012年		2011年	
	高职	中职	高职	中职	高职	中职	高职	中职	高职	中职
北京	1736	1977	1747	2468	1796	2606	1932	2866	2024	2867
天津	1763	857	1314	854	1163	1115	953	1088	996	1103
上海	2481	2321	2678	2336	2898	2334	3402	2394	3625	2770
重庆	1769	6070	1605	5933	1552	4698	1527	5005	1506	4710

3. 一次性就业率

比较京津沪渝的旅游高职、中职就业率发现，中职一次性就业率高于高职。在高职就业率中，京沪就业率较高，上海就业率97.1%，津渝相对较低，但都高于94%的全国平均水平。在差异性上，京津沪渝高职一次性就业率存在一定差异。京渝中职就业率较高，津沪相对较低，但都在95%以上。京津沪渝高职、中职就业率优于全国平均水平，这与当地经济发展水平与市场需求呈正相关。

四、研究发现与主要结论

本研究运用层次分析法、数理统计法测度了2011—2015年京津沪渝旅游职业教育发展的均衡程度，得出以下主要结论：

第一，重庆招生和在校生人数快速增长，京津沪逐步下滑。在旅游职业教育2011—2015年5年发展过程中，招生人数最高的是重庆，并呈现出逐年稳定增长的趋势，尤其是中职出现巨幅增长，而京津沪招生人数则逐年下降，其中以北京中职下降幅度最大。在校生人数同样表现出重庆逐年稳步增加，京津沪逐年减少或基本稳定，但从2015年在校生人数来看，上海依然最高，说明上海旅游高职教育传统优势地位明显，但有被天津和重庆赶超的趋势。中职重庆在校生人数增幅明显，从2011年的最后一名跃升为第一，具有绝对数量优势，京津沪出现快速下降，北京从2011年的第一降至最后一名。分析其原因，说明重庆旅游业在经济中所占比重不断增加，中西部对旅游业发展越来越重视，而同时，旅游业在京津沪等经济发展地区经济中所占比重有所下降，对学生吸引力在不断减弱。

第二，旅游职业教育的生源问题是当下必须重视的问题。旅游职业院校招生数量的地区分布表现出明显的差别，数据显示，传统旅游业发达的城市，旅游专业招生和在校生数量却呈逐年下降趋势，表现出教育机会的总量性增加，机会供给与社会需求不匹配的局部失衡问题。一方面可能是这些地区的旅游业发展较早，人才储备已趋于饱和；另一方面说明旅游业吸引力的下降，特别是中职生源紧缺。同时，重庆等西部旅游新兴地区，招生和在校生人数快速扩张，但普遍存在生源质量较低、生源城乡结构失衡、生源对该专业的认知程度不高等情况。如何提高职业教育的吸引力，推进职业教育的发展和创新，根据学生特点，正确地加以引导，使职业教育适合地区经济发展对高技能人才的需求，是旅游职业教育在发展过程中必须解决的问题。

第三，基础条件三个指标、保障支撑两个指标以及培养成效中的满意度和一次性就业率指标表现最优的都是北京，其排名顺序依次是北京、上海、天津、重庆。数据表明，北京对旅游职业教育的投入最高，学生所期望的服务质量与学生实际体验到的服务质量之差相对较小。渝教育经费投入和培养成效相对薄弱，生均经费水平明显低于京津沪，面临严重的经费投入不足问题，培养成效也与其他三个城市存在一定差距，需要加大教育经费投入，配置相对优良的硬件资源，为旅游职业教育腾飞奠定基础。

第四，核心发展指标中，旅游中高职院校各指标比例进一步提升，师资队伍水平不断提高。生师比和高学历教师比例指标表现最优秀的是北京，高级职称比例最高的是天津。综合来看，京津沪三个城市水平接近，而重庆与三个城市存在一定差距，重庆对旅游专业人才的吸引力不足。但总体来看，专任教师数量不足、高级职称和高学历教师比例偏低，是京津沪渝专任教师队伍中的普遍问题，专任教师队伍建设是一个潜在的、需要高度重视的问题。由此，补充专任教师数量，全面提高专任教师素质，培养一批数量充足、素质上乘的教师队伍是职业教育发展的重中之重。

第五，综合来看，旅游高职规模增长最快的是重庆，各项指标综合发展程度最高的是北京，上海第二，天津第三，重庆最低。渝与京津沪之间的差异非常显著，并且区域间差距有扩大趋势，旅游高职教育发展均衡程度没有越来越高，而是有不断降低的倾向。

"均衡"的核心是旅游职业教育与区域经济的适应性和协调性，是旅游职业教育与区域经济的融合性和生长性，两者最终应形成互利互惠、紧密结合的状态，才能形成良性循环。基于我国各地的资源、生产力等不同，不均衡是必然的，但可以提升适应性。如何在现有经济条件下推动旅游职业教育的发展，促进旅游职业教育与区域经济的发展需要相适应，逐步缩小旅游职业教育发展的差距，是中国旅游职业教育必须摆在战略位置的重大课题。

五、中国旅游职业教育均衡发展模式构建

（一）优化整合全国旅游职业教育资源

东部传统经济发达地区在办学软硬件条件上具有优势，却面临生源减少，行业吸引力不足的困境；而中西部地区旅游业飞速发展，对旅游人才的需求剧增，旅游职业教育规模快速扩张，这种外延扩张的方式却由于学校经费不足，影响专业内涵建设，导致办学水平

低,严重束缚了旅游职业教育的质量与发展。面对这种中西部地区的严重不均衡,单纯依靠各学校的力量是不行的,必须要通过政府的宏观调控、政策引导、资金支持等手段,实现全国旅游职业教育资源的优化组合配置,促进全国各地区旅游职业教育的规范化、合理化发展。

首先,在各地区内,可通过各院校的上级管理部门进行调控。通过各地方管理部门和地方旅游局的联合,进行宏观调控,对本地区内旅游职业院校相关专业进行整合。主要是根据当地旅游业发展情况和旅游职业学校相关专业的开设情况,将专业设置相同或相近的专业合并,去重留需,以适应地方旅游业发展对人才的需要。

其次,打破地区限制,进行跨地区的旅游职业教育资源的整合,进行跨地区的旅游职业教育宏观调控,对地区间旅游职业教育专业布局和专业结构进行优化和重组,进一步达到优化教育资源的目的。

(二)人才培养专业设置与产业需求对接

应通过对各地区旅游业发展趋势和市场需求进行调研,及时了解旅游行业、企业对旅游人才的能力、素质、数量等方面的要求,发挥市场在专业人才配置中的基础性作用,为专业人才培养提供依据,根据市场需要,细分专业,查漏补缺,有预见性地设置专业,突出专业特长,办出特色。

第一,根据全国旅游业和地方经济的发展状况,敏锐地洞察旅游业市场需求的变化对旅游职业教育教学的要求,针对不同区域旅游业发展水平差异确定潜在需求,认真做好专业发展历程的梳理,逐个进行产业调研、行业调研、企业调研、毕业生调研,进行全面的数据收集调查,确切对接产业需求,以具体的产业需求来进行专业设置调整。

第二,强调地方性。要结合自身优势,科学准确定位,紧紧围绕"互联网+""旅游+"等国家发展战略和区域产业发展的需求,把握区域内产业集群的发展方向,科学制定专业建设发展规划,调减与学校办学定位不相符的专业,紧贴市场、紧贴产业、紧贴职业设置专业,发展专业特色,着力解决目前旅游专业结构不合理、特色不鲜明、发展不平衡的问题。

第三,科学处理专业结构与产业结构、专业人才供给与产业人才需求之间的关系,健全专业随产业发展动态调整的机制,增强专业迁移能力,构建集群式专业人才培养体系。努力形成区域间的协同发展机制,形成东、中、西部旅游职业院校专业发展的良性互动格局,帮助和支持少数民族地区发展具有民族特色的旅游专业,推动形成适应需求、特色鲜明、效益显著的旅游专业群,带动全国旅游类职业教育专业建设水平的整体提升。

(三)推动教育范式重构,提高专业吸引力

首先,调整培养目标。旅游职业教育人才培养目标,是培养旅游行业一线从事管理和直接运作的应用型技术技能人才。旅游职业院校应积极回归到经济社会发展对人才的需求结构和学校自身条件进行人才规格定位,并根据这个培养目标和规格设置不同的专业和课程,采取不同的培养方式和方法,防止办学目标定位千篇一律,办学模式和人才规格定位趋同。

其次,倡导精英理念。致力于将学生培养成为"旅游行业中最专业的人,同专业中最专注最敬业的人"。从哲学层次构建学生正确的人生观和价值观，从通识教育的层面打造学生扎实的基础知识、坚韧的品格。从环境教育的层面树立自由高等教育理念，鼓励开放式学习、交叉学科的设置，树立"能力本位"的教育理念。跳出专业的藩篱，培养学生的大局意识和宽阔视野。

再次，推崇服务文化。积极倡导学生参与各种社会服务活动。加强行业体验教育，进行行业认知宣传，应在新生入学阶段即培养学生的职业热情，对其进行行业体验教育，例如，组织到酒店参观业务流程、到旅行社做一天的资料员等活动，使学生带着热情进入专业学习。在顶岗实习过程中，注重将学生分配到不同的就业岗位，避免枯燥的岗位重复而使学生对行业产生厌倦心理。多为学生进行行业介绍，邀请行业专家进行行业前景展望，避免因一次实践接触而产生对整个行业的刻板印象。

最后，拓宽就业渠道，使学生更具适配性。进行完善的职业生涯规划教育，提前为毕业生进行个人优势分析，为毕业生设计职业道路，使毕业生认识自己接受的旅游职业教育的价值，为自己增加就业筹码。为学生开拓更多的就业渠道和就业空间，除传统行业外，更应注重学生的个人爱好和发展需求，为学生提供广泛的就业需求信息。让学生不仅可以从事酒店、旅行社等传统旅游行业，还可以为学生拓宽就业视角，使学生进入游轮服务、休闲产业服务、智慧旅游软件开发、旅游传播媒介等新兴行业就业。

（四）创建高素质的师资队伍

1.外部引进与内部培养相结合

旅游职业院校应积极制定行之有效的措施，不断加大师资建设的力度，坚持"走出去"和"请进来"相结合。

"走出去"是指在旅游职业师资的国际化和标准化培养方面，高等职业院校应积极推动国际交流与合作，并积极输送优秀教师到国内外开展学习交流；另一方面，加强对现有教师的实践培训，建立教师企业挂职锻炼管理办法，提供到行业、企业挂职、实习的机会，有计划地选送教师到企业接受培训，要求教师必须定期到企业挂职锻炼，将挂职锻炼和带队实习作为职称评聘的必备条件，从而改变陈旧、不实用的教学内容和教学方法。

"请进来"是指改革师资引进体制，加快引进行业企业具有实践经验、专业技术的人才，重点引进具有行业从业经历和有国际化教育和职业背景的人才。与国外优秀的教育机构联合办学，互访学习，加速旅游职业教育与国际接轨。同时，积极挖掘优秀外部资源，聘用行业企业高技能人才担任兼职教师，充分利用外部资源的开放性、知识前沿性、内容丰富实用性等特点，有目的、有步骤、有计划地组织讲座和报告，拓展新颖、有趣的知识内容。

2.对不同专业的教师针对学科特点进行针对性培养

按不同年龄和不同水平纵向排列教师队伍，并按不同层次有的放矢地进行培养。专业建设层面，培养专业带头人，充分挖掘从事专业建设、教学研究和实践实训研究的重点师资，优先安排其深入行业、企业第一线，给予相应教学自主权，使其能深入了解行业最新的人才和技术革新需求以及行业产业发展的最新趋势。人才储备层面，着重培养专业骨干教师，充分发挥其示范与辐射效应，明确专业骨干教师的个人发展方向和途径。在校内开展针对性强、强调专业特点、时效性高的各类培训和讲座，促进专业理论及专业技能水平的提升。学校发展层面，开发专业青年教师的专项潜质。实施专业青年教师成长计划，健全青年教师的成长档案，加强对专业青年教师培养过程的动态管理，完善发展评价体系，促进青年教师专业理论和专业技能的提高。

3. 提高教师待遇，培养教师奉献精神

我国旅游职业院校教师的工资水平和高等院校的教师或其他行业职业院校教师相比，存在明显的差距，提高旅游职业院校教师的薪金待遇迫在眉睫。迫切需要改革教师评价体系和收入分配制度，建立利益分享机制，将教师教学、科研和社会服务工作全面量化和统筹计算，鼓励教师大胆走出象牙塔，允许教师通过产学研合作获取合理报酬，鼓励教师以股份制、技术支持等方式创办公司。

（五）探索行业、企业、高校、协会合作新模式

1. 政府应给予企业和学校双方政策性支持

可以设立校企合作相关项目经费，尤其是在企业方面给予补贴，以校地合作、校企合作为途径，通过开展政府引导型、行业主导型、企业主导型、市场需求型、资源共享型等多种形式的产学研合作，建立开放式社会服务模式，提升旅游职业院校的社会服务能力。

2. 加快集团办学模式的发展

旅游职业教育集团是旅游职业院校、行业企业等组合而成的教育团体，其组成主体包括政府机构、行业组织、企（事）业单位、职业院校、研究机构和社会组织等。建立旅游职业教育集团应以骨干院校为龙头，以特色专业为纽带，通过校校结合，实现旅游院校之间的优势互补，资源共享，不仅可以突破传统的体制障碍，更符合旅游业发展需求，为后续发展提供动力，有利于我国旅游职业教育的品牌化，为推动旅游职教事业发展发挥重要作用。

3. 与旅游行业企业建立良性互动合作机制

为了引导并吸纳旅游企业全过程参与，可逐步建立用人单位参与的理事会制度，探索多样化的校政企合作模式。学校方面要搭建良好的与企业沟通协调的平台，同时，学校应对合作企业资格进行严格审核。另外，企业可参与相关专业的建设和管理，成立专门的理事会，吸纳相关专业人士，代表社会的利益和需求，参与决定学校相关专业的战略发展规划和设置，以建立与行业需求相对应的专业，真正实现与行业、企业的需求接轨。同时，建立基于校企双方利益结合点的利益驱动机制，形成稳固的校企合作模式，形成长期战略合作伙伴关系。

六、研究不足与展望

项目以我国不同区域之间旅游职业教育的发展均衡性的比较为研究的切入点，对旅游职业教育发展均衡测度指标体系进行设计并予以量化，对2011—2015年京、津、沪、渝四个直辖市的旅游职业教育发展状况均衡性进行测度，研究京、津、沪、渝旅游职业教育总体和局部态势，剖析发展失衡产生的深层原因，总结借鉴成功模式和经验，探究提高旅游职业人才教育的机制和路径，构建中国旅游职业教育发展的创新模式。无论从理论研究

还是实证研究方面都是一个全新的课题，但由于研究水平、研究时间、研究条件限制，在研究工作中还存在许多不足和需要进一步深入的地方。

1. 本项目主要研究了京津沪渝四个直辖市旅游职业教育发展均衡水平，在后续研究中可以将研究对象从京津沪渝直辖市扩展到更多地区，以期对中国旅游发展的均衡问题能有更全面的认识，更有效解决旅游行业发展中的人才培养问题。

2. 由于分析工具的缺乏，研究中数据分析的方法较为单一，专业性有待进一步提高。

鉴于此，本项目将以现有研究为基础，投入更多时间、精力和财力，对现有研究成果进行进一步梳理，利用更加专业的分析工具选取中国更多城市对其旅游职业教育均衡发展程度进行测度和比较研究，争取有新的突破。

项目名称：旅游业发展与高职旅游类人才需求预测
项目编号：LZW201607
项目负责人：操阳
项目负责人所在单位：南京旅游职业学院

旅游业发展与高职旅游类人才需求预测

"十三五"期间是旅游业从"旧常态"到"新常态"的重要转变期。旅游经济新常态对高职旅游人才培养提出了新要求。因此，探析旅游经济新常态发展趋势，科学预测旅游人才需求规模和人才质量要求，探索旅游高职人才培养的新途径，为旅游业"新常态"的发展需要提供强有力的人力支撑和保障，已成为当前亟须解决的重要问题。本报告共分四部分：①旅游业发展趋势及对旅游人才需求的总体影响；②供给侧视角下高等职业教育旅游类人才培养现状调研与分析；③需求侧视角下高等职业教育旅游类人才需求预测、评价及分析；④高职旅游人才培养的对策和建议。

一、旅游业发展趋势及对旅游人才需求的总体影响

（一）新常态下旅游业发展趋势分析

旅游业在国民经济和社会发展中具有重要地位，但需要进一步改革以激发其巨大的发展潜力。2014年8月22日国务院发布《关于促进旅游业改革发展的若干意见》（以下简称"31号文件"），以党的十八届三中全会《中共中央关于全面深化改革若干重大问题的决定》等重要文件为指导思想，重点放在了"改革发展"上，这切中了当前旅游业发展的根本——如何在新常态下实现旅游业的新发展。

新常态既包括宏观经济发展的新常态，也包括旅游业发展自身的新常态。这里只谈旅游业发展自身的新常态。旅游业新常态的具体表现为：

1. 从业内融合到跨界融合

旅游业在产业结构转型升级中，已经并将进一步发挥产业融合剂的作用，为其他产业发展提供了新的市场、新的方向和新的商业生命周期。旅游业也在与其他产业融合的过程中汲取了全新的运作模式、经营理念和资本力量。

2. 从技术渗透到技术人本

技术创新与产业发展的结合是近些年旅游业发展的重要现象，尤其是互联网技术、信息技术与旅游业的深度结合。这些技术之所以能够给旅游业带来全新的模式，更多在于市

场上出现了大量的全新的消费者,正是这些"80后""90后"消费者的内在需求和禀赋变迁,成就了创新企业,推动了旅游业的变革发展。因此,只有紧跟游客需求,将技术的智慧和人的智慧有机结合,才能真正实现智慧旅游的目标,保持旅游业新常态的生命力。

3. 从内部创新到外部创新

在中国旅游业发展的进程中,我们看到以旅游景区为主的开发创新、围绕传统旅游六要素进行的配套创新、基于制度约束下的企业自身的创新等。接下来可能将更多地看到政府大幅度减少对资源的直接配置、市场化改革在广度和深度上的新发展,以及在这些制度创新下旅游业的新发展。

4. 从碎片市场到系统市场

中国很多旅游大企业是市场造就的,而不是能力造就的。对于国有大型旅游企业而言,有不少是政策造就的。随着市场回归到商业本来的面目,随着经济发展的转型,随着政策性保护和垄断加快淡出,这些机会导向的企业能否继续强大下去,无疑需要打上一个大大的问号。因此,新常态下需要转变、调整发展思路,系统谋划布局,挖掘、培育企业的核心竞争能力。

5. 从点线发展到全域旅游

全域旅游不仅强调旅游的核心体验,更强调体验生态圈构建。新常态下的全域旅游发展需要围绕着旅游体验目标链来研究旅游体验圈层、旅游体验场域等问题,需要形成旅游产品生态圈层。在这个生态圈层中,不仅包括差异化的景观,也包括自然环境、社会环境、空气质量等以往旅游业发展过程中被忽略的因素。全国大面积的雾霾天气对旅游的影响就是一个很好的例子。

(二)旅游新业态发展分析

基于丰富的旅游资源和强劲的国内外市场需求,中国旅游业发展势头迅猛,已成为国民经济一大新的增长点,成为第三产业和现代服务业的重要发展"引擎"。目前,我国初步实现了从旅游资源大国向世界旅游大国的转变,已成为世界上最大的国内旅游市场。但在中国旅游业高速发展的同时,旅游产品供给的同质化和旅游市场需求的多元化之间的矛盾越发紧张。逐渐"白热化"的竞争给地区旅游经济、各个旅游企业的可持续发展带来巨大的威胁,正因为竞争压力,中国旅游业也正从传统的"量变"向"质变"发展,从而刺激旅游业态向多元化发展,从而出现了众多旅游新业态。

1. 休闲旅游

休闲旅游业的发展是基于人们生活条件的提高,可自由支配的收入及闲暇时间的增加,促使休闲消费呈现快速增长的态势。作为一种全新的旅游形态,休闲旅游在传统旅游意义的基础上又集结了文化娱乐、经济活动于一体。在体验经济时代下,随着信息化进程的不断加快,这种个性化的休闲旅游受到人们的青睐,也迅速开启了推动我国旅游业发展的全新模式。随着物质生活条件的改善,休闲旅游业成为人们满足现实需求的文化享受和体验。休闲旅游包含多种形式,近年来,最为凸显的如乡村旅游、度假区旅游、户外拓展旅游等。

2. 民宿旅游

大众旅游背景下,乡村旅游已经成为促进乡村经济、社会和文化发展的重要途径。当前，乡村旅游接待设施建设是以招待所、小宾馆、农家乐形式为主。一方面接待能力有限，另一方面考虑到维护乡村景观特色，住宿设施也不需要照搬城市酒店的形制与规模。民宿作为一种多利用自家闲置房屋，家庭经营，提供多种特色服务的接待设施，可以较好满足以上两项需要。随着旅游方式的不断扩展、旅游内容的不断丰富以及人们旅游观念的更新，民宿作为一种较为新颖的、特殊的旅游接待设施，也必然会不断地改变其方式和内容，不断地寻找最优的方式来满足旅游者的需求，使之不仅仅是一种旅游接待设施，更成为一种重要而独具特色的旅游吸引物。

3. 智慧旅游

智慧旅游基于云计算、物联网、移动互联网、人工智能、虚拟现实、数据挖掘和信息处理等技术，借助智能手机、智能终端等设备，实现旅游信息的广泛采集、挖掘分析、实时传输和自动感应，提升旅游者旅游信息收集、旅游决策、旅游购买、前往旅游地、在旅游目的地消费全过程的主动性、自主性、智能性和交互性。智慧旅游不仅是最新科技成果的融合，更是以旅游者自主体验为核心，以全方位、一体化的旅游行业信息管理服务活动为基础，服务于旅游者、旅游企业、目的地政府的全新旅游发展理念与运营方式。

4. 会展旅游

随着经济全球化的不断深入和市场经济的不断完善，会展业以其强大的功能、不可替代的作用及崭新的形象，正在迅速崛起并成为第三产业中一个举足轻重的新兴行业。经济学界许多权威人士认为，会展业在我国乃至世界都有着广阔的发展前景和旺盛的生命力，它是 21 世纪最有希望、最有发展潜力的热门产业之一。而会展旅游，因其比一般的观光旅游具有组团规模大、消费档次高、客人停留时间长、利润丰厚、受季节影响小等优点而日益引起世人的关注。

5. 文化创意旅游

文化创意旅游是一种与传统的自然山水观光旅游不同的旅游发展模式，它以文化为核心，以创意为手段，以技术为支撑，以市场为导向，创造多元化的旅游产品载体，形成产业联动效应，促进城市和区域经济的文化创意化转型。

旅游新业态的涌现层出不穷，除上文所分析的业态以外，还有诸如康体养生旅游、冰雪旅游等一系列新业态，这些业态的发展对旅游人才的培养提出了新的要求。

（三）旅游业人才需求总体特征分析

旅游人才是指旅游人力资源中能力和素质较高，具有一定旅游专业知识、专门技能，能够进行创造性劳动，提供高质量服务，并对旅游业发展做出一定贡献的人。旅游人才是推动我国旅游业发展的第一资源。

旅游行业的发展对旅游人才提出了新的需求。从宏观的旅游业发展、产业转型升级、旅游新业态不断涌现的角度着眼，本研究认为，我国旅游产业的发展对旅游类人才，特别是高职旅游人才培养的需求主要呈现以下特征：

1. 国际化旅游人才

国际化旅游人才内涵指的是：具有广阔的国际视野，能系统地掌握国际旅游知识，通晓国际旅游行业的基本规则和惯例，并且具有较强的外语应用能力以及跨文化交流能力，具备较高的综合素质,尤其是诚实守信品质,能够胜任国际旅游岗位,在国际旅游产业中进行创造性的劳动,产生良好的社会价值,为旅游产业国际化进程做出贡献的人。

2. 科技化旅游人才

随着互联网的发展,旅游行业人才需求发生了深刻变化,特别是对于新媒体营销、个性化定制、大数据分析、网络创意策划、智慧景区建设与管理、跨界复合型等的变化,使得对既懂互联网信息技术又具备旅游专业知识与服务技能的创造型、复合型人才的需求日益突出。传统的高等旅游教育面临着人才培养计划赶不上变化的困局,科技化人才急需培养。科技化旅游人才需要具有新媒体营销能力、个性化服务定制能力、智慧旅游建设管理能力、跨界复合能力等核心能力。

3. 人文化旅游人才

随着"以人为本"观念的进一步深化,旅游业越来越重视人的发展及人的精神世界,由最初的纯粹观光旅游向个性体验观光旅游转变,游客也不再单纯地满足于拍照留念、购买旅游纪念品,而渴望进行全方位的参与。人文化旅游人才的特点主要表现在两个方面,一是对游客的人文关怀,要坚持以人为本的理念,尤其要对老年人、残疾人、儿童等弱势群体给予更多的关爱,满足他们生理和心理方面的需要,落实好旅游过程中的人文关怀;二是要重视对目的地旅游发展的人文关怀,要在保护环境的基础上,在旅游过程中体现出人与自然的统一发展,构建美好的、和谐的相处环境。

4. 创意型旅游人才

创意旅游,是指用创意产业的思维方式和发展模式整合旅游资源、创新旅游产品、锻造旅游产业链。创意旅游适应了由观光旅游向休闲旅游转变的旅游业升级换代的趋势。创意旅游并非创意与旅游的简单合并,创意旅游是应旅游者日益高涨的精神文化需求以及旅游目的地实现可持续发展的需要而产生的一项新的旅游产品。创意旅游与文化旅游关系甚密,文化是创意旅游的核心要素之一,它的形成基于文化旅游,也实现了对文化旅游的进一步发展。创意人才阶层包括两个层面的群体:一是中心内核群体,含从事科学、工程建筑、设计、教育以及艺术、音乐、戏剧的人士。中心内核群体的经济功能是创造观念、技术和新的内容。二是在这个"超前创意"中心的周围形成一个更宽泛的职业者团体,在商业、医学、财政、法律部门供职,是从事与解决各种复杂难题的人士。解决这些难题需要充分的独立判断力和深厚的文化资本。由于创意旅游产品的消费者文化层次一般较高,有较高的鉴赏水平和审美要求,因此要求旅游创意人才拥有较高的文化水平、文明素质和专业素养。

5. 学习型旅游人才

在互联网时代,社会发展的节奏非常快,特别在旅游服务领域,新业态发展很快,如果没有学习能力,很容易被快速的行业发展所抛弃。彼得·圣吉的学习型组织理论指出学习型组织的五项修炼,即自我超越、改善心智模式、建立共同愿景、团队学习、系统思考。这五项技能对高校旅游人才培养也具有重要意义。

学习型旅游人才的能力包括两个方面。一是学习意识,主要是对新业态的敏感与不排斥,即实现自我超越和改善心智模式。一般而言,人们对新事物第一反应是排斥,然后是有意识地忽略或否定,这是学习最大的阻力。二是学习的能力。当新业态出现后,应能分析其出现的原因、条件、发展趋势、对自己的影响等,以及如何将新业态与自己的产品相联系,甚至将自己的业务向新业态转变。这种转变需要根据旅游服务业的发展,通过系统性思考取得。系统性思考是学习型旅游人才能力培养的重要方面。

二、供给侧视角下高职旅游类人才培养现状调研与分析

(一)我国高职高专旅游类专业发展概况

1.旅游类专业调整紧跟行业发展变化

我国旅游类高等职业教育始终紧跟旅游行业发展变化。从旅游类专业发展及调整来看,1978年,酒店管理专业作为我国开设最早的旅游管理类专业在宜兴诞生。20世纪80—90年代,国内以及入境旅游市场的兴起催生了旅游管理、导游、旅行社经营与管理、景区服务与管理等紧密贴合行业发展的专业。2000年以后,随着会展经济的蓬勃发展,会展策划与管理专业应运而生。

2012年,教育部对高职高专的专业目录进行梳理。2015年,根据行业发展需求和专业办学情况,教育部对目录进行了调整。目前,按照《普通高等学校高等职业教育专科(专业)目录(2015年)》,旅游大类共包括旅游管理、导游、旅行社经营管理、景区开发与管理、酒店管理、休闲服务与管理等7个旅游类专业,另包括会展策划与管理专业和5个餐饮类专业。

2.高职高专旅游人才培养规模不断扩大

从1979年我国第一所旅游类高等专科学校——上海旅行游览专科学校(现为上海师范大学旅游学院)诞生至今,随着旅游业的蓬勃发展,我国旅游管理类院校数量增长迅速。据统计,从2001年至2016年,开设旅游类专业的高等院校从311所增长至1543所(见图1),增长了近4倍。

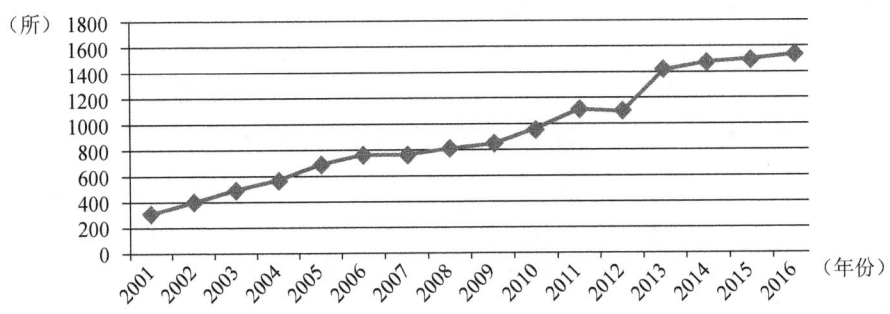

图1　2001—2016年我国开设旅游管理类专业的普通高等院校数量

(数据来源:国家旅游局"全国旅游教育培训统计"(2001—2016))

高职院校一直是我国旅游高等教育的主力军,从2016年的数据来看,开设旅游类专业的高职院校占同类高等院校的70%以上,并且近三年来院校数量一直呈现稳中有升的状态(见图2)。2016年,全国开设旅游管理类高职高专专业的普通高等院校已达到1086所,占全国高职(专科)院校数量的78%。招生数量趋于稳定(见图3),2016年旅游类

高职高专专业共招生 11.6 万人，仅占全国高职院校招生总数的 1.3%。

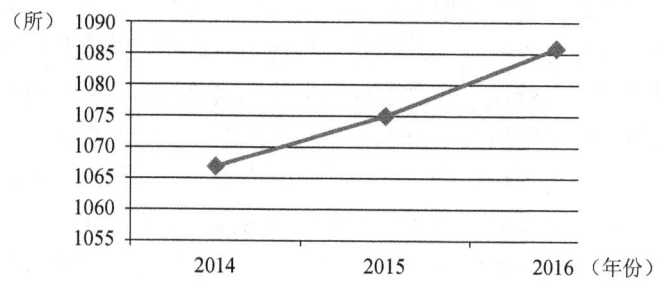

图2　2014—2016年开设旅游管理类高职高专专业的普通高等院校数量

（数据来源：国家旅游局"全国旅游教育培训统计"（2014—2016））

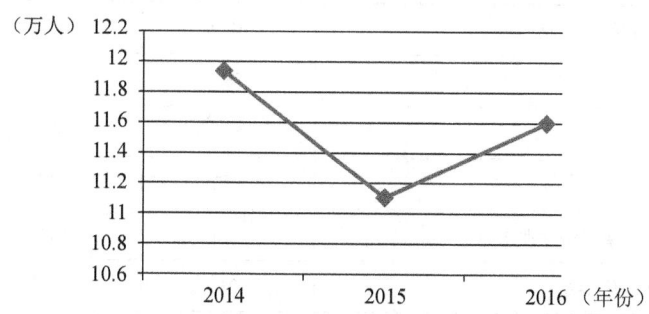

图3　2014—2016年旅游类高职高专专业招生人数

（数据来源：国家旅游局"全国旅游教育培训统计"（2014—2016））

（二）旅游类高职院校人才培养规格及分布

1. 旅游类专业布局及人才培养规模分析

从旅游类专业的布局来看，在全国高职院校开设的旅游类专业中，旅游管理专业、酒店管理专业较多（如图4所示），这与专业起步早、行业需求旺盛有直接关系。

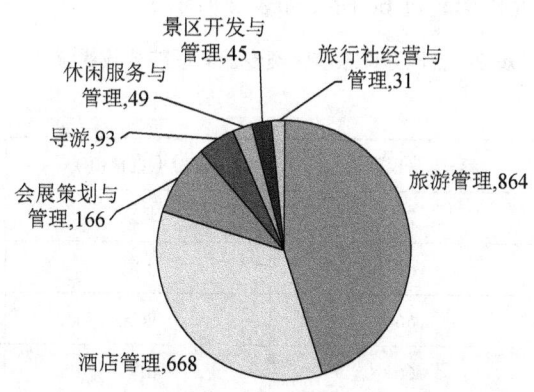

图4　2016年旅游类专业布局

（数据来源：国家旅游局"2016年全国旅游教育培训统计"）

从专业开设的数量来看（如表1所示），近三年来，开设旅游管理、酒店管理、休闲服务与管理专业的高职高专院校呈增长趋势，开设会展策划与管理、导游、旅行社经营与管理专业的高职高专院校逐步减少，景区开发与管理专业开设情况稳中有降。其中休闲服务与管理专业开设时间相对较短，且由于近年来休闲旅游消费市场日益旺盛，开设该专业的院校数量增长较快，两年内增长了36%，但是各院校对该专业的人才培养定位仍然比较模糊，有的院校将其理解为乡村旅游，有的院校倾向于发展户外拓展旅游，人才培养方向差异较大。此外，近年来旅游业中迅速崛起的民宿旅游、智慧旅游、文化创意旅游等新兴业态并没有在旅游类专业发展中得到很好的呼应，大多数旅游类专业发展还在延续传统的教育模式和教学内容，在一定程度上滞后于行业的需求变化。

表1 2014—2016年旅游类高职高专不同专业开设院校数量

旅游类专业	2014年	2015年	2016年
旅游管理	788	779	864
酒店管理	641	664	668
会展策划与管理	177	177	166
导游（包括导游专业、英语导游专业）	110	102	93
休闲服务与管理（含休闲旅游专业）	36	41	49
景区开发与管理	48	45	45
旅行社经营与管理	38	29	31

（数据来源：国家旅游局"全国旅游教育培训统计"（2014—2016））

2.旅游类高职人才培养区域分布特征分析

从旅游高职院校分布的省份来看，据统计，2016年广东省拥有71所开设旅游大类专业的高职院校，位居全国第一。广东、湖北、山东、江苏等省也是旅游职业教育大省，开设旅游大类专业的高职院校均超过60所（如表2所示）。

表2 各地开设旅游大类专业高职院校数量统计

单位：所

省份（直辖市）	高职院校数量	省份（直辖市）	高职院校数量
广东	71	北京	32
湖北	67	上海	31
山东	66	重庆	27
江苏	66	山西	25
安徽	57	云南	23

续表

省份（直辖市）	高职院校数量	省份（直辖市）	高职院校数量
河南	54	内蒙古	21
河北	53	吉林	21
湖南	50	贵州	21
四川	47	新疆	15
江西	47	天津	15
广西	44	甘肃	12
辽宁	43	海南	11
陕西	38	青海	6
福建	37	宁夏	6
浙江	34	西藏	3
黑龙江	32		

从区域分布来看，华东地区是开设旅游类专业院校最多的地区，达338所，占31.44%；华中地区为171所，占15.91%；华北地区为146所，占13.58%；华南地区为126所，占11.72%；西南地区为121所，占11.26%；西北地区为77所，占7.16%；东北地区为96所，占8.93%，如图5所示。

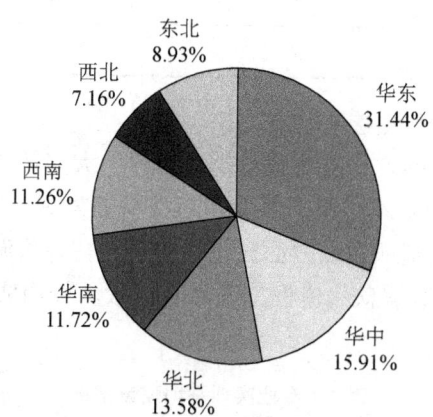

图5 2016年开设旅游大类专业高职院校区域分布

从各省份招生的情况来看，2016年22所独立建制旅游高职院校全年共计招生37 672人，其中民办院校招生4716人，公办院校招生32 956人。从省域分布来看，山东招生人数最多，超过7000人，广西、浙江、山西、河北紧随其后，均超过3500人。

（三）开设旅游类专业的高职院校抽样调研情况分析

为梳理国内旅游类高职高专专业办学情况，本课题组对全国开设旅游类专业的部分高职高专院校进行抽样调查,共发放问卷290份,回收问卷268份,有效问卷267份。样本覆盖高职院校区域分布基本合理,其中华东区域占30%,华北区域占8%,华南区域占16%,华中区域占23%,西南区域占15%,西北区域占3%,东北区域占4%。问卷对开设旅游类专业的高职院校的师资情况、实训基地建设情况和校企合作情况进行了调研。具体数据分析结果如下:

1.专业师资的双师素质和职称结构有待提高

目前,开设旅游类专业的高职院校"双师型"教师比重不平衡。华东区域的院校比较重视教师的职业素质培养,大多数院校旅游类专业"双师型"教师比重达80%以上,部分专业旅游院校甚至达到95%。中西部地区院校旅游类专业的"双师型"比重仅在50%左右,教师行业经历和职业技能水平均显不足。

从专业师资队伍的职称和学历结构来看,大多数高职院校旅游类专业的高级职称教师比重不足40%,而旅游类专业院校的师资队伍职称结构相对合理,其中云南旅游职业学院的高级职称比重最高,达52%(如表3所示)。

表3 旅游高职学院副高以上教师人数比例表

学校	副高及以上专业教师人数	教师总人数	高级职称师资比例(%)
桂林旅游高等专科学校	189	515	37
云南旅游职业学院	84	163	52
山西旅游职业学院	84	246	34
太原旅游职业学院	64	200	32
上海旅游高等专科学校	55	141	39

2.专业实训基地建设日趋完善

从旅游类高职高专专业的实训基地建设情况来看,大多数院校已经配备了良好的实训设施,可以满足实训教学的基本需求,并紧密对接行业发展,不断更新实训基地的设施。旅游类专业高职院校在实训基地建设方面比较完善,如桂林旅游高等专科学校的实训基地达到了52个,且在实训基地信息化建设方面卓有成效。校内实训基地数量位列前九位的院校如表4所示。

表4 专业实训基地建设情况

院(校)名称	旅游大类专业校内实训基地数量
桂林旅游高等专科学校	52
南京旅游职业学院	51
太原旅游职业学院	49
山东现代职业学院	35

续表

院（校）名称	旅游大类专业校内实训基地数量
三峡旅游职业技术学院	32
山西旅游职业学院	20
山东旅游职业学院	17
宁波城市职业技术学院	17
浙江旅游职业学院	16

3. 校企合作有待深入

目前，高职院校旅游类专业常见的校企合作形式主要有两种：一种是实习合作，即企业作为院校的实习基地，并在此基础上由企业提供相关教学资源，90% 以上的调研院校都建有 10 个以上的实习基地；另一种是企业订单班，校企合作共同建设人才培养方案，共派师资，共建课程。目前有 17% 的旅游类高职高专专业与企业合作共建订单班，部分院校还建有多个、多形式的校企订单班，如南京旅游职业学院既建有实体订单班，如洲际英才班、蓝蛙群英班等，还有虚拟订单班，如希尔顿班、美心班等。苏州工业园区职业技术学院与知名旅游企业同程网共同设立了同程学院。但从校企合作质量来看，68% 以上的调研对象认为校企合作的效果并不理想，45% 的调研对象认为校企合作仅停留在顶岗实习的层面，且实习管理力度不强；37% 的调研对象认为企业对校企合作不够重视。因此，旅游类高职高专专业在校企合作深度方面仍需进一步探索，才能真正实现"校企师生"四方共赢。

（四）学生人才培养规模及质量水平分析

1. 就业质量

（1）月收入连续增长

根据 2014 年、2015 年、2016 年近三年的数据统计，高职旅游类毕业生月收入呈现持续增长趋势。2014 年平均月收入为 2000 元，2015 年平均月收入为 2100 元，2016 年平均月收入为 2247 元。

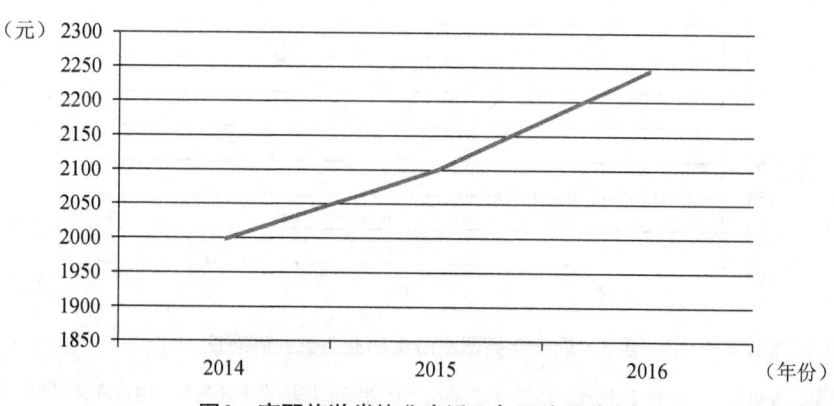

图6 高职旅游类毕业生近三年平均月收入

（数据来源：《2014—2016 中国高等职业教育质量年度报告》）

（2）专业相关度相对较低

2014年，根据麦可思对高职院校毕业生的跟踪调查发现，旅游类毕业生工作与专业相关度为55%。2016年12月21日，《社会蓝皮书：2017年中国社会形势分析与预测》发布会在北京举行。该报告指出，专科毕业生医药卫生类专业的工作与专业的相关度最高，2015届达到了89%；农林牧渔、财经、制造、环保气象与安全、电子信息、旅游、轻纺食品、公共事业等大类专业毕业生工作与专业相关度相对较低，均在60%以下，旅游类为57%。2016年，高职旅游类毕业生工作与专业相关度为57%。

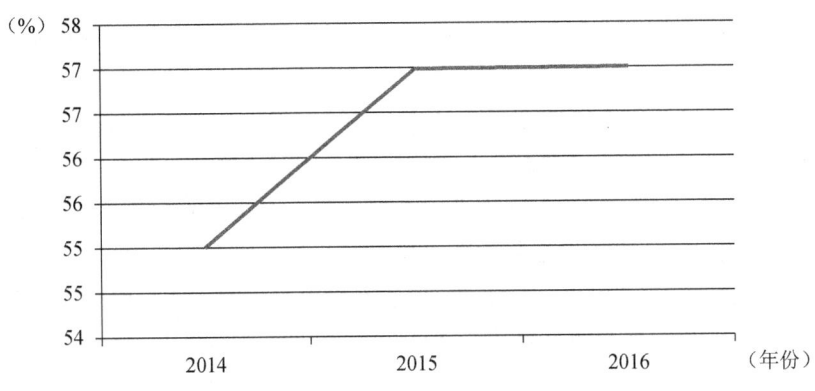

图7 近三年高职旅游类毕业生工作与专业相关度

（资料来源：麦可思——中国2011—2015届大学毕业生社会需求与培养质量调查、《社会蓝皮书：2017年中国社会形势分析与预测》、南京旅游职业学院2016届高职旅游类毕业生培养质量调查）

（3）就业满意度保持稳定

近三年，高职旅游类毕业生对于自身就业现状的主观评价基本保持稳定，就业满意度一直处于56%~60%，没有较大幅度的变化。

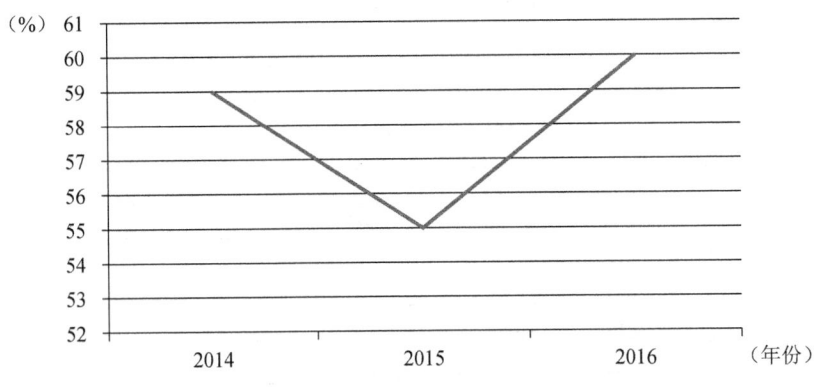

图8 近三年高职旅游类毕业生就业满意度

（资料来源：麦可思——中国2011—2015届大学毕业生社会需求与培养质量调查、南京旅游职业学院——2012—2016届高职旅游类毕业生培养质量调查）

2. 职业发展

（1）企业对学生职业发展能力的认同度有待提高

在被调研的旅游企业中，多数认为高职学生的职业发展能力内涵丰富。按照调查结果，其重要程度依次为：岗位责任感（86%）、人际沟通能力（80.6%）、自我学习的能力（74.2%）、抗挫抗压能力（64.5%）、岗位迁移能力（62.4%）、团队协作能力（62.4%）、自我管理能力（54.8%）、创新能力（43%）。这八项指标基本涵盖了高职学生在未来职业发展中必备的核心能力，具有明确的指向性和适应性。

基于这些相关能力，针对目前高职学生的职业发展能力状况的评价显示，学校的人才培养与企业的相关要求之间仍存在一定的差距。仅有20.4%的旅游企业认为目前高职旅游专业的学生很好地具备了以上八项能力；约56%的旅游企业认为学生基本具备以上能力，但仍有提升的空间；约有23.6%的企业认为学生并未具备以上能力，且欠缺比较明显。由此可见，学生职业发展能力的培养存在着一定的提升空间，应引起高职院校的重视。

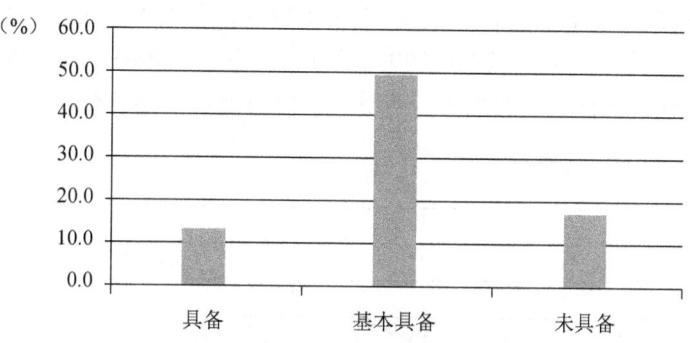

图9　企业对高职类毕业生职业发展能力认同情况

（数据来源：2012—2016届高职旅游类毕业生培养质量调查（课题组））

（2）近五成学生近三年实现职位晋升

2012届、2013届及2014届学生毕业三年内的职业晋升情况显示，在旅游业蓬勃发展的大背景下，有近五成毕业生三年内实现了职位晋升。旅游类高职毕业生的职业发展能力正面临旅游业高速发展的新挑战，提高人才培养质量刻不容缓。

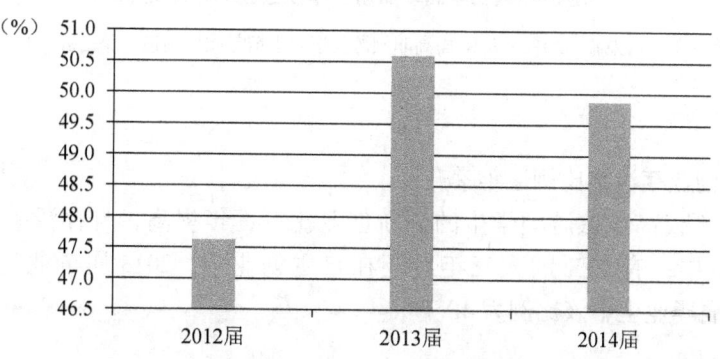

图10　高职旅游类毕业生三年内职位晋升情况

（数据来源：麦可思—中国2012—2014届大学毕业生社会需求与培养质量调查）

（3）工作稳定性亟待提高

2012届、2013届、2014届旅游类高职毕业生三年内平均雇主数为2.5个。与本科生相比，高职毕业生三年内平均雇主数略多。（数据来源：2013—2016年中国高等职业教育质量年度报告）

3. 创新创业能力

2015年5月国务院办公厅提出深化高等学校创新创业教育改革，到2017年取得重要进展，形成具有中国特色的创新创业教育理念，形成可复制可推广制度成果。各省市不断完善创新创业能力体系，形成政府引导、行业指导、企业深度合作的创新创业人才培养新机制，通过"大学生创业训练项目""大学生职业规划大赛""大学生创新创业大赛"等活动的持续开展，在高职院校掀起了大学生创新创业实践的热潮，形成合作办学、合作育人、合作就业创业、合作发展的新常态。

（1）自主创业比例明显上升

2014年高职旅游类毕业生创新创业比例为1.8%，在国家大力推行创新创业教育后，2015年高职旅游类毕业生创新创业比例为3.3%，2016年创新创业比例达到4.0%。创新创业的类型有旅行社、餐饮店、西点房、旅游广告公司等。

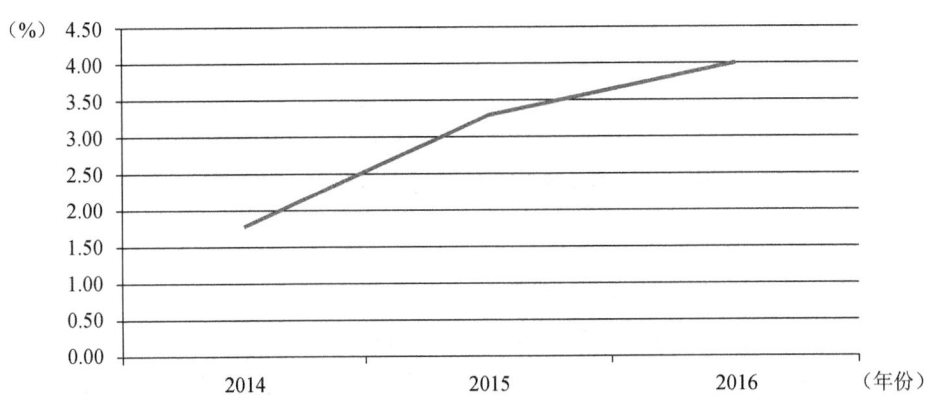

图11 近三年高职旅游类毕业生创新创业比例

（数据来源：2012—2016届高职旅游类毕业生培养质量调查（课题组））

（2）创新创业存活率比例逐年攀升

近几年，不仅高职旅游类学生的创新创业比例逐年提高，且存活率也在逐年攀升。2012届毕业生中，有40%的人三年后还在自主创业中，2013届毕业生中的该比例为42.5%，2014届毕业生中该比例为48.73%。

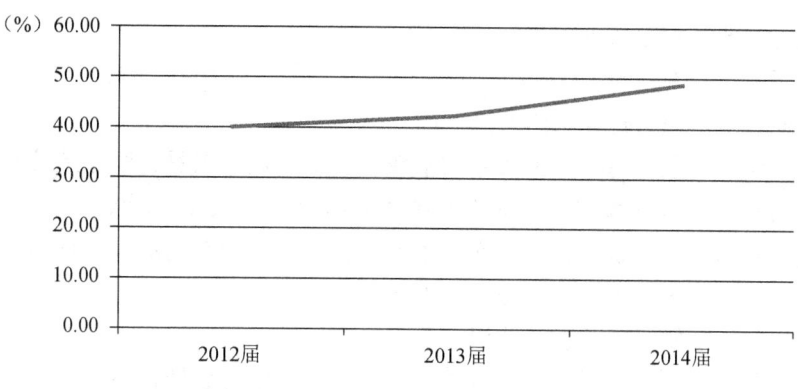

图12 旅游类高职学生创新创业存活比例

（数据来源：2012—2016届高职旅游类毕业生培养质量调查（课题组））

4. 职业素养教育

职业素养是一个内涵深厚的概念，高职学生职业素养教育内容应该是一个完整体系，它包括基础性的职业社会素养和高层次的职业专业素养两个内涵和层次。前者是社会从业人员所应具备的共同职业素质要求，后者则具有明显的旅游行业特征。这在具体生活中表现为个体的综合素质，在职场环境下就体现为职业素养。所以，关于职业素养，可以理解为每一个体在社会群体活动中应该遵照执行的行为规范。每一个体的行为总和最终表现出个体的职业素养，职业素养是内在的，每一个体的具体行为是外在的具体表象。

调研显示，近三年企业对于高职旅游类学生的职业素养满意度在持续走高，由2014年的95%，到2015年的96%，再到2016年的96.4%。总体而言，旅游类毕业生的职业素养令人较为满意。

（五）存在的问题及原因分析

1. 人才培养与社会、行业需求对接不紧密

专业设置是高职教育办学和社会经济发展的契合点，当前旅游类高职院校对专业发展的整体规划深度不够，没有认真分析区域产业背景、行业格局、企业需求和自身办学条件，专业设置在一定程度上带有随意性和盲目性。如很多旅游高职院校跟风设置所谓的热门专业，其结果是大量相同或相似专业的重复设置，专业同质化现象日趋严重。同时，在专业特色的旅游及酒店管理专业教育上沿用传统旅游专业培养思路，笼统地套用旧的培养体系及课程，教材及案例内容、实训操作培训等没有创新，难以满足现代特色旅游产业及行业发展的需求。

2. 教师队伍建设相对滞后

教师队伍建设中在学历、职称、年龄结构等方面不尽合理，其中高学历、高职称及有实战经验的教师所占比例相对偏低。此外，根据本项目组对高职院校的抽样调研，在被调研的290家旅游高职院校中，53.1%的院校的专任教师人均企业挂职锻炼时长少于1个月。由于高职院校一般对教师学历门槛设置较高，尤其是青年教师一般都具备研究生学历，接受的是学术型培养，缺乏旅游企业的从业经验，不具备相关的职业技能，这与高职教育对

教师的职业能力要求相距甚远。

3. 学生行业忠诚度不高

（1）毕业生从事旅游行业工作意愿不高

旅游业是服务行业，对技能型人才需求较大，从这点上来看，职业院校旅游类专业的学生在毕业时应该会轻松就业。然而面对各大旅游企业对人才的渴望，学生却并未心动，毕业后并不愿意从事与旅游相关的工作，更不把旅游业作为首选的就业目标，而是选择了深造、考公务员、从事市场营销、做文秘等职业。

（2）学生对行业发展缺乏正确认识

旅游行业基层工作本来就比较辛苦单调，传统观念中社会地位不高，缺乏正确职业认识的学生很容易期望过高，往往缺乏职业信心，表现出不满意和频繁地更换岗位职务等。

4. 学生创新创业能力有待提升

大部分大学生认识到创新创业能力的重要性，但对创新创业的含义认识不清。课题组对南京13所高职院校在校学生进行了一项关于"创新创业"的访谈调查，大学生被问"是否知道什么是创新创业"，17.04%的大学生回答"不知道"，70%的大学生回答"了解一些"，12.96%的大学生回答"很了解"。当要求"了解一些"和"很了解"的被访大学生回答"具体什么是自主创新"时，绝大多数同学表示只能从字面意义简单解释，说不清楚具体含义。当问大学生"你认为创新创业能力重要吗"，8.15%的大学生回答"不重要"，26.57%的大学生回答"一般"，65.28%的大学生回答"重要"，可见，创新创业能力的重要性得到绝大多数大学生的认可。对认为创新创业能力不重要的同学进一步挖掘其想法，部分同学认为大学阶段主要是基础教育阶段和专业能力培养阶段，创新能力培养应该在研究生阶段完成；部分同学认为大学生阶段创新创业太难，很难独立完成，需要借助外在因素才能完成相应创新。为此，有必要加强创新创业宣传，提高大学生对创新创业的认识。

三、需求侧视角下高职旅游类人才需求预测、评价及分析

（一）高等职业教育旅游类人才需求总量预测与分析

1. 人才需求总量现状分析

（1）旅游产业发展迅猛，人才总量供给不足

进入21世纪以来，伴随居民收入水平的提高，我国出游人次不断增长，2016年我国旅游人数达到45.78亿人次，同比增长14.46%，图13为历年来我国旅游的人数。根据"十三五"旅游规划，2020年国内游人数有望达64亿人次，2015—2020CAGR复合年均增长率为9.86%；出境游人数有望达1.50亿人次，2015—2020CAGR为5.09%。（数据来源：中国产业信息网，2017年中国酒店行业发展现状及中高端酒店发展趋势分析）

快速增加的旅游者数量，使得相关的旅游企业也得到了快速发展。根据国家旅游局统计数据，截至2016年12月31日，我国有27 856家旅行社，六百多个国家5A级景区，12 213家星级酒店。旅游企业的发展，使得旅游人才需求总量迅速增长，从专业招聘网站"前程无忧"和"智联招聘"上的数据来看，2017年7月，仅北京、上海、广州、深圳、

南京 5 个城市旅游类相关企业就发布招聘信息达 112 415 条；中国旅游产业对 GDP 综合贡献率 10.8%，超过教育、银行、汽车产业，中国旅游就业人数占总就业人数 10.2%（数据来源：中国国家旅游局《2015 年中国旅游业统计公报》）。

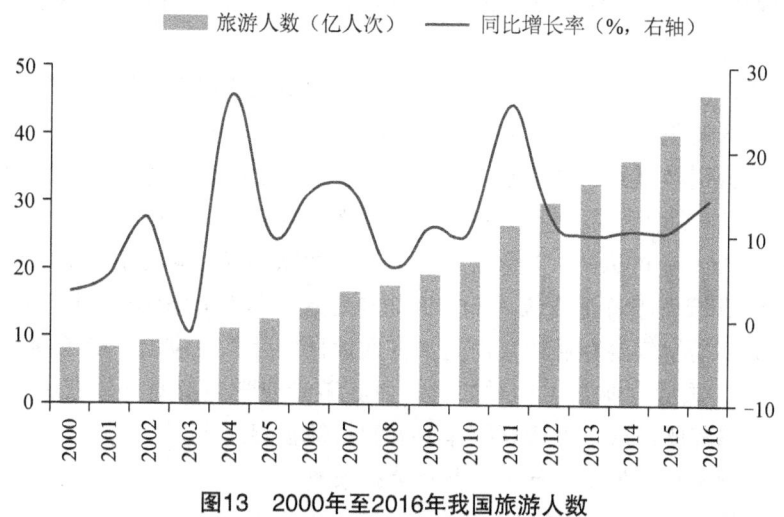

图13　2000年至2016年我国旅游人数

可以看出，我国旅游人才市场大致呈现一种供不应求的局面，高校旅游相关专业培养出来的学生远远不能满足旅游业发展对相关职业人才的需求。人才的供给满足不了日益发展扩大的旅游市场需求，从而出现很多问题，例如旅游企业降低人才素质和能力等要求招人，而招来的很多人无法承担旅游服务过程中所要求的服务质量，甚至因为旅游管理服务人员的素质问题，其服务态度也不尽如人意，从而大大损伤旅游服务部门的声誉和名望，降低旅游景区和旅游酒店旅馆等旅游服务单位对旅游顾客的吸引力，这也验证了业内的一句话"目前旅游人力资源的现状是：人力资源供过于求，人才资源供不应求"。可见，高素质的旅游专业毕业生成为行业发展的紧缺人才。

（2）旅游新业态人才需求旺盛，人才供给结构失衡

目前我国的旅游业正处于转型升级中，一方面传统观光旅游要提升品质，需要大量的从事人力资源管理与开发、市场营销、旅游娱乐管理、旅游规划、旅游景区管理、旅游物业管理等高素质管理人才；另一方面，休闲度假旅游迅速崛起，乡村旅游、冰雪旅游、温泉旅游、邮轮旅游、会展旅游等新兴业态快速发展，电子商务、网络营销等旅游商业模式创新加快，这些新的旅游业态呼唤着新型旅游专业人才。而我国现有的教育专业目录中很难找到支撑这些新业态发展的相关专业，这使得高职旅游相关专业培养的人才难以满足旅游新形势的需要。例如：民宿管理和旅游新媒体运营就是伴随乡村旅游和电子商务发展而产生的新的工作岗位群。

以民宿管理的人才需求为例，根据《2016—2020 年中国民宿行业深度调研及投资前景预测报告》的数据，2010—2015 年，各地民宿数量呈爆发式增长。尤其在旅游资源丰富的地区，民宿数量更是呈几何式增长。据西湖风景名胜区民宿行业协会的数据，截至

2015年12月,西湖景区内的民宿已达到165家,比2010年6月底的41家翻了4倍多。同样,在厦门,民宿由2006年的13家扩展到2015年的1800多家。在数量不断增加的同时,民宿已经不再是起步时的单纯的住宿场所,而融入文化、故事等内涵变成主题民宿,使入住者感受到更浓厚的文化背景;同时,民宿的服务也和传统的酒店不完全相同,服务得到了提升和扩展。

再以旅游新媒体运营人才为例。新媒体作为一种新兴的传播渠道和手段,具有精准对应某一类客源市场的明显优势。目前,很多旅游目的地、大景区、大企业,都积极运用新媒体开展宣传、营销和服务,这些旅游企业都建立了自己的自媒体平台,定期推送旅游资讯,进行旅游活动"线上"策划。这些平台的建立、维护、数据的分析与处理、推送资讯的编辑等,都需要专业的人才,"前程无忧"和"智联招聘"职位搜索的结果显示,北、上、广、深、宁五城市旅游企业投入的"新媒体运营"岗位的招聘信息有1965条,现从业人员绝大部分不是学旅游专业的,而是从平面设计、计算机应用、电子商务(非旅游电商)转行过来的,旅游专业知识相对缺乏。而旅游专业学生对新媒体营销的运作却不精通,因此,急需培养既懂旅游又懂新媒体运营的新型旅游人才。

2. 需求总量预测理论模型、计算工具及数据来源

(1)灰色预测GM(1,1)模型

本次预测,采用的是灰色系统模型。所谓灰色系统,是指既含有已知信息,又含有未知信息的系统,是由邓聚龙教授在1986年提出的。由于它具有所需因素少、模型简单、运算方便、预测精度高等优点,可以较好地对非线性系统进行预测。在旅游人才需求的预测系统中,人才总数、结构等信息是已知的,但也受外界诸如政治、经济、文化、科技、自然灾害等因素的影响,存在很大的不确定性,非常符合灰色系统的特点,所以可以用灰色系统理论对旅游人才需求进行预测。

灰色系统常用的预测模型是GM(1,1)模型,GM(1,1)模型表示一阶的、单变量的线性动态预测模型,其预测原理是将离散的随机数,经过生成变成随机性被显著削弱的较有规律的生成数,在此基础上建立数学模型,建模步骤如下:

历史数据的采集和累加序列的生成:

设研究对象的历史数据为:

$$X^{(0)} = \{X^{(0)}(1), X^{(0)}(2), X^{(0)}(3),..., X^{(0)}(n)\}$$

一般情况下,对于给定的原始数据列不能直接用于建模,因为这些数据多为随机的、无规律的,为了减弱原始数据序列的波动性和随机性,需对原始序列进行数据处理,即通过累加生成方式将原始数据列转化为规律性较强的递增数列。累加的规则是:将原始序列的第一个数据作为生成列的第一个数据,将原始序列的第二个数据加到原始序列的第一个数据上,其和作为生成列的第二个数据,将原始序列的第三个数据加到生成列的第二个数据上,其和作为生成列的第三个数据,按此规则进行下去,便可得到生成列。

设累加后生成的序列为:

$$X^{(1)} = \{X^{(1)}(1), X^{(1)}(2), X^{(1)}(3),..., X^{(1)}(n)\}$$

上标 1 表示一次累加，同理，可作 m 次累加：

$$X^{(m)}(k)=\sum_{i=1}^{k}X^{(m-1)}(i)$$

其中对于非负的数据列，累加的次数越多，则随机性弱化越明显，规律性越增强，这样就较容易用指数去逼近。经过这样的数据处理能达到两个目的：一是弱化了原始数据列的随机性，而找到了其变化的规律性；二是为建立动态模型提供了中间信息。

累减，就是将原始序列前后两个数据相减得到累减生成列。累减是累加的逆运算，累减可将累加生成列还原为非生成列，在建模中获得增量信息。

一次累减的公式为：

$$X^{(1)}(k)=X^{(0)}(k)-X^{(0)}(k-1)$$

x^0 序列的准光滑性检验和 x^1 序列的准指数规律检测

对原始数据经过累加处理后，在建立模型前还必须对数列 x^0 进行准光滑性检验，并检验数列 x^1 是否具有准指数规律。

构建 GM（1，1）模型

在第 1 步中已经生成了 $X^{(0)}$ 和 $X^{(1)}$ 序列，则 GM（1，1）模型相应的微分方程为：

$$\frac{dX^{(1)}}{dt}+\alpha X^{(1)}=\mu$$

其中：α 称为发展灰数；

μ 称为内生控制灰数。

设 $\hat{\alpha}$ 为待估参数向量，

$$\hat{\alpha}=\begin{pmatrix}\alpha\\\mu\end{pmatrix}$$

根据最小二乘法有：

$$\hat{\alpha}=(B^TB)^{-1}B^TY_n$$

求解微分方程，$B=\begin{bmatrix}-\frac{1}{2}(X^{(1)}(1)+X^{(1)}(2)) & 1\\-\frac{1}{2}(X^{(1)}(2)+X^{(1)}(3)) & 1\\\vdots & \vdots\\-\frac{1}{2}(X^{(1)}(n-1)+X^{(1)}(n)) & 1\end{bmatrix}$，$Y_n=\begin{bmatrix}X^{(0)}(2)\\X^{(0)}(3)\\\vdots\\X^{(0)}(n)\end{bmatrix}$ 即可得预测模型：

$$\hat{X}^{(1)}(k+1)=\left[X^{(0)}(1)-\frac{\mu}{a}\right]e^{-ak}+\frac{\mu}{a}\quad k=0,1,2\ldots,n$$

（2）编制计算软件及数据来源

GM（1，1）模型的计算涉及矩阵运算，特别是求逆矩阵，相当复杂和烦琐，并且容易出错，所以用手工计算去实现 GM（1，1）模型显然是不现实的，必须借助计算机进行运算，才能快速、准确地获得结果。课题组采用 C++ 语言和 MatLab 相结合的方法来实现整个计算过程：用 C++ 语言编程来处理原始数据，累加数据，进行 x^0 序列的准光滑性检验和 x^1 序列的准指数规律检测，并自动生成计算发展灰数和内生控制灰数 MatLab 的命令，然后用 MatLab 执行这命令，得出发展灰数和内生控制灰数，再通过 C++ 程序读入这两个数据，最终得到预测结果。

为了保证数据的准确和权威，本次使用的人才需求数据的来源是：2011 年至 2015 年（"十二五"期间）的《中国旅游统计年鉴》中关于星级酒店和旅行社就业人数的相关数据。

3. 需求总量预测与分析

（1）旅游行业的总体人才需求量及高职旅游人才需求量预测与分析

表 5 所示为 2011 年至 2015 年期间全国旅游业直接就业人数，其中 2014 年和 2015 年的直接就业人数是国家旅游局公布统计数据，2011 年至 2013 年的直接就业人数没有公布过，是依据国家旅游局统计公布推算出来的。具体算法为：每年的旅游统计公报中旅游直接和间接就业人数占全国就业总人数的 10% 左右，而旅游直接就业人数占旅游直接和间接就业人数的 35% 左右，设旅游直接就业人数为 T，全国就业总人数为 P，则根据上述分析，有 $T=P×0.1×0.35$，而每年的全国就业总人数可以从国家统计局网站上查到，所以我们可以得到如表 5 所示。

表 5　"十二五"期间旅游行业直接就业人数

年份	2011	2012	2013	2014	2015
就业人数（万人）	2675	2685	2694	2779	2798

利用软件计算后，得出预测误差如表 6 所示，平均误差较小，所以可以应用灰色系统模型进行预测。根据江苏省旅游局的统计数据，"十三五"期间，至少有 36% 的旅游人才工作岗位将从高职院校毕业生中招聘，令当年需求人数为 Y，前一年的需求人数为 PY，则当年新增工作岗位需高职院校培养的数量为：$T=(Y-PY)×0.36$，最终预测出"十三五"期间全国旅游人才总量需求和需要高职院校培养的数量如表 7 所示。而从最新数据看，2016 年旅游类高职高专专业共招生 11.6 万人，这个数值离需要高职院校培养的预测人数还有一定距离，所以高职院校旅游专业毕业生就业的空间很大，可以增加招生规模，不断提高毕业生的综合素质。

表 6　实际就业人数与预测需求人数对比

单位：%

年份	2011	2012	2013	2014	2015
实际就业人数（万人）	2675	2685	2694	2779	2798
预测需求人数（万人）	2675	2675.68	2717.41	2759.92	2803.03
相对误差	0.00%	0.35%	0.87%	0.69%	0.18%
平均误差	0.42%				

表7 "十三五"期间旅游人才需求总量预测

年份	2017	2018	2019	2020
预测人才需求（万人）	2891.29	2936.45	2982.32	3028.91
新增岗位需高职院校培养人数（万人）	16.01	16.26	16.51	16.77

（2）酒店业人才需求总量及高职旅游人才需求量预测与分析

2011年到2015年，全国星级酒店实际就业人数如表8所示。从表中可以看出，2012年星级酒店的从业人数最大，之后的3年，从业人数开始减少。

表8 "十二五"期间星级酒店就业人数统计

年份	2011	2012	2013	2014	2015
就业人数（人）	1 542 751	1 590 590	1 502 496	1 361 869	1 344 503

应用程序计算的过程，本节不再详细讨论，只给出结果：预测误差如表9所示，平均误差为1.20%。

表9 星级酒店就业人数与预测人数对比

年份	2011	2012	2013	2014	2015
实际就业人数（人）	1 542 751	1 590 590	1 502 496	1 361 869	1 344 503
预测需求人数（人）	1 542 750	1 584 970	1 490 940	1 402 480	1 319 280
相对误差（%）	0.00	0.35	0.77	2.98	1.88
平均误差（%）	1.20				

预测2016年至2020年的人才需求量和需要高职院培养人才量如表10所示。

表10 "十三五"期间星级酒店人才需求预测

年份	2017	2018	2019	2020
预测人才需求（人）	1 167 380	1 098 130	1 032 980	971 693

从表10的表面上看，似乎酒店对人才的需求在"十三五"期间逐年减少，没有提供新的工作岗位，几乎不需要高职院校培养的酒店管理人才，但这只是表象，这是因为，第一，酒店业体量最大的经济型酒店没有统计在内（经济型酒店占比达86.3%，迈点研究院）；第二，国家统计局相关数据显示，2016年全年我国国内旅游人数达44亿人次，同比增长11.2%；国内旅游收入39 390亿元，同比增长15.2%。繁荣的旅游市场也催生着住宿市场的需求升级，规模化、标准化的传统星级酒店越来越难以满足消费者的个性化需求。而历经10余年的发展积淀，精品酒店逐渐走入大众视野，填补着这一细分市场的供给空白。近几年来，随着旅游市场消费结构的变动以及个性化需求的提升，精品酒店得以

实现爆发式增长，精品酒店对人才的需求也是巨大的，再加上前文提到的民宿，这两个新业态，从星级酒店不断地"挖"走大量的人才。另据智研咨询公司的报告，酒店行业需求端回暖推动入住率提高，2012年和2013年五星级酒店平均出租率同比一直为负，2014年以来开始逐步回暖，2016年五星级酒店平均出租率达61.43%。图14为近5年来五星级酒店的出租率。2016年，华住运营超过18个月的酒店出租率近三年来也首次出现正增长；2013—2015年，如家平均出租率连续下降，而2016年出现回升；2016年以来锦江之星出租率也开始出现企稳迹象。"十三五"期间酒店行业人才总量的供给是不足的，需要旅游院校增加招生，加大供给，所以高职院酒店管理专业需要根据变化的市场需求，调整专业设置和课程设置，增加新业态的专业或课程，如精品酒店管理、民宿管理，等等。

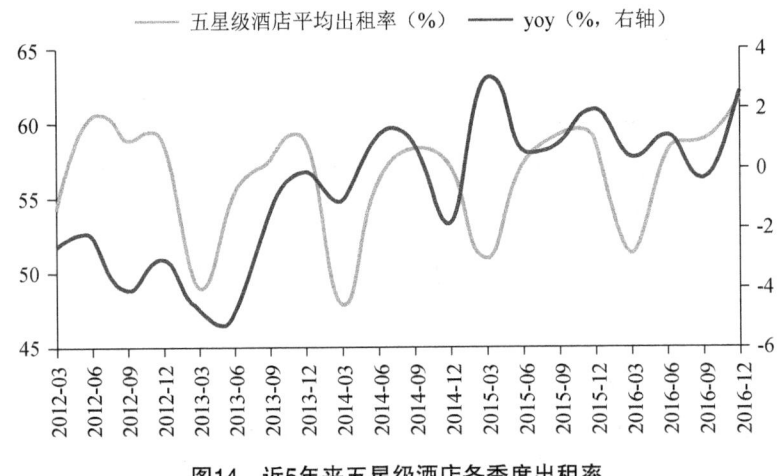

图14 近5年来五星级酒店各季度出租率

（数据来源：中国产业信息网，2017年中国酒店行业发展现状及中高端酒店发展趋势分析）

（3）旅行社业人才需求总量及高职旅游人才需求量预测与分析

表11中的数据为2011年至2015年这5年间全国旅行社的就业人数。

表11 "十二五"期间旅行社就业人数统计

年份	2011	2012	2013	2014	2015
就业人数（人）	299 755	318 223	339 993	341 312	334 033

灰色系统理论恰恰适用于样本少、贫信息。使用编制的程序计算后，相对误差如表12所示，平均误差仅为1.75%，完全可以用于预测"十三五"期间旅行社的人才需求。

表12 旅行社实际就业人数与需求预测对比

年份	2011	2012	2013	2014	2015
实际人才数（人）	299 755	318 223	339 993	341 312	334 033
预测人才数（人）	299 755	326 235	330 956	335 747	340 606

续表

年份	2011	2012	2013	2014	2015
相对误差（%）	0.00	2.52	2.66	1.63	1.97
平均误差（%）	1.75				

最终的全国旅行社 2016 年至 2020 年的人才需求量和需要高职院校培养的数量预测结果如表 13 所示。

表 13 "十三五"期间旅行社人才需求预测

年份	2017	2018	2019	2020
预测人才数（人）	350 537	355 611	360 758	365 979
新增旅行社岗位需高职院校培养人数（人）	1800	1826	1853	1880

图 15 "十三五"期间旅行社人才需求

图 15 为根据表 13 绘制的"十三五"期间旅行社人才需求图。从图 15 中可以看出，"十三五"期间，旅行社对人才的需求量将平稳增长，到 2020 年，旅行社直接从业人员将比 2016 年增加 5.92%，这说明，"十三五"期间，旅行社对人才的需求总量不会增加过多，留给高职院校毕业的岗位不多，但目前开设旅行社管理专业的学校只有 31 所，所以就业空间较大。结合专业招聘网站的数据，可以发现，"复合型"人才也即"T"形人才特别"走俏"。所谓"T"形人才的特点是："T"形中的一竖，代表相关的专业知识与技能；"T"形中的一横，表示此类人才还应具有与专业相关的横向综合知识技能；二者不可替代，且相辅相成、互为支撑。例如，"前程无忧"和"智联招聘"上，由旅行社发布的招聘信息，很多都需要应聘者懂得旅游业务知识，同时会旅游大数据分析，或是能进行新媒体运营，或是熟悉在线旅游运作的技能。企业的新需求，提示旅游院校要更新人才培养方案，要增加新课程，以应对新需求。

（4）导游及领队人才需求总量及高职旅游人才需求量预测与分析

导游及领队的"十二五"期间具体就业数据，《中国旅游统计年鉴》中没有提供，课题组只能利用间接数据进行估算。从"智联招聘"和"前程无忧"发布的数据来看，2017年7月，旅游类的招聘岗位中，导游及领队岗位约占总信息的4%，据此估计，导游及领队大约占旅游总人才需求的4%左右，再根据表14，估算后，可以得出"十三五"期间导游及领队的人才需求量，如表14所示。

表14 "十三五"期间导游及领队人才需求预测

年份	2017	2018	2019	2020
预测人才需求（人）	1 156 500	1 174 600	1 192 900	1 211 600
新增导游岗位需高职院校培养人数（人）	6400	6500	6600	6700

从表中可以看到，"十三五"期间，导游和领队的人才需求较大，而且增长平稳，也为高职院校毕业生提供一定量的新增岗位，因为开设导游专业的院校不是很多，共计有93所，所以导游专业毕业生还是有一定的就业空间的。

（5）景区业人才需求总量及高职旅游人才需求量预测与分析

"十二五"期间景区的就业人数如表15所示。从表中可以看出，2014年和2015年景区的就业人数比前3年多出了很多。将这5年的原始数据输入，经软件计算后，发现"准光滑检验"和"准指数规律检验"无法通过，故无法应用GM（1，1）模型计算这5年的数据。课题组分析了这5年的数据，推测2011年至2013年景区就业人数的统计口径可能和2014—2015年的不一致，所以，需要剔除一些数据。经过实验，我们去掉了2011年和2012年的数据，把2013年至2015年连续3年的数据输入，经过计算，发现可以通过两项检验，并得出如表16所示的误差，可以发现，误差很小，说明可以应用灰色系统模型预测景区"十三五"期间的人才需求。经过软件计算，得出如表17所示的"十三五"期间景区人数需求数。

表15 "十二五"期间景区就业人数

年份	2011	2012	2013	2014	2015
就业人数	201 495	226 434	237 961	1 215 384	1 229 238

表16 实际就业人数和预测人数对比

年份	2013	2014	2015
实际就业人数	237 961	1 215 384	1 229 238
预测人才需求数	237 961	1 215 370	1 229 230

表17 "十三五"期间景区人才需求预测

年份	2017	2018	2019	2020
预测人才数	1 257 430	1 271 770	1 286 270	1 300 940
新增景区岗位需高职院校培养人数	5105	5162	5220	5281

从表17的预测情况来看,"十三五"期间,景区的人才需求是比较大的,也为高职院校提供了一定量的岗位,而目前高职院校专门开设景区专业的学校只有45所,景区专业毕业生数量不大,就业空间比较大,因此,根据市场需求,需要增加景区专业招生规模或者在旅游管理类专业中增设景区方向的课程。

(6) 其他旅游新业态人才需求总量及高职旅游人才需求量预测与分析

旅游新业态人才需求的数据,课题组是从"前程无忧"和"智联招聘"上收集的旅游类招聘信息,主要采集了北、上、广、深、宁5个城市的旅游业新业态的人才招聘需求信息。本文所指的旅游新业态主要包括:休闲旅游(含乡村旅游、度假区旅游、户外拓展旅游)、民宿旅游、智慧旅游(含旅游电商)、会展旅游、文化创意旅游五个业态,数据如表18所示,并绘制统计图,如图16所示。

表18 2017年7月北上广深宁旅游人才需求信息统计表

岗位	休闲旅游	民宿旅游	会展旅游	智慧旅游	文化创意旅游	传统旅游
信息数量	31 703	2057	5877	21 734	1079	49 965
占比(%)	28	2	5	19	1	45

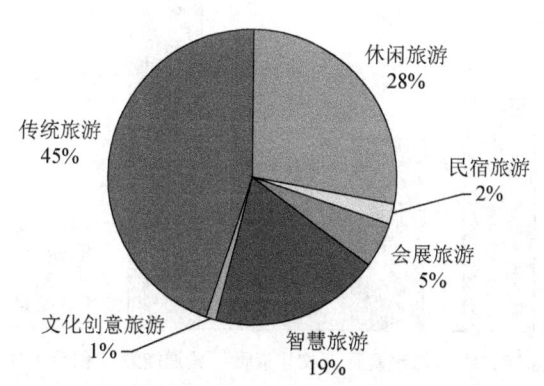

图16 2017年7月北上广深宁旅游人才需求信息统计图

从图中可以看出,新业态的人才需求,已经占据了半壁江山,达到了55%,其中休闲旅游的人才需求已经达到了28%,所以有必要开设休闲旅游相关专业或者在传统的旅游类专业中增加休闲旅游的相关课程。而在"十二五"期间,不被传统旅游企业重视的智慧旅游(含电子商务),目前已经成了热点,占比达19%,这表明,传统的旅游企业迫切期望通过"线上+线下"的手段转型,在这个"互联网+"的时代,不跟上时代的步伐,是很难生存的。其他几类新业态岗位,虽然目前需求占比不大,但它们在可以预计的未来,会成为热点。

通过上述,可以看出很大一部分的旅游人才需求增长是在旅游新业态方面,另外,随着互联网技术在旅游产业的深入运用,旅游企业对于人才需求的趋势也愈加复杂,趋向于需要综合素质全面且兼具跨界知识与技能的人才,这就对高职旅游人才培养提出了新的要求。

通过旅游人才需求预测,我们可以得出结论:"十三五"期间,旅游人才需求总量将持续增加,但传统的旅游业人才需求增加较少,旅游新业态的人才需求量将快速增长,所以,要扩大旅游新业态的招生规模。

(二)高等职业教育旅游类人才需求质量预测与分析

1.行业对高职旅游人才质量要求的现状分析

通过对138家旅游企业的调查(含酒店、旅行社、景区及旅游新业态企业),从调研问卷所获得的数据,分析了旅游企业中员工所需的通识素质、专业素质,从而为高职院校培养旅游人才提供了依据。调研结果显示:

(1)通识素质

被调研企业认为旅游人才应该具备的通识素质主要包括:业务素质(62.1%)、心理素质(51.5%)、文化素质(47.0%)、沟通能力(89.4%)、创新能力(27.3%)、职业道德和责任感(60.6%)等。

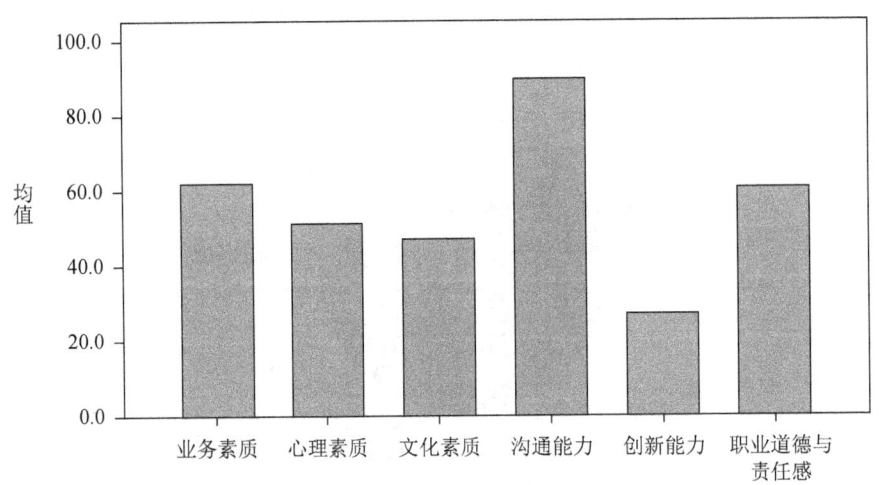

图17 旅游企业对人才质量通识素质需求的调研结果

从图17可知,高职旅游管理类专业人才的培养应在"沟通能力""业务素质"及"职业道德和责任感"等方面加强努力。在所有被调查旅游企业中,89.4%的企业选择了"沟通能力"为其最为看重的素质,其后依次是"业务素质"和"职业道德和责任感"等。而目前整个政府、行业、教育界都主张的"创新能力"暂时没有引起旅游企业所重视。由此可知，旅游人才在沟通交流方面的能力是旅游企业最为看重的一项素质，旅游行业的特殊性决定了从业者一定要有良好的与人交流的能力、娴熟的业务技能跟极高的职业道德和责任感。旅游企业的选择给旅游高职在旅游人才质量提高方面指引了道路，高职院校应以此为导向，有针对性地培养"适销对路"的旅游人才。

（2）专业能力

专业能力主要是指从事某一职业的专项能力，在招聘和用人过程中，用人单位最关注的就是求职者是否具备胜任岗位工作的专业能力。在大众旅游时代，中国即将成为世界上最大的旅游目的地，这一趋势对人才专业能力带来新要求。被调研企业认为旅游人才应该具备的专业能力主要包括：专业技能（63.6%）、服务意识（83.3%）、人际交往能力（68.2%）、应变能力（57.8%）、营销组织能力（30.3%）、终身学习的能力（47.6%）、写作能力（16.7%）。

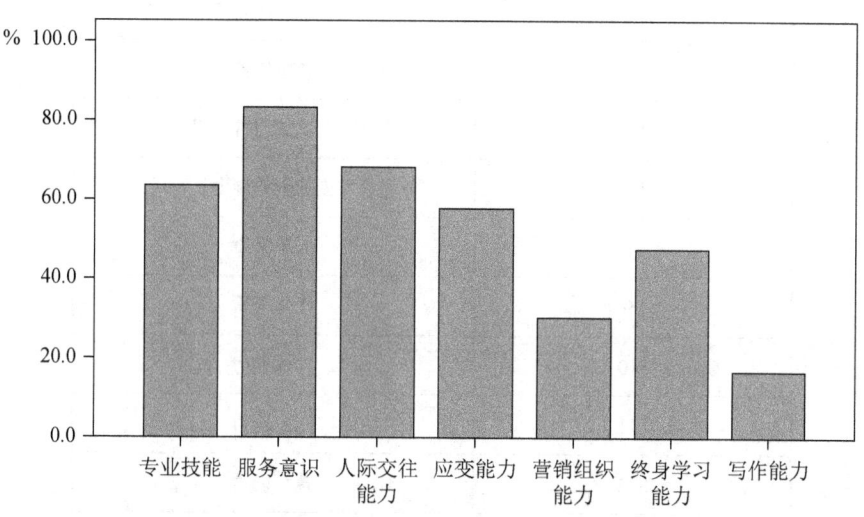

图18　旅游企业对人才质量专业能力需求调研结果

从图18可知，旅游企业所看重的人才专业能力中，对"服务意识""人际交往能力"和"专业技能"三项的重视程度远高于其他各因素，可见旅游企业作为服务性行业，所需求人才的专业能力中最重要的不是学、写等理论知识能力，而是旅游服务意识、人际交往能力和旅游专业技能的掌握，这与旅游业的性质是相吻合的。

2.人才需求质量对高职院校人才培养的要求

世界进入旅游时代，旅游基本呈现大众化、休闲化和社会化特点。各种新业态如休闲旅游、民宿旅游、智慧旅游、会展旅游、文化创意旅游等日新月异。新业态的发展，使旅游企业对人才求贤若渴，也给高职院校人才培养提出了新的要求。本课题利用因子分析法建立模型，分析人才需求质量对高职人才培养的要求。

（1）建立指标体系

为了满足新业态人才质量的需求，提出高职人才培养质量的要求，本课题组调研了5位行业专家、3位高职学院学者、4位旅游企业人力资源高层，采用专家打分法确定出旅游人才所必备的知识、能力及素质等16个具有代表性的因子（如表19所示）。

表19 旅游人才质量的指标体系

序号	指标
S1	旅游类专业知识
S2	理论基础知识
S3	外语和计算机能力
S4	学习能力
S5	团队协作精神
S6	职业道德与责任感
S7	创新创业能力
S8	心理素质
S9	身体素质
S10	沟通能力
S11	组织能力
S12	执行能力
S13	职业技能
S14	应变能力
S15	观察能力
S16	实践知识

（2）因子分析法建立模型

课题组对旅游企业调查问卷中的数据进行因子分析，找出旅游企业最为看重的旅游人才特征，对提取出的几个公共因子重新进行解释，根据调研问卷数据与得分矩阵，得出以公共因子为指标的因子值，从而精确地知道旅游人才质量的需求。本文将问卷中的16个指标作为变量，进行因子分析。

因子分析的前提条件是参与分析的各变量必须高度相关，只有信息重叠才可以保证把信息重叠的部分提取出来，达到降低维数的目的。

表20　指标 KMO 和 Bartlett 球形检验

样本充分性的KMO测度		0.896
Bartlett球形度检验	卡方近似值	2348.38
	df	126
	Sig.	0.000

由上表所示 KMO 值 =0.896>0.7，适应性较好，可以进行因子分析。Bartlett 球形检验显著P值为0.000<0.01，说明相关系数矩阵显著不等于单位矩阵，与KMO的检验结论一致。

表21　公因子方差

公因子方差		
指标	初始	提取
S1	1.000	.947
S2	1.000	.945
S3	1.000	.477
S4	1.000	.955
S5	1.000	.968
S6	1.000	.835
S7	1.000	.490
S8	1.000	.884
S9	1.000	.868
S10	1.000	.939
S11	1.000	.949
S12	1.000	.954
S13	1.000	.891
S14	1.000	.955
S15	1.000	.922
S16	1.000	.947

提取方法：主成分分析。

公因子方差给出了提取的公共因子后，各个变量所保留的共同度都大于0.5以上，说明本次因子分析信息损失较少，是比较成功的。

表 22 总方差贡献率

成分	初始特征值			提取平方和载入			旋转平方和载入		
	合计	方差的 %	累积 %	合计	方差的 %	累积 %	合计	方差的 %	累积 %
1	6.715	41.966	41.966	6.715	41.966	41.966	6.565	41.031	41.031
2	5.988	37.428	79.394	5.988	37.428	79.394	5.629	35.180	76.211
3	1.222	7.637	87.031	1.222	7.637	87.031	1.731	10.820	87.031
4	.930	5.816	92.846						
5	.609	3.809	96.656						
6	.333	2.081	98.737						
7	.126	.787	99.523						
8	.042	.260	99.783						
9	.019	.116	99.899						
10	.010	.060	99.959						
11	.005	.029	99.988						
12	.001	.009	99.997						
13	.000	.002	99.999						
14	.000	.001	100.000						
15	4.147E-7	2.592E-6	100.000						
16	−2.207E-16	−1.380E-15	100.000						

提取方法：主成分分析。

由上表，利用主成分分析的方法，根据特征根大于 1 的标准，提取出 3 个主成分，且贡献率大于 80%，因子分析效果理想。

表 23 旋转后的成分矩阵

旋转成分矩阵[a]			
	成分		
	1	2	3
s1	−.016	.095	.972
s2	−.148	−.034	.960
s3	.914	.220	.017

续表

	成分		
	1	2	3
s4	.969	.166	-.027
s5	.230	.808	.499
s6	.301	.638	.582
s7	-.287	-.050	.637
s8	.046	.686	.067
s9	.290	.761	.508
s10	.968	-.018	-.027
s11	-.092	.519	.470
s12	.901	-.177	-.129
s13	.902	.232	-.001
s14	.948	-.177	-.129
s15	.944	.168	-.054
s16	-.082	.030	.973

提取方法：主成分。
旋转法：具有Kaiser标准化的正交旋转法。
a.旋转在5次迭代后收敛。

从表23可知，公因子与各变量之间的关系，通过变量前的系数反映。公因子1主要反映沟通能力、应变能力、学习能力、外语与计算机能力、职业技能、观察能力等体现旅游类人才必备的能力要素，称之为"能力因子"；公因子2反映团队协作精神、心理素质、职业道德与责任感等体现旅游类人才必备的素质要素，称其为"素质因子"；公因子3主要反映旅游类专业知识、理论基础知识和实践知识三个因素，称之为"知识因子"。

设问卷的总因子即旅游人才质量为Y，公因子1"能力因子"为X_1，公因子2"素质因子"为X_2，公因子3"知识因子"为X_3。由表4得等式：$Y=0.41031X_1+0.35180X_2+0.10820X_3$。

由此可知，企业对旅游人才的要求中能力最为重要，其次是素质，对知识重视程度相对较低。得到上述结论的原因如下：

第一，对企业来说，人力资源是第一资源。在经济发展中，人才的能力是提高工作绩效，提高企业效益、增加利润的基础。旅游企业的员工主要负责与顾客进行交流、满足顾客的需求，那么员工必备能力中的沟通能力、学习能力、外语和计算机能力、职业技能尤为重要，这与本课题中能力因子所包含的能力要素相吻合。

第二，旅游是服务型行业，要求从业人员要有强烈的职业道德与责任感，只有具有职业操守的员工才能更好地融入企业，大部分旅游企业面临的员工流失率高的难题才有可能解决。同时，在服务顾客、满足顾客需求过程中，良好的团队协作精神、过硬的心理素质也是员工必备的素质。

第三，旅游企业所要求的知识结构跟高职院校所重视的知识结构有差异。学校对学生的培养，更偏向通识性知识，并非针对特定企业特定岗位，因此很多旅游企业对新进员工要进行岗前培训，以使其尽快掌握与工作相关的知识。

因此，旅游高职教育需要在现有重视理论知识培养的基础上更加突出对学生能力和素质的培养，只有这样才能提高旅游人才质量，才能满足旅游企业的需求，促进旅游行业的发展。

四、高职旅游人才培养的对策和建议

结合上文的系统分析，可以对高职旅游人才培训的优化发展提出相应的对策和建议。

（一）新常态下高职旅游人才培养目标总体定位

旅游业被普遍认为是劳动密集型产业，存在就业人员素质不高，收入水平相对较低，从业人员流动性大，人才培养水平不高等问题，这也是导致旅游业服务水平不高，游客满意度不高的重要原因。新常态下旅游经济发展需要全面提升旅游服务品质，培养高素质旅游人才是实现我国"十三五"旅游发展规划目标的关键和基础。

人才培养需要回答两大问题，即培养什么样的人和怎么培养。培养什么样的人是回答人才培养目标定位问题，怎么培养是回答培养途径问题。其中，人才培养目标是高职院校对培养对象提出的特定要求，它涉及培养类型、培养模式、培养途径和方法等方方面面。高职旅游人才培养目标应该体现出以下特征：

1. 高等性

高职院校旅游人才培养目标是旅游产业发展需求的归结，更是高等职业教育育人属性的基本要求，高等性是其基本属性。高等性主要是体现高职教育的高层次，即旅游人才培养目标是服务旅游企业发展的基层一线的高层次人才。首先，知识结构的高等性。传授的知识和要求学生掌握的知识应该是旅游专业发展的系统的、全面的、先进的知识和理论，培养的学生应具有较广博的旅游人文、地理、历史等知识，追踪旅游产业发展最先进的知识、理论和方法，学生能够学会并系统运用这些知识理论，分析、解决实际问题。其次，技能的高等性。技术技能是为人类社会发展服务的工具和手段，在高职教育教学中要避免将技术技能当成培养人才的最终目的，高职教育技能的高等性主要体现培养学生技能的同时，不但让学生知道怎么做，更要让学生知道为什么，并让学生创新思考如何做才能更好。最后，素质的高等性。人才培养注重其未来成长性，全人教育理念要求培养学生全面发展，包括思想品德、职业精神、遵纪守法、职业能力、创新精神等方面。

2. 职业性

职业性是高等职业教育的基本属性，也是核心属性。高职院校旅游人才培养应以职业

岗位人才需求为根本，围绕岗位、岗位群所需的核心能力和职业标准、职业素养等来选择和组织教学内容。首先，专业设置要体现旅游产业发展需求。即专业设置应把握旅游产业发展的需求性，追踪旅游产业发展的新动态、新需求，调整专业结构、开设新专业。其次，人才培养方案和课程体系要体现职业性。高职院校旅游人才培养方案和课程体系设计的逻辑起点是职业岗位能力要求。因此，高职院校旅游人才培养应以旅游企业职业岗位人才需求为根本，围绕岗位、岗位群所需的核心能力和职业标准、职业素养等来设计人才培养方案和课程体系，组织教学内容。再次，教学模式要满足人才培养的职业性需求。如教学的师资配备要考虑旅游行业、企业专家；教学场地要考虑旅游企业现场教学；教学方法要考虑理实一体、模拟实景等；教材编写要考虑校企合作共同编写，增加企业实践教学内容等。最后，教学中要始终贯穿着职业标准、职业道德和职业精神的培养。

3.基层性

基层性是高职旅游人才培养目标的又一基本属性。旅游产业发展需要一大批战斗在基层岗位上的高素质人才，因此，高职院校旅游高职人才培养首先要转变观念，为旅游企业基层岗位培养人才。随着高等教育大众化以及产业技术结构调整和升级，旅游企业的基层工作已不限于中职及以下层次人员，根据旅游企业转型升级发展和工作性质需要，越来越多的旅游高职人才要投身于旅游产业发展的最基础的岗位上。其次，高职院校要根据旅游企业一线岗位职业素养要求，培养学生吃苦耐劳、诚实守信、乐于奉献、爱岗敬业的职业操守和职业精神。第三，要从职业生涯发展角度设计教学内容，即初级岗位职业能力——中级岗位职业能力——高级岗位职业能力，呈现递进式成长的课程体系。

（二）政府政策及发展策略建议

1.专业及专业方向设置调整

在我国的教育体制中，政府既是教育投资者，也是教育主办者与管理者，其对市场经济社会和旅游产业发展的规划直接引导着旅游高职院校专业设置的方向，而与其相关的促进职业教育的政策、支持职业教育的资金和为职业教育搭建的平台等也直接影响着高职院校专业培养人才质量的高低。当前，各级政府对旅游业发展关注度高，出台了各类相关政策，旅游高职院校应在对政府整体规划进行研究分析和科学论证的情况下，审慎地进行专业设置的修正。

通过本研究的调研可以发现，旅游行业对于休闲管理人才、民宿经营管理人才、智慧旅游开发人才、会展管理与服务人才以及文化创意旅游人才的需求十分旺盛，而且从旅游行业新业态发展的趋势而言，以上专业也同样具有持续发展的生机与活力。目前，从调查结果可见，全国开设休闲服务与管理的院校仅49所，会展策划与管理专业开设院校仅166所，开设电子商务（旅游管理方向）的院校也有限。因此，建议可新设"智慧旅游开发与管理"专业，将旅游电子商务视为该专业的一个方向，此外再新设旅游目的地智慧管理等方向，促进智慧旅游人才的培养。对于休闲服务与管理及会展策划与管理专业则应重点扶持，促进这两个专业招生规模的扩大和培养质量的提升。

此外，经调研可发现，旅游管理专业开设的院校最多，截至2016年，达到了864所。

但其专业面向呈现不确定性，调研中发现众多学校将旅游管理专业的人才培养方案设计成了"酒店、旅行社、景区"等业态课程的拼盘，专业方向不明确。因此，建议可将需求量较大的休闲农业、度假区经营管理、文化创意旅游开发等增加入旅游管理专业的方向设定，指导各院校根据自身实际情况，明确旅游管理专业的发展方向。同时由于民宿经营管理人才需求的不断增加，也建议将民宿管理与经营纳入酒店管理的专业方向，指导院校增加相应的课程，促进学生技能的全面提升。

2. 一体化人才培养通道的打通

旅游职业教育人才的培养是系统性工程，经调研可以发现，旅游企业对于旅游人才能力、素养和知识的质量需求也在不断提升，高水平、复合型应用人才无疑是旅游行业最需要的。而且随着旅游新业态的不断涌现，学生综合素养的内涵和外延也在不断扩大。三年的培养周期对于成熟的旅游人才而言，已经愈显短暂。因此，建议政策层面进一步支持旅游职业教育"立交桥"的打通，在鼓励有条件的中职学生升高职、高职升本科的同时，支持一批办学特色鲜明、人才培养水平较高的高品质高职旅游院校探索应用型本科的办学道路，为高水平旅游院校的发展和具有潜力的高职学生的提升打通上升途径，甚至可以在部分院校试点应用型旅游管理研究生的培养，从而助力旅游职业人才整体水平的提档升级。将目前学术性本科院校承担起来有困难的任务交给更具潜力的高职院校。

3. 招生就业、资金配套等政策扶持

对于市场需求量大，但目前社会认知还有待提升的专业或专业方向，如休闲农业（乡村旅游）、民宿经营管理等，可予以招生政策和资金配套政策的扶持，鼓励学生报考此类专业，进一步为行业的健康发展奠定人才基础。

从就业和创业的角度而言，调研发现，目前还存在着部分企业与院校信息沟通不畅的情况，建议政府层面牵头开始构筑全国性质的旅游职业人才招聘、应聘网络平台，进一步促进人才供需的对位发展。此外，旅游行业是大众创业、万众创新的重镇，建议政府层面对旅游行业的学生创业予以资金、税收等政策方面的进一步支持，激发院校和学生的活力。

（三）高职院校旅游人才优化培养建议

1. 宽口径招生的实施

经调研可以发现，复合型旅游人才培养越来越显重要。建议打破现行按专业"窄口径"招生的模式，推行按专业大类进行"宽口径"招生。例如，旅游管理大类招生，目前是按照旅游管理、导游、旅行社经营管理、景区开发与管理等进行分专业招生，这种"窄口径"招生、"窄口径"培养模式，很难培养出复合型旅游人才。因此，建议有条件和实力的高职院校（指有较雄厚的专业基础、复合型教师队伍、产教融合实习实训平台等），尝试招生改革，按照旅游管理大类招生，在入校后，经过一段时间的学习，再进行分专业培养，同时鼓励不同专业间的课程互修，以搭建专业交叉的培养平台，实现"一专多能"的发展。

2. 科学设计课程体系

以专业调研为先导，追踪旅游产业发展趋势及人才需求趋向，深入分析论证专业人才培养目标定位，分解职业、岗位能力要素，明确工作任务，科学制订人才培养方案，实现人才培养与人才需求的"无缝对接"，使"职业资格标准课程化"。具体专业课程体系的设计路径为：确定专业具体工作岗位（群）→研究实际工作过程→提炼典型工作任务→明确岗位能力及素质要求→确定学习领域→形成基于旅游企业典型工作的"工作式学习"课程体系。实现专业设置与产业需求对接，课程内容与职业标准对接，教学过程与生产过程对接，毕业证书与职业资格证书对接，职业教育与终身学习对接等五个对接。

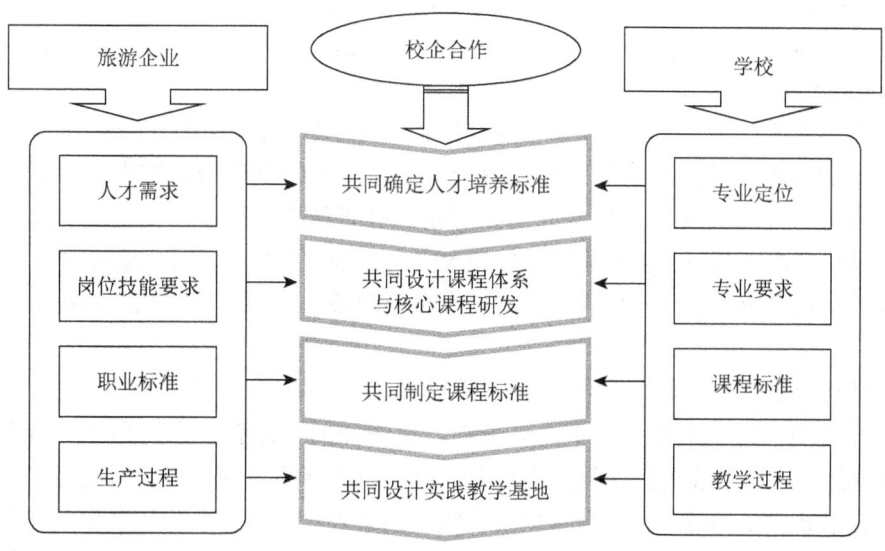

图19　产教共育的专业人才培养模式

3. 采用灵活的"工学结合"的教学方式

工学结合教学方式是高职院校普遍采用的一种模式。旅游企业由于其自身的运营管理模式不同、服务的对象不同、工作岗位要求不同等，对工学结合、工学交替的方式和时间等要求亦不同。高职院校旅游人才培养在采用"工学交替"模式上，应充分了解旅游企业的用工要求和运营特点，根据高职旅游人才培养目标，制订科学、合理的工学结合、工学交替的教学计划，明确课程的归属和教学方式。即哪些课程需要旅游企业专家授课完成，哪些企业人员具有授课资格，哪些课程适合在企业实地学习，哪些课程需要企业专家参与共同开发等，此外，还要明确课程的时间安排、具体的内容、考核的方式等。

4. 建立一支高水平的师资队伍

来自旅游行业、企业师资短缺是困扰高职院校旅游人才培养的主要问题。由于目前受教师身份管理、职称评审管理等政策限制，高职院校从旅游行业、企业引进人才难度较大，因此，积极探索产教紧密合作，共同建立一支既培养高职院校旅游人才，又培养企业员工的相对稳定的师资队伍成为校企双方共同的诉求。高职院校可在产教一体专业建设委员会领导下，建立产教师资队伍建设常态化机制，优化产教师资结构。如建立产学交流、互派师资制度，建立教师工作站，校企师资进站工作学习，建立校企专业教研室，共同探讨专业建设、课程设置；建立校企实习实训基地，双方共同选派导师指导学生实习、实训等。

5. 促进国际化教育教学的开展

国际化办学是旅游高职院校培养复合型旅游人才的重要方式。旅游高职院校应树立国际化办学理念，积极加强与境外旅游院校的交流与合作，通过引进先进教育教学理念、管理模式、优秀师资、课程教材体系等，提高自身教育教学水平。有条件的高职院校还可以对接国际标准，开展专业国际认证，提升专业的国际化水平；通过建立境外师资培养基地和学生实习实训基地，加强师生的境外学习与交流；通过与境外优秀的教育机构合作，开展国际合作办学项目等。

市场竞争的核心是"人才"竞争，复合型旅游人才是提升旅游产业竞争力、旅游产业国际影响力的关键和基础。培养适应旅游产业创新发展的复合型旅游人才，不仅需要旅游高职院校思考如何开展教育教学改革和创新，也需要旅游行业、企业的积极配合和参与，更需要教育主管部门、旅游主管部门以及其他政府部门的大力支持和指导，特别是在招生制度、教师身份管理、职称评审管理、教育资源整合等方面给予相应的政策支持和自主权。

6. 加强创新创业意识与能力的培养

本研究表明，高职旅游类学生的创新创业意识和能力都有提升的必要。当今"互联网+"的时代，认识与改造世界的方式与先前有了质的不同，创新意识即是为了满足新的社会需求，求新求变的意识，它包括创新思维、创意表达、创意转化的多元化开拓与创新能力，应在培育创新思维的基础上，推动和激励学生开展创造性活动，鼓励学生创造和创业，最大化地凸显个体存在的价值。创新意识的培育关乎对传统教育方式的改观，甚至是打破，要借助新生媒介完成育人方式及思维方式的转变，使其适应并且引领新时代的需求与变化。因此，在课程的设计、实训的实施、实习的开展等环节应有意识地加强学生创新创业意识和能力的培养，以契合时代发展的要求。

7. 加强学生职业素养的培养

职业素养是高职学生综合职业能力的体现，本研究表明，高职旅游类学生的职业素养受到旅游企业的重视，而且有进一步提升的必要。尤其在旅游新常态发展的背景下，新业态、新需求层出不穷，对学生职业素养的构成也提出了新的要求。因此，在育人过程中，无论是专业的开设、人才培养方案的制订、课程体系的设计还是教学资源的创设、实习实训基地的建设，都需要以旅游综合职业素养的全方位提升为切入点，尤其关注当代旅游业发展所关注的创新能力、营销能力、活动策划能力、电子商务能力等，以促进学生的全方位发展，适应旅游行业的需求。

（四）行业、企业参与高职旅游人才培养建议

与旅游行业、企业和各类旅游协会、学会充分对接，鼓励其参与旅游人才培养的全过程，促进"产教深度融合"的真正实现。

1. 探索混合所有制办学模式

旅游高职人才培养目标定位决定了旅游高职人才培养不是单靠学校能够培养出来的，

还必须依靠产教融合、校企合作而共同培养。"混合所有制"办学模式的探索是高职旅游人才培养的重要途径。建议高职院校应紧跟产业发展、区域经济发展的步伐，积极对接旅游企业，以产教共建、共育、共管、共赢理念为引领，与旅游企业积极开展深度合作，以资金、技术、场地、师资、实训设备等多种方式，探索"混合所有制"的实现路径，使得企业全程参与育人的全过程、全环节，构建产教深度融合育人的体制机制，不断提高人才培养质量。

2. 行业师资队伍的全面打造

"师资队伍保障"关注建设两支队伍，即"高水平双师队伍"和"高水平业师（行业师资）队伍"。校内师资的培养关注"双师素质"的养成；校外业师注重高水平实践人才的引入。不但鼓励院校教师在学校和企业间有序流动，深入行业企业一线，参与技术研发和实践服务，也积极吸引经验丰富的一线专家、管理精英的加盟。通过打造两支队伍，建立起专兼结合、校企融合的实践教学指导团队。做到"三共一体"，即共同制定实践课程体系，共同参与实践课程教学，共同研发融合行业要求和教学标准的实践考核体系，构建"共议方案、共同教学、共同评价"的培养模式，使得"教""学""做""评""用"全面与行业、企业接轨。在具体实践指导实施中，"业师团队"参与校内实践课程体系的教学；"双师团队"参与校外实践课程体系的培养，尤其是在顶岗实习过程中，不仅要重视行业师资的作用，也要充分发展专职教师的管理、监督、指导作用，使得顶岗实习同样具备课程开展的规范性和科学性，以此打破传统上的校内教师仅负责校内实践，行业企业人员仅关注学生顶岗实践阶段的局限，从而形成校内外师资共同为学生综合实践能力的养成服务的"两支队伍，一个中心"的模式。

3. 校企共建高水平教学资源

为满足高职旅游人才自主学习、终生学习的需求，需要产教合作，整合资源，共同建设校企融合的旅游类专业教学资源。高职教学资源建设主要包括教学资源内容建设、教学资源平台建设和实习实训设施建设。教学资源的内容建设是教学资源建设的基础，主要通过结构化课程、系统化设计，融入企业的丰富资源，进行资源内容的构建。在资源平台的建设方面则需要运用互联网技术，通过搭建教学资源平台，跨越时间和空间的距离，使任何人在任何时间和任何场所，都能够通过网上丰富的教学资源，进行自主学习、个性化学习、终身性学习。在实习实训资源的建设中，尤其需要借助行业、企业的力量，不断追踪旅游产业发展、市场需求与人才培养的契合点，优化和完善实习实训基地、设备等教学资源，使得资源利用更科学、更经济、更富效率、更有价值。

参考文献

[1] 厉新建.新常态下的旅游业新发展[N].中国青年报，2014-11-07.
[2] 旅游行业研究中心.2011中国旅游市场趋势观察研究预测报告[EB/OL].http://www.askci.com，2013-09-21.
[3] 王乐鹏，姚明广，王奕俊.试论旅游企业的新媒体营销[J].内蒙古科技与经济，2011（5）：31-

32.

[4] 金卫东.智慧旅游与旅游公共服务体系建设[J].旅游学刊,2012(2):5.

[5] 申瑞侠.基于生态旅游发展的智慧景区建设研究——以漓江景区为例[J].产业与科技论坛.2014(19):15-17.

[6] 厉无畏,王慧敏,孙洁.创意旅游:旅游产业模式发展的革新[J].旅游科学,2007(6):35.

[7] 唐纪平.海南高校旅游人才培养模式研究[D].海南大学,2014.

[8] 张京成.中国创意产业发展报告(2006)[M].北京:中国经济出版社,2006.

[9] 贺寿昌.创意学概论[M].上海:上海人民出版社,2006.

[10] 教育部.普通高等学校高等职业教育专科(专业)目录(2015年),2015.

[11] 冉陆荣,徐杨,何建笃.大学生自主创新能力制约因素及提升途径[J].创新与创业教育,2016(2):81-83.

[12] 谢璐.企业在旅游高职院校学生职业发展能力培养中的参与机制研究[J].中国成人教育,2014(9):108-110.

[13] 王袁霞.提升高职院校旅游管理专业就业质量的对策[J].现代教育管理,2016(4):286-287.

[14] 宋晓微,赵龙,张静雅.职业院校旅游管理专业学生就业存在的问题与对策探讨[J].创新教育,2014(5):96-97.

项目名称：产教融合进程中职业学校旅游类专业"双师型"教师队伍建设路径探析
　　　　——以重庆市旅游学校为例
项目编号：LZW201607
项目负责人：聂海英
项目负责人所在单位：重庆市旅游学校

产教融合进程中职业学校旅游类专业"双师型"教师队伍建设路径探析
——以重庆市旅游学校为例

一、课题的提出和课题的界定

（一）研究背景

1. 国家政策导向

《关于实施职业院校教师素质提高计划的意见》（教职成〔2011〕14号）明确提出以建设高素质专业化"双师型"教师队伍为目标，以提升教师专业素质、优化教师队伍结构、完善教师培养培训体系为主要内容，以深化校企合作、提高培训质量为着力点，大幅度提高职业院校教师队伍建设的水平，为职业教育科学发展提供强有力的人才保障。2010年出台的《国家中长期教育改革和发展规划纲要（2010—2020年）》明确提出"加强'双师型'教师队伍和实训基地建设，提升职业教育基础能力"的总要求；2012年出台的《国务院关于加强教师队伍建设的意见》（国发〔2012〕41号）强调了"双师型"教师的培养培训体系，提出："职业学校教师队伍建设要以'双师型'教师为重点，完善'双师型'教师培养培训体系，健全技能型人才到职业学校从教制"；"发挥好行业企业在培养'双师型'教师中的作用"。《国务院关于加快发展现代职业教育的决定》（国发〔2014〕19号）和《现代职业教育体系建设规划纲要（2014—2020年）》（教发〔2014〕6号）提出要加强"双师型"教师队伍建设，完善教师资格标准，改革教师资格和编制制度，改革职业院校用人制度，改善教师培养和培训制度等要求。研究中职学校"双师型"教师队伍无疑是对完善国家教育政策的有益探索。

2. 经济社会发展要求

职业教育是就业教育和民生教育。随着"互联网+""中国制造""一带一路""职业教育供给侧改革"等概念的提出，中职教育面临更多更大的发展机遇与挑战。旅游业是劳动密集型产业，能够吸收大量的劳动力。近年来，随着我国旅游业的不断蓬勃发展，旅游业对于高素质专业人才的需求与日俱增。旅游业是操作性强的行业，这要求旅游从业人员不仅需要具备扎实的专业知识，同时也要具备一定的专业技能和实践经验，还要具备应对旅游业实际工作中突发问题的能力。因此，旅游类专业必须侧重于应用型人才培养。而"双师型"教师作为中职旅游类专业应用型人才培养的实施者，其数量和质量直接关系中职教育发展与旅游行业经济发展的走向，因而，加强中职旅游类专业"双师型"教师队伍建设研究符合时代使命和经济社会发展的要求。

3. 中等职业教育面临挑战

中职教育在现代职业教育体系中占据基础地位，具有升学与就业双重功能，对社会经济尤其是区域经济的发展起着十分重要的作用。教育作为一个整体系统，随着高等教育扩招，普通高中教育的大力发展，中职教育的社会地位和社会形象不为人重视，成为大众眼中"次等教育"的代名词。随着我国适龄人口下滑，中职学校生源数量下降趋势明显，生源质量不佳，加之中职学校自身在教育教学质量方面不同程度地存在亟待解决的问题，致使中职教育面临很多挑战。中职学校的可持续健康发展迫切需要高素质的"双师型"教师，因此研究中职学校"双师型"教师队伍建设具有重要的意义。

4. 中职师资队伍发展内生性需求

中职师资队伍建设是实践问题，更需要理论指导。但现阶段，中职学校旅游类专业真正意义上具备专业实践能力和实际工作经验的教师严重不足，"双师型"教师的数量和比例均亟待提高。因此，提高旅游类专业"双师型"教师能力，建设既具备丰富的旅游管理专业理论知识又具备旅游业专业技能，既能传授理论知识又能指导学生进行旅游业实训的旅游管理专业教师队伍意义深远而重大。

（二）研究的意义

1. 理论意义

本研究对国内外的相关研究现状和成果进行了全面的梳理，全面深入地分析了我国中职旅游类专业"双师型"教师培养的相关内容，以重庆市旅游学校旅游类专业发展的4个阶段"双师型"队伍建设为例，从"双师型"教师队伍能力的内涵和能力结构界定出发，提出"双师型"教师提高专业实践能力的必要性，总结了德国、澳大利亚、英国等发达国家专业教师培养的特色及对我国中职旅游类专业"双师型"教师培养的启示，构建了产教融合进程中中职旅游类专业"双师型"教师的培养路径，为旅游职业教育"双师型"教师队伍培养理论研究提供有价值的实证，为国内中等职业学校旅游类专业"双师型"教师队伍建设提供借鉴。

2. 现实意义

目前，我国中职旅游类专业教师大部分是在学科型人才培养模式下造就出来的，从学校到学校，缺少行业企业实际工作经历。随着旅游业快速发展，专业人才需求大增，供需矛盾突出，而中职学校旅游类专业师资的供需矛盾则更为明显。国家虽采取了专业深造、先培训后转行、引进等多种途径，解决了部分师资，但因人才培养周期等原因，旅游类专业师资的供应一直落后于需求，特别是那些既要具备扎实的基础理论知识和较高的教学水平，又要具有较强的专业实践能力和丰富的实际工作经验的中职"双师型"教师队伍培养至今仍是一个难题。

本研究在调查研究和文献研究的基础上，以重庆市旅游学校为例，分析了旅游类专业教师的年龄、职称、结构等现状及其专业发展需求，提出了该类专业"双师型"教师培养路径，这对于加强中职旅游类专业教师队伍建设，促进旅游教育改革与发展具有一定的现实意义。

（三）核心概念的界定

1. 产教融合

总体而言，产教融合是产业系统与教育系统相互融合而形成的有机整体，是各参与主体相互配合的一种经济教育活动方式。具体来讲，产教融合是产业部门（行业、企业）与教育部门（主要是职业院校）充分依托各自的优势及资源，以互信和合约为基础，以服务社会经济尤其是区域经济和满足需求为出发点，以协同育人为核心，以合作共赢为动力，以校企合作为主线，以文化共融为支撑，以项目合作、技术转移以及共同开发为载体，将产业、教育内部及之间各要素优化组合和高度融合而形成的一种经济教育活动方式。

2. "双师型"教师

我国首次在政策中明确提出"双师型"教师的概念是1995年原国家教委颁发的《国家教委关于开展建设示范性职业大学工作的通知》（教职〔1995〕15号）。《通知》指出："专业课教师和实习指导教师具有一定的专业实践能力，其中有1/3以上的'双师型'教师"。此后，"双师"的提法被政策文件多次提及，如1997年原国家教委印发的《国家教委关于高等职业学校设置问题的几点意见》（教计〔1997〕95号）文件、国家教育部1998年制定的《面向21世纪深化职业教育教学改革的意见》文件等。"双师型"教师概念的提出，是在以往职业教育中重理论轻实践，重知识传授轻能力培养，师资队伍建设和评价上偏重理论水平的情况下，为了强调实践性教学环节的重要性，促使理论与实践教学的正确定位与有机结合，适应以能力为本位的职教理念而提出来的。

对"双师型"教师，学界众说纷纭。因此，明晰"双师型"教师的内涵是"双师型"教师队伍建设的前提。一般来说，"双师型"教师既有教师资格，又有相关行业实际工作的从业资格或丰富经历。从形式上看，"双师型"教师持有"双证"，即教师资格证书和职业技能等级证书；从外延上看，"双师型"教师是具备相应行业的职业态度、知识和技能的专业教师；从能力和素质的角度上看，首先，"双师型"教师是教师，因此必须具备教师的基本能力和素质；其次，"双师型"教师是教师中的特殊群体，具有较强的专业实践能力和丰富的实际工作经验，既能从事理论教学又能从事实践教学，还能担任技术指导。

3. 旅游类专业"双师型"教师

旅游类专业"双师型"教师可以理解为既有教师资格证书又有旅游行业的从业资格证书或等级证书，既能较好地从事教学工作又具有丰富的旅游行业实际工作经验和较强的旅游专业实践能力的专业教师。

二、文献综述

《国家中长期教育改革和发展规划纲要（2010—2020年）》中提到2010—2020年完成培训一大批"双师型"教师，聘用一大批有实践经验和技能的专兼职教师的目标，持续推动和不断加强职业院校师资队伍的建设，推动职业教育科学健康发展。

各中职学校的教育工作者努力积极探索、转变观念、解放思想，以适应社会主义市场经济对中职学校师资队伍建设所提出的全新要求，因而中职学校的师资队伍建设水平得到了很大提升。但是关于"双师型"教师的认定标准以及培养思路、经费投入、激励政策、职称评审等问题，尚不系统，对旅游专业领域"双师型"教师的具体研究几乎为空白。目前，国内众多研究人员和教育学者就"双师型"教师培养的相关研究，主要集中在"双师型"教师的内涵界定、"双师型"教师的职称、年龄与学历的结构等问题的调研、建设设想、企业兼职教师聘请等方面。一些学者现有的研究，最为关注的是对"双师型"教师准确的内涵界定、明确的认定标准和从企业聘请兼职教师来校的配套政策、待遇等问题。

从以上可看出，从发展角度看，时代和社会经济的发展，要求职业技术教育具备大量的"双师型"教师；从借鉴西方国家发达职业教育的成功经验来看，他们都是重视"双师型"教师建设，以此带动职业教育高速发展，促进国家经济发展。

（一）国外研究情况

美国宾夕法尼亚州立大学负责人力资源教育和发展的教授、企业培训的研究专家罗斯威尔（Rothwell），在《职场学习者》（The Workplace Learner，Rothwell，2002）一书中，对职场学习理论有详尽的阐述。湖南大众传媒职业技术学院陈嫔荣的《高职"双师型"师资发展制约因素及策略分析——以职业外语类"双师型"教师为例》[①]结合国外职业教学全面分析了国外职业院校对师资的要求。在国外职业教育里找不到"双师型"教师这个称呼，但是不难发现国外对职业教育的教师从业资格的要求与我国目前倡导的"双师型"教师大致相同，国内外对教师的相关执教能力、专业实践能力和专业实践经历都有严格的要求，都非常重视教师的综合素质和实践能力。

1. 德国

德国是公认的世界职业教育典范。德国的"双元制"职业教育的特性首先表现在有两个培训场所，即企业和职业学校，紧密结合学习与工作、学校培训和企业实践。德国培养模式总结为如下三个阶段：

第一，岗前教育阶段。类似于我国的师范类大学培养，但不同的是，我国并没有针对职业教育教师的师范大学，绝大多数专业课教师没有学习过教育学、心理学、逻辑学等师范类必修课程，这就造成了任课教师只懂专业，却不懂如何传授专业。德国的岗前教育阶段共分为两个子阶段共计五年时间，分别是三年的学士课程和两年的硕士课程。这一过程除了培养时间得以保证，在具体的专业学习上也分成较为科学的三个层次。

第二，预备见习阶段。该阶段历时两年，类似于国内的实习期，但是时间更长，考核

[①] 陈嫔荣. 高职"双师型"师资发展制约因素及策略分析——以高职外语类"双师型"教师为例[J]长春理工大学学报（高教版），2009（4）：50-51.

更为严格。预备见习期主要针对实际教学能力的训练和见习教学与试讲。

第三，教师在职进修培训阶段。由于德国社会80%的教育为职业教育，所以对职业学校教师要求非常高，即使通过了前面7年的学习和见习，仍然需要不断提升自己。职业学校教师不仅要随时更新所学知识，跟上科技和产业的发展，还要密切关注企业发展动态，了解加工生产过程，所以德国职业教师的进修是贯穿于整个职业生涯的。

2. 澳大利亚

以澳大利亚职业与继续教育学院（TAFE）为例，其教师一般至少有3~5年行业工作经历，而且必须符合两个基本条件：一要取得培训行业四级证书；二要取得教育专业本科文凭。新招聘的教师在进行教学工作的同时，须到大学教育学院进行为期1~2年的部分时间制学习并取得教师资格证书。教师在应聘之后，同时也是有关专业协会的成员，参加专业协会的活动，接受新的专业知识、技能和信息。

澳大利亚职业教育的快速发展，是因为其职业院校师资培养的质量高、渠道广。大量高素质、高学历的TAFE学院专职教师通过高等院校得到源源不断的培养；此外，TAFE学院兼职教师的来源宽泛，可以大量选聘社会专业技术人员接受师范教育，这就保障了其职业教育的持续快速发展。

澳大利亚TAFE学院的师资培训工作受到政府的高度重视，师资培训工作的开展方式灵活，形式多样，因为这些工作都是结合TAFE学院师资队伍的构成特点来开展，所以TAFE学院教师的专业教学水平得以不断提高，符合发展需求。大学承担着培养TAFE学院专职教师的主要任务。大学通常采用"端连法"进行师资培养，即前三年教授专业学位课程，最后一年的教育是专业课程。从学生的学习效果分析，最适宜的师资培养途径就是选择"端连法"。

新教师的上岗培训严格遵循澳大利亚政府的规定，是岗前的必备环节，主要分为校外活动、校内活动、书面材料和其他活动四个组成部分的培训工作。学校采取安排新教师去周边的院校观摩学习、创造参加各种教研组开展活动的机会、听取其他教师的上课等形式开展培训，这些培训可以折算为新教师十分之一的日常工作量。完成1年的培训工作后，教育主管部门和院校联合对新教师进行考核、评估，考核合格方可继续担任教师工作。

3. 英国

英国教师培养采用"三三制"专业教师培养模式，即注重专业教师培养过程中职前教育、入职教育与在职教育三个阶段的密切结合，同时注重学校、企业、与教师自身三方的参与合作，"三三"结合，故称之为"三三制"专业教师培养模式。该培养模式有个突出特点，体现在教师培养过程的完整性，即职前教育、入职教育和在职教育三个阶段紧密结合的培养模式，促使"教师专业化"最大程度地实现。

在职前教育方面，英国高等院校教师的职前培养主要以综合大学的培养为主，且教师教育注重教学实践，形成较为严密的职前培训系统：在高等学校接受教育，获得学历学位，并通过教育课程的进修，取得教师从业资格；在各类学校或教育机构进行教育实习，获得相应教学经验；到相关专业企事业单位进行岗位实践，获得行业一线动态信息、实践操作经验以及管理经验。

在入职教育方面，英国高等院校实行入职辅导制度，这项制度针对各教育阶段的新进教师进行。入职辅导主要对新教师课程安排、教学内容确定等教学技巧进行辅导和评估，入职辅导一般在入职后的前三个月内进行，各学院骨干教师和行政人员对其辅导和评估直接负责，并在入职辅导结束时，对教师是否真正达到了课堂实践的国家标准进行考核。对达不到标准的教师，要求其离岗，并接受再教育，直到达标为止。入职辅导过程可以间断，但必须在入职辅导开始后的五年内完成。

在职教育方面，英国政府、教育部、相关企业以及高等院校相互配合，形成完善的在职培训系统，英国政府与教育部门出台了大量的政策和政府报告，并且提供资金支持和在职培训基地与场所。英国教师进修的途径、方式、进修时间多种多样，适应各类教师的不同需要。另外，社会和企业在教师在职培训过程中承担着重要的任务，校企合作等活动的有效开展，更为有效地促进了教师在职培训的进行。

英国专业教师培养模式的确立和广泛应用，注重了教师培养过程的完整性和培养主体的丰富性，保证了英国专业教师职业进程的有效衔接，使得英国的教师专业能力稳步提升，促进了英国高校教师专业化的不断发展，使英国教师素质在欧洲乃至整个世界都名列前茅。专业教师培养的成功，也满足了现代欧洲对于高素质专业人才培养的需求。英国的专业教师培养制度，科学合理、效率极高。

4．日本

在日本，所谓的"职业训练指导员"，是指具有技术专业（即旅游服务、机械、酒店服务、电工、家电维修等）和教育专业双学士学位的教师，能够同时具备理论课讲授与实际操作训练能力。转到教师岗位上之前，必须先获取教师资格证书再有企业工作经验。

日本政府大力支持职业教育师资培养工作，日本的酒店管理专业教师必须先到酒店实践锻炼。酒店管理专业"双师型"教师又被称为从事酒店工作的"职业训练指导员"，这些教师要同时获得教育专业和酒店管理专业的双学士学位，他们分布在职业专修学校、中等职业院校、短期大学及社会职业培训机构。

5．美国

在美国，职业教育实施机构主要为综合高中、职业技术学校、区域性职教中心、企业设立的培训中心和社区开办的学院。美国有严格的职业教育教师资格规定，相比一般中小学教师证书，职业教育教师资格证书要求更高，而且有十分明显的"双师"素质特征。职业教育教师资格证的获取条件非常苛刻，不仅要求教师具有大学本科学历、取得学士学位，而且还要具备相关领域一年至二年的工作经历，并且表现一定要优秀，这些已经成为许多州的明文规定。最近几年，美国的教育机构又有了新行动，为了能够让新教师的培养机制富有灵活性和有效性，推动新教师顺利完成角色转换，采取了一系列的措施，主要是实施了"职业教育新任教师的专业发展计划"，以此来不断适应职业技术教育的教学实践的要求。

（二）国内研究情况

目前，国内对中职学校旅游专业"双师型"教师培养体系的研究还是一个薄弱环节，现有的相关研究中，聂海英的《我国中等职业学校师资管理与发展战略研究》[1]从战略管理视角探索中等职业学校师资的管理与发展问题，认为在中等职业学校培育凸显职教内涵的"双师型"教师队伍势在必行；张永芬的《高职院校双师型教学队伍建设》[2]从建设的必要性、教师培训、机制建设、措施保障等几个方面进行了阐释；王玥的《行业、企业参与职业教育双师型教师队伍建设的实现路径探讨——兼论哈尔滨市双师型教师队伍建设》[3]从成立职教集团的角度强调了调动行业、企业积极性，参与双师型教师队伍建设的实现途径、对策及建议；王良、赵铭的《美国企业培训理论对我国职业教育的启示》[4]结合国外的一些研究和实践，基于教育系统设计模式、继续教育学分制度等模式的构建提出了全新的培训构想；王瑜、夏明兰的《深化校企合作拓展高职院校"双师型"师资队伍建设途径》[5]认为，可通过把握"双师型"教师的内涵，完善管理制度和激励机制，深化校企合作，可采取以培养为主、引进为辅等方式实施"双师型"师资队伍建设，推崇导师制、校企合作；张颖红、李宇彤的《提升"双师"素质凸显职业技能发挥"双师"才智——首都高职院校"双师型"教师队伍建设的探索与研究》[6]把师资培养从三个层次进行了区分，即青年教师培养、骨干教师培养和学科带头人的培养，并提出了相应的对策。

阳大胜的《合并转制高职院校核心竞争力与师资队伍再造》[7]一文对国内职业院校师资队伍的培养现状做了分析概括；罗水秀在《论高职院校青年教师的培养问题》[8]一文中分析了职业院校青年教师的现状，并提出了职业院校青年教师的培养着重从教学、科研、职业道德方面努力，但缺乏切实可行的培养措施；胡新岗等人在《江苏省高职院校青年教师现状和培养方向研究》[9]一文中结合江苏省29所职业院校青年师资的情况进行了统计分析，从"双师型"、教育教学与科研、用人机制等方面进行了分析和研究。胡新岗等人在《高职院校青年教师培养的实践与探索》[10]中从师德、教育教学、管理、科研、社会服务等方面介绍了青年教师的培养途径和方法。周佳球的《从教师的角度看高职教育的教师发展问题》[11]认为，处理好教师与专业教学团队的关系、教师个人能力与专业发展的关系及教师个

---

[1] 聂海英.我国中等职业学校师资管理与发展战略研究[J].教育与职业，2008，9（27）：121-123.
[2] 张永芬.高职院校双师型教学队伍建设[J].山东省青年管理干部学院学报，2009（5）：135-136.
[3] 王玥.行业、企业参与职业教育双师型教师队伍建设的实现路径探讨——兼论哈尔滨市双师型教师队伍建设[J].职业技术，2011（9）：8-9
[4] 王良，赵铭.美国企业培训理论对我国职业教育的启示[J].中国轻工教育，2011（1）：86-88
[5] 王瑜，夏明兰.深化校企合作拓展高职院校"双师型"师资队伍建设途径[J].改革与开放，2010（6）：141-143.
[6] 张颖红，李宇彤.提升"双师"素质凸显职业技能发挥"双师"才智——首都高职院校"双师型"教师队伍建设的探索与研究[A]//中国人才研究会教育人才专业委员会、中国未来研究会教育分会、发现杂志社.中国当代教育理论文献——第四届中国教育家大会成果汇编（上）[C].中国人才研究会教育人才专业委员会、中国未来研究会教育分会、发现杂志社，2007：4.
[7] 阳大胜.合并转制高职院校核心竞争力与师资队伍再造[J].职业教育研究，2009（2）：68-69.
[8] 罗水秀.论高职院校青年教师的培养问题[J].职业教育研究，2009（7）：59-60.
[9] 胡新岗，吉文林，尤明珍，金灌，董海燕，陆晓明，肖健.江苏省高职院校青年教师现状和培养方向研究[J].职业教育研究，2009（8）：54-55.
[10] 胡新岗，黄银云，吉文林，尤明珍，肖健.高职院校青年教师培养的实践与探索[J].职业教育研究，2009，（10）：60-61.
[11] 周佳球.从教师的角度看高职教育的教师发展问题[J].职业教育研究，2009（3）：71-72.

人教学与人才培养的关系三个方面的问题是教师的发展关键。

综上所述，经过较长时间的探索和众多学者的共同努力，"双师型"教师队伍建设已经取得了一定的成绩，研究的角度也各有侧重，为后续深入研究提供了大量文本资料。但是对中职"双师型"教师培养的体系性研究欠缺，尤其是针对旅游类专业和纯粹技术引领型的专业还有很大的区别这一特殊情况，对于教师的行业经验、企业文化影响、旅游品牌特色等因素研究较少。因此，课题组认为应从中职旅游类"双师型"教师的培养现状出发，在吸收国外成功经验的基础上，立足于中职旅游类专业教育发展的实际，将旅游类专业"双师型"教师培养路径这一课题进行深入研究，积极探索可操作性强、效果显著的路径和措施，真正促进中职旅游类"双师型"教师队伍建设质量提升。

三、课题研究的目标及内容

（一）研究的目标

（1）通过对重庆市旅游学校旅游类专业在发展初期、中澳项目实施、全国示范学校建设和后示范建设等4个历史发展阶段"双师型"教师队伍建设路径研究，提炼出产教融合进程中中职旅游类专业"双师型"教师建设路径，为旅游职业教育"双师型"教师队伍培养理论研究提供有价值的实证，为国内中等职业学校旅游类专业"双师型"教师队伍建设提供借鉴。

（2）创新学校旅游类专业"双师型"教师培养机制，制定学校"十三五"旅游类专业"双师型"师资队伍发展规划。

（二）研究的主要内容

1. 重庆市旅游学校早期旅游类"双师型"教师队伍建设路径分析

（1）从普通中学转型为中职学校初期，旅游类专业教师全部从行业聘请，如从大渡口区饮食服务公司等单位调入周勇、邓开云等老师，任烹饪专业教学。

（2）基于创办初期全部外聘专业教师的不易，学校开始培养自己的旅游类专业教师。

首先，采取动员、个别交谈与教师自愿相结合的办法，重组已有师资队伍，让部分有条件或有潜质的文化课教师转任专业课，边学边教。如语文教师李展子转任旅游专业课，胡小芹转任服装专业课等，既消化了过剩的文化课教师，又解决了部分专业教师的来源。

其次，对烹饪等专业性特强的实作课教师，则采取送培、外聘、外调的方式解决。如引进了烹饪教师骆剑华；出资让具有大专学历的青年物理教师白寒再度参加高考，进入四川烹饪专科学校学习，毕业后改教烹饪专业课。

学校还不断加大专业教师的培养力度。1988—1991年，学校筹资5万元，先后选送教师到北京联合大学旅游学院、上海天马大酒店培训中心、武汉商学校、四川烹饪专科学校、苏州旅游指导员高级培训中心学习，得到国内及英国、法国、西班牙、新加坡等国专家的亲自指导，这些教师回校后大多数成了各专业的骨干。如李展子老师，从北京旅游学校毕业后，带回了先进的饭店管理和饭店服务理论和技能，并对本市各宾馆、饭店的用人要求作了深入调查研究，结合学校实际，编写了该专业的教学大纲和教学计划，以及各种技能训练的教材，使"饭店服务及管理"专业面貌一新。她多次应各大宾馆邀请讲学并被推选担任重庆市旅游服务中心教研组组长。1989年，她被评为全国优秀教师，受到江泽民、李鹏等党和国家领导人的接见，1991年成为大渡口区首位特级教师。

再次，1988年12月至1995年，学校争取政府人事指标留用优秀职高毕业生、聘用社会五大生、引进行业技能人才和其他学校的中高级教师；选送职高生到中职学校参加师培、选拔中职学校优秀毕业生任教、聘请行业专家任专（兼）职教师等，以这些方式先后补充了专业师资和骨干教师50余人。

最后，学校还采取在职转行进修、优秀职高生留校、请专家到校讲学、校外定点拜师学艺等办法，不断加强专业师资队伍的建设，形成了以自己教师为主，专兼职结合的专业教师队伍，为提高专业知识和技能教学质量创造了良好的条件。

2. 中澳项目实施推广过程中学校旅游类"双师型"教师队伍建设路径分析

（1）中国（重庆）——澳大利亚职业教育与培训援助项目背景

1998年，在澳大利亚国际发展援助署的项目规划工作中，我国政府建议和希望澳方在职业教育与培训领域提供援助。为此，澳大利亚国际发展署在中国进行了项目确认考察。通过考察，中澳两国政府确定重庆市为项目实施地。2000年，澳大利亚国际发展援助署组织项目评估组对项目进行评估，形成了《中澳（重庆）职业教育与培训项目设计文本》。2002年3月5日，中国政府代表、原外经贸部副部长龙永图先生与澳大利亚政府代表、澳大利亚驻华使馆临时代办莫亭女士在北京签署了《中华人民共和国政府和澳大利亚政府关于"中澳（重庆）职业教育与培训项目"谅解备忘录》。由此，中澳（重庆）职业教育与培训项目正式启动。

项目试点在重庆经济发展的主导产业所涉及的五个行业对应的5所职业院校中进行：汽车行业——重庆工业职业技术学校；旅游行业——重庆旅游学校；电子商务行业——重庆龙门浩集团职业高级中学；电子信息技术行业——重庆电子职业技术学校；建筑行业——重庆江津工商职业高级中学。

试点学校的项目内容是：学校发展规划的制定；与行业、企业的联系与合作；课程和教学材料的开发；师资队伍的发展、培训；教学方法的改进；学生及培训人员的鉴定。澳方为5所项目学校每校配备25万澳元的教学设备。

（2）具体举措：与国际接轨又适合中国国情的具有中国特色的中等职业教育"双师型"教师培养模式，多渠道高效率实施培训：

第一，精心组织受训教师参加澳方专家实施的系列培训，借鉴澳大利亚职业教育培训模式，构建全新的培训模式。

第二，随着中澳项目在学校的顺利实施，澳方专家进行了课程开发、教材编写、行业联系等工作，以及职场安全健康、旅游服务与管理专业、英语学习等方面的系列培训。

学校精心组织受训教师参加澳方专家实施的系列培训，借鉴澳大利亚职业教育培训模式，构建全新的培训模式，以充分体现"以岗位需求为导向，以学习者为中心，以能力为本位"的先进职教培训理念。

旅游专业教师教学岗位需求导向：旅游专业"双师型"教师的培养目标是直接面对旅游专业教师教学岗位需求导向。层级培训目标对旅游专业"双师型"教师的需求，构成了学校饭店服务与管理专业"双师型"教师培训的根本出发点。

受训教师能力本位：新的培训模式注重以培训教师的旅游专业教学岗位能力为本位，着眼于通过相关教学的设计、实施能力的提高，使受训教师有更多、更切实的相关职业知识（认知领域）、职业技能（专业教学实践能力）和职业态度（敬业精神）三位一体的职业岗位能力的获得。

新培训模式无论在培训的内容、方法、手段和程序上，都不拘泥于其固有性与统一性，而是体现出一定的选择性、针对性和变化性。在培训方法上就采用了以下六种可选择组合的策略：叙述式教学、互动式教学、小组讨论式教学、探讨式教学、个性化教学和现实模拟式教学。受训教师创造条件让他们在开发新课程、新教材的实践中获得专业成长。

第三，鼓励教师进行以"学生为中心，能力为本位"的教学实践。

鼓励教师进行大胆的尝试，借鉴澳大利亚职业教育与培训领域先进的灵活教学法，结合学生实际，不断摸索、实践，初步探索出一套行之有效的、适合学生学习风格的教学方法和技巧，面向全体学生，注重个性化教学，帮助学生学会在模拟职场中学，在合作中学，在师生交往的互动、互惠和对话过程中学，帮助学生认识自我，建立自信，激发学生的创造潜能，为其终身学习奠定基础，同时实现我们教师自身的发展和提高。为检验和展示中澳职教项目在课堂教学活动中的成果，学校组织了校级、区级和市级观摩课，献课教师46人次，涉及的课程为旅游、英语、语文、政治、商贸、体育和数学，有35所市区兄弟学校的450人次的教师到学校观摩研讨。教师们所展示的观摩课所呈现出的"学生发展本位的教学价值观"，教师们独具匠心的教学设计和灵活多样的教学方法，受到了前来观摩的领导和同行的交口称赞，慕名前来观摩的一所中职院校的校长感叹地说："旅游学校教学水平走在了职教前沿"。

第四，密切行业联系，主动争取行业培训资源。

密切行业联系，建立稳固的校企合作关系。在中澳项目的引领下，经过每月至少一次的互访、沟通，2003年12月，学校与重庆希尔顿酒店、扬子江饭店、万友康年大酒店、海逸酒店、重庆万豪酒店、重庆洲际酒店签订了合作协议，明确了教师和学生实训场所、新课程开发和实施、行业专家参与学校专业师资和学生培训以及人才输送等方面的合作方向。在协议签署之后，学校与这些具有伙伴关系的重庆的国际型星级酒店建立了定期联系制度，并通过信函、E-mail 和会面研讨的方式，让合作伙伴了解学校近期教学动态，实施项目过程中所取得的成果，并就遇到的课程开发和师资培训方面相关问题向他们进行咨询和相互探讨与沟通。随着与行业的深入交往，2006年8月、9月学校分别与重庆洲际酒店、重庆万豪酒店签署了合作开办"洲际班""万豪班"的协议，将行业文化直接引入学校课堂，引入对教师学生的培训之中，也将现行国际型星级酒店职场规范有序地纳入到教师、学生培训的内容之中。

让教师深入行业，获得行业经验、职业素养。每到寒、暑假组织饭店服务与管理专业的教师到行业参加实训，已成为学校旅游专业"双师型"教师培训工作的重要环节。教师利用寒暑假到行业挂职实训，可借此提高教师专业实践技能、了解企业文化、了解要适应和融入企业文化应具备的为人态度。让教师通过职场实训感受由知识、技能、态度三要素构成的能力这个"木桶",态度是最短的木板;让教师通过职场实训,发掘专业教学内容更为深厚的内涵,体验行业职业角色,获得担当饭店岗位职业角色的自信;通过角色体验,从内心生出对行业职业角色的尊重。

请进行业专家,让饭店行业一线需求、最新行业资讯零距离进入学校。学校与重庆万豪酒店、重庆洲际酒店签订了合办重庆市旅游学校"洲际班""万豪班"的协议,重庆洲际酒店的员工培训课程直接进入到了学生学习内容、教师培训内容之中,培训师就是洲际酒店的培训经理、行政管家、前厅部经理、大堂助理、客房部经理、礼宾部经理、餐饮部经理等。培训师们带给教师、学生的是行业的一线需求、最新行业资讯以及他们在日常工作中获得的一些至深的经验、感受。

第五,充分利用校内优质资源,帮助受训教师获得相关技能等级证书,逐级技能达标。

学校在师资发展培训计划以及名师培养方案中规定:持有特级服务师、星级饭店检查员等证书的骨干教师必须承担对饭店管理与服务专业其他教师的技能培训任务,并将接受不同级别技能培训教师获得相关职业资格证书情况纳入培训师业绩考核指标中。

充分利用作为中澳项目学校这一有利的国际职业教育交流的有效平台(学校有大量外事接待、国内职业教育交流接待任务),为老师提供组织、指导、训练学生参加各种国际、国内的大型接待以及接待过程中的技能展示(或教学展示)活动的机会,让他们在活动的参与、组织工作中体验成功、获得专业发展。

(3)成效:发挥旅游专业"双师型"教师培训龙头带动作用

按中澳项目文本设计要求,2004年3月旅游学校作为项目学校,在中澳项目的统一组织下开始实施对五个重庆市内的旅游专业伙伴学校进行项目成果推广工作,这项工作的重点就是实施专业师资技能与教学方法培训。

为帮助边远地区职业教育的发展,充分发挥国家级重点职业学校、中澳项目学校骨干带头作用,学校与重庆的彭水、忠县,贵州思南等地区的十三所职业学校签订了合作协议。协议重要内容之一,是对联办学校旅游专业教师实施专业技能及教学方法的培训。

对伙伴学校旅游专业教师的培训形式以短期技能、理论培训为主。对合作学校旅游专业教师的培训,则采用学校旅游专业骨干教师深入合作学校进行教学展示、传授教学方法、培训其专业教师技能的方式。合作学校专业教师到旅游学校以实习教师的身份接受培训,采用学校"青蓝工程"新教师帮带方案实施培训。

从旅游学校"双师型"教师培养的实践与取得的成果可以看出,在经济飞速发展大环境之下,中国职教"双师型"教师培养已经有了自己的特色,走上了良性发展之路。

3.全国首批中等职业教育改革发展示范建设项目学校建设期间旅游类"双师型"教师队伍建设路径分析

(1)全国首批中等职业教育改革发展示范建设项目背景

2010年9月,教育部办公厅、人力资源和社会保障部办公厅、财政部办公厅联合发布《关于申报2010年度国家中等职业教育改革发展示范学校建设计划项目的通知》(教职成厅函〔2010〕34号),启动了全国中等职业教育改革发展示范学校建设计划2010年项目申报工作。2011年1月,学校成功申报全国首批中等职业教育改革发展示范学校建设学校,隶属于旅游类专业的中餐烹饪专业和酒店服务与管理专业成为重点建设专业。

作为首批国家中等职业教育改革发展示范项目学校,师资队伍建设彰显示范作用,须着力创新学校干部和师资队伍建设。示范学校建设两年来,根据国家中等职业教育改革发展示范学校建设计划项目的重点建设内容和学校的实施方案及任务书,学校以总体设计、层次推进、整体提升、创新发展的思路,通过采取各级各类培养方式如学历提升、专业拓展、行业实践等多种途径进行师资队伍建设,构建起以专业带头人、骨干教师、双师型教师、双师素质教师为层次的师资队伍体系,形成一支"教学相长、双师成型、名师辈出"的教师队伍。

(2)"双师型"教师培养具体举措

①围绕两个目标,明确师资队伍建设重点

首先,围绕教师的整体提升和持续发展的总体目标,学校通过对全校教师的个人发展意愿问卷调查撰写了重庆市旅游学校教师发展方向调查报告,并在此基础上制订了重庆市旅游学校"十二五"教师培养规划方案,明确了教师分级分类分学科分层次的发展层次体系及对应的培养目标。

其次,围绕国家示范校建设实施方案中师资队伍建设的重点目标,学校认真研究教师的知识结构、能力结构、考核标准、培养培训制度等,根据教师个人特点和意愿有针对性地制定不同阶段或层次的教师发展策略,助推其专业化方向发展。

②开展两项改革与研究,提升"双师型"教师整体素质

首先,加大力度开展教学方法与教学手段研究。作为"全国职业教育数字化资源共建共享联盟"酒店服务与管理专业课题组组长和协作组组长学校,全新的教学理念和教学方法呈星火燎原之势,由酒店服务与管理专业带动旅游类其他专业,由专业教师带动文化课教师。为促进教师系统全面掌握项目教学课程,2012年暑假学校送出33名教师赴华东师范大学进行为期12天的项目教学课程开发专项培训,参培教师共开发撰写26门课程的课程标准和教学设计。以项目教学法为主的教学模式在专业教学中广为运用,项目教学法、情境教学法、任务驱动法的灵活运用使文化课、专业课课堂教学体现出勃勃生机。

其次,组织教师开展专业调研、课题研究和教材开发。学校组织旅游类专业60余名教师分期分批深入行业挂职锻炼或进行行业实践调研,40余名教师参加各级各类课题研究,30余名教师参加教材开发。

③发挥两个带动作用,形成发展"双师型"教师的整体实力。

一是发挥专业带头人的带动作用。学校酒店管理专业与中餐烹饪专业是示范校建设专业,酒店管理专业部主任、烹饪专业部主任均为该专业的专业带头人。在专业建设的整个过程中,专业带头人从业务指导、部门管理、专业发展方面全程引领,涵盖市场需求调研、工作任务分析到课程结构分析、课程标准编制再到学习项目设计、教学材料开发等系列内容。

二是发挥骨干教师的带动作用。充分发挥市、区、校各级骨干教师和参加过各级骨干培训的教师对本教研组、本专业、本校"双师型"教师培养对象的带动作用,促使其积极

带领教师进行教育教学方法改革，使其掌握的先进教育理念与方法得以传播和共享，以点带面，提高"双师型"教师的整体教学实力，形成学校教师培养人才梯队。

④利用两个基地，搭建教师认识行业、拓展专业、提升技能平台。

学校将校内实训场所和校外合作企业作为师训基地，为不同层次文化课和专业课教师的实践设置相应的针对内容和项目。一方面，学校重视立足校内进行面向全员的校本培训，培训内容有通识培训、专业培训；培训方式融学习、研究、实践为一体；培训专家来自市内外。学校还利用作为国家职业技能鉴定站的优势，培训文化课并对跨专业教师进行酒店、中餐烹饪与旅游专业技能培训及考核鉴定。另一方面学校大力推行与校外企业的合作。学校以旅游职教集团为平台，和各合作企业相协共商，将教师进入企业培训作为校企合作内容，安排教师进行企业体验和专业教师定岗实践，先后派出了25名教师到九源职业技能培训中心参加企业意识体验，借此提高教师的企业认识、实践能力和专业技能。学校还定期或不定期邀请职教专家、具有丰富实践经验的能工巧匠对在职教师开展讲座、实施培训，以此增强教师的专业实践教学与研究能力。

⑤推行两个举措，提升资质和影响，拓宽思维与视野。

首先，学校重视名师效应，推选旅游类专业40余名教师参加各类高规格的职业能力培训，增强教师获取职业资格证书的含金量。同时，这些教师承担了区级、市级乃至市外示范课教学，教师的专业培训、行业考评等任务和工作，成为宣扬学校雄厚师资特色的一道亮丽风景线。其次，学校以与国际接轨的办学理念实施教师专业拓展和视野开阔。通过和四川外国语大学和美国志愿者协会合作，利用暑假时间为学校四十多名教师进行了英语能力及教学方法专题培训；示范校期间，有50余名教师赴法国、瑞士、新加坡、英国、美国等职业教育发达国家，深入职业院校、机构、旅游类企业进行考察学习。

（3）成效：旅游类专业"双师型"教师培养成效

通过两年的建设，学校旅游类专业新增高级双师型教师2名，中级双师型教师23名，初级双师型教师38名。双师型教师的行业实践能力和社会服务能力不断增强。旅游类专业50余名教师参加行业需求调研，60余名教师深入企业挂职锻炼或行业实践，发现实际教学与行业需求存在的矛盾，获取了企业需求的一手信息，对学科和课程的内容、方法等更新有了感受和思考，并形成书面报告。部分教师还参与企业项目，进行定题研究，为企业提供技术咨询，使教师的专业理论与技能在实践中得到锻炼和提高。学校教师为上级部门、行业、企业员工提供技术培训、职业技能鉴定等社会服务达5000余人次，培训效果获得学员及社会各界的交口称誉。

4. 学校后示范建设期间旅游类"双师型"教师队伍建设路径分析

（1）学校后示范建设的背景

经过为期两年的建设，重庆市旅游学校示范建设项目于2013年9月顺利收官。项目验收后，学校作为重庆旅游职教集团牵头学校、首批国家中等职业教育改革发展示范学校，在总结提炼示范建设成果基础上，持续推动内涵发展，开展后示范建设。2014年7月，聂海英校长结合目前的办学优势与面临问题，对学校下一阶段的发展方向与目标进行了深入思考，亲自草拟了《重庆市旅游学校两年行动纲要（2014—2016）》《重庆市旅游学校后示范建设提升两年计划》，推动"善美"文化教育实践实施与落实。《纲要》及《计划》均经学校教代会审议通过，对学校办学模式、人才培养、师资建设等工作的进一步发展与提升作了全面部署。

自2010年7月，党中央、国务院颁布《国家中长期教育改革和发展规划纲要（2010—2020年）》，对职业院校教师队伍建设工作提出明确要求以来，教育主管与相关部门为进一步助推职业院校教师队伍建设，频频颁布系列政策意见，就"双师型"职业院校教师队伍建设中的统筹管理、分级实施、经费支出等方面做出了具体规定。

学校《纲要》和《计划》对于教师提出了专业技术的要求："优秀教师应该系统掌握专业知识与专业技能；具有较强的教育能力和教学设计、实施、评价和研究能力。专业课教师与实习指导教师具有企事业单位工作经历或实践经验，并达到一定的职业技能水平"。"建立新任教师到企业进行半年以上实践后上岗任教制度。新任教师上岗培训时间不少于120学时。教师岗位培训时间五年累计不少于360学时。公共基础课教师能定期到企业考察、调研和学习。专业技能课教师、实习指导教师每两年有两个月以上时间到企业或生产服务一线实践。"为了让学校教师了解国家的相关政策法规和进一步明确《纲要》和《计划》的要求，学校由教研室牵头开展了一系列的学习活动，定期举办培训活动。这些文件和相关政策的出台，对教师的专业成长、行业实践都提出了具体的要求；并通过校教代会、校集中学习、教研活动等方式在全校范围内反复宣传，做到校内人人皆知。

（2）"双师型"教师培养具体举措

1）全员双师，扩大双师队伍的数量

学校建立激励机制，设立"双师型"教师专项成长经费，动员引导全员教师向"双师型"教师发展。在具体操作上，增强分配机制的激励功能，实行动态管理，加大绩效工资所占比例，如"双师型"教师除享有基本教学津贴、超学时教学津贴和其他津贴外，获得额外的"双师"津贴；设立"双师"名师、"双师"学科带头人等岗位，享受相应的专门津贴。同时，奖励"双师"素质突出且在技术创新、技能竞赛、"双师"研究以及其他重大活动中取得优异成绩的教师；根据教师的"双师"教学考核情况及业务水平，在职称评定、岗位晋级中向优秀者倾斜。

在学校的激励机制下，我校教师树立科学的教师观，形成专业发展的观念与认识，重新制定与更新自己的职业生涯发展规划，不断地严格要求自己，接受严格的专业训练，不断地自主学习，通过完善自身专业化水平，提升"双师"素质。

除重视专业教师的"双师"培养外，学校也注重公共基础课教师的"双师"素质提升。在政策上要求文化公共基础课教师结合自身教学对象自选一个相应企业进行行业实践观摩，并达到一定的时长。另外在教学中选拔一些优秀文化课教师承担某些专业课程的教学，例如数学老师教授《餐饮成本核算》，语文教师教授《跨文化交流》《导游文化基础知识》等课程，让文化基础课教师尽可能地了解行业，认识专业，使公共基础知识能在专业中落地。

2）利用校内实训基地和旅游集团化资源

首先，学校依托政府和协会培训提高"双师型"教师培养的数量和质量。学校鼓励教师参加各种技能培训与进修，提高技能水平与获得各种技术资格。其报考、培训、考试等费用由学校按有关规定报销，取得相应资格后学校一次性给予奖励。其最终目的是使培养人数不断增多、培养内容不断丰富、培养方式不断多元、培养模式不断创新。

其次，以深化校企合作为突破口，把企业和我校的专业对接，扩大双师培养数量。以前较少的老师有行业实践或是实习的机会，现在由学校联系企业，与企业深度合作，在寒暑假为专业教师和文化教师提供行业实习的机会。

建立长效培养机制，建立有自己学校特色的"双师型"教师培养基地。学校以示范建设期间建成的德能楼实训基地为依托，建立现代化的校内"双师型"教师培养基地，既立足于企业，更立足于学校自身，把"双师型"教师的素质培养放到"基地"训练中心进行。培训课程的安排注重理论课程与实践课程的有效协调，在考核评价上严格考核、积极反馈。

3）借助项目建设

随着国家对"双师"教师的重视，近年来各级项目的师资培养中都对"双师"培养提出了要求。学校在争取项目，获得资金搞专业建设中的内容之一就是"双师"培养，"双师"素质提升。近几年，学校的传统优势专业借力各级政府的项目，使"双师"培养不仅在数量上提高，更在质量上得到巩固。

4）优化师资队伍结构

师资队伍的建设对推进"双师型"教师队伍的建设尤为重要。我校在后示范时期，优化师资队伍结构，完善其聘任标准，健全双师准入制度。

职校专业教师的准入标准应突出其职业特色，在强调基础学历的同时，应对专业素质、实践操作能力提出要求，侧重对"双师"素质的考量。

职业教育的教师需要复合型人才来担当，它的理论性与实践性的双重特色更优于普通专业人才，从相关企业将这种复合型人才的企业精英请进来，他们能弥补教师队伍实践经验不足的缺陷，是职业学校师资队伍"双师"化的一种有效措施。我校吸纳企业精英的途径有两条，一是从行业企业一线选聘有实践经验的骨干员工，经过教师培训做专职教师，二是从行业、企业引进一些具有高级技术职称、有多年一线工作经验的优秀员工，或引进一些专业基础扎实，有丰富实践经验或操作技能，具备教师基本条件的人员做兼职教师。采用这种请进企业精英的办法，既可优化整体结构，提高"双师型"教师的比例，又可对在校专职教师的实践能力提高起到"传、帮、带"的作用。实践证明，这种模式对培养"双师型"师资队伍是快捷有效的。

（3）成效：旅游类专业"双师型"教师培养成效

作为旅游职业教育集团的牵头单位，学校在后示范建设过程中，依托旅游职业教育集团，充分发挥市级首席茶艺技师工作室和区级烹饪名师工作室的示范、辐射和引领作用，积极建设学校旅游类专业"双师型"教师队伍，新增高级双师型教师 1 名，中级双师型教师 3 名，初级双师型教师 11 名，社会服务能力不断提升。近三年，本类专业的教师为企业和社会提供技术服务达 80 余次，提供社会培训达 32 604 人天；师生参加社会服务活动逾千人次，获得企业和社会的一致认可。2015 年学校成功申报重庆市 2015 年教师及教育管理干部市级培训项目承担机构,并顺利完成重庆市旅游酒店类专业"双师型"教师培训项目,获得有关部门和参训教师的高度评价。

四、课题研究的方法和过程

(一)课题研究的主要方法

本项目采用的研究方法主要有文献法、案例研究法和比较研究法。借助数据库和网络资源,查阅近年来教育部和国家旅游局有关文件、年报数据、国内外相关旅游类专业"双师型"教师培养制度建设的科研成果,以及对学校发展各阶段旅游类专业"双师型"师资队伍建设案例的提炼、查询、整理、分析、总结和运用有关文献资料,为本项目顺利完成提供理论依据和真实可靠的资料,同时通过对比分析使本项目最终取得的成果更加科学合理。

(二)课题研究的主要过程

本课题研究时间为:2016年6月至2017年5月,总体分为三个阶段实施。具体实施步骤如下:

(1)2016年6月启动项目申报工作;组建项目申报工作团队;项目工作组设计和确定研究方案;填写和上报项目申请书。

(2)2016年7月启动研究工作;细分子项目,明确研究团队分工;收集文献资料和数据;优化研究方案;委托第三方咨询公司合作设计问卷表;召开开题咨询会,听取专家意见;确定并实施研究方案。

(3)2016年7—8月协助第三方咨询公司开展问卷调研;收集和分析调研数据,形成调研报告。

(4)2016年12月接受中期检查;检查通过,实施后期研究阶段工作。

(5)2017年3月完成各个分项目工作,并起草形成综合研究报告。

(6)2017年5月召开结项专家评审会,通过项目评审。

五、课题研究的主要成果

(一)隐性的精神成果

1.通过课题研究与项目的探索实践,带动整个旅游专业乃至全校教师团队建设,学校"双师型"教师队伍的数量及质量均得到大幅提升。截至2017年,学校通过重庆市教育委员会和大渡口区教育委员会认证的旅游类"双师型"教师达94人次,教师的专业技能、实践教学、信息技术应用和教学研究能力得到整体提高。

2.通过课题研究与项目的探索实践,教师教学理念、教学内容、教学方式得以不断更新,有效促进了旅游类专业课程优化及符合中职特点的教学资源库建立,有力推进了学校教学内容与方式的改革。

3.通过课题研究与项目的探索实践,进一步促进了校企深层次合作,拓展了校企合作领域,产教融合更加密切。学校对行业发展态势及人才需求更加明晰,能够更有效地制订并完善专业人才培养方案,提高职业人才培养质量。近五年,学校对口就业率达到97%,毕业生受到用人单位肯定。

4.通过课题研究与项目的探索实践,有力推动了学校内涵发展,社会服务能力大幅度提升,为区域经济社会的发展做出了贡献。

(二)显性的物质成果

在主持人聂海英的带领下,本课题研究成果丰硕,自主研发了重庆市旅游学校教师专业发展动态管理系统,形成了《产教融合进程中职业学校旅游类专业"双师型"教师队伍建设路径探析调研报告》《重庆市旅游学校旅游类专业教师培养方案》《重庆市旅游学校"十三五"旅游类专业"双师型"教师发展规划》《重庆市旅游学校旅游管理与酒店管理教师行业与校内实践培养方案》《重庆市旅游学校烹饪专业教师行业与校内实践培养方案》《旅游类专业教师职业素养与心理健康培养方案》《重庆市旅游学校旅游管理与酒店管理专业教师发展需求调研报告》《重庆市旅游学校烹饪专业教师发展需求调研报告》《重庆市旅游学校旅游管理专业教师团队成长案例》《重庆市旅游学校茶艺大师工作室团队建设案例》《重庆市旅游学校旅游专业教师个人专业成长案例》《重庆市旅游学校烹饪专业"双师型"教师成长案例》《行业实践助推旅游类双师型教师专业成长》等文案。

六、结论

(一)结论

经济发展,社会进步,中职教育取得了很大的成绩,培养了大规模的高素质劳动者,贡献突出。现阶段,在构建现代职业教育体系和加强产教融合进程的大背景下,针对中职学校旅游类专业"双师型"教师队伍建设存在的问题,本课题选取中职学校旅游类专业"双师型"教师队伍为研究对象,意在发现其发展过程中存在的问题,找出切实可行的对策,提炼"双师型"教师培养路径和模式,造福中职旅游类专业教师,促进中职学校办学质量提升。

经过本课题的研究,课题组认为中职学校旅游类专业"双师型"教师的培养,对于中职学校旅游专业服务于行业发展来说非常有意义,对于中职学校本身来说极富价值。在职业教育产教融合的大背景下,中职学校在旅游类专业"双师型"教师队伍的结构优化方面取得了一定成绩,但是要想真正实现我国中职旅游类专业办学与国际接轨,不仅需要中职学校具有明确的"双师型"教师认定标准,更需要完善的"双师"结构教师队伍培养方案、路径、模式和评聘制度。相信随着中职教育的纵深发展,我国中职学校旅游类专业将形成数量充足、结构合理、德技双馨的专业教学团队。

综上所述,中职学校旅游类专业"双师型"教师的培养,是中职学校旅游类专业发展的关键,它直接影响中职学校的办学质量和高技能、应用型人才的培养。通过国内外文献的研究以及本课题的调研分析,课题组大胆预测中职教育的道路也将会随着职业教育的发展和"双师型"师资队伍的不断提升,实现质的突破。

(二)产教融合进程中职业学校旅游类专业"双师型"教师队伍建设路径

1.健全机制,完善培养体系

在"双师型"教师培养过程中,应有较为健全的职教教师培养体系,注重职前与职后一体化的培养，具有职前培养专业化、职后培训制度化的特点。学校应针对专业需求、教师自身发展需求及双师素质的不同程度等情况，围绕教师专业发展及能力提升，确定培养方向、目标及计划，学校研究室、旅游类专业组和教师个人共同制定教师五年专业发展规划。根据上级主管部门的文件要求、企业的用人标准及实际需求和学校师资队伍建设发展规划，不断完善旅游类双师型教师的审核标准及培养制度。充分发挥名师、大师、专业带头人/学科带头人、骨干教师、高级教师的传、帮、带作用，积极打造后备双师型教师群体，促进旅游专业"双师型"教师团队的迅速成长，优化教师队伍结构。

2. 提高素养，加强师德建设

学校应组织开展各类学习和教育活动，教育和引导教师转变教育观念，树立正确的教育观、质量观和学生观，热爱专业、勤奋学习、刻苦钻研、提高技能；严守教师职业道德规范，不断提高思想政治素质和业务素质，教书育人，为人师表，坚持身教重于言教，争做学生就业和创业的良师益友。

3. 强化培训，促进专业发展

（1）强力开展校本培训。以新知识、新技术、新方法为重点，围绕提升教师的教学、科研能力，组织职业教育理论、教学管理规定、教案编写等方面的教学能力培训；充分利用学校作为重庆市中餐烹饪和西餐烹饪专业实训基地、旅游专业"双师型"教师培训基地、国家职业技能鉴定所、重庆市教育科研基地、重庆市技能鉴定基地、重庆市导游人员资格考试基地等现有资源，制订旅游类"双师型"教师校内培训计划，采取"老带新""高带低"等形式，围绕教师在实际教学中的问题，积极组织教师参加社会实践和相应的职业资格培训及认定考核，在教学改革和专业建设中，不断提高动手能力和操作水平。邀请职业教育专家、行业专家、企业管理人员和一线员工到学校为教师进行系统的专业讲座培训。

（2）大力加强外出培训。依托全国重点建设职教师资培养培训基地和全市职教师资培训中心，拓宽高层次、高素质教师培养培训渠道。利用寒暑假，结合学校专业"双师型"教师队伍建设的整体规划和教师的专业发展规划选拔教师参加由教育行政主管部门组织的职业技能认证培训，或由学校直接与高等院校以及培训机构联系，选送教师进行专业技能的进修或学历提升培训。积极鼓励和支持有发展潜力的专业教师参加高技能教师培训，并使其达到高级工及以上职业技能资格，努力形成一支适应学校教育教学的中坚力量。

4. 深化合作，落实企业实践

旅游业的外向性和综合性的行业特点，决定中职旅游类专业必须以一种开放的发展姿态，在立足根本的基础上，深化校企合作。教师到企业实践是增强教师专业技能水平，跟进职业技术、工作规范与要求等发展变迁的重要途径，是"双师型"教师队伍建设的必经和关键环节。因此，学校必须坚持"工学结合"，要求专业教师并鼓励文化课教师积极参加生产服务一线岗位锻炼（每5年不少于6个月）。根据合作企业的实际需求，结合学校专业"双师型"教师队伍建设的整体规划和教师的专业发展规划，根据实际情况，定期选送专业教师到对口行业企业参与相关专业工作，或采取学生实习带队指导、定岗挂职、跟岗学习、兼职锻炼、为企业提供技术服务等方式进行行业企业实践，使教师深入行业企业一线,及时了解行业发展的现状与趋势,掌握最新的行业信息,及时更新行业知识并将之融入课堂教学,使教学内容跟上企业岗位职业能力要求和社会经济发展的步伐,加强理论教学和实践教学的结合,不断提升教师的实践操作水平和技术服务能力。

5.拓宽渠道,优化团队结构

企业处于生产最前沿,拥有最新的技术和最优秀的技师。学校要重视吸纳企业人才,有计划地从行业、企业一线聘请专业理论扎实、实践经验丰富的技术专家、技术骨干和能工巧匠组成客座教师团队和兼职教师队伍,承担专业课教学或实训课教学。建立兼职教师资源库,加强兼职教师的培训和管理。加大柔性引进专业技术人才的力度,多渠道地充实"双师型"教师队伍,不断优化团队结构。

6.研发系统,实现动态管理

学校自主研发"重庆市旅游学校教师专业发展动态管理系统",并通过学校CRP智慧校园信息平台运行,根据学校数据、信息采集的统一标准,由每个信息源个体单一输入,确保学校教师专业发展元数据来源的唯一、真实、时效及准确。

通过细致、完善、闭环式的工作流程,流动生成、累积、更新、维护元数据;运用钻取、归纳、统计、提炼等技术手段,经过"预热"处理后汇聚成为平台的实时展示数据,并进行纵横比较,体现数据变化的趋势和关键数据的警戒线等。管理者和教师本人通过分析平台中的各种直观视图,既能真实地了解和掌握学校教师团队和教师个人教育教学现状、发展趋势和目标达成情况,还可随时钻取各层面数据以供决策之需,形成自我约束、自我激励、自我完善、自我发展以及全程受控、阶段性调节和持续改进的良性机制,能够实时监测、及时调整,实现学校教师专业发展动态管理工作的智能化。

参考文献

论文类

[1] 聂海英.我国中等职业学校师资管理与发展战略研究[J].教育与职业,2008,9(27):121-123.

[2] 朱新梅.论我国部属师范大学的现状问题及发展[J].高等师范教育研究,2002(1).

[3] 许艳.高职院校"双师型"教师培训存在的问题及对策研究[J].科技信息,2010(12).

[4] 罗三桂.高职院校聘用兼职教师是长期战略选择[J].职教论坛,2004(9).

[5] 柴越尊."双师型"师资队伍建设应尽快实行制度化管理[J].鸡西大学学报,2005(3).

[6] 张青俊."双师型"队伍建设是提高高职教学质量的关键[J].天津市工会管理干部学院学报,2009(2).

[7] 尹伟民.江苏现代职业教育体系建设的实践与探索[J].中国职业技术教育,2013(36).

[8] 徐国庆,石伟平.中高职衔接的课程论研究[J].教育研究,2012(5).

[9] 范唯,郭扬,马树超.探索现代职业教育体系建设的基本路径[J].中国高教研究,2011(12).

[10] 马万全.江苏职业教育集团化办学的实践探索[J].中国职业技术教育,2009(33).

[11] 崔永华.职教集团经营研究——以江苏省为例[J].教育发展研究,2009(17).

[12] 陈嫔荣.高职"双师型"师资发展制约因素及策略分析——以高职外语类"双师型"教师为例[J].

长春理工大学学报（高教版），2009（04）.
［13］张永芬.高职院校双师型教学队伍建设［J］.山东省青年管理干部学院学报，2009（05）.
［14］王玥.行业、企业参与职业教育双师型教师队伍建设的实现路径探讨——兼论哈尔滨市双师型教师队伍建设［J］.职业技术，2011（09）.
［15］王良，赵铭.美国企业培训理论对我国职业教育的启示［J］.中国轻工教育，2011（01）.
［16］王瑜，夏明兰.深化校企合作拓展高职院校"双师型"师资队伍建设途径［J］.改革与开放，2010（06）.
［17］阳大胜.合并转制高职院校核心竞争力与师资队伍再造［J］.职业教育研究，2009（02）.
［18］罗水秀.论高职院校青年教师的培养问题［J］.职业教育研究，2009（07）.
［19］胡新岗，吉文林，尤明珍，金濯，董海燕，陆晓明，肖健.江苏省高职院校青年教师现状和培养方向研究［J］.职业教育研究，2009（08）.
［20］胡新岗，黄银云，吉文林，尤明珍，肖健.高职院校青年教师培养的实践与探索［J］.职业教育研究，2009（10）.
［21］周佳球.从教师的角度看高职教育的教师发展问题［J］.职业教育研究，2009（03）.
［22］鲁传让.加强"双师型"教师队伍建设的探索［J］.安徽教育，2003（2）.

著作类

［1］聂海英.能力本位职业教育"双师型"教师队伍建设研究［M］.北京：电子科技大学出版社，2010.7.
［2］埃米尔·涂尔干.《社会分工论》［M］.北京：生活·读书·新知三联书店，2000.
［3］石伟平.比较职业技术教育［M］.上海：华东师范大学出版社，2001.
［4］石伟平.时代特征与职业教育创新［M］.上海：上海教育出版社，2006.
［5］黄尧.职业教育学——原理与应用［M］.北京：高等教育出版社，2009.
［6］徐国庆.职业教育原理［M］.上海：上海教育出版社，2007.
［7］贺增育.制度学：朝向理性与文明的必然审视［M］.长沙：湖南人民出版社，2004.
［8］［美］塔尔科特·帕森斯.社会行动的结构［M］.张明德等译.北京：译林出版社，2012.
［9］崔景贵.职业教育心理学导论［M］.北京：科学出版社，2008.
［10］崔景贵.当代职校生心理健康教育模式研究［M］.北京：知识产权出版社，2013.
［11］贺文瑾.职教教师教育的反思与构建［M］.哈尔滨：黑龙江人民出版社，2008.
［12］夏建国.高等技术教育学［M］.上海：上海交通大学出版社，2011.
［13］王毅，卢崇高，季跃东.高等职业教育理论探索与实践［M］.南京：东南大学出版社，2005.
［14］郝光明.当代中国教育结构体系研究［M］.广州：广东教育出版社，2001.
［15］米靖.现代职业教育论［M］.天津：天津大学出版社，2010.
［16］王杰恩，王友强.现代职业技术教育理论与实践［M］.济南：山东大学出版社，2007.
［17］李向东，卢双盈.职业教育学新编［M］.北京：高等教育出版社，2005.
［18］白永红.中国职业教育［M］.北京：人民出版社，2011.
［19］霍益萍.《近代中国的高等教育》［M］.上海：华东师范大学出版社，1999.

项目名称：旅游高等职业院校毕业生流向与职业认同的差异化研究
项目编号：LZW201608
项目负责人：张文菊
项目负责人所在单位：桂林旅游学院

旅游高等职业院校毕业生流向与职业认同的差异化研究

我国目前正处在旅游业转型升级的关键时期，对旅游管理专业人才需求量大。然而，由于近年部分本科院校旅游管理专业招生和就业不理想，受到社会舆论的广泛关注，导致旅游管理专业学生在职业认同、就业选择等方面受到了一定的冲击和影响，使得旅游管理专业本科毕业生毕业直接就业需求减少、旅游管理本行业就业意愿降低，加剧了我国旅游人才需求与供给的矛盾，进一步导致旅游人才供需失衡。

据《2016年全国旅游教育培训统计》，2016年我国开设旅游管理类本科专业的普通高等院校604所，全国共招生5.8万人；开设旅游管理类高职高专专业的普通高等院校1086所，全国共招生11.6万人；开设旅游管理类专业的中等职业学校924所，全国共招生10.4万人。可见旅游管理高等职业院校在我国旅游人才培养体系中院校数最多、招生规模最大，是我国旅游业人才的主要来源。了解旅游高等职业院校学生职业认同与求职意愿现状，对搭建旅游人才供需平台，建构良好的旅游人才供需机制，缓解我国旅游人才供需矛盾具有重要意义。

一、研究过程说明

（一）目标与思路

1. 研究目标

课题遵循院校专业性、地域分布分散性原则，结合院校知名度与地方影响力，在全国范围内选取15所旅游高等职业院校旅游管理、酒店管理、导游、旅行社经营与管理、空中乘务等8个专业的毕业生进行调查研究，分析学生进校前、实习前与实习后三个阶段职业认同的变化及原因，以及由此引起的就业选择及其影响因素，即社会因素、组织因素、个人因素及地理因素对毕业生职业认同、就业行业与就业地选择的影响，以实现研究目标：第一，客观了解旅游高等职业院校毕业生实习留职率、毕业签约率、旅游行业内就业率以及就业地选择等现状；第二，全面了解学校专业课程教学、专业证书培训、专业技能比赛、专业协会运营、顶岗实习等教学活动对学生就业选择与职业认同的影响情况及学生的评价与反馈；第三，量化分析社会因素、组织因素、个人因素及地理因素对毕业生就业选择和职业认同的影响程度；第四，科学构建提升旅游高等职业院校毕业生行业内就业机制，以期逐步缓解旅游院校与旅游行业人才供需矛盾。

2. 研究思路与方法

课题遵循"立足现实—调查统计—差异化分析—优化机制—解决问题"的逻辑演进思路，立足当前我国旅游业发展迅猛、人才需求量大而高校旅游管理类专业毕业生本行业就业率低的矛盾现实。在全国范围内选取15所旅游高等职业院校旅游管理、酒店管理、导游、旅行社经营与管理、空中乘务等8个专业的毕业生为调查对象，就毕业生生源地、性别、教学活动评价、就业行业、就业地、行业内就业影响因素等问题进行调查分析。了解不同生源地、性别、家庭背景及院校毕业生的就业行业、地区流向差异，并分析差异出现的原因；了解旅游高等职业院校学生进校前、实习前与实习后三个不同阶段职业认同情况、变化及原因；量化分析社会、组织、个人及地理等因素对毕业生职业认同与选择的影响程度。从旅游院校、旅游组织、毕业生及其他方面提出对策与建议，构建旅游高等职业院校与旅游业人才供需平衡优化机制，逐步缓解旅游院校与旅游行业人才供需矛盾。

本课题拟采用调查研究的方式，定性研究、定量研究相结合的研究方法，通过访问法、问卷法、统计分析等方法技术，借助spss19、Matlab和ArcGIS10.2等计量工具，进行精细的测算与分析。

（二）研究内容

为实现研究目标，本课题研究具体包含以下内容：不同生源地、性别、家庭背景及院校毕业生就业的行业差异、就业地区差异、职业认同差异及原因探究；学生在进校前、实习前和实习后三个阶段职业认同变化及原因探析；学生对学校专业教学与顶岗实习等教学活动的评价与反馈研究；社会、组织、个人及地理等因素对毕业生职业认同与就业选择的影响程度考量；毕业生行业内就业率提升对策，构建旅游高等职业院校与旅游业人才供需平衡优化机制。

（三）调查对象

根据调查目标，课题调查对象为毕业生，包括应届毕业生和往届毕业生。

1. 调查院校

调查院校包括三类15所（见表1）：①典型高等旅游院校2所，是新升格的旅游类本科院校，其前身是旅游高等职业院校，包括桂林旅游学院（2015年升本）、四川旅游学院（2013年升本）。②典型旅游高等职业院校10所，包括南京旅游职业学院、上海旅游高等专科学校、山东旅游职业技术学院、浙江旅游职业学院、郑州旅游职业学院、青岛酒店管理职业学院、河北旅游职业学院、太原旅游职业技术学院、重庆旅游职业学院和云南旅游职业学院。③国家示范性职业技术院校3所，但旅游管理类专业开设3个以上、旅游管理类招生规模较大的示范性职业技术学院，包括武汉职业技术学院、黑龙江职业学院、乌鲁木齐职业大学。

15所调查院校地区分布如下，东部地区6所：山东旅游职业技术学院、浙江旅游职业学院、南京旅游职业学院、河北旅游职业学院、上海旅游高等专科学校、青岛酒店管理职业学院；中部地区3所：郑州旅游职业学院、太原旅游职业技术学院、武汉职业技术学院；西部地区5所：桂林旅游学院、重庆旅游职业学院、云南旅游职业学院、四川旅游学院、乌鲁木齐职业大学；东北地区1所：黑龙江职业学院。

2. 调查专业

包括：旅游管理、酒店管理、导游、旅行社经营与管理（下文简称旅行社）、景区开发与管理（下文简称景区）、空中乘务、高尔夫服务与管理（下文简称高尔夫）、邮轮乘务8个专业。各专业在15所院校的开设情况见表1。

从表1可见，旅游管理、酒店管理两个老牌旅游管理类专业15所院校均有开设，其他专业开设情况不一，邮轮乘务专业开设院校数最少，目前仅7所院校开设。山东旅游职业技术学院、浙江旅游职业学院、郑州旅游职业学院和桂林旅游学院8个专业均有开设；其他学校则各有侧重，开设专业最少的是四川旅游学院、黑龙江职业学院和青岛酒店管理职业学院，仅开设有3个专业。

表1 院校及专业分布一览表

学校	旅游管理	酒店管理	导游	旅行社经营与管理	空中乘务	高尔夫服务与管理	邮轮乘务	景区开发与管理	开设专业数
山东旅游职业技术学院	有	有	有	有	有	有	有	有	8
浙江旅游职业学院	有	有	有	有	有	有	有	有	8
郑州旅游职业学院	有	有	有	有	有	有	有	有	8
桂林旅游学院	有	有	有	有	有	有	有	有	8
南京旅游职业学院	有	有	有	有	有	有	/	有	7
重庆旅游职业学院	有	有	有	有	有	有	/	有	7
云南旅游职业学院	有	有	有	有	有	有	/	有	7
太原旅游职业技术学院	有	有	有	有	/	有	有	有	7
上海旅游高等专科学校	有	有	有	/	有	有	/	有	6
河北旅游职业学院	有	有	有	有	有	/	有	/	6
武汉职业技术学院	有	有	/	/	有	有	/	/	4
乌鲁木齐职业大学	有	有	有	/	有	/	/	有	4
四川旅游学院	有	有	/	/	/	有	/	/	3
黑龙江职业学院	有	有	/	/	有	/	/	/	3
青岛酒店管理职业学院	有	有	/	/	/	/	有	/	3
开设院校数（所）	15	15	10	10	12	10	7	10	

(四)调查方法与内容

1. 调查方法

问卷调查采用网络和实地两种调查方式,采取定向投递的方法,向15所样本院校旅游管理、酒店管理等8个专业的毕业生投递调查问卷。填写方式为自愿填写。

2. 调查内容

个人信息:具体包括性别、生源地、就业地、就读院校与专业等。

职业认同:就职愿望度、就业选择影响因素。影响因素包括社会因素、组织因素、个人因素、地理因素与偶然因素五个维度共15个具体因素。其中社会因素2个:职业形象和社会环境;组织因素4个:薪资水平、发展空间与晋升机制、工作氛围和工作自主性;个人因素6个:职业偏好、就业紧迫性、与职业规划相符度、人际关系(含家庭关系)、实习期(前期)工作满意度、对个人素质与能力的提高;地理因素2个:就业地经济水平、就业地文化生活方式;偶然因素1个:机缘巧合。

毕业流向包括:地区流向与行业流向。

3. 调查问卷

见附件。

二、调查结果

(一)调研情况

本次调查共回收问卷2035份,剔除不合格问卷224份,收到有效问卷1811份,有效回收率为88.99%。男生1065人,占58.81%;女生746人,占41.19%。421人是独生子女,占23.25%;非独生子女1390人,占76.75%。学生专业及院校分布情况见表2。受学校本身专业建设情况等因素的影响,南京旅游职业学院、浙江旅游职业学院和桂林旅游学院参与调查人数较多,在15所院校中排名前三;乌鲁木齐职业大学、青岛酒店管理职业学院和黑龙江职业学院参与调查人数较少,在15所院校中排名靠后。

8个专业中,旅游管理开办时间最长,参与调查学生人数最多,达到497人。邮轮乘务开办时间最短,开设院校最少,调查的学生人数最少,仅87人。

(二)职业认同

职业认同是一个心理学概念,指个体对于所从事职业的肯定性评价。它既指一种过程,也指一种状态。过程指个体从自己的经历中逐渐发展、确认自己角色的过程;状态是个体对所从事职业的认同程度[1],即个人对于所从事职业的目标、社会价值及其他因素的看法,社会对该职业的评价及期望的一致,个人对他人或群体的有关职业方面的看法、认识完全赞同或认可。职业认同会影响员工的忠诚度、向上力、成就感和事业心[2]。严格来说,进校前和实习前的学生还没有走上工作岗位,没有工作角色,其职业认同为潜在职业认同。旅游高等职业院校学生大多会实习8~10个月,在此过程中逐渐形成对职业目标、社

---

[1] 张炳武. 高校辅导员职业认同分析[J]. 合肥工业大学学报(社会科学版),2008(6):44-47.
[2] 赵元. 论高校专家型辅导员及其塑造[J]. 中国成人教育,2012(14):46-48.

会价值及其他因素的看法,并将这一看法投射到就职愿望与就业选择上。因此本项目用就职愿望度来衡量学生的职业认同度。

表2　学生专业与院校分布一览表

项目	导游	高尔夫	景区	酒店管理	空中乘务	旅行社	旅游管理	邮轮乘务	总计
桂林旅游学院	18	19	23	8	18	20	66	17	189
河北旅游职业学院	24	0	25	28	0	24	29	0	130
黑龙江职业学院	0	0	0	28	0	0	38	0	66
南京旅游职业学院	31	27	30	29	28	28	32	26	231
青岛酒店管理职业学院	1	0	0	20	0	0	26	22	69
山东旅游职业技术学院	0	0	0	29	0	0	41	1	71
上海旅游高等专科学校	0	0	0	33	0	0	38	0	71
四川旅游学院	32	31	0	32	0	0	34	0	129
太原旅游职业技术学院	27	0	0	39	24	30	16	0	136
乌鲁木齐职业大学	0	0	10	20	0	0	37	0	67
武汉职业技术学院	0	1	0	33	23	0	30	0	87
云南旅游职业学院	33	0	1	32	0	36	0	0	102
浙江旅游职业学院	27	24	24	41	19	29	37	21	222
郑州旅游职业学院	22	0	28	0	0	24	26	0	100
重庆旅游职业学院	31	0	30	33	0	0	47	0	141
合计	246	102	171	405	112	191	497	87	1811

1.旅游管理类专业就职愿望综合结果与分析

旅游管理类专业学生就职愿望度综合结果见图1。

由图1可知,旅游管理类专业综合就职愿望度进校前、实习前、实习后变化很大。三个阶段专业就职愿望度非常差、较差、非常差和没感觉的学生均是极少数,因而本文不做具体分析,仅分析就职愿望度一般、较好和非常好三种评价。

进校前,就职愿望度一般人数比例最高,比非常好略高,就职愿望度较好最低。实习前,经过专业学习,就职愿望度较好人数比例大幅提高。实习后,就职愿望度大幅下降,就职愿望度一般人数比例显著提高,高于进校前和实习前;就职愿望度较好人数比例高于进校前而低于实习前;就职愿望度非常好人数比例明显低于进校前和实习前。可见专业学习提升了旅游管理类专业就职愿望度,实习降低了旅游管理类专业就职愿望度。

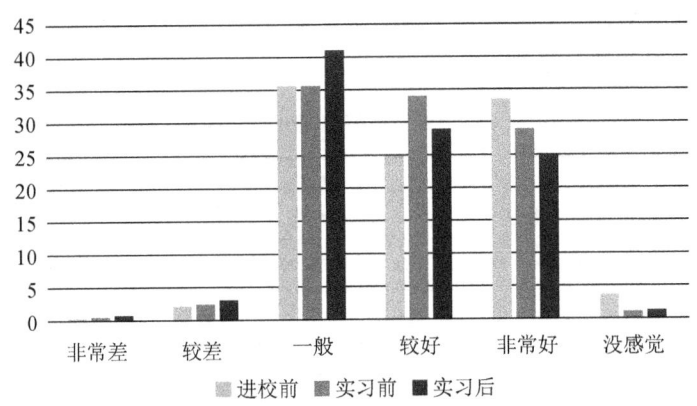

图1 旅游管理类专业学生专业就职愿望度对比图

2.各专业就职愿望度对比分析

（1）进校前各专业就职愿望度对比分析

进校前各专业就职愿望度对比结果见图2。

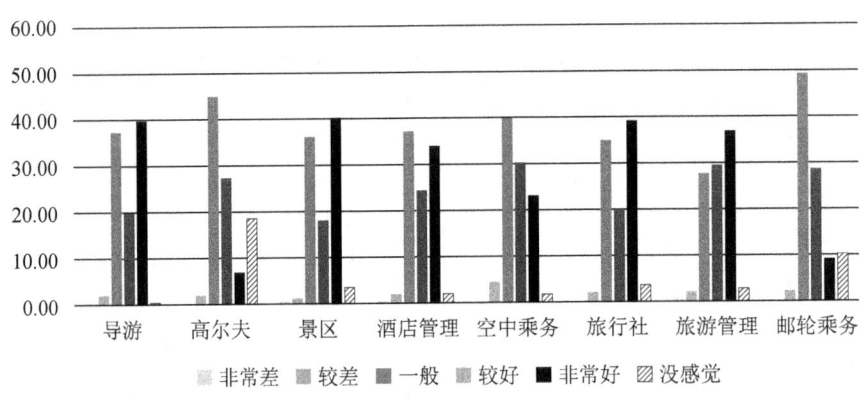

图2 进校前各专业就职愿望度对比图

由图2可知，进校前，导游、景区、旅行社和旅游管理专业就职愿望度较高，其就职愿望度非常好比例最高，其比例均接近40%。邮轮乘务、高尔夫、空中乘务、酒店管理专业就职愿望度一般比例最高，其中邮轮乘务和高尔夫比例最高，比例在40%~50%之间。酒店管理、空中乘务、旅游管理、导游和旅行社就职愿望度分布较为分散，就职愿望度一般、较好和非常好达到或超过20%。高尔夫、邮轮乘务就职愿望度分布较为集中，仅就职愿望度一般、较好达到或超过20%；景区就职愿望度分布较为集中，仅就职愿望度一般、非常好两种就达到或超过20%。高尔夫和邮轮乘务两个专业就职愿望度没感觉超过10%，这与专业办学时间不长，招生规模不大，社会了解度普遍不高有关。

（2）实习前各专业就职愿望度对比分析

实习前各专业就职愿望度对比结果见图3。

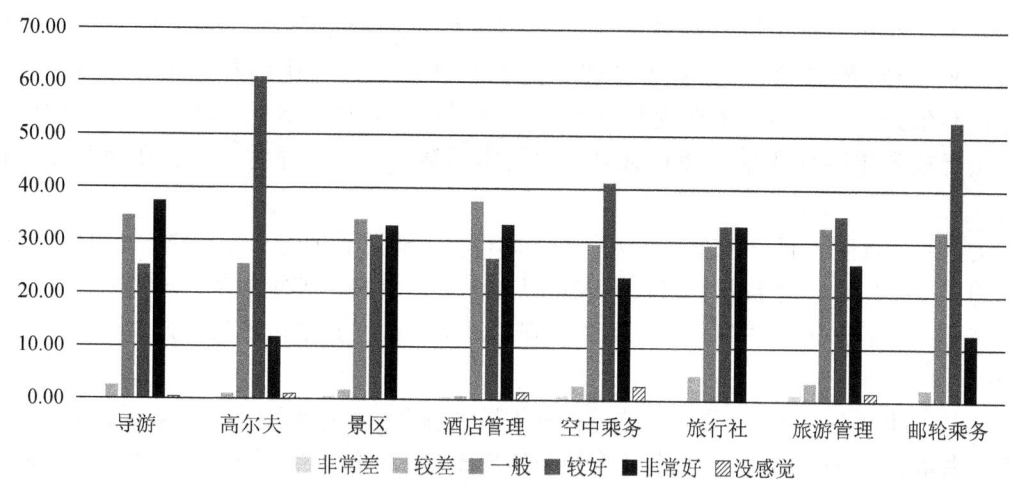

图3 实习前各专业就职愿望度对比图

由图3可知，实习前，导游、旅行社专业就职愿望度非常好比例最高。高尔夫、邮轮乘务、空中乘务、旅游管理专业就职愿望度评价较好比例最高，其中高尔夫专业比例最高，比例超过60%。酒店管理、景区专业就职愿望度一般比例最高。

实习前，导游、景区、酒店管理、空中乘务、旅行社、旅游管理专业就职愿望度相对分散，就职愿望度一般、较好和非常好均超过20%。高尔夫、邮轮乘务就职愿望度相对集中，仅有两种就职愿望度一般、较好和非常好超过20%，而且就职愿望度较好比例超过50%。

（3）实习后各专业就职愿望度对比分析

实习后各专业就职愿望度对比结果见图4。

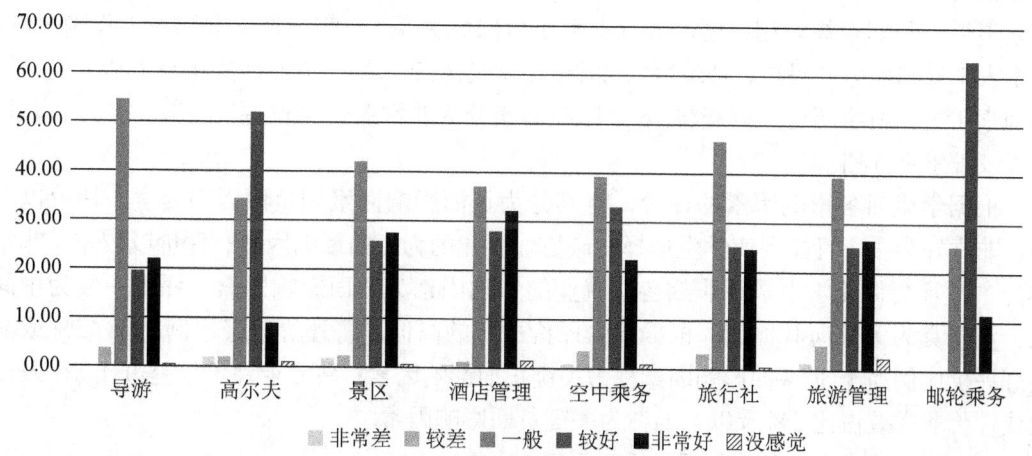

图4 实习后各专业就职愿望度对比图

由图4可知，实习后，各专业就职愿望度均不同程度下降，均呈现就职愿望度一般比例大幅提高的特征。酒店管理专业就职愿望非常好比例超过30%，高于其他专业；高尔夫、邮轮乘务就职愿望度较好比例最高；导游、景区、酒店管理、空中乘务、旅行社和旅游管理专业就职愿望度一般比例最高，其中导游专业就职愿望度比例最高。

实习后，景区、酒店管理、空中乘务、旅行社、旅游管理专业就职愿望度相对分散，就职愿望度一般、较好和非常好达到或超过20%。高尔夫、邮轮乘务、导游就职愿望度相对集中，就职愿望度一般、较好和非常好超过20%，但其中占比最高的就职愿望度超过50%。

综上，进校前，导游、景区、旅行社和旅游管理专业就职愿望度以非常好为主；邮轮乘务、高尔夫、空中乘务、酒店管理专业就职愿望度以一般为主。实习前，高尔夫、邮轮乘务、空中乘务、旅游管理专业就职愿望度变成以较好为主；导游、旅行社专业就职愿望度以非常好为主；酒店管理、景区专业就职愿望度以一般为主。实习后，各专业就职愿望度均不同程度下降，且均呈现就职愿望度一般人数比例大幅提高的特征。高尔夫、邮轮乘务专业就职愿望度以较好为主；导游、景区、酒店管理、空中乘务、旅行社和旅游管理专业就职愿望度以一般为主。专业学习对旅游管理、酒店管理、导游、旅行社专业及空中乘务专业就职愿望度没有显著影响，显著提高了高尔夫和邮轮乘务专业就职愿望度。实习后，仅高尔夫和邮轮乘务专业就职愿望度仍以较好为主，其水平明显高于其他专业。

（三）职业认同的影响因素

影响因素包括：社会因素、组织（企业）因素、个人因素、地理因素与偶然因素五个维度共15个因素。其中社会因素2个：职业形象和社会环境；组织因素4个：薪资水平、发展空间与晋升机制、工作环境与工作氛围和工作自主性；个人因素6个：职业偏好、就业紧迫性、与职业规划相符度、人际关系（含家庭关系）、实习期（前期）工作满意度、对个人素质与能力的提高；地理因素2个：就业地经济水平、就业地文化与生活方式；偶然因素1个：机缘巧合。调查将15个影响因素分为非常差、比较差、一般、较好、非常好以及没感觉6档。

根据学生对各影响因素的评价，将其分为正面影响因素和负面影响因素。评价以较好、非常好为主，且能促使学生选择在旅游业就业的为正面影响因素；评价以较差、非常差为主，且会促使学生选择非旅游业就业的影响因素为负面影响因素。评价一般为中间值，没感觉为无倾向其他值。根据学生评价比例的高低，将评价较好比例高于45%或非常好评价比例高于30%的影响因素称为关键正面影响因素；将专业评价较差占比5%及以上或评价非常差占比2%及以上的称为关键负面影响因素。

1. 旅游管理类专业职业认同的正面因素

根据各专业学生对15个影响因素的评价情况，将各专业影响因素进行统计分析，发现15个影响因素对各专业影响方向和力度均存在较大差异，具体结果见表3。

表3 各专业主要正面影响因素统计结果

指标类型	影响因素	导游	高尔夫	景区	酒店管理	空中乘务	旅行社	旅游管理	邮轮乘务	影响专业数
社会因素	社会环境	是	是		是	是	是	是	是	7
	职业形象		是	是	是	是	是		是	6
组织因素	薪资水平	是			是	是	是	是	是	6
	发展空间与晋升机制	是	是	是	是	是	是	是	是	8
	工作环境与氛围		是				是		是	3
	工作自主性		是						是	2
地理因素	就业地经济水平		是					是		2
	就业地文化与生活方式	是	是				是	是	是	5
个人因素	就业紧迫性	是	是	是	是	是	是			6
	人际关系	是	是	是	是		是		是	6
	对个人素质与能力的提高	是	是	是	是		是		是	6
	实习期（前期）工作满意度		是					是		2
	与职业规划相符度	是		是	是	是	是		是	6
	职业偏好		是		是		是		是	3
偶然因素	机缘巧合	是			是		是	是		4
	影响因子数	9	11	6	9	8	11	8	10	/

由表3可知，15个因素对各专业的影响不一样。发展空间与晋升机制是8个专业的关键正面因素；社会环境是除景区外的7个专业的关键正面因素；职业形象、薪资水平、就业紧迫性、人际关系、对个人素质与能力的提高、与职业规划相符度分别是6个专业的关键正面因素；就业地文化与生活方式是5个专业的关键正面因素；机缘巧合是4个专业的关键正面因素；工作环境与氛围、职业偏好是3个专业的关键正面因素；工作自主性、就业地经济水平、实习期（前期）工作满意度是2个专业的关键正面因素。

同时，各专业的关键正面因素也不相同，各专业分别受到6~11个关键因素的正面影响，其中高尔夫、旅行社专业有11个关键正面影响因素；邮轮乘务有10个关键正面影响因素；导游、酒店管理有9个关键正面影响因素；空中乘务、旅游管理有8个关键正面影响因素；景区专业有6个关键正面影响因素。

2. 旅游管理类专业职业认同的负面因素

15个影响因素对旅游管理类8个专业的影响以正面为主，但也存在一定的负面影响，各专业关键负面影响因素统计结果见表4。

表4 各专业主要负面影响因素统计结果

指标类型	影响因素	导游	高尔夫	景区	酒店管理	空中乘务	旅行社	旅游管理	邮轮乘务	影响专业数
社会因素	社会环境					是				1
	职业形象									0
组织因素	薪资水平									0
	发展空间与晋升机制			是		是				2
	工作环境与氛围	是			是	是	是			4
	工作自主性	是		是	是	是	是	是		6
地理因素	就业地经济水平	是	是			是	是	是		5
	就业地文化与生活方式		是							1
个人因素	就业紧迫性									0
	人际关系									0
	对个人素质与能力的提高				是					1
	实习期（前期）工作满意度	是	是		是					3
	与职业规划相符度									0
	职业偏好		是		是	是	是			4
偶然因素	机缘巧合					是				1
	影响因子数	5	3	2	4	8	4	2	0	/

由表4可知，15个具体影响因素中，工作自主性影响是除高尔夫、邮轮乘务外的6个专业的关键负面影响因素；就业地经济水平是导游、高尔夫、空中乘务、旅行社和旅游管理的关键负面影响因素；工作环境与氛围、职业偏好分别是导游、酒店管理、空中乘务、旅行社4个专业的关键负面影响因素；实习期（前期）工作满意度是导游、高尔夫、酒店管理3个专业的关键负面影响因素；发展空间与晋升机制是景区、空中乘务2个专业的关键负面影响因素；社会环境、就业地文化与生活方式、对个人素质与能力的提高、机缘巧合则分别是1个专业的关键负面影响因素。职业形象、薪资水平、就业紧迫性、人际关系和与职业规划相符度不是旅游管理类专业的关键负面影响因素。

8个专业负面因素各不相同，其中空中乘务专业关键负面影响因素多达8个；导游专业关键负面影响因素5个；酒店管理、旅行社关键负面影响因素4个；高尔夫关键负面影响因素3个；景区、旅游管理关键负面影响因素2个；邮轮乘务专业没有关键负面影响因素。

3. 职业认同的双向影响因素

15个影响因素对旅游管理类8个专业的影响有正面和负面的双向影响因素，同时为关键正面影响因素和关键负面影响因素的为关键双向影响因素。各专业双向影响因素统计结果见表5。

表5 各专业双向影响因素统计结果

指标类型	影响因素	导游	高尔夫	景区	酒店管理	空中乘务	旅行社	旅游管理	邮轮乘务	影响专业数
社会因素	社会环境					是				1
组织因素	发展空间与晋升机制			是		是				2
地理因素	就业地经济水平		是				是			2
	就业地文化与生活方式		是							1
个人因素	实习期（前期）工作满意度		是							1
	职业偏好					是				1
	影响因子数	0	3	1	0	3	1	0	0	/

由表5可知，15个因素对8个专业的双向影响也各不相同，其中发展空间与晋升机制是景区、空中乘务2个专业的关键双向影响因素；就业地经济水平是高尔夫、旅行社2个专业的关键双向影响因素；社会环境、职业偏好、发展空间与晋升机制是空中乘务专业的关键双向影响因素；就业地文化与生活方式、实习期（前期）工作满意度是高尔夫专业的关键双向影响因素。

从专业双向影响因素数来看，高尔夫和空中乘务的关键双向影响因素多达3个；景区和旅行社有1个关键双向影响因素；导游、酒店管理、旅游管理和邮轮乘务没有双向影响因素。

4. 职业认同影响因素对就业选择的影响

1811人中有1417人在旅游业就业，394人没在旅游业就业。就业的人中有1390人从15个影响因素中选出了促使其在旅游业就业的三个关键因素，没在旅游业就业的394中有352人选出了促使其非旅游业就业的三个关键因素，其统计结果见表6。

表6 促使旅游管理类学生选择在（不在）旅游业就业的影响因素

指标类型	影响因素	促使选择（人）	促使选择比（%）	促使不选择（人）	促使不选择比（%）
社会因素	社会环境	257	18.14	94	23.86
	职业形象	94	6.63	48	12.18
组织因素	薪资水平	652	46.01	250	63.45
	发展空间与晋升机制	602	42.48	196	49.75
	工作环境与氛围	522	36.84	94	23.86
	工作自主性	479	33.80	63	15.99

续表

指标类型	影响因素	促使选择（人）	促使选择比（%）	促使不选择（人）	促使不选择比（%）
地理因素	就业地经济水平	61	4.30	9	2.28
	就业地文化与生活方式	45	3.18	10	2.54
个人因素	就业紧迫性	287	20.25	42	10.66
	人际关系	214	15.10	49	12.44
	对个人素质与能力的提高	29	2.05	63	15.99
	实习期（前期）工作满意度	102	7.20	53	13.45
	与职业规划相符度	278	19.62	25	6.35
	职业偏好	402	28.37	71	18.02
偶然因素	机缘巧合	0	0.00	7	1.78
	未选择	27	1.91	42	10.66

由表6可知，15个影响因素中，组织因素是选择在旅游业就业的关键促进因素，其中4个影响因素促使选择就业比例高于其他四类11个指标，其中薪资水平排名第一，占46.01%；发展空间和晋升机制排名第二，占42.48%；工作环境与氛围排名第三，占36.84%；工作自主性排名第四，占33.80%。个人因素是影响学生就业选择的重要促进因素，其中的职业偏好排名第五，占28.37%；就业紧迫性排名第六，占20.25%；与职业规划相符度排名第七，占19.62%；人际关系排名第九，占15.10%；社会因素中的社会环境对促使学生选择在旅游业就业有一定影响。可见，促使学生选择在旅游业就业的重要因素是组织因素、个人因素中与学生职业发展和个人成长直接相关的因素；社会因素有一定影响；地理因素和偶然因素有影响但影响力不大。

同时，组织因素也是促使学生选择非旅游业就业的关键影响因素，其中薪资水平排名第一，比例高达63.45%，可见，旅游企事业单位薪资水平竞争力较低；发展空间与晋升机制排名第二，占49.75%；工作环境与氛围排名第三，占23.86%；工作自主性排名第五，占15.99%。社会因素中的社会环境是促使学生选择非旅游业就业的重要因素，且促使不选择比例高于促使选择率，社会环境促使不选择比例为23.86%。个人因素也是促使学生选择非旅游业就业的重要因素，职业偏好排名第四，占18.02%；对个人素质与能力的提高排名第五，占15.99%；实习期（前期）工作满意度排名第六，占13.45%；人际关系排名第七，占12.44%；就业紧迫性排名第八，占10.66%。可见，促使学生非旅游业就业的重要因素是组织因素、社会因素和个人因素中与学生职业发展和个人成长直接相关的影响因素。地理因素和偶然因素有影响但影响力不大。

综上，影响学生就业决策的因素很多，但组织因素是决策的关键影响因素，尤其是薪资水平、发展空间和晋升机制、工作环境与氛围、工作自主性；个人因素中的职业偏好影响面较宽，影响力较大；社会因素中的社会环境有一定影响；地理因素和偶然因素有影响但影响力不大。

（四）毕业流向

毕业流向包括行业流向、地区流向与城乡流向三类。所谓行业流向指毕业生就业行业，具体分为旅游业就业和非旅游业就业两类。所谓地区流向指毕业生区域流向，具体分为东部地区、中部地区、西部地区、东北地区及港澳台地区和国外地区。城乡流向指毕业生城乡流向，包括特大城市、大城市、中等城市、小城市和乡镇地区。

1. 行业流向

旅游高等职业院校毕业去向为就业、创业、升学和待业四种，具体结果见表7。由表7可知，选择就业1658人，占91.55%，是旅游高等职业院校毕业生的主要毕业去向，其行业流向结果见表8（指是否在旅游业就业）；创业89人，占4.91%；升学43人，占2.37%；待业21人，占1.16%。选择升学、创业和待业的加起来不到10%，可见就业是旅游高等职业院校毕业生的第一选择。

表7 旅游管理类专业毕业去向

项目	待业	创业	就业	升学	总计	待业（%）	创业（%）	就业（%）	升学（%）	总计（%）
导游	/	5	238	3	246	0.00	2.03	96.75	1.22	100
高尔夫	1	4	93	4	102	0.98	3.92	91.18	3.92	100
景区	2	4	159	6	171	1.17	2.34	92.98	3.51	100
酒店管理	2	18	378	7	405	0.49	4.44	93.33	1.73	100
空中乘务	/	4	105	3	112	0.00	3.57	93.75	2.68	100
旅行社	1	9	180	1	191	0.52	4.71	94.24	0.52	100
旅游管理	15	39	425	18	497	3.02	7.85	85.51	3.62	100
邮轮乘务	/	6	80	1	87	0.00	6.90	91.95	1.15	100
总计	21	89	1658	43	1811	1.16	4.91	91.55	2.37	100

表8 旅游管理各专业毕业生就业行业流向

项目	就业	旅游业就业	非旅游业就业	旅游业就业（%）	非旅游业就业（%）
导游	238	204	34	85.71	14.29
高尔夫	93	88	5	94.62	5.38
景区	159	140	19	88.05	11.95
酒店管理	378	334	44	88.36	11.64

续表

项目	就业	旅游业就业	非旅游业就业	旅游业就业（%）	非旅游业就业（%）
空中乘务	105	94	11	89.52	10.48
旅行社	180	155	25	86.11	13.89
旅游管理	425	325	100	76.47	23.53
邮轮乘务	80	77	3	96.25	3.75
总计	1658	1417	241	85.45	14.55

由表8可知，各专业毕业生均以在旅游业就业为主，其中高尔夫、邮轮乘务专业就业比例最高，比例超过90%；导游、景区、酒店管理、空中乘务、旅行社专业就业比例较高，比例在80%~89.99%；旅游管理专业在旅游业就业比例最低，仅76.47%。

总体而言，旅游管理类学生创业比例偏低，除景区专业外，8个专业中的其他7个专业均以在旅游业创业为主；导游专业毕业生全部在旅游业创业，比例最高；旅游管理、邮轮乘务专业旅游业创业比例很高，比例在80%~90%；高尔夫、酒店管理、空中乘务、旅行社专业创业比例较高，比例在70%~80%；景区专业在旅游业创业比例为0（见表9）。

表9 毕业创业行业流向

项目	创业	与旅游无关的专业	旅游相关专业	与旅游无关的专业（%）	旅游相关专业（%）
导游	5	/	5	0.00	100.00
高尔夫	4	1	3	25.00	75.00
景区	4	4	/	100.00	0.00
酒店管理	18	5	13	27.78	72.22
空中乘务	4	1	3	25.00	75.00
旅行社	9	2	7	22.22	77.78
旅游管理	39	5	34	12.82	87.18
邮轮乘务	6	1	5	16.67	83.33
总计	89	19	70	21.35	78.65

高等职业院校旅游管理类各专业的毕业生升学比例不高。是否升入旅游类专业的具体结果见表10。

表10 毕业生升学专业流向

项目	升学	旅游类专业	非旅游类专业	旅游类专业（%）	非旅游类专业（%）
导游	3	2	1	66.67	33.33
高尔夫	4	4	/	100.00	0.00
景区	6	1	5	16.67	83.33
酒店管理	7	4	3	57.14	42.86
空中乘务	3	1	2	33.33	66.67
旅行社	1	/	1	0.00	100.00
旅游管理	18	6	12	33.33	66.67
邮轮乘务	1	1	/	100.00	0.00
总计	43	19	24	44.19	55.81

由表10可知，旅游管理类毕业生升学流向差异很大，高尔夫、邮轮乘务专业全部在旅游类专业升学，比例最高；导游专业在旅游类专业升学比例较高，为66.67%；酒店管理专业在旅游类专业升学比例一般，为57.14%；空中乘务、旅游管理、景区在旅游业升学比例较低，其比例介于16.67%~33.33%，旅行社在旅游类专业升学比例最低。

2.地区流向

依照我国经济区域划分标准，将生源地、实习地和就业地分为东部地区、中部地区、西部地区、东北地区、港澳台地区和国外。东北地区包括黑龙江、吉林、辽宁三省。东部地区包括北京、天津、上海、河北、山东、江苏、浙江、福建、广东、海南十省市。中部地区包括山西、河南、湖北、安徽、湖南、江西六省。西部地区包括内蒙古、新疆、宁夏、陕西、甘肃、青海、重庆、四川、西藏、广西、贵州、云南十二省区市。港澳台地区包括香港、澳门特别行政区和台湾地区。

（1）旅游管理类毕业地区流向综合结果与分析

旅游高等职业院校毕业生生源地、实习地与就业地分布结果见图5。

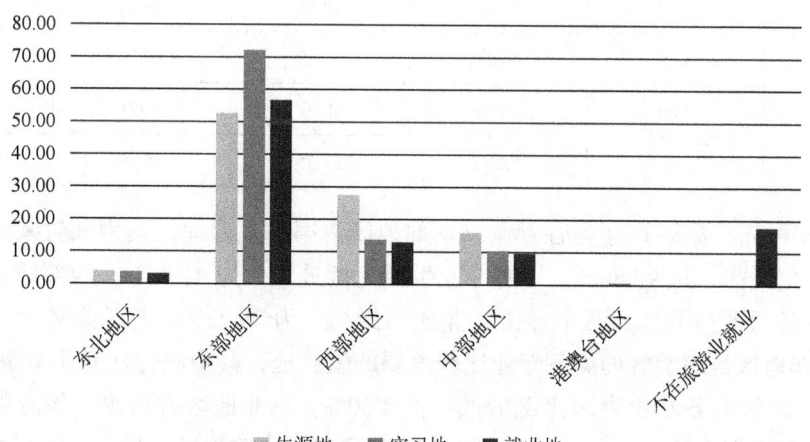

图5 毕业生生源地、实习地与就业地分布图

从图5可知，旅游高等院校旅游管理类1811名毕业生全部来自除港澳台地区外的国内东部地区、西部地区、中部地区和东北地区。其中东部地区953人，占52.62%，是旅游高等职业院校的第一生源地；西部地区499人，占27.55%，是其第二生源地；中部地区288人，占15.90%，是其第三生源地；东北地区71人，占3.92%，人数最少比例最低。

与生源地相比，旅游管理类专业实习地东部化趋势明显，东部地区实习比例高达72.11%，比东部生源地比例提高了19.49个百分点。西部地区和中部地区实习比例大幅下降，其比例依次为13.75%、10.38%，东北地区实习比例略有下降，同时有个别学生到港澳台地区实习。可见，中部、西部和东北地区为高等旅游院校实习人才流出区；东部地区和港澳台地区为实习人才流入区。

从就业地来看，东部地区、西部地区、中部地区和东北地区就业比例依次为：68.86%、15.77%、11.68%、3.69%。与生源地相比，东部地区就业比例大幅升高，西部和中部地区就业比例大幅度降低，东北地区就业比例略有下降，说明东部地区为高等旅游职业人才流入区，中部、西部和东北地区为高等旅游人才流出区。与实习地相比，东部就业比例略有下降，中部、西部和东北地区就业比例略有回升。

（2）各专业地区流向结果与分析

旅游管理类8个专业生源地分布结果见表11。

表11 各专业生源地分布

项目	东北地区	东部地区	西部地区	中部地区	总计
导游	0.00	41.06	39.43	19.51	100.00
高尔夫	0.00	58.82	36.27	4.90	100.00
景区	0.58	53.22	28.07	18.13	100.00
酒店管理	7.16	56.30	27.90	8.64	100.00
空中乘务	0.00	67.86	6.25	25.89	100.00
旅行社	0.52	51.31	18.85	29.32	100.00
旅游管理	8.05	44.27	31.59	16.10	100.00
邮轮乘务	0.00	90.80	4.60	4.60	100.00
综合	3.92	52.62	27.55	15.90	100.00

由表11可知，旅游管理类各专业以东部地区为第一生源地，其中邮轮乘务专业东部地区生源比例最高，达90.80%，导游专业生源比例最低，为41.06%。西部地区是旅游管理类各专业的重要生源地，其中导游专业比例最高，为39.43%，邮轮乘务比例最低，仅4.60%。中部地区是旅游管理类各专业比较重要的生源地，其中旅行社专业生源比例最高，为29.32%，邮轮乘务专业生源比例最低，仅4.60%。东北地区省份少，旅游管理类专业东北地区生源比例很低，仅办学历史较长的酒店管理、旅游管理、景区、旅行社专业有东

北地区生源，但其比例不高，其中酒店管理比例最高，也仅为8.05%，旅行社专业比例最低，为0.52%。空中乘务、高尔夫、邮轮乘务等新办专业在东北地区没有生源。

各专业毕业生实习地分布结果见表12。由表12可知，东部地区是旅游管理类8个专业的第一实习地，邮轮乘务专业东部地区实习比例最高，高达95.40%，旅游管理专业比例最低，为60.36%。西部地区是旅游管理类各专业的重要实习地，其中高尔夫专业西部地区实习比例最高，达到30.39%，空中乘务专业比例最低，为0。中部地区也是传统旅游专业比较重要的实习地，景区专业比例最高，为16.37%；酒店管理专业比例最低，为1.48%。东北地区仅是旅游管理和酒店管理两个专业的实习地，但比例都不高，依次为7.65%、6.91%。此外，有个别学生到港澳台地区实习。

表12 各专业实习地分布

项目	东北地区	东部地区	西部地区	中部地区	港澳台地区	总计
导游	0.00	66.26	21.54	12.20	0.00	100.00
高尔夫	0.00	65.69	30.39	3.92	0.00	100.00
景区	0.00	71.93	11.70	16.37	0.00	100.00
酒店管理	6.91	78.02	13.33	1.48	0.25	100.00
空中乘务	0.00	89.29	0.00	10.71	0.00	100.00
旅行社	0.00	80.63	3.14	15.71	0.52	100.00
旅游管理	7.65	60.36	16.70	15.29	0.00	100.00
邮轮乘务	0.00	95.40	2.30	2.30	0.00	100.00
综合	3.64	72.11	13.75	10.38	0.11	100.00

各专业毕业生就业地分布结果见表13。

表13 各专业就业地分布

项目	东北地区旅游业就业（%）	东部地区旅游业就业（%）	西部地区旅游业就业（%）	中部地区旅游业就业（%）
导游	0.00	68.98	17.59	13.43
高尔夫	0.00	60.32	34.92	4.76
景区	0.00	68.87	13.25	17.88
酒店管理	7.40	75.44	14.79	2.37
空中乘务	0.00	82.47	2.06	15.46
旅行社	0.00	78.40	3.70	17.90
旅游管理	7.48	53.62	23.94	14.96
邮轮乘务	0.00	93.55	1.61	4.84

由表13可知，东部地区是旅游管理类各专业的首选就业地，其中邮轮乘务专业东部地区就业比例最高，达93.55%，旅游管理专业比例最低，为53.62%，均超过一半。与生源地相比，东部就业比例总体上升，旅游人才东部聚集趋势显著。与实习地相比，东部就业比例有所下降。西部地区是旅游管理类各专业的重要就业地，其中高尔夫比例最高，达34.92%；邮轮乘务专业比例最低，仅1.61%。中部地区是旅游管理类专业比较重要的就业地，旅行社专业比例最高，为17.90%，酒店管理专业比例最低，为2.37%。东北地区仅为旅游管理、酒店管理两个专业的就业地，就业比例分别为7.48%、7.40%，与生源地比例相当，但略高于实习地比例。

3. 城乡流向

根据我国城市等级划分标准，将毕业生生源地、实习地和就业地划分为特大城市、大城市、中等城市、小城市、乡镇五类。

旅游管理类专业生源地、实习地与就业地在城乡流向分布结果见图6。

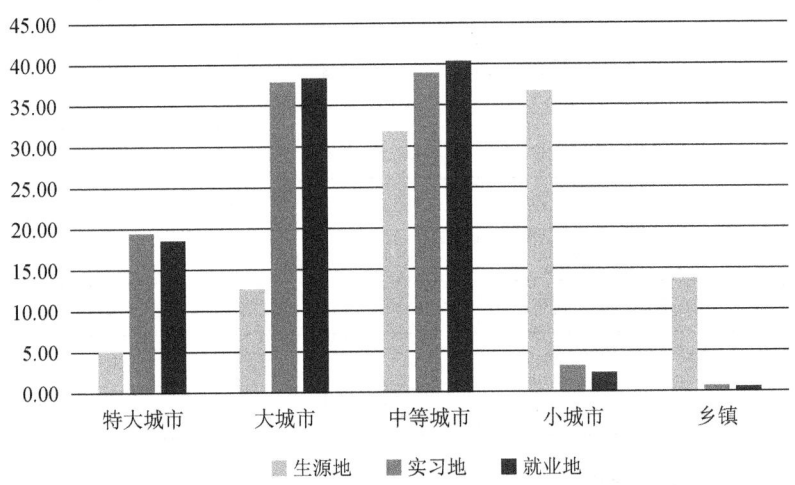

图6 生源地、实习地与就业地城乡流向分布图

由图6可知，1811人中，城乡生源及其比例依次为：特大城市5.08%、大城市12.64%、中等城市31.81%、小城市36.72%、乡镇13.75%，其中小城市比例最高，特大城市比例最低。中小城市是旅游管理类专业的主要生源地。

实习地城乡分布及其比例依次为，特大城市19.44%、大城市37.82%、中等城市38.93%、小城市3.15%、乡镇0.66%，旅游管理类专业实习向城市尤其是特大城市和大城市集中，比例大幅度升高，中等城市实习比例略高于生源地，小城市和乡镇实习比例大幅度降低，乡镇实习比例极低。

就业地城乡分布及其比例依次为，特大城市18.52%、大城市38.32%、中等城市40.34%、小城市2.28%、乡镇0.54%，其中中等城市就业比例最高，乡镇就业比例最低。就业地和实习地类似，旅游管理类专业学生就业向城市集中，但偏向大城市和中等城市，小城市和乡镇就业比例进一步降低。

各专业生源地城乡分布对比见图7。

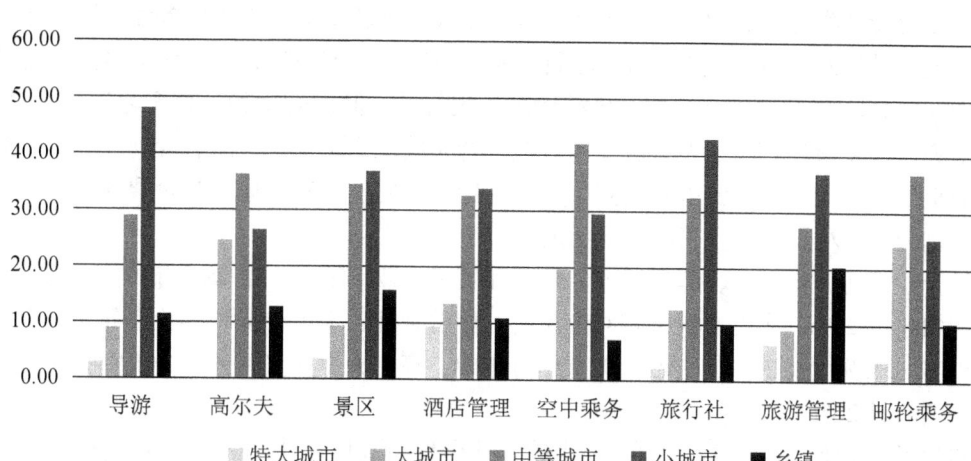

图7　各专业生源地城乡分布对比图

由图7可知，中等城市和小城市是旅游管理类八个专业生源地排名最高的城市类型，其中景区、酒店管理和旅行社专业中等城市和小城市生源地比例均高于30%。大城市是邮轮乘务、高尔夫和空中乘务专业的重要生源地，其生源比例占20%左右，特大城市占旅游管理类8个专业生源地比例均较低，其中最高为酒店管理，其比例接近10%。乡镇地区在8个专业中占比不高，最高为旅游管理专业，占比20%，景区、导游、高尔夫、酒店管理、旅行社乡镇生源比例介于10%~20%，空中乘务乡镇生源比例最低，低于10%。

与生源地相比，旅游管理类各专业实习地向城市高度集中。各专业实习地城乡分布结果见图8。

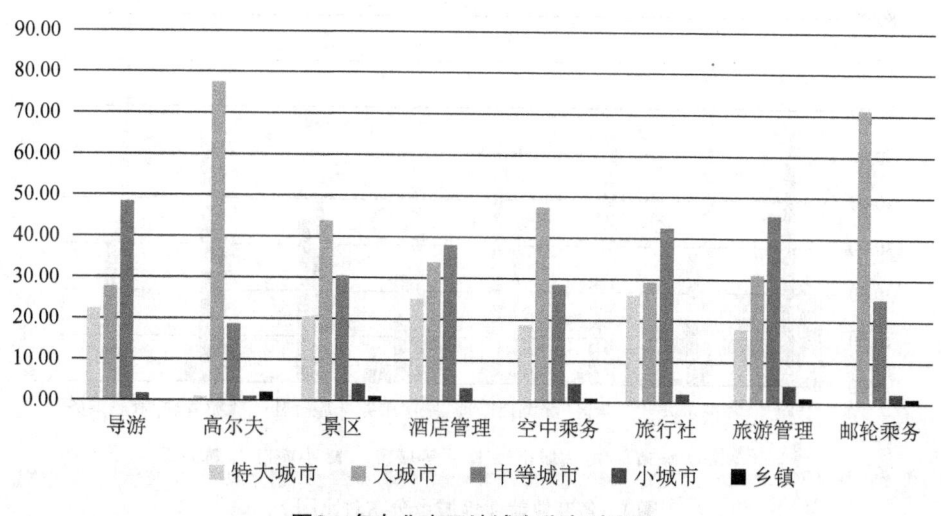

图8　各专业实习地城乡分布对比图

由图8可知，旅游管理类各专业实习地均集中在中等城市及其以上规模城市，其中大城市是旅游管理类各专业的核心实习地，是高尔夫、邮轮乘务、空中乘务和景区专业的首要实习地，是旅游管理、酒店管理、旅行社和导游的次要实习地；中等城市也是旅游管理类各专业的核心实习地，是导游、旅游管理、旅行社、酒店管理的首要实习地，是景区、空中乘务、邮轮乘务和高尔夫的次要实习地；特大城市是旅行社、酒店管理、导游、景区专业的重要实习地；特大城市不是高尔夫、邮轮乘务的重要实习地，邮轮乘务在特大城市实习比例为零；小城市和乡镇的实习生极少。

从专业来看，旅行社、酒店管理、导游和景区专业大城市、中等城市和特大城市实习的比例均超过20%，实习地类型相对多元化；旅游管理、空中乘务和邮轮乘务大城市和中等城市实习比例超过20%，实习地类型相对集中；高尔夫专业实习地十分集中，仅大城市实习比例超过20%。

与生源地相比，旅游管理类各专业就业地向城市高度集中。各专业就业地城乡分布结果见图9。由图9可知。大城市是高尔夫、邮轮乘务、景区、空中乘务和旅行社专业的首要就业地，是旅游管理、酒店管理和导游专业的次要就业地，与实习比例相比，就业比例有所下降。中等城市是旅游管理、导游、酒店管理的首要就业地，是旅行社、邮轮乘务、高尔夫、景区、空中乘务专业的次要就业地。特大城市是导游、酒店管理、旅行社、空中乘务、景区、旅游管理专业的重要就业地，邮轮乘务和高尔夫没有人在特大城市就业。

从专业来看，仅导游、酒店管理、旅行社专业大城市、中等城市和特大城市就业比例超过20%，就业地相对多元化；旅游管理、景区、空中乘务大城市和中等城市就业比例超过20%，就业地相对集中；高尔夫和邮轮乘务专业就业地集中于大城市和中等城市，其他就业地没有或者极少。

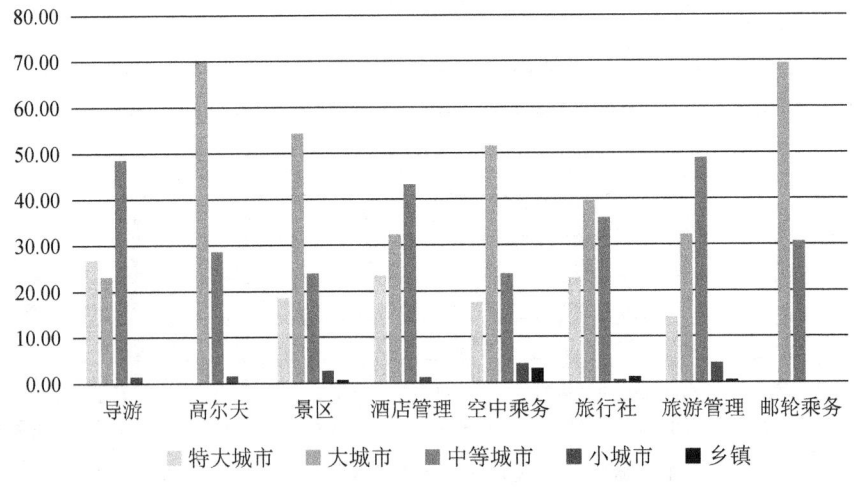

图9 各专业就业地城乡分布对比图

三、研究结论

（一）旅游管理类毕业生职业认同差异及其原因

进校前，各专业就职愿望度主要分为两类：①导游、景区、旅行社和旅游管理专业就职愿望度非常好，比例最高；②邮轮乘务、高尔夫、空中乘务、酒店管理专业就职愿望度一般，比例最高。

实习前，各专业就职愿望度变为三类：①就职愿望度非常好比例最高的专业减少，仅剩导游、旅行社专业；②新增就职愿望度较好比例最高的专业，有高尔夫、邮轮乘务、空中乘务、旅游管理4个专业；③就职愿望度一般比例最高的专业减少，仅余酒店管理、景区专业。专业学习提升了高尔夫、邮轮乘务、空中乘务的就职愿望度，降低了景区、旅游管理专业的就职愿望度，没有显著改变酒店管理、导游和旅行社的就职愿望度。

实习后，各专业学生就职愿望度均不同程度下降，各专业就职愿望度变为三类：①专业就职愿望度非常好比例最高的专业数下降为零；②就职愿望度较好比例最高的专业，仅有高尔夫、邮轮乘务专业；③就职愿望度一般比例最高专业大量增加，包括导游、景区、酒店管理、空中乘务、旅行社和旅游管理6个专业。

职业认同差异原因主要有：①学生在学校和社会实践中对专业的了解和认知有差异；②专业学习和行业实习对学生影响有差距；③实习是学生初步了解和认识行业工作实际的过程，让学生感受到前所未有的行业挑战和压力。

社会因素、组织因素、个人因素、地理因素与偶然因素五个维度共15个具体因素对8个专业的影响各不相同，其中发展空间与晋升机制、社会环境、职业形象、薪资水平、就业紧迫性、人际关系、对个人素质与能力的提高、与职业规划相符度、就业地文化与生活方式、机缘巧合、工作环境与氛围、职业偏好、工作自主性、就业地经济水平、实习期（前期）工作满意度对2~8个专业具有关键正面影响。同时，工作自主性、就业地经济水平、工作环境与氛围、职业偏好、实习期（前期）工作满意度、发展空间与晋升机制、社会环境、就业地文化与生活方式、对个人素质与能力的提高、机缘巧合、职业形象、薪资水平、就业紧迫性、人际关系和与职业规划相符度对2~6个专业具有关键负面影响。且发展空间与晋升机制、就业地经济水平、社会环境、职业偏好、就业地经济水平、就业地文化与生活方式和实习期（前期）工作满意度具有关键双向影响。综上，组织因素是影响学生在旅游业就业的关键因素，其中薪资水平、发展空间和晋升机制、工作环境与氛围、工作自主性是影响力最大的四个因素。个人因素中的职业偏好是影响学生在旅游业就业的重要因素。社会因素中的社会环境对学生在旅游业就业有较大影响。地理因素和偶然因素对就业选择行为有影响，但影响力不大。

各专业受到各因素的影响也不同。高尔夫、旅行社专业有11个关键正面影响因素；邮轮乘务有10个关键正面影响因素；导游、酒店管理有9个关键正面影响因素；空中乘务、旅游管理有8个关键正面影响因素；景区专业有6个关键正面影响因素。空中乘务专业关键负面影响因素多达8个；导游专业关键负面影响因素5个；酒店管理、旅行社关键负面影响因素4个；高尔夫关键负面影响因素3个；景区、旅游管理关键负面影响因素2

个；邮轮乘务专业没有关键负面影响因素。高尔夫和空中乘务的关键双向影响因素多达3个；景区和旅行社1个关键双向影响因素；导游、酒店管理、旅游管理和邮轮乘务没有双向影响因素。

（二）旅游管理类毕业生就业行业差异及其原因

旅游高等职业院校91.55%的毕业生选择就业，选择升学、创业和待业的不到10%。旅游高等职业院校旅游管理类专业85.45%的毕业生选择在旅游业就业，其中邮轮乘务比例最高，为96.25%，旅游管理专业比例最低，为76.47%。

各专业毕业生在旅游业就业比例均较高，但各专业之间仍有较大差别。邮轮乘务、高尔夫专业满足旅游市场新兴需要，且专业聚焦邮轮和高尔夫俱乐部，实习和就业方向十分明确，基于企业架构和岗位需求的课程设置，有效提升了学生的专业认同度，实习薪资待遇有效稳固了本行业就业比例。酒店管理、导游、旅行社、景区和空中乘务就业方向也非常明确，专业名称直接反映了就业单位和行业类型，但专业建制时间较长，专业人才需求量和供给量均较大，薪资待遇相对稳定，就业吸引力一般。旅游管理是一个综合性专业，实习和就业面相对较宽，旅游管理专业旅游业就业比例低于其他几个专业。

（三）旅游管理类毕业生就业地区差异及其原因

1. 地区流向

旅游管理类专业生源地、实习地和就业地比例由高到低依次为东部地区、西部地区、中部地区、东北地区，其中东部地区占绝对主体地位。中部、西部地区人才在实习和就业时均向东部聚集，东部实习和就业比例显著高于生源地。与实习地相比，东部就业比例略有下降，中部、西部和东北地区就业比例略有回升。究其变化原因：①东部地区经济相对发达，更能留住旅游人才；②东部地区高实习比例受学校实习基地的影响；③东部地区与全国各地的旅游高等职业院校建立了良好的实习实训合作关系，中西部院校应立足服务本地旅游业的发展，积极构建学校周边实习实训基地。

2. 城乡流向

中小城市是旅游管理类各专业的主要生源地，但旅游管理类专业实习向城市尤其是向特大城市和大城市集中，比例大幅度升高，中等城市实习比例略高于生源地，小城市和乡镇实习比例大幅度降低，乡镇实习比例极低。就业也以城市为主，但侧重于大城市和中等城市，小城市和乡镇就业比例进一步降低。

四、对策建议

为进一步提高旅游管理类专业学生职业认同度，提升旅游管理类专业毕业生行业内就业率、创业率和升学率，减少地区差异，对旅游院校、旅游业、学生及其他方面提出以下对策或建议：

（一）学校方面

建议学校做好以下几个方面的工作，帮助学生顺利进入旅游业工作。

1. 关注新业态，科学创办新专业

积极关注旅游新业态，了解行业需要，根据新业态专业人才规格与要求，开发新课程，以新课程带动新方向和新专业的建设，在旅游高等职业院校逐渐形成关注新业态—储备新师资—开发新课程—开设新专业方向—开办新专业的良性循环。

2. 加强旅游专业教育工作

首先，立足旅游行业，制订符合市场规律和人才发展规律的旅游人才培养方案。如酒店管理专业，不仅关注五星级豪华酒店，也关注四星级、三星级等经济型酒店的用人需求；不仅关注标准星级酒店，也关注非标准酒店的用人需求；不仅关注传统酒店、宾馆的用人需求，也关注住宿新业态的用人需求。根据行业用人需要制订人才培养方案。其次，建立覆盖校内外的、多地域、多层次、多类型的实习实训体系和就业体系。旅游高等职业院校尤其是西部地区院校应立足地方，在东部地区实训基地成熟稳定的基础上，加强院校所在地及其周边实习实训基地的建设，促进院校本地旅游业的发展。最后，通过举办和参加校内外各级旅游职业技能大赛、培训和鼓励学生考取旅游行业证书，提升旅游管理类学生的专业知识与技术能力。

3. 提升旅游专业教育服务工作

在加强专业教育工作的同时，加强旅游专业教育服务工作。包括引导学生树立正确的生活理念和工作观念，引导学生制定职业生涯规划并开展定期评估，做好实习心理辅导和实习效能评估以及毕业跟踪服务与管理等旅游专业教育服务工作。

（二）旅游业方面

1. 尽快建立较有社会竞争力的薪酬标准体系

旅游业本身是决定旅游人才去留的关键因素，薪资水平是关键中的关键。目前导游行业尚未建立起稳定的薪酬体系，酒店业等一线基础岗位工资待遇不高，旅游业薪资待遇社会竞争力较低。因此旅游业应尽量提高薪资待遇，建立起较有社会竞争力的薪酬标准体系，稳固旅游人才队伍。

2. 建立公平公正的晋升机制，提供良好发展空间

晋升机制和发展空间也是就业选择的关键影响因素。与薪资待遇相比，发展空间与晋升机制更加长远而深刻地影响员工。在旅游业人才流失非常严重的情况下，旅游企业应明确晋升机制，向全体员工公开，让员工明了在企业工作的未来，树立在企业踏实工作、稳步进取的信心，从而稳定企业旅游人才队伍。

3. 营造良好的工作环境和氛围

工作环境和氛围是影响员工工作心情好坏、工作效率高低和任职时间长短的关键因素，也是吸引员工留下的重要因素。建议旅游企业杜绝小团体、小帮派，营造良好的工作环境和氛围，稳定旅游人才队伍。

4. 给予工作自主性，提升员工积极性

工作自主性是影响员工工作积极性和主动性的重要因素，也是毕业生实习留任的关键因素，工作自主性促使33.80%的旅游管理类毕业生在旅游业就业，促使15.99%的旅游管理类毕业生选择在非旅游业就业。建议旅游企事业单位建立良好的分权机制，给予员工工作自主性，充分发挥员工的积极性和主观能动性。

5. 关注并帮助实习生树立良好的从业信心

实习是每个学生必经的实践锻炼过程，实习工作满意度的高低，影响学生职业认同、实习留任和就业选择。实习过程中工作不满意比满意容易出现，故而容易对学生产生负面影响。因此，旅游企事业单位应积极与旅游高等职业院校建立实习实训合作关系，提供实习岗位，同时加强实习生管理与服务，如进行职业技能培训与提升、实习心理疏导、职业生涯辅导等，帮助旅游管理类专业学生树立良好的从业信心。

（三）学生方面

1. 尽早发现职业兴趣和偏好，制定职业生涯规划

兴趣是最好的老师，职业偏好是个人职业选择的关键影响因素，但职业偏好的形成受个人本身、家人、学校等多方面的影响。学生越早发现自己的职业兴趣和偏好，制定职业生涯规划，则职业认同度会更高，更容易做出行业内就业选择，实现真心爱旅游、学旅游、做旅游。

2. 端正工作观念，提升就业紧迫性

随着我国经济的发展，家庭环境的改善，家庭子女个数的减少，毕业即失业的人数不容小觑。调查表明，旅游高等职业院校毕业生约60%毕业生有就业紧迫性，约40%的学生没有就业紧迫性，其毕业后处于待业状态的比例达到1.16%。建议学生端正工作观念，拒做啃老族、待业族，同时，家庭、学校也要积极帮助学生树立正确的生活观念和工作理念，提升就业紧迫性。

3. 客观看待实习工作经历

实习过程中，学生第一次深切体会社会工作和生活，其中必然有艰难和困苦、压力与不甘。建议实习生在遇到问题和挫折时积极向同事、同学、老师寻求帮助，尽可能冷静对待实习工作经历、客观看待行业工作性质与职业前景。

4. 立足长远，从事有益于个人素质与能力提升的工作

工作形形色色，每个人从中得到的收获也不一样，坚持从事有利于提高个人素质与能力的工作，才能促进个人的长远发展。调查发现，旅游管理类专业63%的学生认为旅游业相关工作能较好地提高个人素质与能力。然而，现实中也有部分学生因实习满意度不够高，贪图一时的高收入，从事对个人长远发展无益的工作。因此，建议学生立足长远，从事对提高个人素质与能力有帮助的工作。

（四）其他方面

1. 社会方面

社会环境包括国家和地方各级政府和旅游主管部门的政策和措施，人们对旅游业的认知、参与和评价，社会媒体对旅游产品、旅游消费、旅游理念等的舆论引导等，对旅游业的影响既深且广。42%的学生表示就业选择受到了社会环境的影响。鉴于旅游对人民幸福的重要性，建议社会媒体客观公正地报道与旅游有关的各种事件，引导社会各界尊重市场规律，正确认识旅游产品、旅游消费等，为旅游业发展提供良好社会环境。

2. 多方合作，构建旅游人才供需平台

目前，旅游管理类学生求职渠道主要有实习单位留职、校园招聘、单位直接招聘、招聘平台发布招聘信息等，信息传达范围和影响力有限，单位招聘和学生求职效果均不够理想。为集中招聘求职渠道，可搭建旅游专业招聘求职网。该网站可直接连通旅游企事业单位和旅游高等院校，企业通过网站直接发布招聘信息，学生通过学校主页进入网站求职，缩短求职招聘路径和时间。网站保存学生简历及单位变动痕迹，方便对学生进行跟踪管理，既方便旅游企业了解求职者的从业经历，也方便学生不断检视自己，做好职业规划与发展。

附件：旅游职业院校旅游管理类毕业生流向与职业认同调查问卷

1. 性别 　○男　○女
2. 是否独生子女　○是　○否
3. 您家所在的省市或地区是？
○东部地区　○中部地区　○西部地区　○东北地区
○香港特别行政区　○澳门特别行政区　○台湾地区
4. 您家位于以下哪类地区
○特大城市　○大城市　○中等城市　○小城市　○乡镇　○乡村
5. 您就读学校是
○南京旅游职业学院　○桂林旅游学院　○四川旅游学院　○山东旅游职业技术学院
○河北旅游职业学院　○浙江旅游职业学院　○青岛酒店管理职业学院　○郑州旅游职业学院
○太原旅游职业技术学院　○武汉职业技术学院　○重庆旅游职业学院　○云南旅游职业学院
○黑龙江职业学院　○乌鲁木齐职业大学　○上海旅游高等专科学校
○其他（请结束答题，提交答卷）
6. 您所学专业是
○旅游管理　○酒店管理　○导游　○旅行社经营与管理　○景区开发与管理
○空中乘务　○高尔夫服务与管理　○邮轮乘务　○其他（请结束答题，提交答卷）
7. 进校前，对所学专业的了解、喜爱、就职愿望是

	非常差	较差	一般	较好	非常好	没感觉
了解	○	○	○	○	○	○
喜爱	○	○	○	○	○	○
就职愿望	○	○	○	○	○	○

8. 您对所学专业教学活动的评价是

	非常差	较差	一般	较好	非常好	没感觉
专业课程	○	○	○	○	○	○
专业证书	○	○	○	○	○	○
专业技能大赛	○	○	○	○	○	○
专业协会	○	○	○	○	○	○

9. 实习前，您对所学专业的了解、喜爱、就职愿望是

	非常差	较差	一般	较好	非常好	没感觉
了解	○	○	○	○	○	○
喜爱	○	○	○	○	○	○
就职愿望	○	○	○	○	○	○

10. 您顶岗实习单位所在省市（地区）是？

○东部地区　○中部地区　○西部地区　○东北地区　○香港特别行政区

○澳门特别行政区　○台湾地区

11. 您顶岗实习单位位于以下哪类地区

○特大城市　○大城市　○中等城市　○小城市　○乡镇　○乡村

12. 实习后，您对所学专业的了解、喜爱、就职愿望是

	非常差	较差	一般	较好	非常好	没感觉
了解	○	○	○	○	○	○
喜爱	○	○	○	○	○	○
就职愿望	○	○	○	○	○	○

13. 您是否为应届毕业生　○是　○否

14. 您的毕业去向或计划去向是？

○升学—旅游类专业　○升学—非旅游类专业

○创业—旅游类企业　○创业—非旅游类企业

○就业—实习单位　○就业—酒店（含休闲会所、民宿等）

○就业—邮轮　○就业—航空公司

○就业—景区、主题公园、度假区（村）

○就业—旅行社或旅游电子商务公司

○就业—高尔夫球场或俱乐部

○就业—旅游局等旅游事业单位

○就业—旅游职业技术学院（校）等教育单位

○就业—其他与旅游无关的单位

○待业（请结束答题，提交答卷）

15. 对是否在旅游业及相关行业升学、就业和创业的影响因素的评价是？

	非常差	比较差	一般	较好	非常好	没感觉
职业形象	○	○	○	○	○	○
社会环境	○	○	○	○	○	○
薪资水平	○	○	○	○	○	○
发展空间与晋升机制	○	○	○	○	○	○
工作环境与氛围	○	○	○	○	○	○

工作自主性	○	○	○	○	○	○
职业偏好	○	○	○	○	○	○
就业紧迫性	○	○	○	○	○	○
与职业规划相符度	○	○	○	○	○	○
人际关系	○	○	○	○	○	○
实习期工作满意度	○	○	○	○	○	○
就业地经济水平	○	○	○	○	○	○
就业地文化与生活方式	○	○	○	○	○	○
对个人素质与能力的提高	○	○	○	○	○	○
机缘巧合	○	○	○	○	○	○

16. 目前，您就业（创业）单位所在省（市）或地区是？
○东部地区　○中部地区　○西部地区　○东北地区
○香港特别行政区　○澳门特别行政区　○台湾地区

17. 目前，您就业（创业）单位位于以下哪类地区
○特大城市　○大城市　○中等城市　○小城市　○乡镇　○乡村

18. 促使您在旅游业及相关行业升学、就业和创业的因素排名前三的是？
○职业形象　○社会环境　○薪资水平　○职业偏好　○人际关系　○机缘巧合
○发展空间与晋升机制　○工作环境与氛围　○工作自主性
○就业紧迫性　○与职业规划相符度
○就业地经济水平　○实习期（前期）工作满意度
○就业地文化与生活方式　○对个人素质与能力的提高

19. 导致您不在旅游业及相关行业升学、就业或创业的因素排名前三的是？
○职业形象　○社会环境　○薪资水平　○职业偏好　○人际关系　○机缘巧合
○发展空间与晋升机制　○工作环境与氛围　○工作自主性　○就业紧迫性
○与职业规划相符度　○就业地经济水平　○实习期（前期）工作满意度
○就业地文化与生活方式　○对个人素质与能力的提高

项目名称：旅游高职院校"双师型"教师队伍建设策略与培养路径研究
项目编号：LZW201609
项目负责人：孙赫
项目负责人所在单位：山东旅游职业学院

旅游高职院校"双师型"教师队伍建设策略与培养路径研究

一、绪论

（一）研究背景

1. 国家政策的引导

高职教育是与经济社会文化发展紧密相连的应用型人才培养教育。随着我国经济、社会、文化的发展与高等教育大众化、国际化的兴起，高职院校已经成为我国高等教育体系中的一个典型类别，且日益引起教育理论与实践界的关注。而与其办学定位、培养目标、教育理念相匹配的"双师型"教师队伍建设和培养就成为职业教育发展的重点和难点。旅游高等职业院校教师队伍是学院事业发展的战略性、决定性、基础性资源，是确保旅游高职院校快速发展、提高旅游高职院校办学水平和教育教学质量的关键。

为进一步贯彻落实《国家中长期教育改革和发展规划纲要（2010—2020年）》和国家教育部《关于新时期加强高等学校教师队伍建设的意见》，努力提高旅游高职院校综合实力，应努力建设一支师资队伍结构合理、师德品行和技术才能兼备、热衷教育事业、适应旅游高职院校发展环境的专业化、高素质"双师型"教师队伍。政策层面对"双师型"教师队伍的建设和培养的强化，对提高高职师资的专业素质起到了很大的推动作用。

2. 旅游高职院校可持续发展的需要

近年来，高职院校招生规模快速扩张，原有教师的数量和质量都不能满足院校发展的需求。因此，各高职院校都陆续引进了很多年轻教师。特别是旅游高职院校，年轻教师已形成教师团队的一股新生力量。我国职业教育迅速发展，很多高职院校的办学硬件软件都得到或多或少改善，然而却忽略了人才培养和双师能力提升，造成人才培养体系不完善，人才稳定政策不实用，人才管理工作不理性，人才培养资金难兑现等现象，师资的年龄、学历、职称、"双师素质"等结构不合理，师资始终是影响高等职业院校办学质量的软肋，师资同时也是制约高职教育持续健康发展的瓶颈之一。

3. 关于旅游高职院校"双师型"教师队伍建设研究的缺失

迄今为止，国内对"双师型"教师的研究逐渐增多，涉及的领域也较为广泛，对"双师型"教师概念的定义、"双师型"教师队伍建设对策及"双师型"教师的考评等方面已经有了一定的研究，但多属基础理论探讨和一些经验总结，有不少根本性问题没解决。国内高等职业教育对旅游类"双师型"教师培养的研究不是很多。实践表明，因标准的不足或缺失，旅游高职院校"双师型"教师培养已然存在一些实际问题，这些问题在很大程度上阻碍了"双师"队伍的建设和培养。

本课题的研究从旅游高职教育"双师型"教师队伍建设中存在的问题出发，探究影响"双师型"队伍建设的关键要素，创新性地提出解决的对策和培养路径，旨在为旅游类高职院校的师资队伍建设提供参考借鉴。

（二）研究意义

旅游高职教育质量的提升重在师资队伍建设。目前，我国旅游高职院校双师型师资队伍无论从质量上还是从结构上，都还远远无法适应我国培养技能型和实用型旅游人才的需要以及旅游高等职业教育的快速发展。打造高水平、高素质的双师型教师队伍是旅游高职院校实现良性发展的必要条件。因此，加快旅游高职教育"双师型"师资队伍建设，具有极其重要的理论意义和实践意义。

1. 理论意义

通过文献检索，我们发现学界在对高职院校的"双师型"教师队伍建设方面的研究比较泛化，专门性、深入性地针对旅游高职院校"双师型"教师培养策略和路径的研究几乎没有。已有的文章侧重于理论方面的研究，主要探讨旅游类师资队伍的现状和建设双师型教师队伍的意义，对旅游高职教师培养途径和方式探讨较少。本课题的研究，从理论上可以在一定程度上为旅游高职院校"双师型"师资建设方面的理论研究提供些许补充和思考，为专家学者的研究提供一定的参考和借鉴。

2. 实践意义

对于高职"双师型"教师培养策略和路径的研究，能够直接地指导和帮助高职院校对师资进行培养和管理，以提高师资队伍的整体素养和能力。一方面有助于改进现行的旅游高职院校人才培养模式和方式，更好地提升高职院校的教学质量和人才培养水平；另一方面对于更新高职教学理念，提高旅游高职院校办学水平，促进旅游高职院校的良性发展，具有重要的实践意义。

（三）国内外研究综述

高职教育是职业技术教育的高等阶段，是以培养实用性、技能型和技术型专门人才为主要目的的高等教育，培养的人才主要面向生产、面向服务、面向管理的一线技术和技能岗位。目前，学术界认为高等职业教育具有两个基本属性，那就是"高等性"和"职业性"，这两个基本属性就决定了高职教育培养的人才不仅需要掌握科学理论知识，还要掌握最新的和熟练的职业技术和技能。因此，高职院校"双师型"教师队伍建设情况就成为衡量和评价高职院校教学质量、科研能力和综合竞争力的核心要素之一。国内外高职院校对"双师型"教师队伍建设都非常重视，也对高职院校"双师型"教师队伍建设的相关问题进行了一系列探索性的研究。

1. 国外关于高职院校"双师型"教师队伍建设的相关研究

国外职业教育和高职教育起步早、发展成熟，而且各个国家都非常重视"双师型"教师队伍的建设，并形成了符合自己国家高职教育发展特色的教师队伍建设模式和制度。其中比较典型的有以下几种：

（1）美国的职业技术教育教师证书制

美国实行职业技术教育教师证书制，这种教师队伍建设制度有以下几个特点：第一，严格的教师任职资格和选聘制度。美国的高职教师不仅要符合联邦各州政府教师资格证书规定，还要求具有丰富的实践经验。所以，在美国，要成为一名高职教师，必须具有学士以上学位，并对所授课程具有一年以上的工作经验及最新经验，或者在合适的技术领域中有5年以上的实践经验。第二，专兼职结合的教师队伍。美国职业院校的专兼职比例接近1:2。第三，严格有序的教研能力评估。美国高职院校每年都要对在职教师的教学能力、科研能力和服务能力进行技能性评估。

（2）德国的终身职业师制

德国的终身职业师制，主要有以下两个方面的特点：第一，学校的理论教师和企业的实训教师相结合的"双师型"师资队伍。德国的职业教育实行的是学校和企业共同参与培养的"双元制"模式，这种模式下的教师队伍由两个部分组成，一部分是学校的理论教师，一部分是企业的实训教师。第二，德国职业院校的教师任职资格必须经过严格的专业资格培训和职业教育理论进修才能取得。无论是学校的理论教师还是企业的实训教师，都必须经过较长时间的专业培训和较为严格的职业教育进修，才能够获得从教资格。实训教师一般来自于企业员工，而且必须完成"双元制"职业培训并具有五年以上的职业实践经验，或者是完成了"双元制"培训并具有两年实践经验的"专科学校毕业生"，在这之后还要通过心理学和教育学考试才能正式从事职业院校的实习教学。理论教师必须通过四年专业学习和两年师范学习或者教学实习，在这之后通过国家考试才能从事理论教学。所以，德国职业院校的教师是真正意义上的"双师制"。

（3）英国"三段融合"和"三方参与"的高职院校教师培养和培训体系

首先，"三段融合"指的是由原来的职前教育和职后培养的两段模式，改为职前培养、入职辅导和职后提高"三段融合"的培养模式。职前教育是帮助有意成为教师的人员获得教师资格，入职辅导是帮助教师快速适应和融入专业角色，职后提高是通过职后培训帮助教师不断更新知识结构、掌握新技能和新技术，从而提升教学能力。其次，"三方参与"指的是整合普通高校、职业院校和企业三方的资源，融合三方的特色来培养高职院校的教师队伍。

2. 国内关于高职院校"双师型"教师队伍建设的相关研究

我国高职教育虽然起步比较晚，但是也非常重视"双师型"教师队伍的建设，国内学术界对"双师型"教师队伍建设等相关问题也进行了一定的研究和探索，研究的领域主要集中在以下几个方面：

在研究初期阶段，很多学者对"双师型"教师队伍的内涵进行了探索和研究。最早明确提出职业教育领域"双师型"教师概念的是王义澄《建设"双师型"专科教师队伍》（1990，《中国教育报》），文中总结了上海冶金专科学校培养"双师型"教师队伍的具体做法。而后很多学者对"双师型"教师队伍的内涵开始了有意义的探索：徐丹阳（2011）认为职业学校教师结构应该多元化，评判"双师型"教师的标准也应该多元化，不仅如此，文中还提出了"双师型"教师双曲线结构图，根据教师所具备的理论水平和实践水平，把教师分为A、B、C三类；覃武云（2012）指出"双师型"教师和"双师型"教师队伍是两个不同的概念，前者是从教师个体层面界定的，而后者是从高职院校整个教师队伍的角度界定的；张弛、张磊（2013）分析了关于"双职称""双证""双层次"论、"双能（双素质）"论和"双融合"论等相关"双师型"教师概念的片面性和"叠加"论、"特定"论和"双来源"等相关"双师型"教师队伍概念的片面性，指出对"双师型"教师职称对象及其内在属性认识的模糊，是界定"双师型"教师概念的根本问题，这也成为阻碍职业教育师资队伍建设的基本原因。

国内关于"双师型"教师队伍建设研究最多的是关于建设现状、问题和对策的研究，比如拜五四（2005）的《论高等职业教育"双师型"教师队伍的建设》、余群英（2006）的《论"双师型"教师队伍建设模式及其转型》，陶书中（2006）的《"双师型"教师队伍建设的探索与实践》，李建、向月波、邓勇（2010）的《高职院校"双师型"教师队伍制度建设的探析》，莫柳军（2010）的《试析高职"双师型"教师队伍的建设》，罗莉、李梦卿（2011）的《职业院校"双师型"教师队伍建设的对策研究——以湖北省职业院校"双师型"教师队伍建设为例》，张志强（2011）的《关于职业院校"双师型"教师队伍建设的思考》，王晓刚、冯玮（2013）的《高职院校双师型教师队伍建设存在的问题与对策》，贾文胜、梁宁森（2015）的《基于校企共同体的高职院校"双师型"教师队伍建设》，黄晓雪、齐蕴思（2016）的《高职院校"双师型"师资队伍建设探索》等。

还有部分学者对国外高职院校"双师型"教师队伍建设成功经验和启示进行了研究，比如杨莎莎（2007）的《国外"双师型"师资培养模式比较及对我国的启示》、程霞珍（2011）的《国外职校"双师型"教师队伍建设实践及对我国的启示》、林杏花（2011）的《国外高职"双师型"教师队伍建设的经验及启示》、冯昊（2012）的《浅谈国外职业院校"双师型"队伍建设的特点及启示》等；还有少数学者对"双师型"教师队伍考评机制、评价体系以及激励制度进行了研究，比如陈秋鹏（2012）的《高职院校"双师型"教师绩效考核研究》、徐亚力（2013）的《安徽财贸职业学院"双师型"教师绩效考核研究》、周执平（2013）的《基于"工作过程观"的双师型师资评价体系构建研究》，等等。

3. 关于旅游类高职院校"双师型"教师队伍建设的相关研究

通过数据库检索和资料查询发现，关于高职"双师型"教师队伍建设研究主要是围绕高职院校"双师型"教师队伍建设的内涵、现状、存在的问题及对策进行的研究，也有少量文章根据学科的分类研究传媒类、工程类、建筑类等高职院校"双师型"教师队伍建设。但是关于旅游类"双师型"教师队伍建设的文章却很少，而且，近几年才开始有了少量的关于旅游类"双师型"教师队伍建设的相关研究，主要有：薛兵旺、王康生（2011）的《论校企合作搭建"双师型"教师队伍建设的有效平台——以武汉商业服务学院酒店管理专业为例》一文，文章主要分析了"双师型"教师队伍的现状与成绩，以酒店管理专业为例提出了建设"双师型"教师队伍的几点建议；黄旭（2012）的《高职酒店管理专业"双师型"教师队伍建设》一文，提出了酒店管理专业"双师型"教师的含义、高职酒店管理专业"双师型"教师队伍建设存在的问题，并提出了加强高职酒店管理专业"双师型"教师队伍建设的措施；陈辉（2013）的《高职酒店管理专业"双师型"师资队伍建设途径研究》，文章对酒店管理专业"双师型"教师队伍建设进行了初步探索和研究。

综上所述，目前，国内对"双师型"教师的研究逐渐增多，涉及的领域也较为广泛，对"双师型"教师概念的定义、"双师型"教师队伍建设对策及"双师型"教师的考评等方面已经有了一定的研究，但多属基础理论探讨和一些经验总结，有不少根本性问题没有触及或悬而未决。针对旅游类职业教育的特点及国家对旅游类师资的相关文件要求，国内高等职业教育对旅游类"双师型"教师培养的研究不是很多。大多数的文章侧重于理论方面的研究，主要重点探讨旅游类师资队伍的现状、问题和经验总结，对旅游高职教师培养途径和方式探讨较少。本课题的研究从旅游高职教育"双师型"教师队伍建设中存在的问题出发，探究影响"双师型"队伍建设的关键要素，创新性地提出解决的对策和培养路径。

（四）研究方法、思路及内容

1.研究方法

（1）文献研究法

利用各种检索工具，对相关领域的纸质文献、电子文献、数据库等进行广泛的检索与研读，掌握旅游高职院校"双师型"教师培养机制的现状、存在的问题，以及关于"双师型"教师培养机制的国内外研究情况。

（2）比较研究法

在查阅大量文献的基础上，本研究还辅以比较研究法，用历史的眼光梳理和辨析前人对此论题的研究成果，吸取前人的经验。通过借鉴国外职业院校教师队伍建设情况，结合本国实情，在比较的视野下使"双师型"教师队伍策略与路径研究的论述更加科学合理。

（3）统计分析法

运用相关图表对收集到的数据资料进行相关的统计分析，使之更加清晰展现问题所在，真实反映当前旅游高职院校"双师型"教师队伍建设情况。

（4）定性与定量相结合分析法

本课题的定性分析主要是对收集到问卷的结果进行系统的描述和归纳，本课题的定量研究主要是运用层次分析法，对"双师型"队伍建设影响因素的评价体系权值进行量化，挖掘影响旅游高职院校"双师型"教师队伍建设的关键要素，为后期政策的制定提供依据。

2.研究思路

本课题的研究思路建立在高职院校人才师资建设的相关理论上，梳理国内现有的"双师型"教师队伍建设情况，借鉴我国部分国家示范性高职院校在"双师型"教师团队的建设方面做出的一些有益实践，对具有代表性的"中国旅游院校五星联盟"中的五所旅游高职院校（南京旅游职业学院、山东旅游职业学院、浙江旅游职业学院、郑州旅游职业学院、上海旅游高等专科学校）的"双师型"师资队伍进行实例研究，通过调查问卷的形式对学校、企业、教师三方进行调研，探究政府、企业、学校、教师等不同社会角色在旅游高职教育师资建设中的责、权、利关系，寻找培养旅游高职院校"双师型"教师团队的新途径、新制度。从不同的角度了解高职旅游院校"双师型"教师发展现状，发现其存在的问题，探讨研究深层次原因，提出针对性强、操作性强的"双师型"教师队伍建设的策略，在制度和机制方面进行创新，探索符合旅游高职院校发展需求的"双师型"师资培养路径，为国内其他旅游高职院校"双师型"师资队伍的培养提供借鉴和参考。

本课题的思路和研究的结构框架如图1所示。

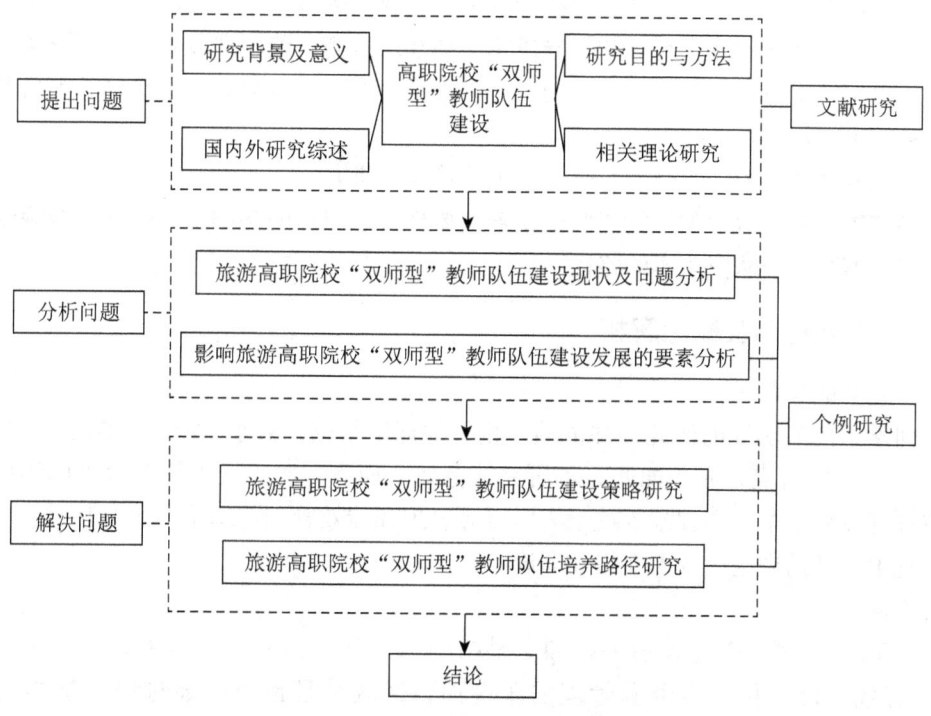

图1　本课题研究思路和结构框架

3. 研究内容

本文在研究高职院校"双师型"师资队伍建设的过程中，以"中国旅游院校五星联盟"中的五所旅游高职院校为研究对象，在分析高职院校人力资源主要管理理论的基础上，结合旅游高职院校实际发展情况，提出针对此定位现状所应匹配的"双师型"师资队伍建设水平，分析问题及其原因，提出解决问题的策略和路径。

主要从五个方面进行研究：

（1）理论研究

首先深入研究本课题的研究背景和意义，然后进行人力资源管理、师资队伍建设方面国内外理论的梳理，提出本课题对旅游高职院校双师型师资建设研究的思路和目的。

（2）旅游高职院校"双师型"教师队伍建设现状及问题分析

选取"中国旅游院校五星联盟"中的五所旅游高职院校作为案例研究对象，对五所院校"双师型"教师队伍的发展现状、已经采取的措施和建设基础进行分析，探寻问题产生的原因。

（3）旅游高职院校"双师型"教师队伍建设的要素分析

通过对"中国旅游院校五星联盟"中的五所旅游高职院校"双师型"教师队伍建设现状和问题的分析，查找出影响旅游高职院校"双师型"教师队伍建设的关键要素，并找出这些关键要素之间的关系。

（4）旅游高职院校"双师型"教师队伍建设策略研究

在分析影响高职院校"双师型"教师队伍建设要素的基础上，提出旅游高职院校"双师型"师资队伍建设的建设目标和指导思想，构建旅游高职院校"双师型"师资队伍建设的模式，提出解决方案和对策，并从制度导引策略、专业支持策略、平台打造策略及自我提升策略四个方面进行阐述。

（5）旅游高职院校"双师型"教师队伍培养路径研究

在借鉴国内外"双师型"师资队伍培养主要模式和路径的基础上，探索适合旅游高职院校"双师型"师资队伍培养的路径。

二、研究基础及概念解析

（一）理论基础

任何学术的或实证的研究，都依赖于相关的理论基础，对于旅游高职院校"双师型"教师培养机制的研究，亦是如此。本研究从范畴上而言，属于人力资源管理的领域，因此，本课题以管理学、心理学等关于人力资源管理和绩效管理的理论为研究基础，主要涉及激励理论、契约理论以及人性假设理论。

1. 激励理论

激励理论，就是通过激励手段和激励措施，充分发挥人的主观能动性，实现人力资源的有效管理。从人力资源管理的角度而言，激励是指组织通过设计适当的外部奖酬形式和工作环境，以一定的行为规范和惩罚性措施，借助信息沟通来激发、引导、保持和规范组织成员的行为，以有效地实现组织及其成员个人目标的系统性活动。

激励理论对高职"双师型"教师队伍建设的启示是：首先，对教师个体而言，在自身已经熟练掌握某一方面能力（如专业技能或理论水平）的前提下，开始追求自身更全面更充分的发展。学校和社会应当采取适当的方式和手段，对教师的这种需要进行激励、引导和扶持，提升高职教师自我发展的可实现性。其次，对于旅游高职教师而言，"双师"是区别于其他高校教师的典型特征，也是高职教师应该考虑的发展目标和追求，管理者可以通过绩效刺激（即提高"效价"），以及提供师资发展的环境和政策（即提高"期望值"）等手段，对教师进行行为激励，从而提高高职教师走"双师型"发展道路的主观意愿和长久行为驱动力。

2. 人性假设理论

人性假设理论的本质是通过对人的本性的分析和研究，利用人本性的需求，对人力资源进行管理。美国行为科学家埃德加在《组织心理学》（1965年出版）一书中，把前人对人性假设研究成果归纳成"经济人假设""社会人假设""自我实现人假设"三个部分，并在此基础上提出"复杂人假设"，他将上述四种假设排列称之为"四种人性假设"。迄今，这是对人性假设所作出的最为全面的研究和概括。

人性假设理论对于旅游高职院校双师型教师的培养，同样具有理论和实践上的参考意义。根据这一理论，我们不难发现，一方面旅游高职教师自身对于自我发展和自我实现有着渴望与要求，另一方面学校的组织管理制度和环境，能对教师自身发展的目标、方式、心态、行为等产生深远的影响，良好的外部环境和制度体系，能够与个人的自我实现相结合，使得组织目标和个体目标实现趋同，从而实现"双赢"。因此，营造一个符合旅游高职教师特点的，满足高职教师自身发展需求的，同时又能结合旅游高职院校办学特色的"双师型"教师培养机制，对于教师的发展和高职院校的进步，具有重大的意义。

3. 契约理论

"契约理论"指的是"一切社会经济关系可以解释为是一种人和人，组织和组织之间建立的契约关系"。契约理论发展到现在，产生了很多流派，在这里不逐一赘述。从类型上而言，契约可以分为两大类，即经济契约和心理契约。经济契约即契约的最初本意，又称为劳动契约，是以一种制度化、规范化的方式来调整劳动关系的方式，如签订劳动合同。心理契约指的是存在于组织和成员之间的一系列无形、内隐、不能书面化的期望，是在组织中各层级间、各成员间任何时候都广泛存在的没有正式书面规定的心理期望。心理契约从形式上而言，虽然是无形的，但是在实际生活中，往往能发挥有形契约的作用和职能。

旅游高职院校对教师在经济契约中的职责要求，其实归根结底就是"教书育人"，如何将育人的效果最佳化和最大化，势必要求教师的素质更全面和更优质，"双师型"无疑成为对高职教师最为直接的要求。另一方面，对于旅游高职教师而言，心理契约的作用往往更为重要，教师行业具有相对的稳定性和长期性，社会对于教师的评价和认可度也相对较高，大部分教师都希望能够在高职院校一方面获得经济收益和报酬，更重要的是获得自身发展进步和社会认同。

（二）"双师型"教师概念解析

《中共中央、国务院关于深化教育改革全面推进素质教育的决定》中明确指出："高等职业技术教育是高等教育的重要组成部分。要大力发展高等职业教育，培养一大批具有必要的理论知识和较强的实践能力，生产、建设、管理、服务第一线和农村急需的专门人才"。这一培养目标决定了实践性是高职高专在人才培养上不同于本科教育和其他教育的最显著的特征。因此，具备扎实的基础理论知识和较高的教学水平，又具有较强的专业实践能力和丰富的实际工作经验的"双师型"教师是提高高职教育质量的基础，也是培养高质量高职人才的重要保证。

目前，我国对"双师型"教师这一概念并没有权威的科学界定，但从中并不难发现我国对"双师型"教师所应具备素质的共性要求。其既不是单指双职称教师，亦不是指双证教师。要把握"双师型"教师的内涵,需全面了解"双师型"教师的提出背景、培养需求与践行标准。笔者认为"双师型"教师,既要有扎实的专业理论知识,又要有很强的实践操作能力,既能讲授专业理论课,又能在实训教学中进行指导,授课时能结合本专业相应的职业岗位所需要的工作能力和素质,侧重培养学生的实践操作动手能力以适应就业的需要。高等职业教育人才培养目标要求高职教师既是知识的传播者,又是实践技能的示范者,是理论与实践并重的具有双重专业技术职称的复合型教师。"双师型"教师,不仅包括专任教师,也包括从校外企业、行业聘请的兼职教师。

三、旅游高职院校"双师"型教师队伍建设现状及问题分析

(一)调查研究设计

本次调查选取"中国旅游院校五星联盟"中的五所旅游高职院校(南京旅游职业学院、山东旅游职业学院、浙江旅游职业学院、郑州旅游职业学院、上海旅游高等专科学校)作为案例研究对象,主要采用调查问卷和访谈相结合的形式进行调研。选取这五所院校的教师作为问卷发放的主要对象,并对五所院校的专业教师及相关负责人进行了访谈,对五所院校"双师型"教师队伍的发展现状、已经采取的措施和建设基础进行调研分析,探寻问题产生的原因。

1. 调查问卷的设计

调查问卷是开展调查的基础,也是本次研究获取数据的基本渠道。项目负责人设计了旅游高职院校"双师型"教师培养现状调查问卷,调查问卷共包含25个单选题和1个开放式问题,内容设计上包含以下几个内容:第一,教师的基本情况,主要包括被调查者的年龄、工作年限、学历情况、职称以及来源等内容;第二,教师的工作状况;第三,教师在理论知识和实践能力方面掌握的情况;第四,影响"双师型"队伍建设的主要因素;第五,教师参加培训的状况。此外,本调查是基于旅游高职教师队伍的总体情况来进行的,主要是因为在高职院校中,"双师型"教师是高职教师队伍的重要组成部分,只有了解高职教师建设的总体情况,才能更好地培养"双师型"教师队伍。

2. 访谈方案的设计

除了调查问卷之外,访谈也是调查的另一种主要方式,是指通过访员和受访人面对面地交谈来了解受访人的心理和行为的心理学基本研究方法。因研究问题的性质、目的或对象的不同,访谈法具有不同的形式。

本次访谈的主要形式是走访式和电话式相结合。访谈范围是"中国旅游院校五星联盟"中的五所旅游高职院校。访谈对象有10位工作在一线的专业教师和5位专业负责人或相关领导。访谈的主要内容在设计上与调查问卷的设问方式有所不同,调查问卷主要采取客观选择式的设问方式,旨在获得量方面的数据,而访谈主要采取开放自由式的设问方式,重点期望获得质方面的数据。针对一线专业教师的问题主要围绕为什么要成为一名"双师型"教师,如何成为一名"双师型"教师,如何理解"双师型"教师的内涵,"双师型"教师应该具备什么样的知识、能力与素质;影响"双师型"教师成长和培养的因素等问题展开调研。针对专业负责人或相关领导的访谈问题主要围绕着"双师型"教师队伍建

设的培养机制,影响"双师型"教师队伍建设的主要因素等问题展开。访谈的目的是为了帮助我们更清晰地挖掘出影响旅游高职院校"双师型"教师队伍建设的主要因素。

(二)数据收集与现状分析

本次问卷调研通过问卷星发放调查问卷230份,回收问卷227份,回收率为98.7%,其中有效问卷227份,有效率为100%。五所院校有效问卷样本回收情况为:山东旅游职业学院50份,上海旅游高等专科学校45份,南京旅游职业学院40份,浙江旅游职业学院42份,郑州旅游职业学院50份。

1. 教师基本情况分析(见表1)

表1 研究对象基本情况分析

类别		人数	比例
性别	男	62	27.3
	女	165	72.7
年龄	35岁以下	80	35.2
	35~45岁	115	50.7
	45岁以上	32	14.1
最高学历	博士研究生	6	2.6
	硕士研究生	164	72.2
	本科	52	23.0
	专科	5	2.2
	其他	0	0
职称	初级	50	22.0
	中级	119	52.4
	副高	47	20.7
	正高	9	4.0
进入该学院的方式	毕业分配	107	47.14
	高校调入	33	14.54
	企业调入	20	8.81
	科研机构	1	0.44
	其他	66	29.07

被调查人员中,具有专业职业资格证书的教师占到85.46%(见图2),这说明越来越多的教师意识到专业实践的重要性,中青年教师都能够主动向行业学习靠拢,专业教师专业化程度越来越高,教师队伍越来越专业规范。

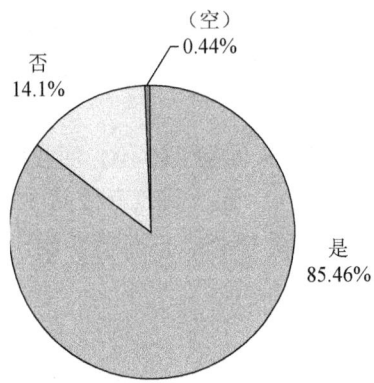

图2 教师具有专业职业资格证书情况

从教龄来看（见图3），从事职业教学工作教龄6年以上的教师占到了被调查总人数的80%以上，这表明调查对象都是经验丰富的专业一线教师，有着丰富的教学经验，对问卷的问题和内容有比较深刻的理解和认识。但从与现任教专业相关的企业工作时间来看（见图4），2年以下的企业工作时间占到了70%以上，这又说明目前大部分教师缺乏企业实践的经验，教师挂职顶岗还需加强。

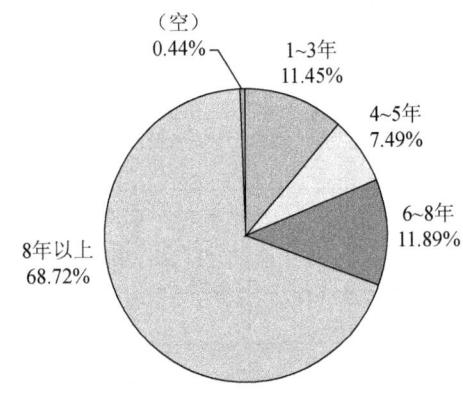

图3 教师从事职业教学工作教龄情况

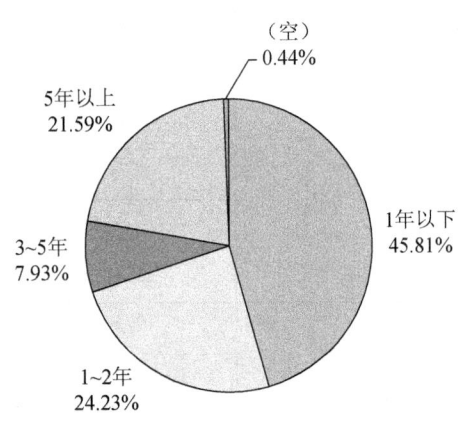

图4 教师在企业工作时间情况

从所任教的课程可以看出（见图5），基础课教师占被调查总人数的29.07%，专业理论课教师占49.34%，专业实践课教师占到16.3%。这个结果也印证了之前对教师来源的分析，一半左右的旅游高职院校的专业课教师是通过毕业分配直接进入学校工作的。这种从学校到学校的方式，使教师缺乏实践经验，所以被调查的教师中有一半左右都承担了专业理论的教学。

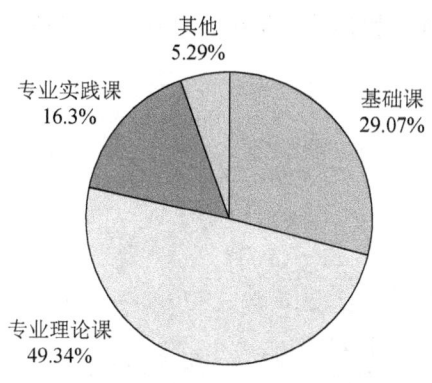

图5　教师任教课程情况

在被调查的教师中有69.16%是"双师型"教师，30.84%不是"双师型"教师（见图6）。在对"双师型"教师概念的理解中，25.55%的教师认为具有"双证书"即为双师，14.54%的教师认为具有"双职称"即为双师，58.15%的教师认为理论教学能力和实践教学能力相结合即为双师，1.32%的教师认为双师还有其他的解释（见图7）。从中我们可以看出，越来越多的教师开始意识到"双师型"教师的重要性，但是他们对"双师型"教师的理解还存在偏差，很多教师认为自己具有相关职业资格证书或相关专业技术职称就是"双师型"教师，所以在数据中显示将近70%的教师认为自己是"双师型"教师，但究竟是不是真正意义上的"双师型"教师还需考证和探讨。另外，如前文所述，由于双师型教师目前在理论界还没有一个统一的界定和标准，所以导致很多教师对于"双师型"教师的概念认识模糊不清。认识上的不统一使得教师个人的发展方向不明确，从而阻碍了旅游高职院校"双师型"教师队伍的发展。

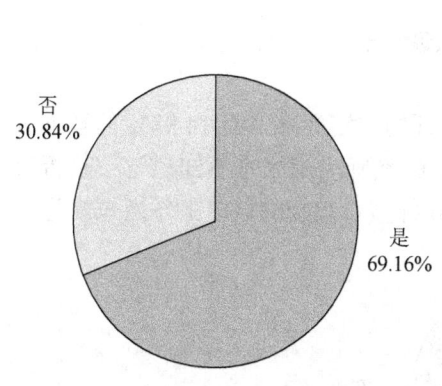

图6　是否是"双师型"教师情况

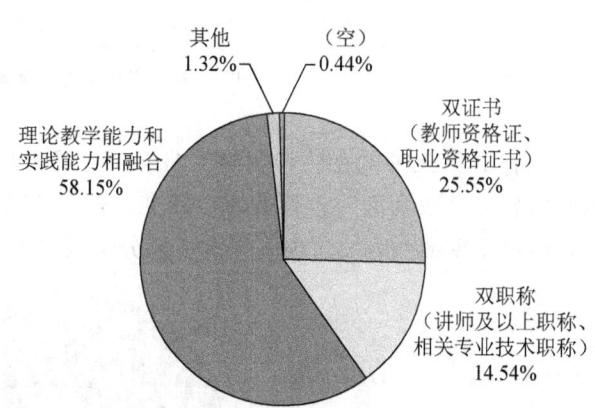

图7　对"双师型"教师概念的理解情况

2. 旅游高职院校"双师型"教师队伍建设基本情况

从调查结果可以看出，5所旅游高职院校对于"双师型"教师队伍建设的重视程度，只有不到70%的被调查对象认为学校比较重视，可见重视程度有待提高（见图8）。有将近20%的人认为学校双师型教师数量偏少,"双师型"教师队伍有待进一步拓展和壮大(见图9)。

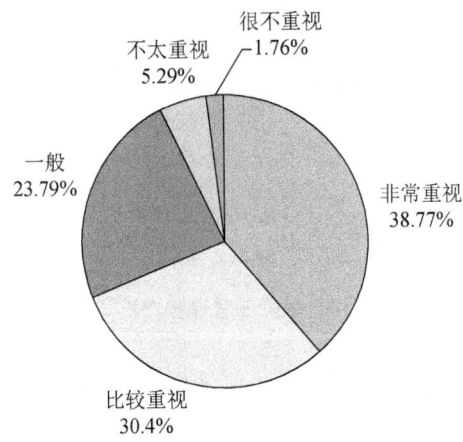

图8 学校对"双师型"教师队伍建设的重视程度

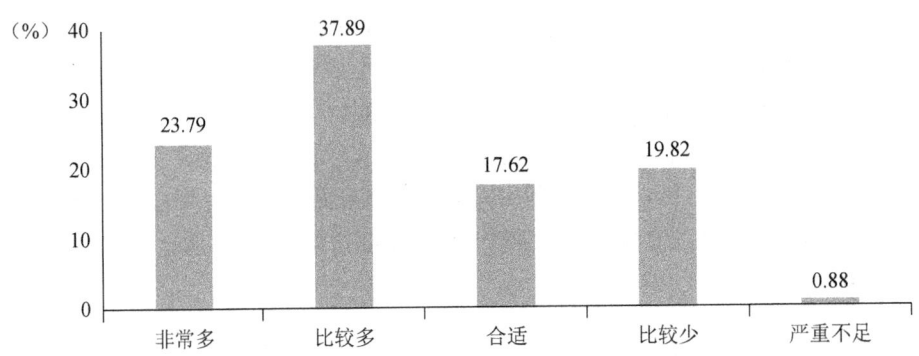

图9 学校"双师型"教师数量情况

只有不到60%的受访者明确反馈学校有双师型教师的评定标准,有14.98%的教师表示学校暂无"双师型"教师的评定标准,还有25.11%的教师表示根本不知道学校是否有评定标准(见图10)。这表明很大一部分学校对于"双师型"教师的认定工作尚未规范。

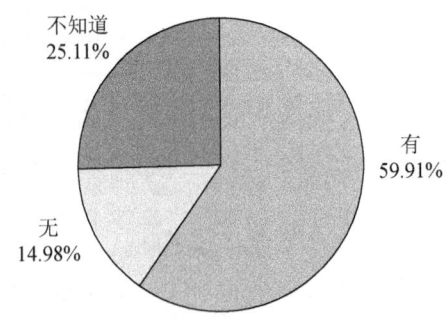

图10 学校是否有"双师型"评定标准的情况

只有 24.67% 的受访者明确反馈学校有双师型教师的再评估体系，表明"双师型"教师的再评估体系建设尚处于起步阶段，有待大力推广（见图11）。根据反馈，目前各个学校对于双师型教师再评估体系最重要的考核指标依次是教学能力、综合能力、社会服务能力和科研能力（见图12）。这表明各个学校对于教学、社会服务以及综合能力更为重视。

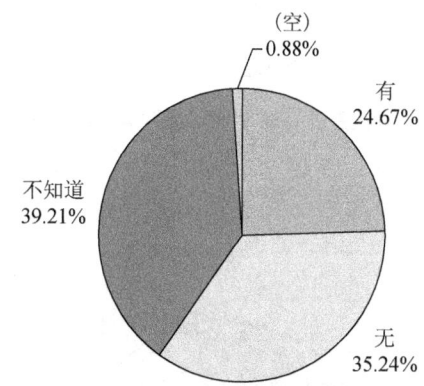

图11　学校是否有"双师型"教师的再评估体系

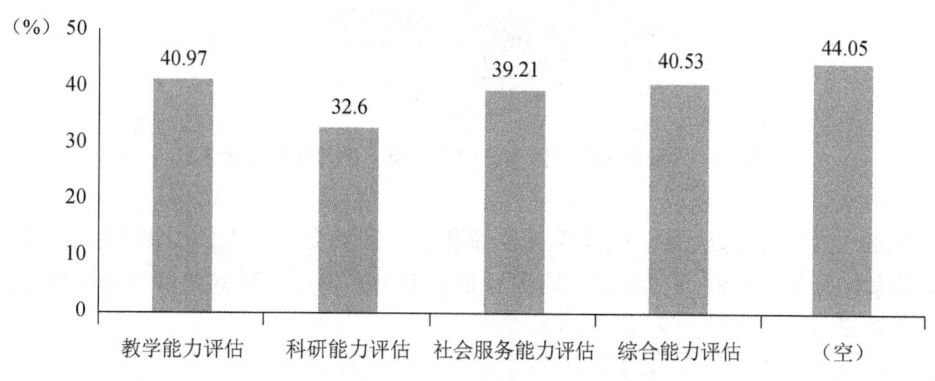

图12　学校"双师型"教师再评估体系的内容

只有 23.35% 的受访对象明确表示学校对于双师型教师有明确的激励机制（见图13），并且在教师待遇方面，只有 18.06% 的受访者表示双师型教师比其他老师的待遇要好（见图14）。这表明学校对于双师型教师的激励机制尚未有效建立，双师型教师的待遇有待提高。工资福利和待遇是最为有效的激励手段，因此高职"双师型"教师对自身收入情况的满意度直接决定了其工作积极性以及忠诚度。从调查反映的数据来看，高职院校对于"双师型"教师并没有专门设定激励的工资福利制度，或者虽有制度但是成效不明显。同时，大部分教师认为，自己的收入水平和学历、知识结构等并未有效挂钩，这也影响到了工作积极性。

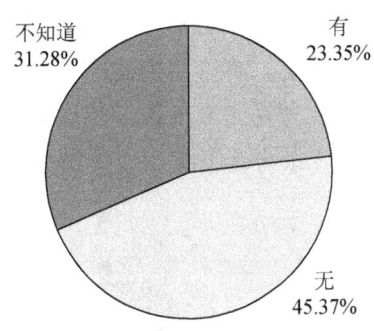

图13 学校是否有对"双师型"教师的激励机制

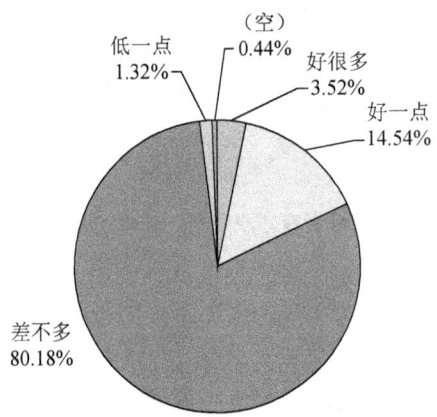

图14 "双师型"教师与非"双师型"教师待遇差距情况

有 70% 左右的教师认为学校领导对教师参加培训持支持态度（见图 15）。52.86% 的教师反馈学校每年都会制订"双师"培训计划，但仍有将近一半的教师认为学校不是每年都会制订"双师"培训计划（见图 16）。

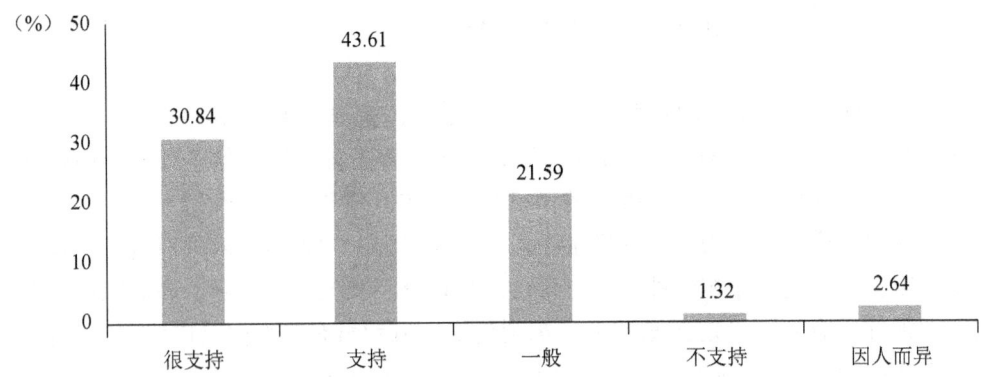

图15 学校领导对教师参加培训的态度

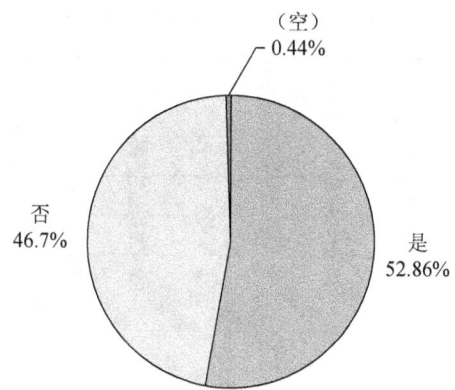

图16　学校是否每年都会制定"双师"培训计划

教师近三年参加过"双师"培训的次数为1~2次的占到49.34%，3~4次占到8.37%，5次以上仅占1.76%，未参加过培训的人数占到了39.65%（见图17）。这表明虽然各个院校越来越重视"双师型"教师的培养，但是真正的培养机制还未完全建立，教师参加"双师型"培训的次数和内容都不能满足"双师型"教师队伍建设的需求。

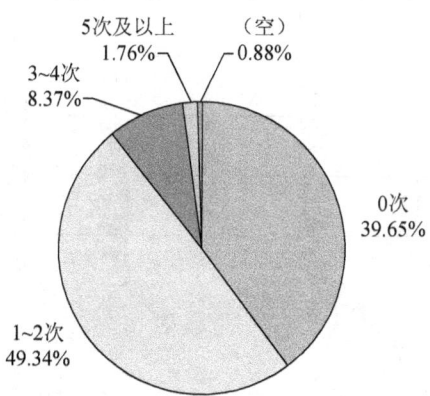

图17　教师近三年来参加过"双师"培训的次数

从调查结果看，在教师近三年参加的培训类型中显示参加社会相关培训的占44.49%，参加本专业研讨会的占32.6%，参加全国高职高专基地培训的占32.16%，参加国内外学术会议的占30.84%，企业挂职培训的占26.43%，出国进修的占17.62%（见图18）。

教师认为"双师型"培养最有效的途径分别是高校与企业联合培养，占87.67%；企业实践培养，占61.23%；工作过程培养，占51.98%；职前和职后相结合培养，占43.17%（见图19）。这说明教师普遍认为贴合企业，进行挂职、顶岗等实践锻炼是最有效的培养"双师型"教师的途径，但是从图18中我们可以看出，教师们参加的现有培训类型并不能真正满足教师想要提高实践技能的需求。

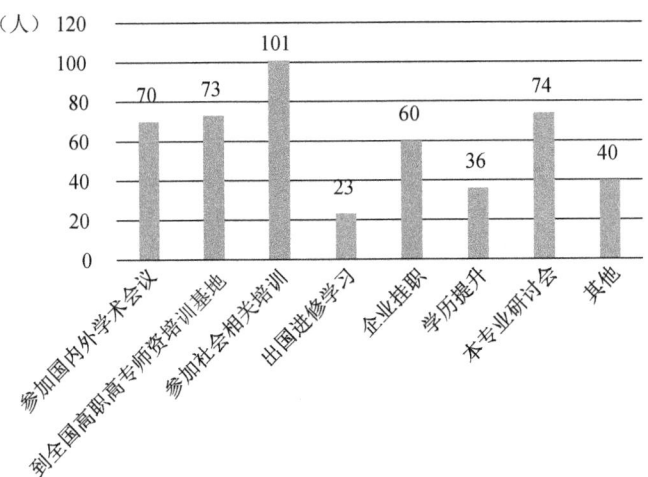

图18 教师近三年参加培训的类型

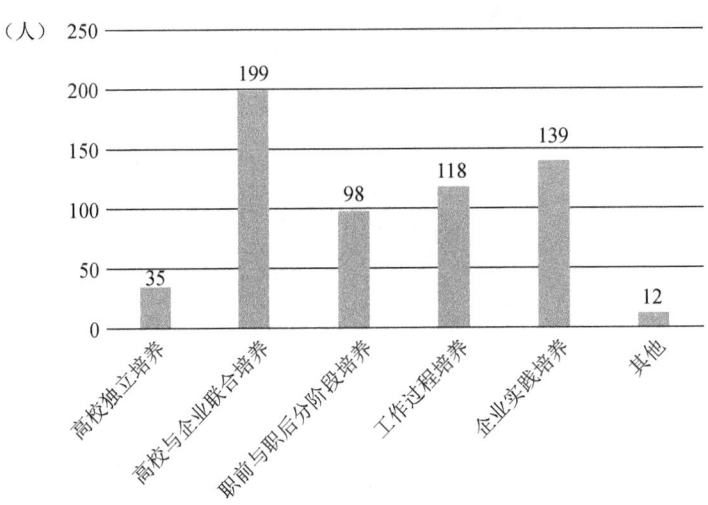

图19 教师认为"双师型"教师培养应采取的有效途径

当然教师在参加"双师型"培训时还存在很多困难。据统计,66.08%的教师认为工作任务较重,使他们无法脱离工作岗位进行培训;52.86%的教师认为缺少培训经费是阻碍他们参加培训的因素;48.9%的教师认为学校缺少激励措施,使得他们没有积极性去参加培训。另外,有18.94%和22.91%的教师认为是培训课程设置不合理,培训师资力量薄弱等原因使得他们没有兴趣参加此类培训(见图20)。从这个统计中可以看出,一方面,学校工作任务重、学校缺乏相应的经费保障和激励机制大大削弱了教师参加培训的积极性,另一方面,可以看出现在能够满足教师培训需求的课程还不多,提供培训的机构应该改革培训内容,加强师资建设,提供能够真正对"双师型"教师队伍建设有帮助的课程。

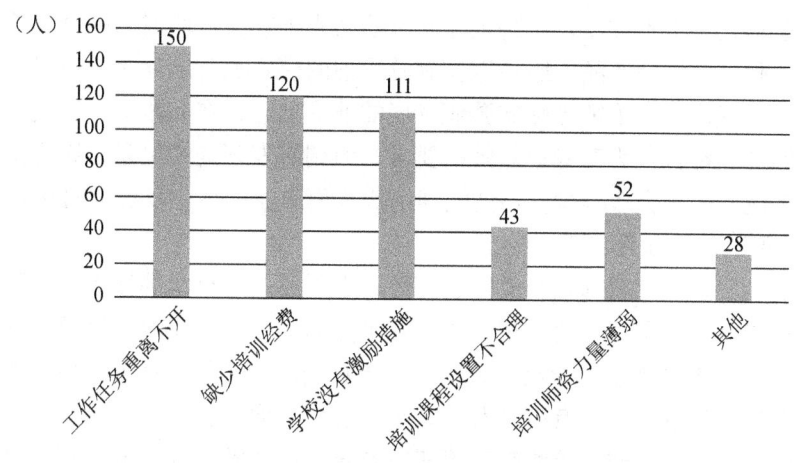

图20 教师参加"双师型"教师培训的困难

(三)旅游高职院校"双师型"教师队伍建设存在的问题分析

通过调研,目前"双师型"教师培养存在的主要问题可以概括为如下几个方面:

1. 高职"双师型"教师资格认证标准的缺失

众所周知,高职院校需要的是具备"双师型"能力的教师,各旅游高职院校也一直致力于"双师型"师资队伍建设工作,然而何为"双师型"教师,这个问题一直都没有一个明确的标准,这就从根源上为"双师型"教师队伍建设设置了障碍。由于对"双师"的认识和界定不同,导致不同院校在培养"双师型"教师时努力的目标方向不同,方法手段也大相径庭。这就出现了前文中提到的"双证说""双职称说""双能力说"等。这种对旅游高职院校"双师"认识的不清晰严重干扰到教师的培养,直接造成了各旅游高职院校"双师型"教师的培养不当、水平高低不一,甚至方向有误。目前,教育行政部门没有正式出台专门针对高职院校"双师型"教师资格的认证条例,高职院校"双师型"教师资格认定还是在沿袭普通高校教师的认证标准。

2. "双师型"教师的队伍结构不合理

从调查结果可以看出,绝大多数教师为初、中级职称,高级职称教师人数偏少,尚未形成平衡的"梯队结构"。旅游高职院校的大部分老师都是从院校毕业直接走进院校,呈现偏年轻化的趋势。另外,旅游高职院校"双师型"教师数量不足、质量不高。旅游高职院校生师比明显过大,教师疲于校内教学任务,无暇在"双师"素质上提升,研发能力因为时间资源的稀缺性,也是比较薄弱,教师的成长速度无形之中被减缓。所以说制约旅游高职院校发展的问题一个是数量的问题,一个是结构和质量的问题。

3. "双师型"教师缺乏行业实践经验

绝大多数教师是从学校毕业后就直接进入旅游高职院校从事专业教学工作的,具有丰富的旅游行业实践经验的人才比例较小。即使有些教师有过从业经验或者挂职经历,因为旅游行业的发展日新月异,如果教师的行业实践不是常态化、经常性的,也不能保证其所掌握的实践知识是紧跟行业步伐的。虽然有的学校硬性要求专业教师要定期参加实践,但是更多人流于形式，走走过场，旅游企业和学校两头不靠，挂职成为一种形式或者被动的任务。目前，我国旅游的产品、服务以及旅游管理的模式都与国际旅游业日新月异的发展要求相吻合。在理论上，了解国际旅游业发展的前沿动态，在实践上，知晓各国旅游企业全新的操作标准，都转化为对专业教师的要求。但调研发现的情况是，因为国际间的校际合作、校级交流、校企合作极少，不能实现师资与酒店业国际化发展的对接。

4."双师型"教师选聘流程不规范

我国旅游高职院校"双师型"教师选聘还没有形成一个科学的体系，选聘的标准、流程本身还存在很多的漏洞，主要表现在以下几个方面：首先，原本应该根据学校需求而定的岗位却由于一些不良因素的影响变成了"因人设岗"，这严重阻碍了整个选聘流程的开展。其次，在选聘的过程中没有以公开、公正、公平为原则，存在暗箱操作问题，影响了优秀人才的引进。再次，选聘流程缺乏第三方监督。往往整个选聘流程都是遴选委员会进行监督，造成了"自己监督自己"的怪相，影响公平性。最后，政府监管不严。选聘的最后一步就是要将合格者名单递交给上一级主管单位，往往上一级主管单位并没有高度重视选聘结果，也没有再进行审查，失去了监管的根本意义。

5."双师型"教师资格审核不严谨

国家目前对于"双师型"教师资格的审查还没有明确的要求，审核工作一般都由高职学校自身独立完成。各高校经常把对教师的任教能力检测作为"双师型"教师资格的审查，没有针对"双师型"教师制定专门的资格审查标准，无法确定任教教师是否具有"双师型"教师的资格，也没有办法衡量教师的工作是否符合学校的要求，致使考核淘汰机制发挥不了作用。

6."双师型"教师的考评办法和激励政策不完善

从访谈调研发现，五所旅游高职院校认定"双师型"教师是套用各自的标准。为使"双师型"教师数量达标，有的院校会降低标准操作。这样就导致了在"双师型"教师的评定、考核标准上都不能达成共识，更谈不上制定一定的激励考核政策了。旅游高职院校"双师型"教师评价中面临的问题，许多源于对"双师型"教师界定的详细条款在现行的政策中没有相应规定。在对"双师型"教师的评价激励方面，我国目前的旅游高职院校中仍然存在一些问题，例如，有的学校根本就没有明确的激励制度，即便有，也存在评价目标不清晰、评价形式不灵活、评价指标太教条、评价结果反馈不及时等问题。

7.校企合作不深入

由于缺乏激励机制和法定义务，企业普遍缺乏参与培养"双师型"教师的积极性，这是当前教师参加企业实践存在的关键问题。如何调动企业参与高职院校专业建设、课程建设、教学活动和教师培养工作的积极性，需要政府制定相关政策，运用法律和市场手段，引导企业积极参与其中。

8."双师型"教师培养的经费投入不到位

我国有些旅游高职院校是由原来的中专学校升格上来的，教育投资远没有本科院校的规模，因而办学资金比较短缺。目前，高职高专院校的师资培养费用主要由各院校自筹，国家和政府主管部门对师资培训的专项经费投入远远不够。高职院校本身在经费资源上也存在着倾斜，鉴于高职院校招生数量的不断增加，原本就不是很健全的基础设施更是开始告急，根本无法保障高职院校"双师型"教师的教育培训费用。资金的不足制约着学校办学条件的改善，使得"双师型"教师的培养培训质量远远得不到保证，同时教师的待遇没有保障，增幅有限，教师队伍的稳定性受到严重影响。

9."双师型"教师培训体系不健全

旅游高职院校教师培训工作开展的顺利与否，直接关系到我国"双师型"教师队伍提升质量的优劣。尽管近年来我国高职院校教师培训工作得到大力支持，在国培、省培和校本培训上取得了一定的成绩，但培训渠道不通畅、培训内容不切实、培训安排不合理等相关问题仍然存在。行业组织参与教师培训的管理机制不顺畅，行业组织参与职业教育的利益机制没有建立，其引领职业教育发展、职业教师培训的机制不成熟。

旅游高职院校自身组织的培训，则缺少相对稳定的培训基地和优势的培训资源。在教师到企业培训的过程中，往往会出现实践内容不切实，实践专业不相符的情况，浮于表面的实训内容不利于教师的专业化发展。对于旅游高职院校的专任教师来说，他们承担着较为繁重的理论教学和实践教学任务，难以进行脱产培训。要构建符合我国实际的旅游高职院校教师培训体系，仍是我国职教事业发展过程中一项任重而道远的工作。

四、影响"双师型"队伍建设的主要因素分析

对影响旅游高职院校"双师型"队伍建设的因素进行分析，有助于我们找出影响"双师型"队伍建设的关键要素并分析它们之间的关系，从而为探究建设双师型队伍的策略与路径奠定基础。

（一）构建影响"双师型"队伍建设因素的评价体系

根据高职院校"双师型"队伍建设的相关理论及文献阅读归纳提炼，本课题主要从政府、学校、行业、教师四个方面来系统地分析影响高职院校"双师型"队伍建设的关键要素。根据文献分析和专家咨询，本文提炼形成了影响旅游高职院校"双师型"队伍建设因素指标体系。该体系的一、二、三级指标构成与设置见表2。

表2 影响旅游高职院校"双师型"队伍建设因素指标体系

一级指标	二级指标	三级指标
政府	标准制定	认证标准
	制度建设	准入制度
		政策支持
		经费支持
行业、企业	标准制定	职业能力标准
		用人标准
	平台支持	教师挂职培训
		兼职教师来源
		参与专业建设

续表

一级指标	二级指标	三级指标
学校	制度建设	选聘制度
		考评制度
		激励制度
		经费保障
	培养体系	培训计划
		培训内容
		培训方式
	平台构建	校企合作
		校内实训基地
		教师团队建设
教师	观念	教学观念
		自我定位
	自我提升意识	自我提升目标
		自我提升动力

(二)"双师型"队伍建设影响因素的评价体系权值量化

本文采用层次分析法确定一、二、三级指标权重。层次分析法的基本思想就是将组成复杂问题的多个元素权重的整体判断转变成对这些元素进行"两两比较",然后再转为对这些元素的整体权重进行排序判断,最后确立各元素的权重。其具体步骤如下:

(1)建立递阶层次的评价指标体系。即"双师型"教师队伍建设关键影响要素评价指标体系。

(2)构建各层次中的判断矩阵。请领域专家对表2中的同一层次(即一级指标、二级指标、三级指标)的指标进行两两比较,其比较结果以1~9标度法表示。各级标度的含义见表3。

表3 1-9标度的含义

标度	含义
1	两个因素重要性相同
3	前一个因素比后一个因素稍重要
5	前一个因素比后一个因素明显重要
7	前一个因素比后一个因素强烈重要
9	前一个因素比后一个因素极端重要
2、4、6、8	为上述相邻判断的中值

（3）对于同一层次的 n 个指标，可得到判断矩阵 $A=(a_{ij})$。判断矩阵中的值应满足下列条件：

$$a_{ij}>0, \ a_{ij}=\frac{1}{a_{ji}}, \ a_{ii}=1 \tag{1}$$

（4）计算指标权重，求出判断矩阵的最大特征根 λmax 及相应的特征向量 W_0。W_0 即为各指标的权重。

（5）一致性检验. 计算随机一致性比率：

$$R_C=\frac{I_C}{I_R} \tag{2}$$

其中，I_R 为平均随机一致性指标，$I_C=(\lambda max-n)/(n-1)$，为一致性指标。若 R_C 小于 0.1，则认为判断矩阵具有满意的一致性，所确定的权重较为合理，否则返回步骤（2）重新调整。

同理可求得其他的各级指标权重，如表 4 至表 6。

表 4　一级指标层判断矩阵及权重

	政府	行业、企业	学校	教师	权重
政府	1	5	1/5	5	0.221
行业、企业	1/5	1	1/9	1	0.057
学校	5	9	1	9	0.664
教师	1/5	1	1/9	1	0.057

表 5　二级指标层判断矩阵及权重

二级指标层判断矩阵：政府			
	标准制定	制度建设	权重
标准制定	1	1	0.500
制度建设	1	1	0.500
二级指标层判断矩阵：行业、企业			
	标准制定	平台支持	权重
标准制定	1	1/5	0.167
平台支持	5	1	0.833
二级指标层判断矩阵：学校			
	制度建设	培养体系	平台构建	权重
制度建设	1	3	7	0.649
培养体系	1/3	1	5	0.279
平台构建	1/7	1/5	1	0.072

续表

二级指标层判断矩阵：教师			
	观念	自我提升意识	权重
观念	1	1/7	0.125
自我提升意识	7	1	0.875

表6 三级指标层判断矩阵及权重

三级指标层判断矩阵：制度建设（政府）			
	准入制度	政策支持	经费支持	权重
准入制度	1	1/5	1/5	0.090
政策支持	5	1	1	0.455
经费支持	5	1	1	0.455

三级指标层判断矩阵：标准制定（行业、企业）			
	职业能力标准	用人标准	权重
职业能力标准	1	3	0.750
用人标准	1/3	1	0.250

三级指标层判断矩阵：平台支持（行业、企业）			
	教师挂职培训	兼职教师来源	参与专业建设	权重
教师挂职培训	1	5	7	0.731
兼职教师来源	1/5	1	3	0.188
参与专业建设	1/7	1/3	1	0.081

三级指标层判断矩阵：制度建设（学校）				
	选聘制度	考评制度	激励制度	经费保障	权重
选聘制度	1	1	1/5	1/7	0.072
考评制度	1	1	1/5	1/7	0.072
激励制度	5	5	1	1	0.392
经费保障	7	7	1	1	0.464

三级指标层判断矩阵：培养体系（学校）			
	培训计划	培训内容	培训方式	权重
培训计划	1	1/9	1/7	0.055
培训内容	9	1	3	0.655
培训方式	7	1/3	1	0.290

续表

三级指标层判断矩阵：平台构建（学校）				
	校企合作	校内实训基地	教师团队建设	权重
校企合作	1	3	9	0.672
校内实训基地	1/3	1	5	0.265
教师团队建设	1/9	1/5	1	0.063

三级指标层判断矩阵：观念（教师）			
	教学观念	自我定位	权重
教学观念	1	1/5	0.167
自我定位	5	1	0.833

三级指标层判断矩阵：自我提升意识（教师）			
	自我提升目标	自我提升动力	权重
自我提升目标	1	1/3	0.250
自我提升动力	3	1	0.750

从对三级矩阵各个指标要素的分析中我们可以清楚地看到，一级指标层判断矩阵中，权重最高的是学校，占0.664，这说明在政府、行业及企业、学校、教师这四个一级指标体系中，学校对"双师型"教师的培养起到决定性的作用。

在二级指标层判断矩阵中，政府中的两个二级指标，标准制定和制度建设的权重值一样，各占0.5；行业企业的两个二级指标，标准制定的权重值为0.167，平台支持的权重值为0.833，这说明行业企业为学校提供的平台支持对于高职院校"双师型"教师队伍建设的重要性大于行业标准制定的重要性；学校的三个二级指标中，制度建设的权重值为0.649，培养体系的权重值为0.279，平台支持的权重值为0.072，这说明制度建设在"双师型"教师队伍的培养中起到至关重要的作用；在教师的两个二级指标中，自我提升意识的权重值为0.875，相较于教师观念来说更为重要。

在三级指标层判断矩阵中，政府的制度建设中的三个三级指标中，政策支持和经费支持的权重值一样，各占0.455，说明这两个指标较准入制度更为重要。在行业企业的标准制定的两个三级指标中，职业能力标准的权重高于用人标准，占0.750，而在平台支持的三个三级指标中，教师挂职培训的权重最高，为0.731，这说明行业企业制定的职业能力标准与为高职院校教师提供挂职培训机会对于旅游高职院校培养"双师型"教师队伍起到重要的支持作用。在学校的制度建设的四个三级指标中，选聘制度和考评制度的权重值一样，各占0.072，而激励制度和经费保障制度的权重值分别为0.392和0.464，这说明良好的激励机制和经费保障是促进"双师型"教师培养的加速器；在培养体系的三个三级指标中，培训内容的权重高于培训计划和培训方式，为0.665，说明培训内容的设计在培养体系中起到至关重要的作用；在平台构建的三个三级指标体系中，校企合作较于校内实训基地、教师团队建设的权重更高，为0.672，这说明校企合作的深入展开对于培养"双师型"教师起到促进作用。在教师观念的两个三级指标中，教师的自我定位的权重值要高于教学观念的权重值，为0.833；在教师自我提升意识的两个三级指标中，自我提升动力较于自我提升目标的权重更高，为0.750。

通过以上分析，我们可以挖掘出影响旅游高职院校"双师型"教师队伍建设的关键要素，把握住这些关键要素有助于我们更好地研究"双师型"教师队伍建设的策略和路径。

五、旅游高职院校"双师型"教师队伍建设策略

（一）良好的制度设计为旅游高职院校"双师型"教师队伍建设提供强大导引动力

旅游高职院校"双师型"教师队伍建设是一个持续推进的过程，在这个过程中，政府、教育行政部门及院校自身完善的制度及相关政策可以为"双师型"教师队伍建设指明方向，同时也能为其发展提供必要的保障和动力。

1. 优化经费投入制度

充足的教育经费投入是保障旅游高职院校"双师型"教师队伍建设有效开展的物质前提。近年来旅游高职教育及教师队伍建设受到高度重视，也采取了一些经费投入举措，但是针对"双师型"教师队伍建设的专项资金还是少之又少。旅游高职院校教师队伍建设的经费来源主要有两种，一是来源于政府的财政拨付，如以国家级、省级专业骨干教师培训，青年教师的企业实践锻炼等形式拨付给院校的培训资金；二是来源于职业院校的自筹资金，包括企业的赞助、个人捐赠等。相较于职业教育发达的国家，我国的经费投入主体仍然较为单一。面对目前旅游高职院校经费稀缺的现状，政府应不断加大师资队伍建设的经费投入力度和机制改革，同时院校要进一步拓宽经费投入的渠道，建立财政为主、多渠道共行的经费筹措机制。

加大中央级、地方政府对旅游高职院校"双师型"教师队伍建设专项资金拨付，完善经费投入机制，将计划投入与绩效投入有机结合。计划投入一是要通盘考虑整个旅游行业发展对旅游人才需求情况，经费投入要与旅游职业教育规模的扩大相适应，保障旅游职业院校"双师型"教师队伍建设的财政性经费随师资队伍规模逐步增长；二是要考虑区域旅游职业教育发展不平衡的现状，加大对中、西部旅游资源丰富而旅游职业教育欠发达地区的师资队伍建设财政支持力度。绩效投入则需要根据各旅游高职院校专业建设及"双师型"教师队伍建设状况进行配置，对队伍建设计划完备、执行到位、成绩显著的院校要给予更有力的资金支持，也起到激励后进者积极、有效地开展"双师型"教师队伍建设工作的示范作用。但是，无论是计划投入还是绩效投入都要将投入前考评与投入后经费使用效果考评相结合，确保经费的使用效率。

在获得政府财政支持的同时，旅游高职院校要积极拓宽自身经费的来源渠道，大力引导旅游行业内企业对"双师型"教师队伍建设的资金投入，并努力寻求其他社会企业、团体、人士的教育捐资。旅游企业是旅游高职教育最直接的服务对象，也是旅游高职教育最大的受益者，所以要采取措施积极引导旅游企业通过多种合作形式加入到旅游高职院校

"双师型"教师队伍建设中来，允许企业通过知识、技术、资本、管理等要素参与旅游高职院校师资建设，同时旅游高职院校要努力寻求旅游行业外其他社会团体、人士向院校的捐资，多方筹措资金，以助推"双师型"教师队伍建设工作的顺利开展。

2. 完善专业教师进入制度

旅游高职院校是"双师型"教师队伍建设的主要承办者，也是教师"双师"素质提高的引导者和督促者。"双师型"教师队伍建设中，旅游高职院校首先要把好进人关，完善专业教师进入制度，打好队伍建设的基础。

近年来，多数旅游高职院校为了提升学校档次或者应付各种评估，在人才引进中引入了大批专业不对口、实践经验不足的教师。旅游高职院校要建设"双师型"教师队伍就要改变这一现象，一方面旅游高职院校要遵循政府及教育主管部门出台的职业院校教师标准，结合院校现有教师结构、专业分布、学生数量、实训教学需求等相关因素，改革进人、用人制度。在人才引进中注重专业理论知识的同时，加大旅游行业实践经验的考评比重，将更多旅游专业理论知识过硬，又具备大量旅游行业实战经验的"双师型"教师充实到师资队伍中，甚至在某些要求较高的实践技能岗位，为了引进人才也可以破格掌握学历、理论知识水平等条件要求。另一方面旅游高职院校要创新自主用人机制，积极拓宽人才渠道，吸引更多的优秀人才进入旅游院校从事职业教育教学工作。旅游高职院校在人才引进时，除了广泛吸收高质量的高校应届毕业生、科研机构、行业企业人员进入学校做专职教师外，要以多种合作形式与旅游企业建立起人才互通机制，吸收更多有扎实行业经验的管理人员、专业技术人员以兼职教师的方式进入课堂，借企业人才之力提高学校实训教学水平，同时鼓励其参加教研活动，加强其与专职教师的沟通，促进整个师资队伍"双师"素质提升。

3. 改进培养培训制度

培训是旅游高职院校"双师型"教师队伍建设的重要途径。培养培训制度的改进是旅游高职教育改革重点，也有助于"双师型"教师队伍建设更加健康、有序、有效地进行。《现代教育体系建设规划（2014—2020）》提出"要依托高水平学校和大中型企业建立'双师型'职业教育师资培养基地。探索职业教育师资定向培养制度和'学历教育＋企业实训'的培养方法。"同时提出"要建立职业院校教师轮训制度，促进职业院校教师专业化发展。建立一批职业教育教师实践企业基地，实行新任教师先实践、后上岗和教师定期实践制度。专业教师每两年专业实践的时间累计不少于两个月。鼓励职业院校教师加入行业协会组织。"

旅游高职院校"双师型"教师培养要充分发挥师资培训基地的培训作用。教育行政部门、旅游协会要依据政府规划改进现有培养培训制度，与旅游企业合作组建一批高水平的"双师型"教师实践培训基地。培训基地要根据国家对旅游职业教育提出的新要求以及旅游高职院校现有的实际情况做出切合实际的"双师型"教师培训的规划，做到有组织、有计划、有目标地开展"双师型"教师培训工作。

建立新聘任专业教师的入职前企业实践制度及职后的定期轮训制度。目前新入职教师虽然进行了入职培训，但是培训的内容局限于教学技能及学术研究能力的提升，对那些已在企业工作多年且实际能力较强的人才来说,这样的培训可能实现"双师型"教师培养的目标,但是对于那些无从业经验从校门到校门的青年教师,此类培训根本无法实现"双师型"培养目标。旅游高职院校应规定,新聘任专业教师特别是那些无行业工作经验的教师进入教学岗位前应先以脱产的方式到旅游企业实践工作半年到一年的时间,考核合格后再安排进入教学岗位工作。同时,旅游高职院校应在保证教学工作中心地位的前提下,建立优秀教师到企业定期轮训制度。为了提高教师的专业实践能力,可以利用寒暑假期安排教师到酒店一线顶岗学习,及时了解和掌握行业的最新动态,也鼓励教师利用业余时间到企业顶岗实训。

4. 健全考核激励制度

集体的活力来源于激励。为了充分发挥"双师型"教师的作用,应该制定一系列行之有效的激励制度以调动"双师型"教师的积极性和主动性,增强旅游高职院校"双师型"教师队伍发展的内在动力。首先,旅游高职院校要建立双边考核管理制度。对到企业参加实践工作的教师进行考核是检验实践效果、达成"双师型"培养目标的关键所在,为保证考核的科学性、全面性,学校应建立起旅游企业与旅游高职院校双方共同考核的机制。接收教师进行实践工作的旅游企业负责从技术攻关、产品创新、管理成效、经营业绩等工作方面对教师进行考核,学校从实现业务、技能提升等"双师型"教师素质方面进行考核,并将双方考核结果作为薪酬发放、职称评审、先进评优的重要依据。其次,要完善评优及职称晋升的标准,针对高职院校师资特点修订原有的把论文、著作及教学能力作为评优及职称晋升主要标准的现状,把教师的企业实践工作双边考核结果、教师的实践能力、业务素质也作为其评优及职称晋升的重要条件。再次,提高"双师型"教师工资福利,旅游高职院校在制定绩效工资分配制度时应向"双师型"教师适当倾斜,对具备"双师"素质的教师给予薪酬上的补助,同时对到旅游企业进行实践工作的专业教师给予薪酬保障,保证到企业实践锻炼时的收入不低于在职收入,在企业条件允许的情况下可以高于在职的收入。最后,旅游高职院校应对专业教师进行分类管理,区分专业理论性教师、实践指导教师和"双师型"教师。在考核与评价中,充分考量不同类型教师的特点,制定分类考核标准对教师进行分类评价,依分类评价制定激励措施,才具有针对性,才能充分调动"双师型"教师的积极性和主动性,从而促进教学能力不断提升,向专家型努力。

(二)强有力的专业支持是旅游高职院校"双师型"教师队伍建设的前提和基础

旅游高职院校"双师型"教师队伍建设除了良好制度给予导引外,还需要强有力的专业支持。专业能力提升是"双师型"教师队伍建设最核心的内容,而专业发展的基础还在于职前和职后的培养和培训,以及旅游高职院校教师教学发展中心提供的指导。

1. 推进职前教师教育改革

职前的教育主要是指教师在大学里接受的旅游专业知识的学习,它对"双师型"教师扎实的专业理论功底、职业技能、职业道德、职业理想的形成有着重要的影响,为"双师型"师资发展奠定了重要的基础。为此,担负旅游高职院校师资培养的综合性大学和师范学院要不断进行专业结构调整和教学改革。

在专业设置上,大学旅游专业结构要充分结合当前旅游产业结构的发展进行调整,打造旅游专业集群，对接产业发展。在大学资源有限的情况下，要调查研究旅游产业发展状况，集中优势资源扶持发展一批特色鲜明、社会认可度高、与旅游行业深度融合的特色专业，提升专业显示度；同时，要着眼于旅游行业的发展，敢于把握旅游行业趋势而尝试发展新兴专业，筑牢根基，凝聚特色，稳步提升专业竞争力，为行业发展储备人才。在制订人才培养方案时，大学旅游专业要遵循"需求导向、能力本位"的原则，与旅游企业联合共同确定旅游专业人才培养的目标和标准，力求培养出理论功底深厚、实践能力强、职业素养高的旅游高职院校"双师型"教师后备人才。依据这一培养目标，高校要改变基于学科的课程体系，重视实践教学，将理论课程与实践课程深度融合，形成以应用能力和职业素养为核心的应用型课程体系。在教学过程中，应深化改革，将旅游企业专业技术、行业标准、企业文化融入教学内容中，努力将科研成果转化为教学资源，重点培养学生发现问题、解决问题的职业岗位能力，让学生养成"做中学"的学习方式，引导学生在具备扎实理论知识功底下注重专业知识实践应用能力的提高。

2. 探求职后教师继续教育模式

职后教师继续教育是教师入职旅游高职院校后，为强化专业技能或及时了解行业发展新知识、新技能进入继续教育学院、专门的旅游教育培训机构进行的专业培训。但是目前职后继续教育机构的培训师资要么聘请专家教授，他们虽理论功底深厚，但实战经验方面却有所欠缺，教学方式多以讲授为主，培训后参训者的理论能力有所提升，但对专业技能、实战能力的提升帮助较小；要么聘请企业的骨干或老总来讲授实战经验，但由于缺乏教学技能，讲授缺乏系统化，也不能收到预期培训效果。

职后教师的继续教育要克服以上弊端，探求新的继续教育模式。承担职后教师继续教育的机构首先要加强与旅游企业深度合作，共同培养旅游专业"双师型"教师。在培训经费上，可采取政府给予适当资助，旅游高职院校与享受服务的旅游企业分担主要培训经费的方式。在培训师资上，不论是教师到旅游企业直接接受企业骨干的指导，还是旅游企业骨干到培训机构的指导，指导者本身就需要是"双师型"教师的典范，需要有更高的理论水平、实战操作能力和教学的基本技能，这样才能有效地开展指导。其次，教师继续教育培训机构不能关起门来搞培训，一定要把参训的教师推向实战的战场，给予参训教师充足的时间，让其充分参与到真实的工作岗位上去训练，这样才能真正地训练教师解决实际问题的能力，提升实践技能。在实战中也要配以企业高水平的业务骨干对参训教师的实战进行指导，免走弯路，让参训教师在遇到问题、解决实际问题过程中可以快速提升。最后，教师继续教育培训机构在教学方式上，应注重案例教学，紧密结合旅游企业经营管理的实际，模拟真实的场景，让学员参与其中进行问题讨论，使学员接触到经营管理中典型的实际问题，并针对这些问题进行深入分析，找寻处理问题的办法。通过案例讨论，可以提升参训教师分析问题、解决问题、教学表达的能力。

3. 发挥教师教学发展中心专业指导功能

旅游高职院校"双师型"教师队伍的建设需要有专门的师资培训人员做出周密的培养计划并组织实施，需要有经验丰富的教学名师、专家在"双师型"教师培养过程中提供专业的教学咨询与指导。旅游高职院校可以建立健全教师教学发展中心，作为促进教师"双师"素质提升的专业助推器，充分发挥其在日常工作中对教师"双师"素质提升的指导和服务功能。首先，教师教学发展中心需要建立起教师职前、入职、职后专业的"双师"素质培训体系，为教师寻求高质量的培训机构、培训课程、培训师资，依据各发展阶段教师特点为教师量身提供技能培训服务。其次，教师教学发展中心要搭建起教师间提升"双师"素质的沟通交流平台，聘请有经验的教学名师、专家作为顾问，为解决教师教学实践中遇到的具体疑难问题提供咨询与指导。可在教师间开展观摩课、专题讲座和研讨活动，以满足教师专业发展的需求。最后，教师教学发展中心要承担起"双师型"教师队伍建设专业资源库的工作，为教师提供充足的资源支持服务。如提供图书馆资源、教学案例，推荐期刊文献阅读、名师精品课教学视频等，为教师的自我学习、自我提升提供有力的资源支持。

（三）良好发展平台的打造是旅游高职院校"双师型"教师队伍建设的保障

旅游高职院校教师"双师"素质提升离不开学校层面提供良好的发展平台，这是"双师型"教师队伍建设的保障。有了发展的平台，才能为专业教师提供实践机会和良好的工作氛围，让"双师型"教师能在素质提升中满足发展需要，找到职业的归属感。

1. 开展校企深度合作

旅游高职院校建立校企深度合作联合师资培养机制，是推动"双师型"教师队伍建设的有效平台，它能够让专业教师更好地了解旅游企业的用人需求和岗位技能要求，完善以就业为导向的职业教育教学内容，促进旅游职业教育持续健康发展。

一方面，旅游高职院校要积极加强与旅游企业的深度合作，形成良好的对话与协商交流机制。旅游高职院校需在校企合作中发挥主导作用，主动与企业沟通、为合作创造良好的条件。校企之间可以组建校企理事会，让理事会成为校企间的对话平台。校企双方定期开展对话、沟通与协商，一定程度上可消除企业与旅游高职院校间的隔阂，使企业放下对教师参与企业实践工作的戒备心，切实提高企业对校企合作的热情。同时，政府部门应及时制定符合校企双方利益的政策和运行规则，充分调动企业参与校企合作的积极性，提升合作成效，实现学校与企业的双赢。

另一方面，旅游高职院校在与企业合作中要实现全方位对接，实现资源的有效整合，推行校企互聘互派制度，完善教师企业实践制度，合理制订并实施"双师型"教师队伍培养培训计划。首先，旅游高职院校可以采取将一部分实训基地建设与企业合作的模式，双方共建共用生产经营性实训基地，将实训室转变成旅游企业的工作环境，让教师在真实的工作场所进行演示、授课，使教师的专业技能与企业的岗位能力相匹配。其次，旅游高职院校的专业教师与旅游企业高级专业技术人员、管理人员应紧密配合，两者互相参与到对方单位的产品设计、科研、营销、服务、管理等活动中，及时掌握企业最新技术，既可增强教师的实践和科研能力，又可以把实践内容紧密融入教学过程，进一步增强教师队伍的理论应用能力，以建设一支既有丰富理论知识又有较强实践能力的"双师型"教师队伍。最后，通过校企合作平台，旅游高职院校可以引入企业优秀的专业技术人员、高级管理人员作为兼职教师，更好地进行专业建设、课程开发、实训指导等教学任务，不仅保证了专业教学与行业企业发展同步，而且也可以使教师队伍的"双师"素质得到实质性的提升。

2. 加强行业监督指导

纵观职业院校发达国家的有益经验，可以很容易地发现，被称作"行业协会"或是"行业指导委员会"的机构在这些国家的职业教育发展中，无不起到不可估量的重要地位，其体现在一方面维持着校企合作、行业发展、学校办学与教师培训等方面的秩序，另一方面对职业院校与企业发展进行科学指导，以免因信息不对称、指导不到位而造成不必要的损失。要促进旅游高职院校"双师型"教师队伍的建设，无疑先要构建校企合作的有效机制，而机制的构建除校企双方的努力外，更需加强行业协会的科学指导。我国行业管理机构应设立职业教育管理部门，例如，目前已建立的全国旅游职业教育行业指导委员会已经在旅游高职院校教育指导方面发挥了非常重要的作用。这些行业机构应不断加强旅游职业教育指导与管理职能，有效指导校企合作，促进旅游高职院校的专业建设与行业企业岗位的对接、教师培训与企业实践的对接、教学过程与生产过程对接以及课程内容与职业标准对接。同时，应开设校企合作网络信息交流平台，及时更新与发布行业最新发展动态，为双方提供有效的对称信息，在实现监督功能的同时亦为其提供支持。

除此之外，扩宽社会支持的渠道在促进"双师型"教师队伍建设中同样重要。旅游高职院校教师队伍建设，需要政府的政策与资金支持，需要职业院校的具体落实，需要企业角色的转变，需要行业的监督指导，更需要社会的全面支持。

3. 建设校内实训基地

校内实训基地是指旅游高职院校利用自身的优势，与政府、行业、企业或者社会相结合，全面开发基地的生产经营功能，通过产品设计、服务、管理、技术研发等生产经营过程，实现经济效益，并在经营中实现师生实践技能培养的一种实训基地。"双师型"教师队伍建设不仅要依靠企业的帮助来完成，最重要的还是要依靠旅游高职院校自身实训基地的建设。应积极探索校内实训基地的建设模式，以建设集教学实训、生产经营、科研功能为一体的建设理念来建设校内实训基地。首先，校内实训基地可以为专业课教师提供教学实践的平台，使其成为"双师型"教师展示其操作的课堂。让校内实训基地模拟旅行社、酒店、中央厨房等，在实践教学中就可以增强教师的专业实践指导能力并探索出一套行之有效的实训教学方法，实现学校内训与企业外训基地无缝衔接。其次，校内实训基地也会成为培训和锻炼专业课青年教师的摇篮，校内实训基地在为教师提供教学演示设施设备的同时还可以为青年教师提供便利实战的平台。可以让专业教师轮流加入校内实训基地的生产经营中，承担校内实训基地的产品设计、服务、管理、员工培训等工作，进行顶岗锻炼，并定期进行岗位轮换，通过校内实训基地的实训积累实际工作经历，提高实践教学能力。最后，校内实训基地可以成为学校"双师型"教师队伍产品研发、服务技术开发、管理创新成果推广的"孵化器"。学校可利用自身的科研和技术优势，在校内实训基地积极研发旅游企业所需的新产品、新技术，探索旅游企业经营管理新机制、新模式，同时把成果向旅游企业进行推广，引领行业发展。

4. 凝练"双师型"教师团队

应以"先群体、后个体"模式建立团队化"双师型"教师队伍，通过组建团队可以让一批优秀的骨干力量进行整合，发挥引领示范作用，同时通过团队协作攻坚克难，让教师在团队中得到很好的学习和锤炼，以完成队伍建设目标。

凝练"双师型"教师团队首先要选择多元的团队成员，设置合理的"双师型"教师团队结构。团队建设要保证成员来源的多元性，既要有学校的专业教师又要吸收来自旅游企业一线的高级专业技术人员、管理人员，既要有青年教师又要有专业带头人、骨干教师，几类人员各占一定比例共同组建团队，团队成员发挥各自的特长和经验，理论与技能互补，互取所长，共同打造一支"专兼结合、分工合作"的"双师型"团队。其次在"双师型"教师团队中，要设置一致的团队建设目标，各成员按照这个目标明确各自分工，共同朝着这个目标努力，使整个团队保持行动的协调一致。最后明确构建"双师型"教师团队的运行机制，制定团队工作计划、团队工作流程、团队激励评价制度等，让团队建设能依规有条不紊地进行。应在团队运行机制的指导下，保持整个团队的行动一致、高效配合，共同学习提高、攻坚克难，最终完成教师"双师"素质的提升。

（四）自我提升是旅游高职院校"双师型"教师队伍建设的原动力

教师是"双师型"教师队伍中最基本的组成要素，旅游高职院校"双师型"教师队伍建设要坚持"以人为本"的原则，把教师放在核心位置。教师在教学实践中以自身经验为基础，依靠专业平台支持，不断反思与学习，以提升自我"双师型"教师素质，这是队伍建设的原动力。

1. 做好自我定位，制定清晰的提升目标

旅游高职院校在"双师型"教师队伍建设中首先要帮助教师认清形势、做好自我定位，并且注重对教师进行目标管理，制定清晰的"双师型"教师素质提升目标并进行细分。一方面教师要有强烈的角色意识，做好自我定位。作为旅游高职院校的教师，应该主动学习职业教育思想，熟悉职业教育的特点，理解职业教育的发展方向，明确旅游高职院校"双师型"队伍建设的必要性，通过学习，树立新的职业发展理念，为"双师"素质的自我提升奠定思想基础。另一方面要制定清晰的自我提升目标。以目标为轴心，教师应能够围绕目标积极主动地探索、研究、分析、解决问题。首先强调目标的可行性，邀请行业专家、专业带头人及教师个人参与，依据行业的发展趋势、专业带头人的经验和教师个体特征共同制定提升目标，保证目标既可以让教师完成又需要付出努力，又可以提升"双师"素质。教师应在目标指引下，根据自身实际、学生实际、环境实际、行业企业实际主动进行理论学习和实践训练，解决实际问题。其次对目标要进行详细的分解，使目标可以化解成一个个需要教师去实际完成的具体工作任务，增强目标的可操作性，使教师的学习直观化、形象化，这些直观、形象的任务可以唤起教师原有知识结构中有关的知识，从而有利于教师利用原有知识经验去"同化"新的知识和技能。最后要发挥目标在教师"双师型"素质提升中的激励作用，用目标驱动策略促使教师保持开放、积极的心态面对训练，主动完成目标，获得知识和能力，特别是面对困难时可以化目标的压力为动力，在磨炼中提升自己的"双师型"教师素质。

2. 以项目研究打通提升渠道

项目是指以个人或团队名义申报的各级教学研究课题、科学研究课题及与企业合作的横向研究课题。要真正解决重大的疑难问题，立项研究是有效的方法。旅游高职院校"双师型"教师素质提升也离不开科学的研究，只有深入研究、善于研究并且有丰富研究成果的教师，才能在教学岗位上游刃有余，培养出优秀的应用型人才。

项目导向模式的提升锻炼可以让教师有针对性地对"双师"素质提升中遇到的重点、焦点、疑难问题进行深入的研究，让教师在立项研究中提升自我的基础研究能力、发展能力和实践能力，并最终将研究成果运用到自己的教学之中，完成项目研究成果的转化。项目导向模式需要教师在实践时一是要做好研究项目的选择，注重研究的理论和实践意义，难易要适中，紧密结合学校和自身的实际。二是要做好项目的研究方案设计。研究中做好文献搜集，厘清发展脉络，明确研究现状、目标、思路、内容，寻求、论证项目的解决方法，最终制订出可行的研究方案。三是要逐步推进项目实施。教师在项目实施阶段要做好人、财、物等辅助资源的配备，结合实际把项目分解成一个个的子项目，逐个击破，撰写项目研究报告，形成最终的研究成果。四是注重项目成果在教学实践中的运用和推广，从而体现出研究的价值，使自身的"双师"素质在项目研究中不断提升。

3. 通过反馈控制改进、纠偏

旅游高职院校"双师型"教师素质提升是一个持续的、动态的专业成长过程。在这个过程中，教师需要积极、主动地学习、训练，吸收新的知识、技能。提升自身"双师"素质，需要不断"回头看"，反复思考、反省自己过去的教育教学思路、设计及组织活动，并与"双师型"教师的知识能力要求进行对照，找出差距、发现问题并进行改进，以纠正偏差与不足，使素质得以提升。教师的反馈纠偏工作首先要明确反思点，反思的内容一般应包括自身教学理念与设计、教学内容的组织、教学过程与方法的使用、教学效果与评价等。其次要把握好反思的节点，如课后思、一日思、周后思、章节思、月后思、期中思、期末思等，使教师养成反思的习惯，把握反思的节奏，让反思起到应有的作用。最后选择多样的反思方式，多元反馈降低偏差。教师的教学反馈可以通过录制课堂教学视频进行自我剖析、同事相互观摩评价、学生座谈评教等形式进行，教师可将反馈通过教学反馈记录、教学日记等形式记录反馈内容，分析自身存在的问题，制订可操作的改进计划等。

六、旅游高职院校"双师型"教师队伍培养路径研究

通过策略的分析，我们认为旅游高职院校"双师型"教师队伍的建设必须通过政府、企业行业、学校、教师四方共同参与才能实现。由此我们提出了"以政府为主导、学校为主体，四方参与，三段进阶"的旅游高职院校"双师型"教师队伍培养路径。我们总结出的旅游高职院校"双师型"教师队伍培养路径如图21所示。

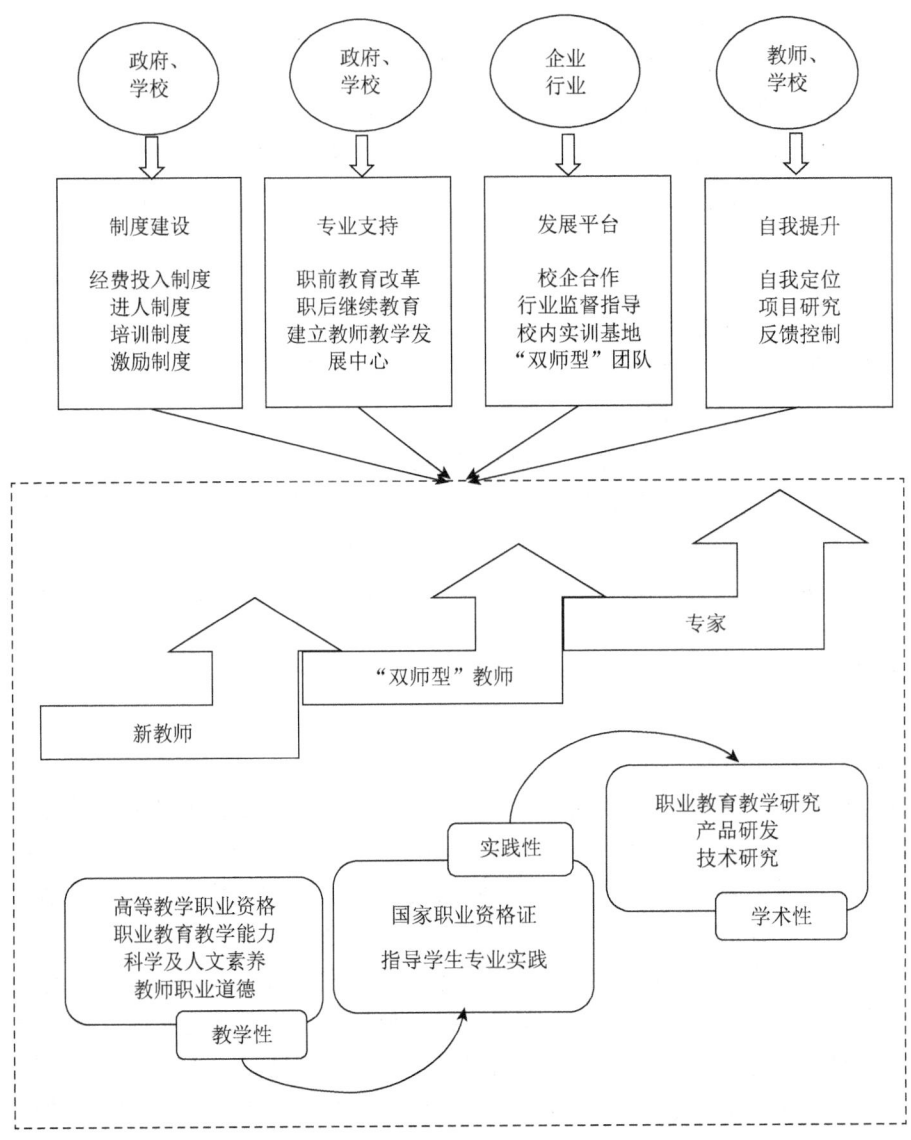

图21 旅游高职院校"双师型"教师队伍培养路径

(一)四方参与

1. 以政府为主导,夯实"双师型"职业院校教师队伍建设基础

政府同教育主管部门应结合我国旅游职业院校教师队伍建设的实际,科学引导职业院校教师队伍建设工作的有效开展,健全完善职业院校教师队伍建设的相关政策法规,并在实施过程中进行深入指导。应制定正式的制度框架,以提高职业院校师资队伍建设的质量,确保其一致性。

2. 以学校为主体,全面推进"双师型"职业院校教师队伍建设

旅游高职院校既是我国旅游职业教育的主要承办者,又是旅游职业院校教师提升能力

的敦促者。旅游高职院校应进一步健全教师的准入制度和用人标准，进一步优化师资队伍结构。深入开展教师培训，不断提升职校师资的"双师"素质，健全教师管理体制机制，合理引导职校教师向"双师"发展。

3.学校与企业行业开展深度融合，推动"双师型"教师队伍建设

旅游企业和行业是构建旅游高职院校教师到企业实践有效机制的必要参与者，也是实现校企融通，提升旅游高职院校教师"双师"素质的有力推动者。要实现校企深度合作，首先便要求企业进一步转变角色，履行其应有的社会责任。对企业而言，建立持续高效的职校教师到企业实践机制，可谓是长远的发展战略。职校教师到企业实践机制的建立与实施，一方面在助推"双师型"教师队伍建设的同时，为企业赢得了较好的社会声誉；另一方面通过职业院校教师参与企业科研实践、企业员工培训、企业管理，可使企业在技术攻关方面更有力，在管理水平上增加效能，在员工素质上进一步提升，因此，企业应树立高层次的企业发展观，深化教师到企业实践的内容与形式，逐步将教师到企业实践形成常态化、规范化，以提高企业的综合竞争力。

4.学校引导教师自我提升，保障"双师型"教师队伍建设的质量与效率

教师作为旅游高职院校"双师型"教师队伍建设的主体对象，其对职教工作的认识与行动直接影响到"双师型"教师队伍建设的质量与效率，而教师专业化作为一个连续的、动态的、终身的过程，是影响教师队伍成长与发展的关键因素。提升职业院校教师队伍的专业化水平，必须要从教师自身出发，进一步深化认识。应在教学过程中实现自我激励，不断总结与积累有益经验。同时，制定与更新职业生涯的发展规划，积极参与各种形式的在职学习与培训，通过完善自身专业化水平，提升"双师"素质。

（二）三段进阶

教学性、学术性和实践性是职业教育发达国家培养职教师资的重要经验。根据这三类经验拥有情况，我们划分了"双师型"教师培养和提高的三个阶段，分别是新教师阶段、"双师型"教师阶段以及专家阶段。

1.新教师阶段培养路径

新教师最突出的优势是学历层次高、专业理论知识丰富，教学经验少、实践经历缺乏。根据这一特点，在这个阶段首先可以采用"青年教师导师制"，即指定专业带头人、骨干教师、优秀的"双师型"教师为新教师的导师，充分发挥他们的"传、帮、带"作用，带领新教师尽快成长，其次学校需要为新教师制定以教学方法和实践锻炼为主的培训内容，让新教师尽快掌握讲授知识、演示技能、了解学生的方式方法，并通过实践锻炼增强新教师实战经验，将实战经验逐步融入课堂教授及学生的专业实践之中。

2."双师型"教师阶段培养路径

"双师型"教师既要具备扎实的理论基础，又必须具备较强的岗位技能和丰富的实践经验。"双师型"教师阶段，教师具备了基本的双师素质，教学性和实践性都有了显著提高并能够应用于日常的教学之中。这一阶段要保持教师的发展性，一方面可以通过"双师型"教师团队建设，让教师在团队环境中相互学习、借鉴，不断提升，另一方面要针对"双师型"教师的情况，制定轮训制度保证教师的理论知识更新，使其掌握新教学技能和

新的实践经验,减少教师知识技能固化的风险。

3.专家型教师阶段的培养路径

专家型教师是"双师型"教师的继续发展阶段。在这一阶段,要着重培养教师创新发展的学术能力,使专家型教师将教学性、实践性、学术性有机结合,并通过纵向或横向课题研究在教育教学研究、经营管理创新、产品技术研发等方面有所建树,并增强专家型教师学术研究的社会服务性。同时,专家型教师应起到示范指导作用,通过担任青年教师导师和"双师型"教师团队的专业带头人,在团队中不断进行自我、团队激励,寻求双师素质的进一步提升和发展。

项目名称：大众旅游时代下会展管理专业人才需求预测及课程体系优化
项目编号：LZW201610
项目负责人：康年
项目负责人所在单位：上海旅游高等专科学校

大众旅游时代下会展管理专业人才需求预测及课程体系优化

一、会展行业现状及发展趋势

（一）会展行业发展基本现状

随着人民生活水平的提高和消费支出结构的变化，大众旅游时代的到来创造了更多消费和供给，有利于中国经济释放更多的活力。同时，大众旅游也为人们提供了更多利用假期旅游休闲的机会和空间，而且推动了文化传承，促进了中国与其他国家的友好往来。同时它的到来对中国旅游业的发展提出了更高的要求，要求供给端口提供更好的产品和服务，要求和旅游相关的行业尤其是会展业，提高服务质量和供给水平，以适应大众的需求。

目前，我国会展行业显示出强劲的发展势头，会展行业的发展已成为拉动经济增长的重要手段。会展经济通常因1:9的概念，即展会收益比例为1时，带动其他产业利润的比例是9，而被市场和企业誉为朝阳产业。

1. 会展行业成为现代服务业的重要增长点

（1）我国展览业发展现状

近年来，国内展览展示行业保持良好的发展态势，展览规模不断扩大，展览经济效益持续快速增长。根据商务部《2016年中国展览行业发展报告》，2016年中国展览业总体呈现出"展会数量减少、展览面积增大"的稳健态势。据不完全统计，2016年全国共举办展览会3054个，其中经贸类展览会2590个，比2015年减少了22个，但经贸类展览会总面积8200万平方米，比2015年增长了326万平方米，实现了4%的增长。①

随着会展业办展数量和办展面积的快速增长，相应会展经济产值也实现大幅增长。根据商务部等机构的统计数据，2010年会展经济直接产值仅为2482亿元，到2016年增加到5283亿元。

---

① 资料来源：《中国展览经济报告（2016）》。

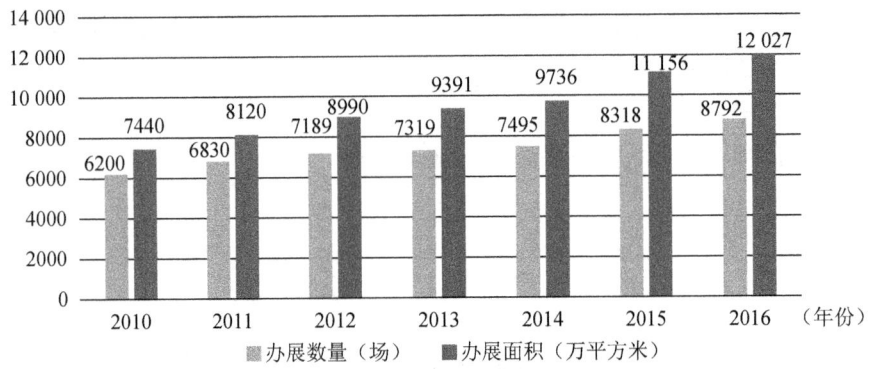

图1　2010—2016年我国办展数量和面积统计

（数据来源：商务部、中国会展经济研究会）

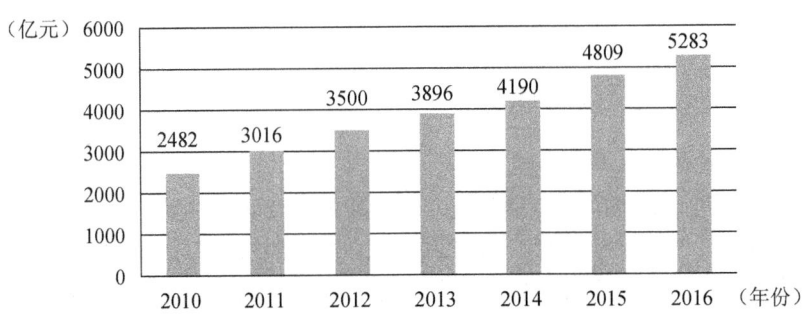

图2　2010—2016年我国会展业直接经济产值

（数据来源：《中国展览经济报告（2016）》）

（2）我国会议业发展现状

与此同时，会议业作为会展业的重要组成部分也在迅速成长。

表1　ICCA 2015年度国际会议国家排名

序号	国家	排名
1	美国	925
2	德国	667
3	英国	582
4	西班牙	572
5	法国	522
6	意大利	504
7	日本	355

续表

序号	国家	排名
8	中国	333
9	荷兰	333
10	加拿大	308

（数据来源：ICCA 数据研究）

举办国际会议最多的国家仍为美国，举办国际会议925场，比2014年增加94个会议。整体看前五位国家排名没有太大变化。

表2 2001—2015年中国国际会议发展状况

单位：%

2001	84	—
2002	136	61.9
2003	85	-37.5
2004	235	176.5
2005	231	-1.7
2006	274	18.6
2007	279	1.8
2008	294	5.4
2009	284	-3.4
2010	282	-0.7
2011	302	7.1
2012	311	3.0
2013	340	9.3
2014	332	-2.4
2015	333	0.3
平均值	253	17

数据来源：ICCA 数据研究

2015年中国共举办了333场国际会议，比2014年增加1场。从2001年到2015年，中国平均每年举办国际会议253场，平均增长17%，说明中国正在成为越来越多国际社团会议青睐的国际会议目的地。

表3 中国国际会议发展状况2015年城市排名

序号	城市	排名
1	北京	95
2	上海	55
3	杭州	27
4	南京	16
5	成都	13
6	西安	11
7	深圳	10
8	武汉	9
9	厦门	8
10	苏州	7

（数据来源：ICCA数据研究）

综合来看，北京、上海、杭州成为承接国际会议最多的三个会议目的地城市，其中中国会奖旅游城市联盟的会员城市共承办国际会议270场，占全国当年接待国际会议总量的81.1%，而且规模和影响力都比较大，为所在城市乃至中国会议产业的发展做出了重要贡献。

在规模上，200人以下的会展占到50%，200~500人规模的会展占32%，平均规模为384人，与其他亚太地区存在差距。从行业分布来看，在中国举办的国际会议集中在技术/计算机/机械、科学地质学/物理学、医学类三大类。

2.政府高度重视展览业发展环境

自2015年4月国务院发布《关于进一步促进展览业改革发展的若干意见》以来，中央及各级地方政府高度重视，先后出台了一系列切实有效的措施，不断优化展览业发展环境。一方面，在中央政府层面，为了更好地贯彻国务院意见，商务部不仅牵头成立了促进展览业发展的部级联席会议制度，为展览业的发展提供了更加有利的政策环境，而且在展览业的行业监督与服务方面也迈出了实质性的步伐。特别是商务部于2016年12月印发的《展览业统计监测报表制度》，对进一步完善展览业的统计监测体系，科学、有效地开展展览业统计工作将发挥重要作用，将为推动展览行业的健康发展提供科学依据。另一方面，从地方政府看，各地更是抓住展览业发展的有利时机，陆续出台了一系列政策措施，从财政、税收、人才、土地等各个方面给予展览业鼓励和扶持，为展览业的健康发展创造了良好的环境。

3.展览市场运行质量稳步提升，展览会的品牌建设成效明显

进入21世纪以来，在各级政府强有力支持和展览市场逐步开放的多重利好影响下，

中国展览业总体上呈现出展览会数量快速增长、展览产业规模快速扩张的良好态势。但是，面对近年来全球投资与贸易持续低迷、中国经济增速放缓的新形势，中国展览业同样步入了"结构调整、提质增效、品牌建设"的新时期。从2016年的总体发展态势看，经贸展览会的数量不仅没有持续增多，甚至还出现了小幅回落，但是从展览面积看，却呈现出稳步增长的态势。这意味着，展览会的数量尽管有所减少，但是展览会的平均规模和品牌影响力在不断提升。例如，2016年第120届广交会境外采购商到会数量恢复性增长，成交额初步回稳；第十八届中国国际高新技术成果交易会（深圳高交会）参展国家和外国团组数量、全球首发的新产品数量均创历届之最。

4. 出国展览规模提升，"一带一路"沿线市场成为新热点

2016年出国展览扭转了2015年国别数、项目数"双降"的态势，实现了出展国别、项目数量、展出面积和参展企业数的全面攀升。据不完全统计，2016年全国97家组展单位共赴63个国家组织参展1492项，较上年增长7%；展出面积为83.5万平方米，较上年增长14%；参展企业数为5.84万家，较上年增长12%。从出展的区域看，2016年亚洲依然是最主要的出展市场，赴亚洲参展项目数占总量的32.3%，参展面积占总量的31.4%，较上年有较大幅度的增长。特别值得一提的是，在"一带一路"倡议的引领下，2016年赴"一带一路"沿线国家和地区参展也成为出展市场的新热点。据统计，截至2016年12月，全国83个组展单位共赴32个"一带一路"沿线国家实施参展计划602项，较上年增长83项，占总量的42.2%；展会总面积为30.2万平方米，较上年增长7.3万平方米，占总量的39.7%；参展企业为2万家，较上年增长0.4万家，占总量的37.4%。

5. "互联网+"模式推动会展产业快速发展

展览业作为一种投资与贸易的促进平台，已经成为深受互联网影响的"先行领域"。近年来，不仅逐步涌现出一批专注于展览业务的互联网公司，而且传统网商也开始涉足展览业务。例如，2016年9月阿里巴巴B2B事业群联手亚洲博闻（UBM）研发的O2O2O商贸平台在第十四届上海国际广告展上首次亮相，引起了业界的广泛关注。众所周知，阿里巴巴是全球闻名的电商，而亚洲博闻（UBM）是全球知名会展公司，二者强强联合，将阿里巴巴的线上贸易资源和亚洲博闻的线下展会交流优势互补，对展览业的未来发展注入新的活力。

（二）会展行业发展趋势及问题

2017年尽管全球经济仍面临很多不确定因素，中国改革与发展同样面临许多前所未有的挑战，但是作为我国实施"十三五"规划第二年，伴随各项改革措施的逐步落实，我国宏观经济有望保持稳定增长态势，而且在供给侧结构性改革和实施"一带一路"倡议的背景下，展览业也将呈现出一些新的发展趋势。

1. 未来发展趋势

（1）政策升级推进会展业平衡新发展

随着城镇化进程的推进，房地产经济成为经济发展的主要推动力之一。为了加快城市周边地块向核心地块的转化，提升土地价值，大规模投资建设会展中心、高铁站、大学城等成为城市扩张的一种标准模式，会展地产比比皆是。很多会展中心项目成了房地产开发

的副产品，这种开发模式经过多年的积累造成了中国会展场馆相对过剩。自中央对房地产行业进行新一轮调控开始，粗放式的城镇化建设模式正在得到改善，土地规划变得更加科学和严谨。从这个层面上来讲，中国房地产增速放缓，对控制住会展场馆供应量盲目过快增长有积极的促进作用。

（2）自贸区促进建设全球化新平台

2015年，中国自由贸易区建设步入快车道。世界上多数自由贸易区通常都具备进出口贸易、转口贸易、仓储、加工、商品展示、金融等多种功能，这些功能与会展业具有极高的贴合度，尤其是对装备制造业、加工产业等类型的展会，会极大降低厂商的参展成本，并缩短客户订单的生产周期，而且还能以更快的速度、更低的物流成本发货。在这样的情况下，拥有自贸区的地区将更加容易成为全球会展业关注的目的地，中国会展业面临着新的发展格局。

（3）扩内需成拉动会展业新手段

在中国经济的三驾马车中，消费对经济增长的贡献率一直都表现得不够理想。直到中国经济总量居于世界第二，社会保障体系改革基本成型，金融及信贷系统相对完善的今天，扩大内需、提升国民消费才真到了恰当的时机。会展业的核心功能之一就是提升商贸流通，刺激民众消费。2017年，在政府持续加力扩大国内消费市场的背景下，会展业更应该积极主动承担起应尽的职责，特别是对三四线城市的消费领域，因其汽车及附属用品、电子消费品、家具和食品、服务产品的市场消费潜力很大，需要整合化的展览、展示、研讨、发布来促进此类消费的发生。

（4）信息技术提升"价值传递"新效应

网络技术的发展使企业进行市场营销和对外交流、联系的方式、途径均发生了巨大变化，给世界会展业带来了新的机遇和挑战。通过数字化手段开展的信息收集、产品展示、观众互动的比重越来越高。在目前的展览和会议中，信息技术服务商的收入比值已经向传统服务商的份额逼近，甚至有些传统服务商的服务领域将会被信息服务商彻底覆盖。信息化服务使得会展业焕发了崭新的活力。信息技术的导入，使得展会活动的效度、精度、广度和深度得到准确的优化。特别是借助大数据工具，展会活动的信息量化得以提升到前所未有的高度，过去展览主办方仅仅能够提供展览面积、展商数量、现场观众数量等几项有限的汇总数据，现在则可以提供每一位观众驻足展台甚至观察展品的准确起止时间，甚至还包括其对展品是否进行了线上检索。当然更重要的是，观众信息会被按照购买潜力的由高到低，结构化地呈现在参展商面前。传统商业模式与新技术的联姻，使得买家和卖家都获得革命性的体验。

（5）区域展览的不平衡格局有可能进一步加剧

中国展览业经过最近十余年的发展与变迁，已经初步形成了"京津冀""长三角""珠三角"和"川陕渝"四个热点板块，以中国—东盟博览会、中国—亚欧博览会、中国—东北亚博览会等为代表的周边板块，以及其他松散分布的热点城市。由于周边板块的博览会具有特殊的政治、经济及社会功能，将按照国家的战略部署保持稳定的发展态势，但是其他地区展览业的发展将因政策、场馆、市场等多方面的因素而不断调整，区域不平衡格局将进一步加剧。

（6）会奖、会议活动未来发展趋势

在内容上，会议活动将依靠内容、互动和促成交易生存。内容的特点：一是最新的；二是专门为台下的听者"生产"的；三是对听者有价值的；四是成系统的，或者是某个系统的有机组成部分。在形式上，拥有行业资源背景的 MICE 企业将逐步从供应商变为主办方，自办会将异军突起，网络会议将成为一个新模式。协会中传统的会议模式在悄然发生改变。越来越多的协会开始寻求新的突破而不仅局限在会议内容、演讲人、会议形式等，甚至还在协会自身的长期发展规划与国际化上探寻新的思路。在空间上，越来越多的国际会议将落户中国，且从传统北、上、广更多转移到杭州、厦门、西安这类城市。在人才需求方面，会议专业人才从服务型人才转变成复合型人才需求，一站式购买第三方服务会使主办方减少执行流程，节约成本与时间成本，乙方甚至第三方会更深入介入会议的前期设计工作。在技术创新方面，数字会务活动技术将成为 MICE 企业的标配，增强现实与虚拟现实以及人工智能技术将得到越来越多的应用并将催生新的商业模式，会议活动的注册签到技术得到全面普及，技术工具市场竞争将进一步白热化而陷入一片红海，工具免费的商业模式初露端倪。

2. 存在问题

（1）市场化程度低

市场化程度低是现阶段国内会展旅游业可持续发展所面临的一个关键性的问题。我们的会展业目前缺乏一套完整的 PCO、DMC 接待服务体系；行政干预过多；还未形成规模化、独立发展的产业；外部环境中存在诸多不利因素。

（2）展览场所重复建设、功能单一

全国各个城市都有展馆，但大多面积小、功能单一、设施落后、服务水平低，更不具备接办国际名展的能力。多数展馆只能承办一些低档次的展览，缺乏统一布局，一味地为了获得短期利益，使展览活动过多过滥，导致参展物品数量少、档次低，降低了对商家的吸引力，同时也降低了办展质量，影响了城市声誉和企业效益。有些城市盲目建设展览场所，导致了社会资源的浪费。

（3）重硬件轻软件，重展览轻会议

现阶段，几乎所有的省会城市和大城市都将会展业作为经济发展的增长点，并且都比较重视展览场馆等硬件设施的建设。场馆建设只是发展会展旅游的一个基础条件，其长远发展有赖于国际化、规范化的软环境。目前国际社会对会展及奖励旅游业的认识主要包括 MICE 的四个方面。会展旅游业应该具备会议和展览两项基本功能，但目前各大城市都以展览为重，鲜少关注会展业的会议功能。

（4）国际化程度低

目前，我国除了广交会在国际社会中有一定影响力以外，其他大多数会展都局限于国内，且都是临时举办，未能实现规模化。据中国贸促会对全国 42 个主要展览馆举办的 1064 个展览会进行的统计分析表明，这些展览会中参展商总量为 34 万个，其中国际参展商 3.1 万个，约占参展商总数的 9%；参观总人数 1.2 亿人次，其中国际参观者人数为 55

万人次,占参观总人数的0.46%。这些数字反映出我国会展业的国际化程度还很低,知名度不高,会展业的国际化尚有很长一段路要走。

(5)对会展业缺乏科学的研究

当前,中国的会展旅游研究尚处于起步阶段,会展旅游等方面还没有形成统一的认识。缺少一套规范严谨的统计指标体系是当前亟待解决的一个问题。统计指标体系的缺失造成统计口径混乱,对会展业的范围、效益的分析缺乏科学依据。譬如,会展业对经济的贡献程度从1:4到1:10各种说法不一。这对会展旅游业的可持续发展十分不利。

(三)会展行业布局和重点区域发展状况

1. 会展行业布局状况

(1)华东地区办展数量远超中西部地区

从地区分布来看,我国会展行业布局现状为华东地区处于明显领先优势。2016年,华东地区共计举办1007个展览会,华北地区共计举办459个展览会,华南地区共计举办382个展览会。2016年,华东地区办展数量占总量的39%,其次是华北地区和华南地区,办展数量分别占总量的18%和15%。华中地区、西南地区、东北地区办展较少,西北地区办展数量最少,仅占全国展会总量的4%。①

从办展数量地域占比来看,2016年与2015年一致,华北地区、东北地区、西南地区展览会数量所占比重略有上升;华东地区、华南地区、西北地区展览会数量所占比重保持不变;华中地区展览会数量所占比重有所下降。

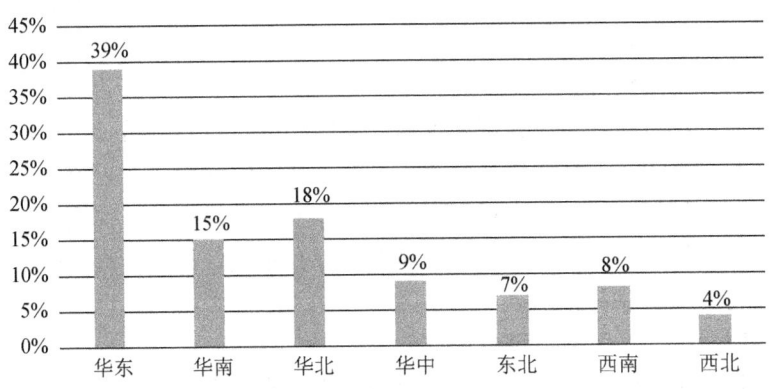

图3 2016年展览会数量地区分布

(数据来源:中国展览经济发展报告(2016))

(2)轻工业展览会数量及面积在展览会行业中占比最大

2016年全国共举办2590场经贸类展会,其中轻工业展览会1104个,约占已知行业分类展览会数量的42.8%;轻工业展览会总面积约为3419万平方米,约占已知行业分类展览会总面积的41.9%,无论从数量上还是面积上看都是占比最大的展览会行业分类。展

---

① 《中国展览经济发展报告(2016)》,2016

会数量位列第二的是服务业展览会，占已知行业分类展览会总数量的23.7%，其展览面积占已知行业分类展览会总面积的17.6%。2016年全国共举办重工业展览会604个，占已知行业分类展览会总量的23.4%，其展览总面积为2344万平方米，约占已知行业分类展览会总面积的28.8%。农业和专项展览会数量分别是160个和98个，分别占已知行业分类展览会总数量的6.3%和3.8%，农业展览会及专项展览会总面积分别占已知行业分类展览会总面积的4.9%和6.8%。

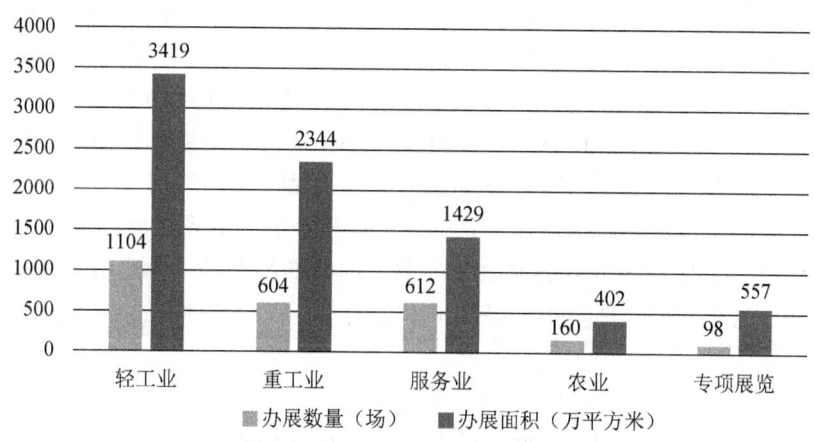

图4 2016年展览会行业分布

（数据来源：《中国展览经济发展报告（2016）》）

2. 会展行业区域发展状况

改革开放三十多年以来，会展业在我国各大城市中迅速发展起来，形成了六个著名的会展经济带——东北经济带、中部经济带、长三角经济带、珠三角经济带、环渤海经济带和西部经济带，每个经济带的发展速度都十分惊人。

（1）环渤海会展业经济带

它以北京为中心，以天津等城市为腹地，其会展业起步早，发展到现在已有一定规模，而且门类齐全，具有国际化水准，对当地社会经济发展起到了强有力的带动作用。该会展经济产业带中的核心部分——京津地区是世界上6个在直径不足100公里的地域内集中了两个超大型城市的区域之一，拥有各类科研院所近千所，高等院校近百所，科技人员150余万人，是全国知识最密集、科技实力最强的区域。天津作为北京的门户，也是国际性现代化港口城市。天津可以利用处于环渤海经济中心和与北京毗邻的区位优势，通过整合会展资源将天津培育成中国二级会展中心城市。

（2）长三角会展经济带

以上海为中心，以南京、杭州等城市为依托的会展产业带已经形成。该产业带规划合理，有政策扶持，起步高，受区位和产业结构的影响，其会展业务以贸易往来为主，在当地产业经济中具有举足轻重的作用。上海的会展经济实力在全国居于前列，与北京不相上下。上海作为名副其实的中国以及会展中心城市，其经济总量接近洲际经济中心城市。上海与周边城市呈现紧密的经济区位联系，通过各城市之间相互协调配合，形成一体化区域会展经济，使长江三角洲会展经济产业带与德国的慕尼黑、法兰克福、杜塞尔多夫和科隆等城市一样，成为亚洲最大的会展城市群。其余城市大部分为沿海城市，经济国际化程度比较高，适合发展各种形式的以经济为主题的会议和展览。

（3）珠三角会展经济带

它以广州为中心，以广交会为助推器，以深圳等城市组合成会展城市群，实现了高度国际化和产业的现代化，是会展产业结构特色突出、会展地域以及产业分布密集的会展经济带。珠江三角洲地区发展会展经济具有强大的产业支撑。目前，珠江三角洲地区一些新的中心城市，如深圳、东莞、顺德等地因其经济的发展已率先成为我国重要的电子信息、生物技术、光机电一体化、新材料等领域的高新技术产业群。主要发达的产业有钟表、玩具、建材、家用电器、石油化工、医药制品、化工制品、纺织服装、食品制造、电子通讯、信息产业和高新技术产业等，其中尤以有"东莞停工，世界缺货"一说的东莞"三来一补"加工中心，首屈一指的顺德家电业、中山的灯饰和服装、佛山的陶瓷业最为著名。这些发达的产业为华南地区展览市场提供了丰富的项目资源，使其适合发展具有地方产业特色的专业会展。

（4）东北会展经济带

是以大连为中心，以沈阳、长春等城市为腹地的会展经济带。它基于东北亚的区位优势，以东北工业基地的产业优势为依托，在发展中逐渐打造出远近闻名的品牌展会，如大连服装展、沈阳制博会、长春汽博会等。随着中俄经贸合作的稳步发展，沿"京津——华北会展经济产业带"向北，即将形成以大连、哈尔滨、长春、沈阳为中心的东北边贸会展经济产业带。东北地区与中国其他经济区域相比，最大的优势就是与俄罗斯、韩国、朝鲜相邻，边境贸易具有相当大的发展潜力。因此，东北地区这几大城市可以利用自身的特色产业开发对俄、对韩经贸类展会，培育具有地区特色的会展经济。在该会展经济产业带中，大连会展业虽然与北京、上海无法相比，但因其作为港口城市具有较强的经济优势和区位优势，其可列为中国二级会展中心城市。黑、吉、辽三省的省会城市哈尔滨、长春、沈阳应通过依托当地产业特色，重点发展对外贸易洽谈会和体现地方产业特色的专业展览会。

（5）中部会展经济带

中部会展中心城市的发展与京津地区、长江三角洲和珠江三角洲不同，不是形成集群效应会展经济产业带，而是要突出个性，培育地区特色展会。如中部的郑州，其具有得天独厚的区位优势，能够使大批货物大进大出、快进快出，使广大客商节约时间，节约费用。因此郑州会展业的发展应主要依托这一优势，突出这一特色，多举办大型机械、建材、农产品等物流量大的会展。

（6）西部会展经济带

西部地区作为我国主要的农业生产基地、能源基地、原材料基地和重工业基地，旅游资源多样，有巨大的市场发展潜力，但经济发展迟缓，城市化水平低，国内外知名度普遍较低。虽然西部会展业的发展明显落后于国内外会展发达地区，但近年以兰州、西安、银川等为主要代表的西部中心城市的会展经济已起步并正加速发展。作为"丝绸之路"上重要的黄金节点城市，兰州自2006年以来展会的成交总量已经达到300亿元销售额，会展经济在城市建设中发挥的作用越来越明显。随着"一带一路"政策的不断推进，我国西部会展经济带将会得到长足发展。

二、会展行业人力资源状况及需求特征分析

（一）会展行业人力资源队伍现状分析

2015年，我国会展行业直接就业人员达96万人次，同比增长9.6%。随着会展企业增多，吸纳就业人数也逐渐增加。2015年会展行业带动全国就业总人数达3184万人次，社会就业拉动效应依然较为显著。

1. 会展人才区域结构

2015年，全国会展专业人才达43 910人，较上年增加5.0%，创历史最高水平。其中东部地区会展人才达28 102人；中西部地区会展人才规模接近，均达7904人；东中西各地区会展人才数占总数比例分别为64%、18%和18%。东部地区集聚较多会展人才，如图5所示。

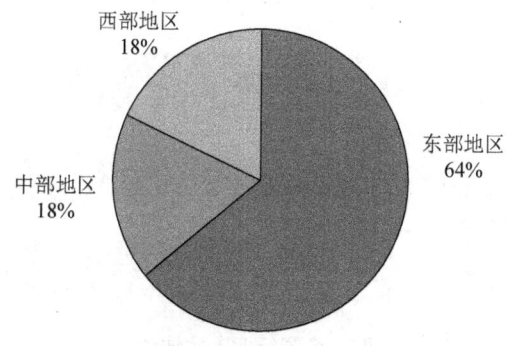

图5　会展人才区域结构图[①]

2. 会展行业人才结构

目前会展行业人才队伍主要分为以下三种类型：

（1）会展核心人才。主要是指会展的组织策划、经营开发和会展运作等会展高级运营管理人才，它们在行业中层次最高、专业性最强。

（2）会展辅助性人才。主要是根据会展计划和目标，具体实施操办会展各项准备工作和事项的人员，他们的工作是会展活动顺利开展必不可少的条件。

（3）会展支持性人才。这类人才受会展活动的牵制力相对于前两类人才要弱些，他们除了为会展活动提供服务外，也对社会其他人员和组织提供服务，而不是以会展业为主。

---

① 根据国家统计局省份划分，东部地区包括北京、天津、河北、辽宁、上海、江苏、浙江、福建、山东、广东、海南；中部地区包括山西、吉林、黑龙江、安徽、江西、河南、湖北、湖南；西部地区包括内蒙古、广西、重庆、四川、贵州、云南、西藏、陕西、甘肃、青海、宁夏、新疆。

2015年，在会展人才队伍中，会展核心人才有2196人，占总数的5%；会展辅助性人才有13 173人，占总数的30%；会展支持性人才有28 541人，占总数的65%，如图6所示。

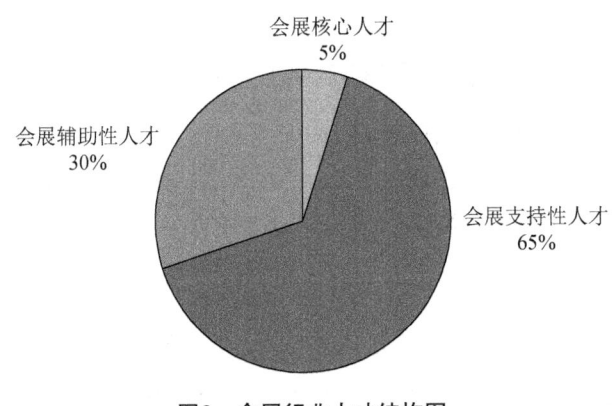

图6　会展行业人才结构图

从图7中可以看出会展行业人才结构呈金字塔形结构。

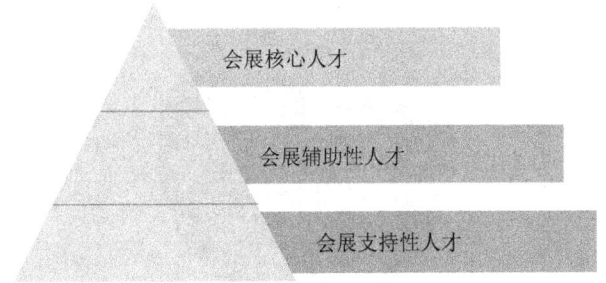

图7　会展行业人才结构

3. 会展企业人才结构

会展专业毕业生的就业去向大致分为以下几类：一是会展策划类，直接在会展企业或机构从事项目策划、展会宣传推广策划、展会现场服务管理、产品策划、市场营销策划、市场调研、展会组织管理、参展商客户关系管理、招商工作等；二是会展服务类，在围绕展会的开展而提供各种相关服务的公司开展相关工作，如提供展会现场管理类企业、会展场馆设计建设、设备保养和维护、会展场馆装潢、展台设计和搭建、会展软件系统开发及维护等；三是酒店、展馆类，从事展馆营销策划、展馆管理、会议管理、活动策划、组织、实施等相关工作；四是会展相关行业协会、组织，主要从事与会展活动相关的行政、商务文秘类工作。

2015年，会展企业人才有35 606人，其中会展策划类人才有25 200人，占会展企业人才的70.8%；会展服务类人才有4550人，占会展企业人才的12.8%；酒店、展馆类人才有1050人，占会展企业人才的2.9%；会展相关行业协会、组织人才有2100人，占会展企业人才的 5.9%；其他企业单位的会展人才有 2706 人，占会展企业人才的 7.6%，如图 8 所示。

从数据可以看出，会展企业人才主要集中在会展策划、会展服务等为主的会展企业。

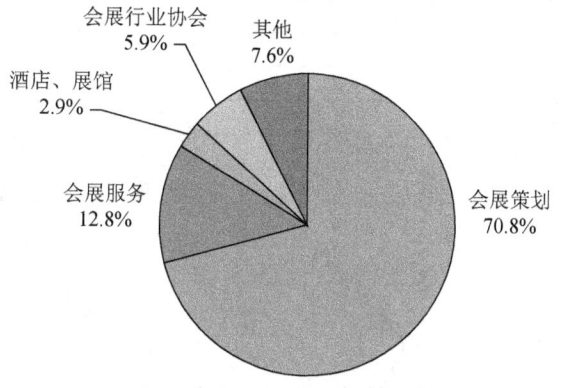

图8 会展企业人才结构图

4. 会展人才素质结构

（1）会展人才学历特征

2015 年，中专及以下学历会展人才为 2439 人，占会展人才总数的 5.6%；大专学历会展人才为 17 178 人，占会展人才总数的 39.1%；本科学历会展人才为 19976 人，占会展人才总数的 45.5%；研究生学历会展人才为 4317 人，占会展人才总数的 9.8%。如图 9 所示。会展人才整体素质有待进一步提高。

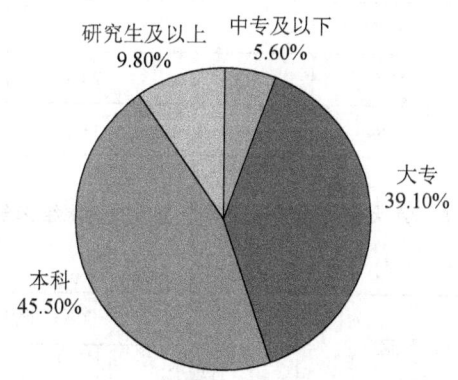

图9 会展人才学历结构图

（2）会展人才学历结构

按照区域划分，课题组将中国内地分为六大会展经济带：以北京为中心的"环渤海会展经济带"，以上海、南京为中心的"长三角会展经济带"，以广州、深圳为中心的"珠三角会展经济带"，以大连、长春为代表的"东北会展经济带"，以成都为中心的"西部会展经济带"，以长沙、武汉为代表的"中部会展经济带"。

根据课题组调研，会展行业人才学历结构情况如图10、表4、表5所示。

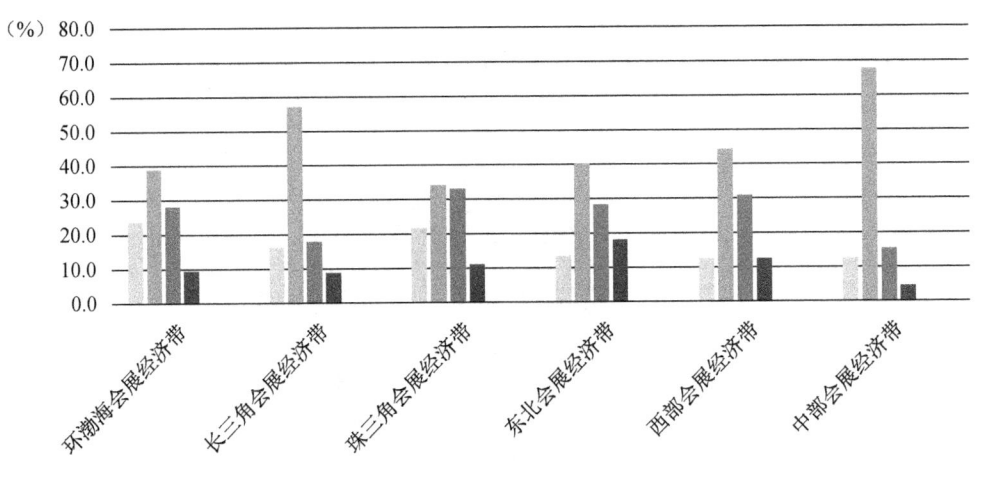

图10 六大会展经济带会展企业人才学历结构图

表4 六大会展经济带会展企业人才学历结构表

单位：%

学历	环渤海会展经济带	长三角会展经济带	珠三角会展经济带	东北会展经济带	西部会展经济带	中部会展经济带
研究生及以上	23.7	16.3	21.7	13.4	12.5	12.5
本科	38.9	57.1	34.1	40.2	44.3	67.7
大专	28.1	17.8	33.1	28.3	30.8	15.3
中专及以下	9.3	8.8	11.1	18.1	12.4	4.5

表5 六大会展经济带会展企业人力资源结构表

单位：%

会展经济带	地区	会展行业从业人员结构		
		管理类	技术类	服务类
环渤海会展经济带	北京	20	30	50
	天津	32	20	48
长三角会展经济带	上海	30	30	40
	南京	20	34	46
	杭州	25	15	60

续表

会展经济带	地区	会展行业从业人员结构		
		管理类	技术类	服务类
珠三角会展经济带	广州	24	20	56
	深圳	16	44	40
东北会展经济带	大连	14	23	63
	长春	18	20	62
西部会展经济带	成都	15	50	35
	重庆	14	21	65
	西安	17	25	58
中部会展经济带	长沙	20	25	55
	武汉	24	20	56

课题组通过抽样的方式对六大会展经济带的84家会展企业进行了访谈调研。调研发现，六大会展经济带会展企业人才学历主要集中为本科、大专，其次为研究生及以上、中专及以下。这表明，尽管目前会展人才学历水平相对较高，但仍缺乏高学历人才，目前会展人才学历仍有待进一步提高。

六大会展经济带会展行业从业人员结构基本呈现金字塔结构，服务类人才最多，其次为技术类、管理类。

5. 会展行业人才现状分析

（1）会展人才紧缺类型

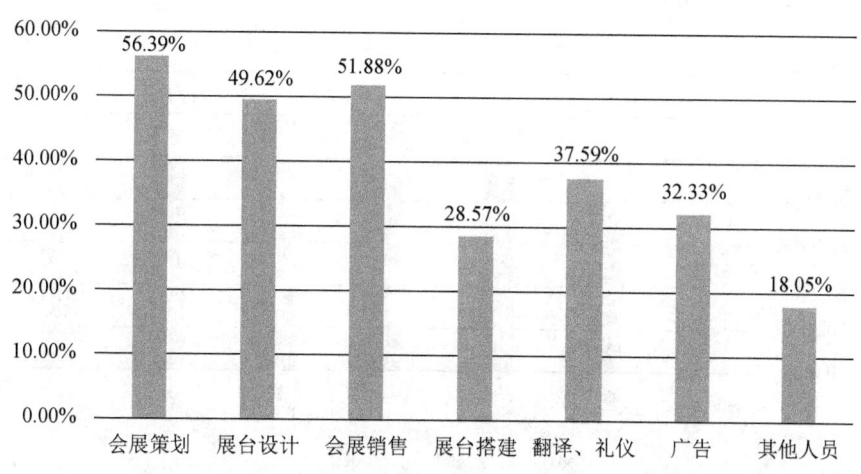

图11　会展人才紧缺类型图

课题组调研发现，目前企业最为紧缺的会展人才类型集中为会展策划、会展销售、展台设计、广告、翻译及礼仪等。这表明，会展院校应加强对学生会展策划、销售、展台设计等理论知识的教育，并提供相关实践机会，将理论知识应用于实践，定向培养紧缺型会展人才。

（2）专业技能熟练程度

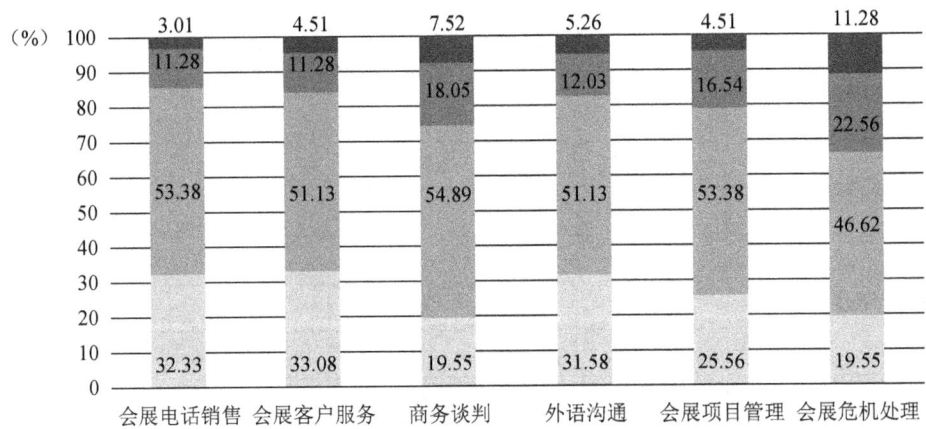

图12　会展专业毕业生技能熟练程度

课题组调研发现，会展企业认为会展专业毕业生对"会展电话销售"技能掌握熟练的占32.33%，对"会展客户服务"技能掌握熟练的占33.08%，对"商务谈判"技能掌握熟练的占19.55%，对"外语沟通"技能掌握熟练的占31.58%，对"会展项目管理"技能掌握熟练的占25.56%，对"会展危机处理"技能掌握熟练的占19.55%。掌握程度一般的多数过半。这表明，会展专业毕业生对相关专业技能可以基本掌握，但距离掌握熟练的标准还存在一定差距。对于会展院校而言，应加强学生实践能力的培养，提升相关专业技能。

（3）工作中存在的问题

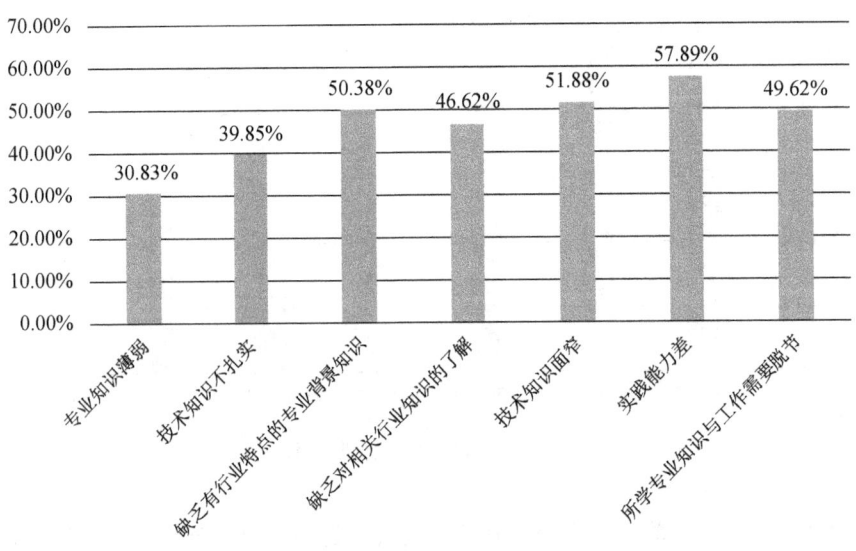

图13　会展专业毕业生工作中存在的问题

课题组调研发现，会展企业认为目前会展专业毕业生工作中存在的首要问题是"实践能力差"，占比达到57.89%。其次为"技术知识面窄""缺乏有行业特点的专业背景知识""所学专业知识与工作需要脱节"等。这表明，目前会展专业学生的实践能力问题突出，会展院校应加强实践教学建设，坚持校企合作，提升学生的实践能力。

（二）会展行业人力资源建设规划及需求状况

1. 会展行业人力资源建设规划

会展行业是一种经济社会效益十分显著的新兴经济形态，具有强大的经济集聚和扩散效应，在引导产业发展、促进生产要素流动、优化资源配置、提高城市形象等方面发挥着日益重要的作用，因此被普遍看好并作为重点发展的支柱性朝阳产业。

进入"十三五"，以会展业为代表的现代服务业将成为主动适应经济新常态、引领经济新常态的主要推动力。经历"十一五"和"十二五"两个阶段的发展，未来如何借助"一带一路"等国家战略层面所带来的新机遇而谋求更大发展，也是会展行业要面对的新课题。《2016—2020年中国会展业投资分析及前景预测报告》认为：第一，会展研究要朝着会展研究促进的方向转型；第二，会展经济包括会议、展览、节庆、赛事，是一个大的概念，是未来的发展点；第三，外延要扩大，除了中国的本土会展之外，还要密切关注国际会展的发展，中国会展业应该更加国际化。

未来五到十年，供给侧结构性改革将会为会展行业发展提供更大的空间；新商业模式与物联网结合在一起，将为会展行业带来新的模式。与此同时，城镇化、"一带一路"、长江经济带战略等，也将为会展行业带来更多机遇。

兴旺发达的会展行业需要足够数量的人才支撑，而会展行业的激烈竞争对会展行业从业人员的素质提出了更高的要求，因此，我们必须重视会展行业人力资源的建设，注重全面规划，从战略上形成"重点布局、积极引导、培育发展"的会展行业人力资源建设机制。

会展行业人才资源建设规划可采取"一引导三主体"的模式，即以政府为引导，在此基础上以会展企业为核心和培养方向，以高校教育为基础，以社会培训为辅助，将高校、社会和企业三个主体有机地结合起来。

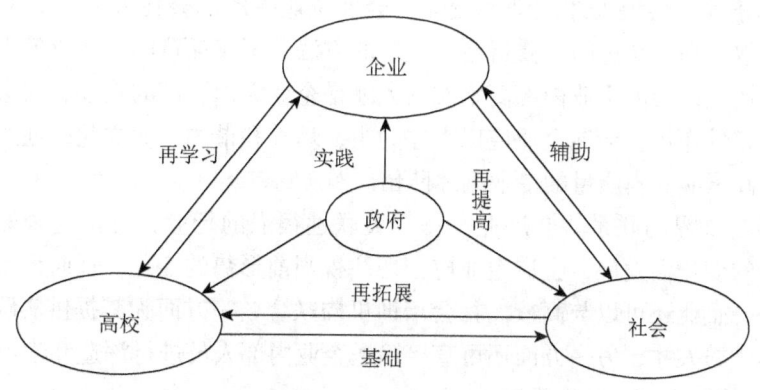

图14 "一引导三主体"的会展行业人力资源建设规划

（1）"一引导"：政府引导

政府引导主要是通过宏观调控对会展人才的培养予以指导和监督，以保证社会人力资源的合理有效配合和会展人才建设的有序进行。政府的引导是会展人才培养的宏观背景和前提条件，有利于会展人才培养的协调和良性发展。政府在会展人才培养上的引导作用主要表现在如下几方面：

一是加强对社会会展职业培训机构的监督和管理。随着对会展人才需求量的急剧增加，社会上相应出现一些会展职业培训机构，同时也出现以假乱真或培训名不副实的现象。政府需要对培训机构进行资格审查和质量监督检查，以保证会展人才培养的质量和被培训人员的权益。此外，政府还需要对会展人才职业培训机构的结构层次予以指导，使初、中、高级培训机构配置合理，以避免会展人才培养上的重复建设和社会资源的浪费。

二是予以会展专业人才培养一定的资金支持。会展专业人才的培养在我国还处于起步阶段，还有许多方面需要投入建设，如高校开设会展专业、对会展专业人才培养模式的研究、派人员到国外进行学习等，都需要政府予以一定的资金支持，只有这样才能促进我国会展人才的培养力度和培养质量。

三是对从业人员进行资格认证。会展业从业人员资格认证是对人员素质的要求和能力的认可。由政府和行业协会联合制定会展业从业人员资格认证制度，形成会展业从业人员的行业进入门槛，将有利于进一步提高会展业人才的质量。

四是加强与国际的联系。目前新加坡、德国、美国等国均已建立了一套完整的会展专业人才教育培训体系，此外还有一些国际著名的展览机构，如国际展览局（BIE）、美国国际展览管理协会（IAEM）、德国经济展览委员会（AUMA）等。在培养会展专业人才上可以由政府出面与这些国家和机构合作，学习其在会展人才培养方面的先进经验，派人员前往学习，以提高我国会展人才的培养水平，形成符合我国实际的会展专业人才培养体系。

（2）"三主体"之一：企业培养

会展企业是会展专业人才培养的核心，其不仅决定会展人才的培养方向，而且直接对会展人才的能力和素质进行检验。会展人才在企业的实践中往往能更迅速有效地得到锻炼，成为适合会展业需要的人才。会展企业在培养人才时，应注意将内外部培养相结合。

一是内部培养。会展人才流动性较强，会展企业一般不会在人才培养上投入很大精力，而往往采取"师傅领进门、修行在个人"的方法，不仅耗费的时间价值大，而且效果也不明显。事实上，会展企业内部高素质的人才是企业无形资产的核心，对会展企业的生存发展起着决定性作用。会展企业应以人才为主，培养和谐的企业文化，通过内部培养和引导组建一支高素质、高质量的专业人才队伍。

二是加强与外界的联系。会展业是一个关联性很强的行业，总是随着外界经济、文化、政策法规的变化而发展，会展企业应密切注视当前形势的变化，适时调整其内部的人才结构。此外，企业还可以与高校、社会培训机构联合，一方面为其提供实践经验和机会并直接吸收其优秀人才，另一方面还可直接输送企业内部人员进行深造和学习。

（3）"三主体"之二：高校教育

高校教育是会展业人才培养的基础。通过高校教育能培养出具有一定的专业水平和专业背景，符合会展企业要求的人才。在会展业发达国家，71.8%的会展从业人员具有本科及以上学历，23.5%具有大专学历，会展经理资质是"本科学历+10年左右工作经验"。会展人才通过高校教育一般具有扎实的理论功底和专业知识，学习和吸收新知识的能力较强，能够在实践中迅速成长。高校教育主要应从理论和实践两方面进行。

一是理论教育。高校开设会展专业可借鉴国际会展教育的经验和成果。在课程开设上，应根据我国对会展业人才的需求方向和学校的培养重点、师资力量，参照其他会展教育体系完善的国家设置专业，健全高校会展教育的课程体系，引进其相关专业教材和参考资料，并根据市场和行业的发展变化，适时调整课程设置和更新教材。在教学方式上应理论与实践相结合，采取案例分析、座谈等方式丰富教学手段。通过邀请外国会展专家、教授来校讲学，聘请国内资深人士参与教学，提高教学质量。

二是实践教学。高等院校可通过与相关会展企业签订合约将企业作为实践基地的方式，使学生在企业实践中了解会展的实际举办过程，培养锻炼其策划、创新、组织协调能力，积累实践经验。

（4）"三主体"之三：社会职业培训

社会职业培训是会展人才培养的拓展。通过职业培训，一方面可以使会展专业人才进一步提高能力和素质；另一方面可使有志于从事会展工作的非会展专业人才通过短期高效的学习进入到会展行业中来，为会展业提供不同层次的人才，缓解当前会展专业人才短缺的矛盾。社会职业培训机构在培养会展人才时应注意以下两个方面：

一是培训层次要定位准确。不同层次会展人才的培养要求和规定是各不相同的。会展培训机构应根据自身实力和师资力量对其培训层次进行定位，提供名副其实的培训服务。

二是与国际接轨、与实践结合。通过与国际著名会展职业培训机构建立联系，可及时了解到当前国际会展培训的状况，借鉴其先进培训经验以提高自身的培训质量。通过与企业建立联系，将企业的实践经验作为培训题材，可提高学员的实际操作能力。

2. 会展从业人员总量需求预测

随着会展行业的快速发展，会展业对从业人员数量和质量上的要求也迅速增加。以我国会展行业就业总人数为例，2015年我国会展行业直接就业人数达96万人。按照会展从业人员每年增长5%的速度计算，2016年、2017年、2018年我国会展行业从业人员人数将分别达到100.8万人、105.8万人、111.1万人，如表6所示。

表6 2016—2018年会展从业人员总量需求预测表

年份	会展从业人员总量（万人）	会展从业人员增长率（%）
2015	96	5
2016	100.8	5
2017	105.8	5
2018	111.1	5

3. 会展人才需求预测

课题组在会展从业人员需求总量基础上，结合国外会展业发展经验与中国实际，假设会展人才在会展从业人员总量中占比为25%（一般情况下，硕士与博士占会展从业人员总数的2%~3%，本科与大专学历占从业人员总数的20%~25%），可得2015年会展人才需求量为24万人，以此为基数，按照会展人才年增长率为10%，可以预测2016年、2017年、2018年会展人才需求量分别为26.4万人、29.04万人、31.94万人，如表7所示。

表7 2016—2018年会展人才需求预测表

年份	从业人员需求量（万人）	从业人员增长率（%）	人才需求量（万人）	人才需求增长率（%）
2015	96	5	24.00	10
2016	100.8	5	26.40	10
2017	105.8	5	29.04	10
2018	111.1	5	31.94	10

根据我国会展行业发展和产业转型升级态势，2017年会展人才29.04万人中，具有研究生以上学历的将占到16.5%，为4.79万人；达到大学本科学历的将占到35.6%，为10.34万人；大专学历的将占到32.4%，人数为9.41万人；中专及以下将占15.5%，人数为4.5万人，如表8所示。

表8 2017年会展人才学历需求预测表

学历	人才需求量（万人）	比例（%）
研究生及以上	4.79	16.5
本科	10.34	35.6
大专	9.41	32.4
中专及以下	4.50	15.5
会展人才总数	29.04	100

4. 会展行业人才需求特征分析

（1）理论知识

课题组调研发现，企业认为会展从业人员最应具备的理论知识是"会展营销策划"，占比达到57.14%。其他依次为，"会展现场管理""会展客户管理""会展项目管理"等。这表明，会展院校应结合市场需要调整课程体系，对于市场需求量较大的理论课程应着重培养，使学生所掌握的知识与市场需要相符，提升学生就业能力。

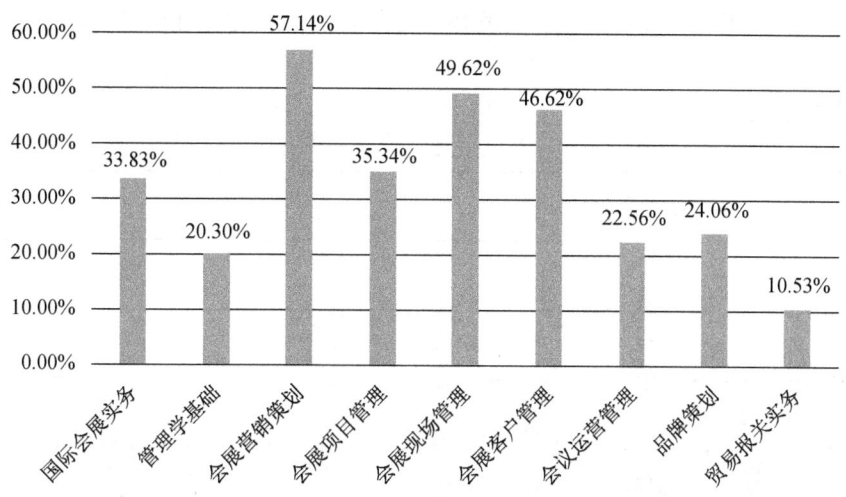

图15 企业认为会展从业人员应具备的理论知识情况图

（2）专业技能

课题组调研发现，企业认为会展从业人员应具备的专业技能依次为"现场管理""营销策划""项目操作""活动策划""计算机"等。现场管理能力、营销策划能力、项目操作能力均体现企业对会展从业人员实践能力的较高要求。除此之外，企业认为会展从业人员应具备"计算机"技能的占33.76%，这表明信息技术已经对会展行业造成了重要影响，"互联网+会展"开辟了会展专业设置的新领域，也对会展专业建设和人才培养提出了新的要求。

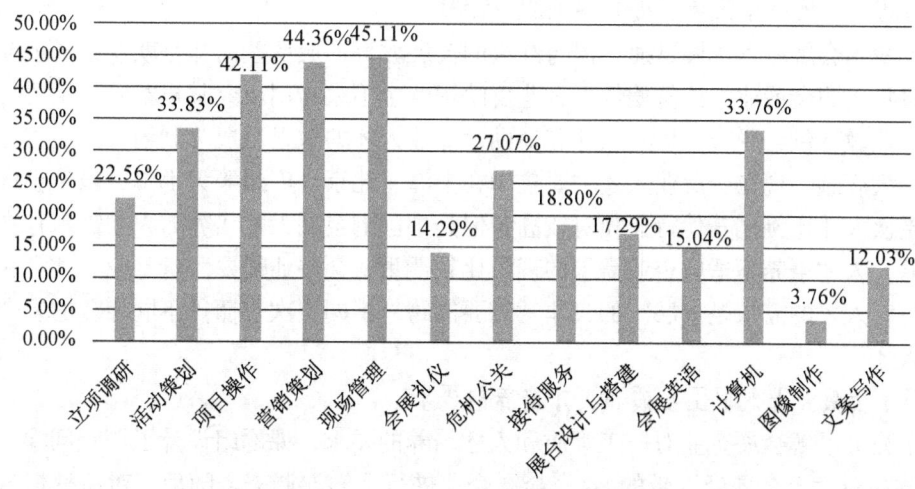

图16 企业认为会展从业人员应具备的专业技能情况图

在"智慧会展"的全新行业背景下，需要熟练掌握计算机技能的会展专业人才，从而实现以互联网/移动互联网技术为基础，在充分挖掘和利用大数据分析等新一代技术的同时，建立一个"以用户（人）为核心"的快、准、省的信息交流和资源匹配生态链接平台的目标。

（3）公共素质

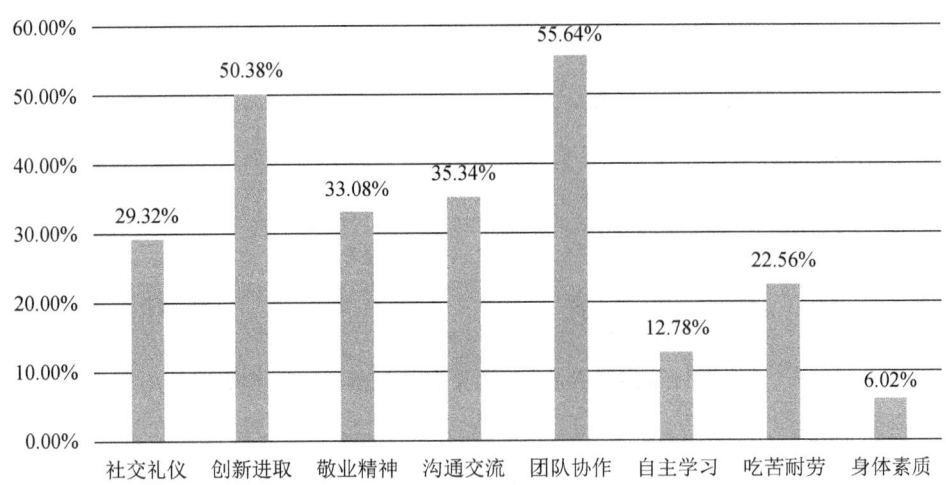

图17 企业认为会展从业人员应具备的公共素质情况图

课题组调研发现，企业认为会展从业人员应具备的公共素质为"团队协作"占55.64%，"创新进取"占50.38%，"沟通交流"占35.34%，"敬业精神"占33.08%等。这表明，由于会展行业中多为服务性岗位，因此企业更期望员工具备较为良好的、全面的、综合的职业素养。会展院校在培养教育过程中，应注重学生的品德素质教育，通过开设相关实践课程，在实践中锻炼、提升各项职业素养。

如今我国会展教育发展迅速，但与红火的会展教育形成反差的却是就业市场上会展专业学生每年入职会展业的比例偏低，企业反映毕业生不太合用。究其根本原因主要是行业需求和专业教育供给脱节。核心人才和辅助性专业人才的缺乏已成为制约我国展览业健康发展的一大瓶颈。现在会展业人才主要集中在上海、北京、广州等大都市，虽然会展人才中的高层次人才比例比其他行业相对较高，但是中国的会展人才培养与人才需求存在着巨大的反差，人才培养不适应企业需求的现象比较严重。会展业需要大量专业人才和相关人才，而且对人才的需求是分层次的，非常需要能跨越不同层次、懂得不同专业的复合型项目经理人才。

（三）会展企业对职工素质和人才培养的要求

为了充分了解会展企业对职工素质和人才培养的要求，课题组设计了调查问卷，通过抽样的方式对六个会展经济带的84家会展企业进行了问卷调查。随后，对所获信息进行处理，总结目前企业对职工工作素养的要求，比较分析会展行业人才培养方面的重点，梳理会展企业对职工素质和人才培养的具体要求和期待。

1. 人才培养与企业人才需求的差距

通过课题组对六个会展经济带的84家会展企业的实地考察调研发现，人才培养与企业实际需求之间主要存在以下问题：

（1）总量上，人才供给满足不了人才需求

通过调研了解到，大部分会展企业在近三年内均有招聘用人计划，根据目前企业的岗位设置来看，企业对于本专科毕业生、高职学生均有较大需求量，人才需求尚未饱和。目前在人才供给总量上尚不能满足会展企业对人才的需求。从对历年企业人才招聘需求数量和大学生应聘数量之间反差的分析也证明了这一点。

（2）层次上，本科及以上学历应用型人才培养有待提升

在参与调研的企业中，中层以上企业管理层的学历水平大多为本科学历，但一线服务人员的高职学历占有较大比例，多数员工的学历层次有待进一步提升。而从市场需求层面来看，随着会展行业的迅速发展，需要会展从业者具有较高水平的专业素养，同时，更多企业从良性可持续发展的角度出发，对员工的综合能力、专业水平等提出了更高的要求，对高学历层次人才的需求必将持续增加，本科学历层次毕业生更受就业市场青睐。

（3）结构上，专业与行业的匹配度需要改进

目前，会展院校专业设置没有完全对接行业布局与发展需求，没有充分对接会展企业岗位需求；会展专业毕业生整体素质同企业用人需求与职位岗位要求不匹配，尤其体现在课程内容与职业标准没有对接，毕业生出现结构性供给过剩。

2. 会展企业对会展人才培养的要求

（1）会展企业需要具备综合职业素养的会展人才

通过调研，会展企业认为团队协作、创新精神、敬业精神、吃苦耐劳等都是从业人员应该具备的素质，其中团队协作和创新精神被认为是企业员工最应该具备的素质。由于会展行业中多为一线基层服务性岗位，服务质量极大依赖于服务工作者，员工的职业品行与道德都将直接影响到企业的声誉，因此企业更期望员工具备较为良好的、全面的、综合的职业素养。

（2）会展企业需要具有良好专业技能的会展行业人才

会展企业对人才的各项专业技能普遍比较重视。通过调研了解到，现场管理、营销策划、项目操作、活动策划、危机公关等是企业认为会展从业人员最应具备的专业技能。在调查问卷中，将毕业院校、所学专业、学历、学习成绩、社会实践和实习经历、家庭背景及主要社会关系、在校担任学生干部、在校期间所获荣誉及奖惩情况、政治面貌、专业知识与技能等十大因素作为企业录用员工时的可能影响因子，其中被企业认为非常重要的影响因素是"社会实践和实习经历""专业知识与技能"。同时调研数据显示，绝大部分会展企业在招聘时希望员工具备相关行业经历。

会展行业属于第三产业，具有服务属性，实践性强，强调知识的有用性。除要求员工掌握必要的理论知识以外，还需要具有较强的动手能力和专业技能。这是学生在会展企业工作的立足之本。因此，绝大部分会展企业都希望所用人才不但能掌握技能，而且是专业技能已得到实际应用，更希望员工的专业技能已得到娴熟的应用。

三、会展行业职业教育发展现状及规模布局

（一）行业职业教育在校生规模及招生、就业情况

目前的会展行业职业教育涵盖从中职到研究生四个学历层次的教育。据高等职业院校人才培养工作状态数据采集与管理平台统计，2016年高职（专科）会展类专业全国招生10 685人，毕业7546人，在校生23 647人。

（二）会展高职（专科）在校生规模及招生、就业情况

1. 基本情况

2016年，全国高职院校专业名称中含有"会展"或"展示"的专业有8个，分别是会展策划与管理专业、广告与会展专业、展示设计专业、展览展示艺术设计专业、服装陈列与展示设计专业、会展艺术设计专业、数字展示专业、航空会展专业。

2016年开设会展策划与管理专业的院校有141所，其中113所院校全国共招生7758人，在校生18 707人，应届毕业5924人，应届就业率97.48%。开设广告与会展专业的院校有31所，其中22所院校全国共招生1423人，在校生2634人，应届毕业890人，应届就业率94.38%。开设展示设计专业的院校有11所，其中9所院校全国共招生581人，在校生900人，应届毕业281人，应届就业率69.04%。开设展览展示艺术设计专业的院校有9所，其中7所院校全国共招生345人，在校生483人，应届毕业151人，应届就业率99.34%。开设服装陈列与展示设计专业的院校有5所，全国共招生246人，在校生451人，应届毕业161人，应届就业率100%。开设会展艺术设计专业的院校有4所，全国共招生155人，在校生95人，应届毕业18人，应届就业率83.33%。开设数字展示专业的院校有1所，全国共招生30人，在校生44人，应届毕业25人，应届就业率100%。开设航空会展专业的院校为1所，全国共招生147人，在校生333人，应届毕业96人，应届就业率85.42%。如图18、19、20所示。

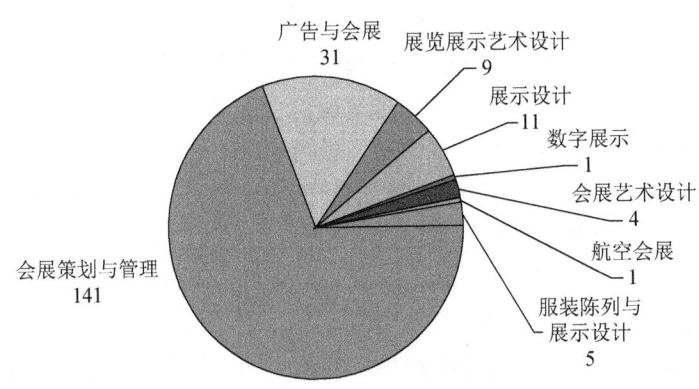

图18　2016年开设会展类专业的院校分布

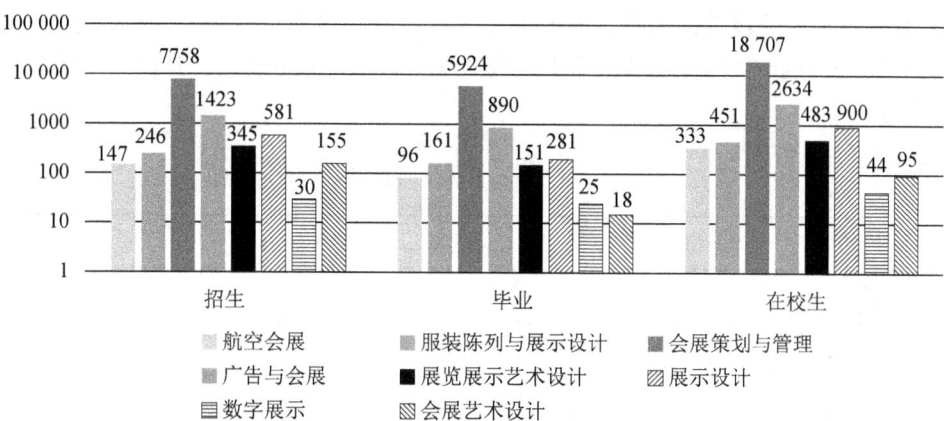

图19 2016年会展高职（专科）教育各专业招生、毕业、在校生人数分布

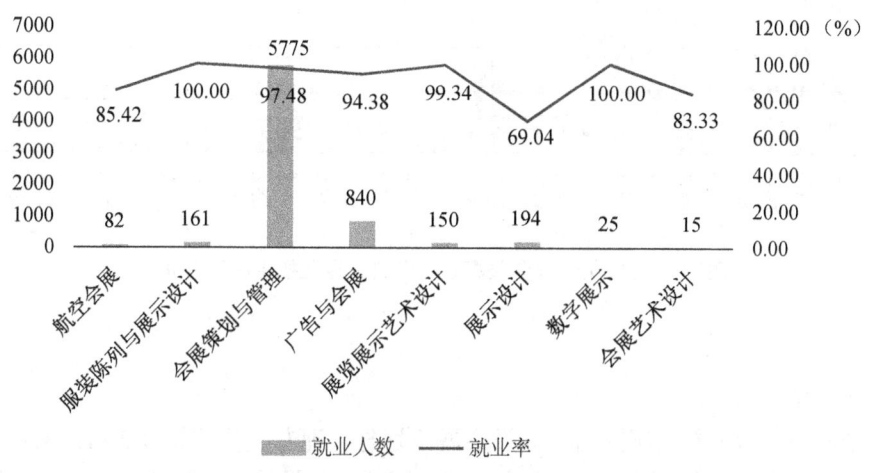

图20 2016年会展高职（专科）教育各专业就业情况

根据招生人数、院校开设数量以及行业需求，课题组确定会展策划与管理、广告与会展、展示设计为会展高职（专科）重点专业，在进行数据分析时将与其他开设专业进行对比研究。2016年全国高职院校会展类相关专业中会展策划与管理、广告与会展、展示设计专业招生人数为最多，招生总数为9762人，占招生总人数的91.36%，较2015年减少1.71%。2016年全国会展类高职重点专业招生数及占比如表9所示。

表9 2016年全国会展类高职重点专业招生数及占比

专业	招生数	所占比例（%）
会展策划与管理	7758	72.61
广告与会展	1423	13.32
展示设计	581	5.44

从2016年招生区域数据来看，如图21所示，广东、浙江、安徽、江苏、上海、山东、天津、重庆等省份招生人数最多，招生人数共7115人，占66.59%，其他省份单独招生人数皆低于550人。

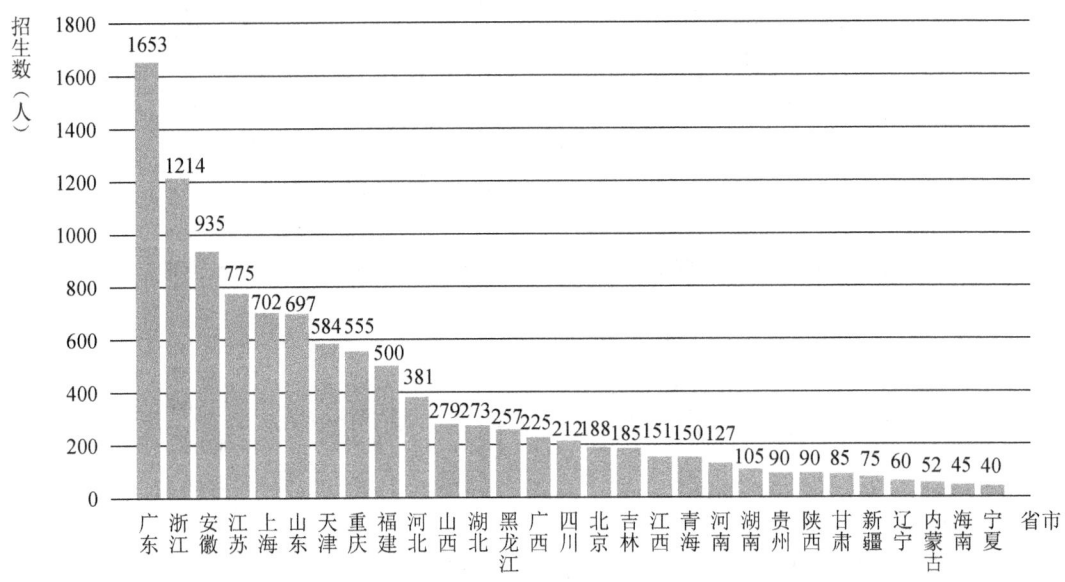

图21　2016年全国会展高职（专科）专业招生区域分布

2. 区域分布

从各专业的区域分布情况来看，开设会展策划与管理专业院校超过5所的省份有广东、浙江、上海、天津、山东、重庆、江苏、福建、河北，院校数占总数的64.6%，上述9个省市基本在东、中部地区。开设广告与会展专业院校超过4所的省份只有安徽和江苏，院校数占总数的27.27%，以东部和中部为主；开设展示设计专业院校超过2所的省份只有广东和江苏，院校数占总数的44.44%，省份分布以东部为主。

（1）会展策划与管理专业

根据2016年各高职（专科）院校会展策划与管理专业的招生计划数统计，招生人数超过1000人的省份只有广东省和浙江省；招生人数处于500~1000人的省份有上海、天津2市；招生人数处于100~500人的有山东、重庆、江苏等14个省市；招生人数在100人以下的有贵州、新疆、湖南等10个省市。从东中西区域分布情况来看，2016年我国高职（专科）会展策划与管理专业院校及学生数量在东中西部3个区域上呈现出明显的阶梯状分布，东部最多，中部次之，西部最少，这种分布与我国区域会展业发展程度基本相吻合，如图22所示。

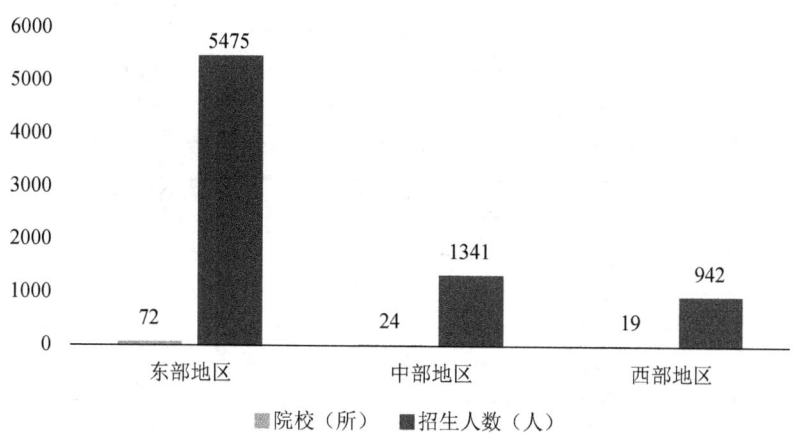

图22　2016年高职（专科）会展策划与管理专业东中西部院校数和招生人数

课题组对十余所设有会展策划与管理专业的高职（专科）院校进行调研，对其会展策划与管理专业2014—2016年三年的整体就业率、专业对口率和起薪水平进行调查，具体情况如图23所示。

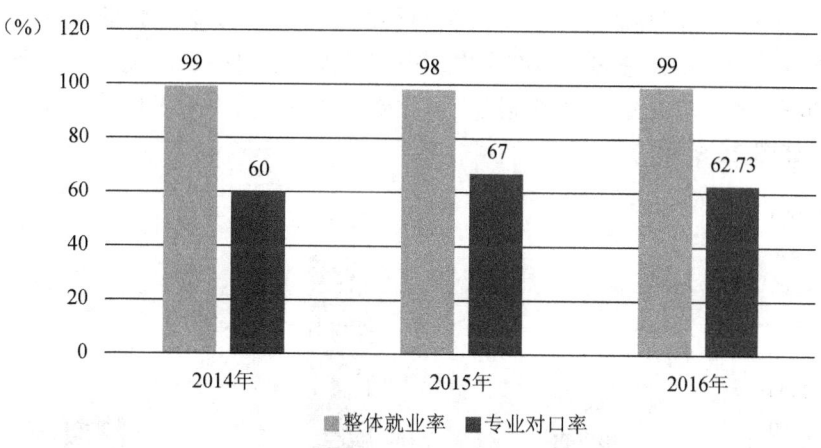

图23　会展策划与管理专业就业率

被调研学校2014—2016年三年的整体就业率趋于平稳，与2016年开设会展策划与管理专业的141所高职（专科）院校的就业率97.48%较为一致。调研组调查了十余所院校会展策划与管理专业的专业对口率，2014—2016年的数据如图23所示，平均专业对口率为63.24%。调查结果还显示该专业的起薪水平较低，2014—2016年的平均起薪为2333元，如图24所示。

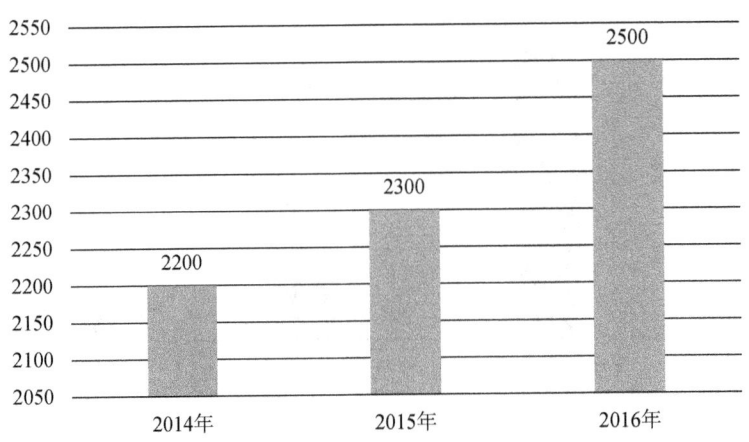

图24　会展策划与管理专业起薪水平

（2）广告与会展专业

根据2016年各高职（专科）院校广告与会展专业的招生计划数统计，招生人数超过500人的省份只有安徽省；招生人数处于100~500人的省份有江苏、吉林、青海、重庆4个省市；招生人数在100人以下的有黑龙江、山东、陕西等6个省市。从东中西区域分布情况来看，2016年我国高职（专科）广告与会展专业院校及学生数量在东中西部3个区域上分布差异较大，中部最多，西部次之，东部最少，这种分布也反映了3个地区会展业发展程度的不一致。近几年，西部地区大力发展会展业，具有后发优势，其发展势头超过东部地区。如图25所示。

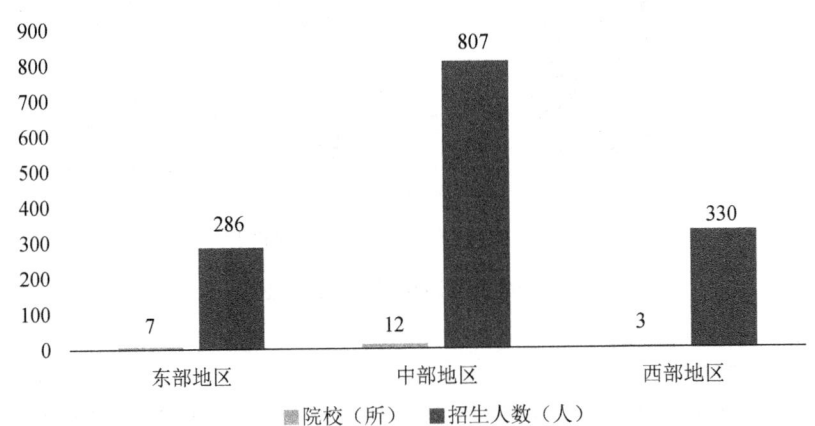

图25　2016年高职（专科）广告与会展专业东中西部院校数和招生人数

（3）展示设计专业

根据2016年各高职（专科）院校展示设计专业的招生计划数统计，招生人数超过100人的省份只有广东省和安徽省；招生人数处于50~100人的省份有福建、江苏、上海3个省市；招生人数在50人以下的有广西、浙江。从东中西区域分布情况来看，2016年我国高职（专科）展示设计专业院校及学生数量在东中西部3个区域上呈现出明显的阶梯状分布，东部最多，中部次之，西部最少，这种分布与我国区域会展业发展程度基本相吻合，如图26所示。

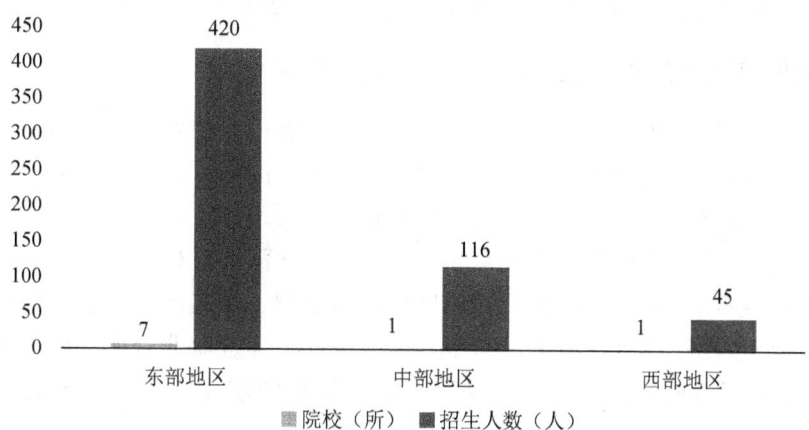

图26　2016年高职（专科）展示设计专业东中西部院校数和招生人数

（三）会展行业从业人员职后培训的情况

在当今社会中，会展人才竞争空前加剧，企业的生存与发展越来越多地依赖于劳动者的技能、智慧与创新能力，而不再是单纯的劳动力数量。不断进行在职培训投资，增加员工的人力资本存量，已成为现代会展业增强活力和实力，获得最大效益，战胜竞争对手的重要手段。

课题组通过抽样的方式对六个会展经济带的84家会展企业针对培训活动开展情况进行了调研。其中49家企业表示会为员工提供职后培训，29家企业表示不方便透露培训情况，另有6家表示无职后培训，具体情况见图27。

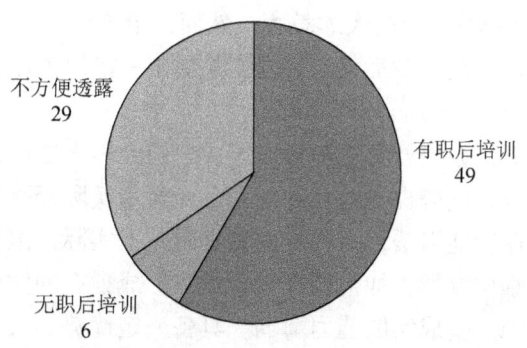

图27　会展行业从业人员职后培训情况

调研结果还显示，16%的企业采取师徒制的形式对员工进行培训，另有讲座、会议、课堂教学等培训形式。针对职业院校的实习生和正式员工的培训也有所不同：正式员工能得到一系列培训,如技能培训、业务培训、礼仪培训、行业相关知识讲座、展会管理基础理论等,根据岗位职责提供不同的培训;对在校实习生的培训则偏重入门式的介绍会展行业发展现状的基础信息普及培训以及相关的企业文化培训,更注重让实习生直接参与项目,以活动现场实践为主,较少涉及会展项目策划运营类核心工作。

四、职业院校会展专业设置存在的问题及优化对策

目前,我国会展行业显示出强劲的发展势头,会展行业的发展已成为拉动经济增长的重要手段。会展行业的快速发展,需要大批高素质、高水平的现代化会展人才,传统意义上的会展人才已不能满足现代化会展行业快速发展需求。面对广阔的会展行业人才需求市场,我国会展人才培养供给不容乐观。本部分在深入分析职业院校会展专业设置问题的基础上,提出未来职业院校在适应区域经济发展,对接行业需求,创新人才培养模式,优化和调整专业设置等方面的对策建议。借此,促进职业院校会展人才培养模式改革创新,提高职业院校会展专业办学特色,以期增强职业院校服务会展行业需求的能力。

(一)职业院校会展专业设置存在问题分析

经过调研和比较,我国职业院校会展专业设置问题主要集中体现在以下几个方面:

1. 会展人才培养与会展市场需求脱节

我国对于会展的相关研究起步比其他国家晚,一些高校进行这个专业的设置也只有短短几年时间,缺少可以进行借鉴的成功经验。加上近年来会展业务的不断发展,让高校中的这门专业成了当前的一个热门专业。但是,一些高校对于会展业务发展的具体特征以及规律等内容都缺少一定的了解与认识,特别在会展人才的需求点上存在着一个理解上的偏差,让这些高校所培养出来的会展人才缺少了一定的认可度。

调研发现,大多数学校会展专业培养的方向是"会展经营与管理",将培养目标定位于会展策划人才或会展经营人才。只有少数学校开设了"展会设计""展会搭台""会展项目管理""会展物流"等专项的会展人才教育。然而,会展经营、会展策划等高端人才尽管十分重要,但市场需求却是"少而精",通常需要在一定的实际工作经验的基础上进行培养。

在经济需求的推动下,会展教育逐渐形成气候,但会展人才供给和需求双方目前基本都还处于各自为政的阶段,优势得不到互补。一方面大量实际经验得不到理论积淀,高层次人才缺乏导致会展行业发展迟缓;另一方面教学跟不上实际,由于缺乏对会展行业特殊性的了解,盲目办学、攀比办学,加上课程设置没有形成独有的体系和特色,培养人才缺乏对所学专业的足够认识,造成实践能力薄弱。具备一定优势的人才得不到企业认可,形成巨大的浪费和制约性损耗。

2. 会展专业课程设置不合理

对于我国高校而言,当前需要开展的会展教育是一个较为新兴的专业。加上我国对于会展相关研究比较滞后,导致当前许多高校这门专业的课程设置呈现出不合理的问题。经对目前这个专业课程设置的调查发现,课程的内容较为分散而且存在着一定的重

叠性，并且对于会展以及相关的内涵重点把握不精准。当前越来越多的高校开展了这门专业课程，但是基本都是从与之相关的专业基础上来进行嫁接。无论专业课程的教学内容还是课程设置都较为散乱，并且对于原来专业的依附性表现得非常明显，无法突出这个专业的特征，因此对于专业会展人才的培养具有非常大的不利影响。此外，一些高校在进行这门专业课程设置时，为了能够更好地迎合市场的需求，把一些与会展相关的学科进行了混合，表现不出这门学科的专业性。这种不合理的课程设置，导致了学生所学较为繁杂，一旦进入到具体的工作岗位后，无法利用专业的知识结构来解决实际工作中的问题。

3. 实践教学比重不足

国外开展的会展教育对基础理论讲授大约只占四分之一，大多数是结合实践开展专门技能的训练。而在我国，不少学校对会展教育的认识仍然停留在传统的知识传授上，高校在开展会展教学时，还是以理论知识讲解为主，实践教学的比例仅仅占到整体课程比例的不足10%，基本没有为学生提供相应的实践机会，导致了会展专业教学中理论与实践的脱节。

会展本来就是一种侧重于服务的行业，如果没有更多的实践基础，在工作过程中一旦遇到问题，由于缺少一定的经验会显得束手无策。学生毕业后，进入到会展企业当中，无法满足这类型服务所需要的对专业型应用人才的需求，从而也给学生的就业形成了障碍。

4. 师资力量薄弱专业水平不高

会展进入我国的市场较晚，社会对这个行业的认识度也不高。对于高校教育而言，会展教育专业同样是一个较为新兴的专业。一些高校的资深师资力量还没有意识到会展所带来的发展空间，认为这项专业所提供发展空间小，很多资深专家没有投入到相关的研究当中。这样就导致了会展专业的师资力量严重缺乏，而且专业性不够强，出现专业水平不足的问题。一些设置了会展专业的高校，任课教师许多都是从旅游管理专业而来进行跨专业教学，导致这两个独立的专业体系在教育上出现了一些偏差。加上没有相关方面的专业培训，又没有较多的成功经验可以借鉴，让目前会展专业的教学存在着实践能力差，专业学术水平不高的问题。

（二）职业院校会展专业设置优化对策分析

伴随着高等教育进入大众化阶段和会展行业快速发展，我国会展教育也得到了巨大发展。2014年5月，在《国务院关于加快发展现代职业教育的决定》中，明确提出了五个对接，强调了专业设置与产业需求对接。2015年10月，在《国家旅游局、教育部关于加快发展现代旅游职业教育的指导意见》中，明确指出优化专业结构。因此，专业设置与优化是职业院校办学的一项核心工作，是衡量职业院校办学特色、办学水平和办学质量的一项重要指标。

1. 明确会展人才培养模式，提升市场认可度

会展专业是一个综合性非常强的专业，不仅需要大量的理论进行指导，还需要通过应用学科来进行支持，因此也是一个交叉性很强的学科。所以在进行会展人才培养时，一定要明确培养的模式。不仅要培养学生的知识理论，还需要针对学生的营销策划、组织管

理、沟通技巧、服务意识等多个方面进行强化。只有同时具备这些能力的人才，才是符合会展企业需求的应用型专业人才。

在有了培养的方向与目标后，高校应该及时与其他学校进行交流，有条件的学校可以为老师提供到国外知名院校进修的机会，通过与其交流、共同研发以及项目合作来获取更多的教学经验。其次，可以与当地的会展企业以及会展协会进行合作，让这些行业中的专业人士来学校进行讲座，让学校以及老师能够准确地定位会展行业的人才需求，以便能够更好地开展这个专业的教育。

2. 合理设置课程体系，提高学生专业能力

在进行会展教育课程设置时，应该针对社会需求点来进行深入的分析，总结出这个行业对人才类型的需求，然后把其核心需求结合到会展专业的课程设置中。由于会展实际工作需要涉及的专业非常多，因此高校在进行课程设置时应以一种简单的积累形式来进行设置。应该结合这个行业的需求点，而对会展业务专业型人才所需要具备的知识结构、专业技能、素质要求等多个方面进行整合式的课程设置。整个课程体系不仅要包括工商管理、会展管理、计算机应用技术、外语应用能力、会展活动策划、综合能力等多个方面，同时，要在课程设置中重点对实践课程进行明确要求，让在校学生能够参与到更多的活动当中，结合在课堂中所学习到的知识来进行实践，以有效地提高学生的会展管理工作能力以及协调能力。

表10 会展专业能力与课程体系

培养定位	专业能力分解	已有课程	建议新增课程	实践教学
培养具备从事会展相关工作的创新创业应用型会展人才	会展专业基本能力	会展概论、会展礼仪与形象塑造、客户服务管理、计算机基础	会展企业公共关系、项目投资分析	课内实践教学环节
				专业认知性学习、展会媒体接触、现场协调、沟通实践
	会展招展招商能力	会展营销、会展商务谈判、会展市场调查	会展电子商务应用、现代推销技术、客户关系管理与客户经营	课内实践教学环节
				汽车展、建材展等展会招展、招商实践
	会展策划能力	会议策划与管理、展览会策划与管理、奖励旅游策划与管理、节事活动策划与管理实务、婚庆策划与组织、公司活动策划与组织	主题活动策划原理、参展商企业形象策划与推广	课内实践教学环节
				项目化策划实践、学生自办展策划实践
	会展运营与管理能力	会展项目管理、会展危机管理、展馆经营与管理、会展法规、参展实务	会展信息管理、现代服务业管理、会展前沿问题、企业战略管理	课内实践教学环节
				学生自办展综合实践；汽车展、建材展展会布局、展台搭建实践

续表

培养定位	专业能力分解	已有课程	建议新增课程	实践教学
培养具备从事会展相关工作的创新创业应用型会展人才	会展宣传与设计能力	广告实务、商业展示设计、会展陈设与布置、Photoshop	会展设计与布局、CorelDraw平面设计、AutoCAD教程、色彩构成	课内实践教学环节
				项目宣传实践、汽车展、建材展展会布局、展台搭建实践
	"互联网+"	计算机基础	会展管理信息系统、会展电子商务、大数据挖掘	课内实践教学环节
				专业大型互联网虚拟展会实训

3. 加强实践教学建设，创新专业人才培养模式

（1）健全专业梯度实训设计，完善能力塑造

根据展会企业需求以及典型工作实际能力需求，在不同学期安排不同的实训内容，使学生能力不断递进。把学生能力分为专业识别能力、专业实用能力、专业拓展能力三个阶段，在材质识别、展会材质实用、业务能力塑造、业务能力拓展方面进行不同阶段的实训。

（2）建立校内实践中心，提供修炼设施

校内实践中心是保证理论和实践教学顺利进行的必要条件。高职院校会展专业在校内实践中心建设中，应重视会展模拟实训室、会展策划实训室、会展广告策划模拟中心、会展管理专业学习资源室等实训场所的建设。

（3）坚持校企合作，提升实践能力

政府、学校、企业和研究机构同时构成职业院校教育人才培养的主体。目前，人才培养的各个主体缺乏联合培养、协同合作的沟通协调机制。会展人才培养主体也在不断变化，出现了"政府主体""学校主体""主体多元化"和"双主体"等不同实践模式。但是由于利益平衡和统一等问题，真正意义上的协同培养难以实现。

职业院校应坚持产教融合、校企合作、工学结合，积极探索办学治理结构改革与创新，通过成立校企合作理事会、职业教育集团和专业建设指导委员会等形式，构建政行企校相结合的办学体制机制，为专业建设和人才培养搭建平台与提供保障。同时，针对会展专业应用型、技术技能型人才培养的特点与要求，强化教学、学习、实训相融合的教学活动，积极推进半工半读、工学交替、顶岗实习人才培养模式创新，营造前店后校、校中店、景校合一等全真教学环境，推行现场教学、项目教学、任务引导教学、案例教学、工作过程导向教学等教学模式。积极开展会展企业见习观摩、校内技能训练与生产性综合实训、校外顶岗实习等实践教学活动，强化以育人为目标的实习实训考核评价，积极推进学历证书和职业资格证书"双证书"制度。积极推进订单培养与现代学徒制试点改革与实践，构建校企合作育人机制。

（4）开展基于互联网的会展实训内容建设

一是举办基于互联网的学生虚拟展会。模拟主题会展，让学生自主申请主办方、承办方、广告商、搭建商、餐饮供应商、赞助商等不同角色，模拟按照会展不同阶段的运作。

二是举办O2O会展。可结合展馆实训室与网上会展平台，模拟线上线下结合（O2O）的会展，由学生扮演不同的角色，模拟会展各阶段的运行，体验网上会展、线下会展、线上线下结合（O2O）会展三者之间的关联与差异。

三是举办永久性的学生成果展。基于网上教学平台，以专业作为承办方，学生作为参展商，学生的学习成果作为参展商品，用人单位作为观众。每位学生被分配到一个展位，学习过程就是指导学生应用会展的专业理论知识，在个人展位展现每个阶段的实训成果、社会实践成果的过程。学生毕业时一份个性化的简历也自然形成，用人单位可以清楚地了解学生的成长过程。

4. 注重师资队伍建设，培养"双师型"素质教师队伍

我国目前职业院校的师资无论从数量上还是质量上与发达国家相比均有较大的差距。从会展行业发展、专业发展对其要求来看，我国职业院校专业教师整体水平还有待提高。教师队伍建设是职业院校人才培养、专业建设和教育教学改革的关键。为此，职业院校应结合会展专业应用型、技术技能型人才培养的要求与特点，重视和加强"双师型"教师队伍建设。应结合不同职业院校要求与需要，建立和完善职业专业教师资格准入制度，健全分类指导、分类管理的教师绩效考评体系和专业技术职务（职称）评聘制度。制定倾斜政策和建立约束机制，大力推进会展专业教师企业顶岗实践制度，提高专业教师的实践能力和应用水平，提升"双师型"教师比重。积极开展校企合作交流，结合学生实习就业基地建设，推进和会展大型企业共建"双师型"教师培养培训基地工作。聘请具有实践经验的会展企业管理人员、专业技术人员和能工巧匠担任兼职教师，积极开展校企双专业带头人和大师工作室试点，建立"技能名师"和"企业专业教师信息库"，建设一支双师素质、专兼结合的专业教学团队。应制定优惠政策，支持教师与企业合作开展技术研发和创新，鼓励教师在岗离岗创业。

5. "互联网＋会展"，助推产业转型升级和会展专业人才培养

信息技术已经对会展行业产生了重要影响，"互联网＋会展"开辟了会展专业设置的新领域，也对会展专业建设和人才培养提出了新的要求。职业院校要把信息化作为现代职业教育体系建设的基础，加快信息化基础设施平台建设，实现宽带和校园网全覆盖，推进会展专业教学资源库开发与建设，实现优质教育资源校内、校际和校企覆盖与共享。加快数字化专业课程体系建设，利用信息技术改造会展专业课程，使每个学生都具有与会展职业要求相适应的信息技术素养，并将信息技术课程纳入所有专业，以适应会展行业发展和会展产业信息化要求。同时，加强对会展专业教师信息技术应用能力的培训，以适应会展专业教学和会展产业转型升级对人才培养的需要。

附件1：关于会展行业人才需求的调查问卷

尊敬的女士/先生：

您好！本次调查由上海师范大学旅游学院发起，旨在调查会展行业人才需求状况。恳请您拨冗协助填答本问卷的各个选项，请勿遗漏。感谢您对我们研究工作的支持和帮助！

本次问卷调查完全用于学术研究目的，不涉及阁下及公司的商业机密，更不会对外公开或用于商业

目的。我们承诺对收集的全部信息予以严格保密,请您根据实际情况,填写或选定最符合的选项。

顺颂商祺!祝您一帆风顺、大展宏途!

上海师范大学旅游学院

一、企业基本情况(请根据贵企业的情况,在括号内填写相应的答案)

1. 贵企业名称 _____ 所在城市 _____

2. 贵企业人员规模为

A.10 人以下　B.11~50 人　C.51~100 人　D.100 人以上

二、企业人才现状及需求(请根据贵企业的情况,在括号内填写相应的答案)

1. 贵企业员工学历情况

(1)研究生及以上 _____ 人　(2)本科 _____ 人

(3)大专 _____ 人　(4)中专及以下 _____ 人

2. 贵企业应届毕业生的月收入是

A.2000 元以下　B.2001~3000 元　C.3001~4000 元　D.4001~5000 元　E.5000 元以上

3. 贵企业最为紧缺的会展人才是(可多选)

A. 会展策划　B. 展台设计　C. 会展销售　D. 展台搭建、运输人员　E. 翻译、礼仪

F. 广告　G. 其他人员

4. 贵企业对现有会展专业毕业生技能熟练程度的评价

(1)会展电话销售　A. 熟练　B. 一般　C. 不熟练　D. 几乎不会

(2)会展客户服务　A. 熟练　B. 一般　C. 不熟练　D. 几乎不会

(3)商务谈判　A. 熟练　B. 一般　C. 不熟练　D. 几乎不会

(4)外语沟通　A. 熟练　B. 一般　C. 不熟练　D. 几乎不会

(5)会展项目管理　A. 熟练　B. 一般　C. 不熟练　D. 几乎不会

(6)会展危机处理　A. 熟练　B. 一般　C. 不熟练　D. 几乎不会

5. 贵企业认为会展毕业生工作中存在的突出问题是(可多选)

A. 专业知识薄弱　B. 技术知识不扎实　C. 缺乏具有行业特点的专业背景知识

D. 缺乏对相关行业知识的了解　E. 技术知识面窄　F. 实践能力差

G. 所学专业知识与实际工作的需要脱节

6. 请从贵公司聘用员工的需要出发,在以下理论知识中,选出您认为会展从业人员最应具备的三项

A. 国际会展实务　B. 管理学基础　C. 会展营销策划　D. 会展项目管理　E. 会展现场管理

F. 会展客户管理　G. 会议运营管理　H. 品牌策划　I. 贸易报关实务

7. 请从贵公司聘用员工的需要出发,在以下专业技能中,选出您认为会展从业人员最应具备的三项

A. 立项调研　B. 活动策划　C. 项目操作　D. 营销策划　E. 现场管理　F. 会展礼仪

G. 危机公关　H. 接待服务　I. 展台设计与搭建　J. 会展英语　K. 计算机　L. 图像制作

M. 文案写作

8. 请从贵公司聘用员工的需要出发,在以下公共素质中,选出您认为会展从业人员最应具备的三项

A. 社交礼仪　B. 公共演讲　C. 商务谈判　D. 创新进取　E. 敬业精神　F. 沟通交流

G. 团队协作　H. 自主学习　I. 吃苦耐劳　J. 身体素质

9.贵企业在招聘员工时最优先考虑的因素有哪些（可多选）
A.毕业院校 B.所学专业 C.学历 D.学习成绩 E.社会实践和实习经历
F.家庭背景及主要社会关系 G.担任学生干部 H.在校期间所获荣誉及奖惩情况
I.政治面貌 J.专业知识与技能
10.贵企业对未来会展人才培养的建议：
_____
_____

本次调查到此结束，请检查是否有遗漏的问题，非常感谢您的支持！

附件2：会展行业人才需求访谈提纲

1.贵企业从创立之初到现在已有多少年的时间？贵企业所有制性质（国企、民营、外资）是怎样的？

2.贵企业正式员工规模？实习生规模？贵企业在举办展会时，是否会临时雇用人员？临时雇用人员规模如何？

3.贵公司员工总数大概是？管理类员工、技术类员工、服务类员工各占多少？

4.贵企业管理层的学历水平？一线服务人员的学历水平？

5.贵企业薪资待遇如何？包括正式员工、实习生、展会临时雇用人员。

6.贵企业近几年是否有招聘计划？大概招聘多少人？目前人员流动状况是否正常？

7.贵企业对于会展类人才有什么样的要求？包括年龄、学历、知识结构、综合能力及素质等。

8.贵企业如何开展培训活动？正式员工和实习生分别有哪些培训活动？

9.贵企业对未来五年内整个会展行业人才需求发展趋势如何判断？未来会需要更多的管理类、技术类还是服务类人才？

附件3：会展行业人才需求访谈调研企业汇总

会展经济带	地区	企业名称
环渤海会展经济带	北京	国旅国际会议展览有限公司 全国农业展览馆 北京凹凸感国际会展有限公司 北京恒立伟业国际展览有限公司 北京雅森国际展览有限公司 励展博览集团
	天津	天津双木会展公司 天津艺创展览展示有限公司 精锐世纪（天津）会展有限公司 伟业创展（天津）展览有限公司 奥林华天展览展示（天津）有限公司 天津艾博伊商务会展有限公司

续表

会展经济带	地区	企业名称
长三角会展经济带	上海	国家会展中心（上海）有限责任公司 上海大新华运通国际旅行社有限公司 上海中诗展览服务有限公司 上海笔克展览展示有限公司 迈氏会展服务（上海）有限公司 德国普朗（中国）有限公司
	南京	中青旅（江苏）国际会议展览有限公司 南京国际博览中心 南京宁菲国际展览有限公司 南京锦伦展览工程有限公司 南京金叶公关策划有限公司 德国斯图加特展览（南京）有限公司
	杭州	杭州嘉诺展览有限公司 杭州欣婷会展服务有限公司 临远会展有限公司 杭州慕美会展服务有限公司 杭州格博会展有限公司 杭州弗睿斯展览有限公司
珠三角会展经济带	广州	中国对外贸易广州物业开发公司 广州广交会展览工程有限公司 广州振威国际展览有限公司 广州环球搏毅展览有限公司 广州展览有限公司 博闻（广州）展览有限公司
	深圳	深圳会展中心管理有限责任公司 深圳市创意时代会展有限公司 励展华博展览（深圳）有限公司 深圳市鲁班会展有限公司 深圳市卡司通展览股份有限公司 深圳市恒达展览有限公司
东北会展经济带	大连	博诺展览（大连）有限公司 大连亚博会展有限公司 大连上选会展服务有限公司 大连合一会展有限公司 大连北方国际展览股份有限公司 大连博纳会展服务有限公司
	长春	长春维达展览服务有限公司 长春巨达会展服务有限公司 长春市海州展览服务有限公司 长春大信会展有限公司 长春大道智合文化传播有限公司 长春市中人展示展览服务有限公司

续表

会展经济带	地区	企业名称
西部会展经济带	成都	成都环球世纪会展旅游集团有限公司 四川国际会展有限公司 成都新东方展览有限公司 成都半分利展览展示服务有限公司 成都天地驰骋会议会展有限公司 成都兴东先行展览服务有限公司
	重庆	重庆国际博览中心 重庆天翔国际商务展览公司 重庆超杰会展有限公司 大新华国际会议展览有限公司重庆分公司 重庆雄越会展有限公司 重庆领行观达展示文化传播有限公司
	西安	西安曲江国际会展（集团）有限公司 陕西英杰会展服务有限公司 西安零点展览工程有限公司 西安维诺展览工程有限公司 西安新时代展览设计有限公司 西安曲江旭峰会展有限公司
中部会展经济带	长沙	长沙国际会展中心 长沙海明商务展览有限公司 长沙楚博会展服务有限公司 长沙启达会展有限公司 长沙创点会展服务有限公司 长沙仁创会展服务有限公司
	武汉	武汉新城国际博览中心有限公司 湖北立嘉会议展览有限公司 武汉至臻空间展览装饰工程有限公司 武汉中兴恒远展览公司 好博塔苏斯展览有限公司 武汉风向标会展服务有限公司

第二部分 教育部"行业指导职业院校专业改革与实践项目"成果

课题名称：酒店行业人才需求与职业院校专业设置指导报告
课题编号：201401Y30
项目负责人：朱承强
项目负责人所在单位：上海旅游高等专科学校

酒店行业人才需求预测与旅游院校人才培养质量研究

一、关于课题研究的背景

《酒店行业人才需求预测与旅游院校人才培养质量研究》是教育部行业职业教育教学指导委员根据国务院《现代职业教育体系建设规划（2014—2020年）》有关精神与要求，委托全国旅游行业职业教育教学指导委员会开展的课题研究项目。

课题研发的总体要求，是要回答好三个问题：酒店行业需要的是什么？今天的学生需要学什么？学校的老师应该教什么？课题研究的职业教育层次为中职、高职、应用型本科和MTA。课题研究的技术路线（见图1）：

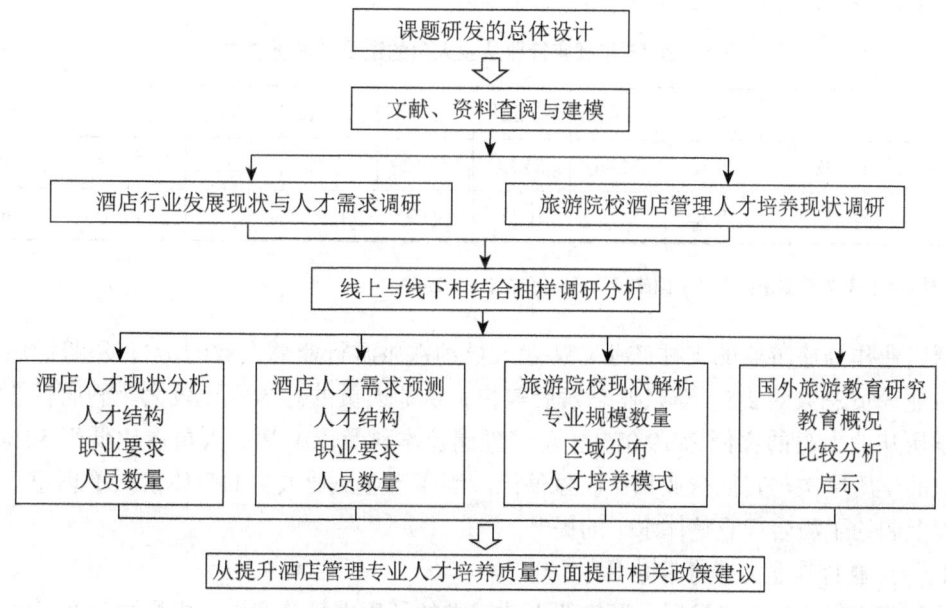

图1 课题研究的技术路线

二、中国酒店行业人才现状与需求分析

在中国《旅游饭店星级的划分与评定》(GB/14308—2010)的国家标准中,对酒店的定义是:"以间(套)夜为时间单位出租客房,以住宿服务为主,并提供商务、会议、休闲、度假等相应服务的住宿设施,按不同习惯可能也被称为宾馆、饭店、旅馆、旅社、宾舍、度假村、俱乐部、大厦、中心等。"酒店业的迅猛发展,也给当地社会的政治、经济、文化等方面的发展带来重要影响,是一个地区整体发展水平的重要标志之一。

(一)酒店行业人才现状分析

根据国家统计局公布的数据,截至2015年底,全国纳入星级酒店统计管理系统的星级酒店共12 776家,拥有客房170.94万间,床位303.09万张;拥有固定资产原值6381.14亿元;实现营业收入总额2461.65亿元;上缴营业税金159.49亿元;全年平均客房出租率为54.2%。在纳入统计的星级饭店中:五星级饭店789家;四星级饭店2375家;三星级饭店5098家,二星级饭店2197家,一星级饭店91家。同时,以近十年迅猛发展的经济型酒店为主体,没有纳入星级标准范畴的酒店数已达15 000余家,规模超过星级酒店的总数。

在本土酒店管理集团方面,高星级酒店的发展占据主导地位,四五星级酒店在本土酒店管理集团中所占比例高达70%以上。与此同时,如家等经济型集团快速扩张,均已进入全球酒店集团50强。而国际酒店管理集团方面,在中国市场都拥有相当数量的高端五星级酒店、众多的中档酒店及经济型快捷酒店。

酒店业作为旅游业的支柱产业,从业人员约占全旅游行业总人数的1/4。2015年,全国旅游就业总人数(包括直接就业和间接就业)为7 911万人,其中旅游直接就业人数为1 525万人,酒店住宿业直接就业人数约为403.35万人。

表1 2015年酒店行业从业人员的数量与学历层次

指标	单位	五星级	四星级	三星级	二星级	一星级	其他住宿业	合计
从业人员年均数	万人	36.86	55.39	57.62	11.11	0.22	241.80	403
大专以上学历	万人	9.75	10.51	9.09	1.38	0.04	46.11	76.85

(资料来源:基础数据来源于《中国旅游教育年度报告(2015)》)

酒店业作为旅游业的支柱产业,从业人员约占旅游行业总人数的1/4,星级酒店占住宿业从业人员总数的2/5,新兴业态发展较快,从业人员的总体规模较大。酒店行业大专以上学历从业人员的比例为19.07%,总经理岗位本科及以上学历人员占比低于50%,从业人员的学历层次与其他行业相比明显偏低。酒店行业从业人员的整体素质不理想,在一定程度上制约了酒店行业整体水平的提升。

(二)酒店行业人才需求预测

伴随着酒店业的迅猛发展,酒店业人才需求的矛盾也日益突出。中投顾问在《2016—

2020年中国酒店业投资分析及前景预测报告》中指出：随着旅游业发展，对休闲度假酒店的需求将有成倍的增长；随着互联网新技术的出现，对传统酒店的经营管理模式也会带来新的挑战。与此同时，酒店行业对高素质技术技能型人才的需求会变得更加迫切。

（1）酒店业态面临的变化

中国酒店行业经历了三十年的快速发展期。根据"中国住宿业发展报告"，大众旅游正从初级阶段向中高级阶段演化，酒店行业也面临提档升级的需要。随着追求时尚、新潮、反传统、个性化、性价比的80、90和千禧一代后成为酒店消费的主力军，"返璞归真"的民宿客栈、带来独特居住体验的精品酒店、具有鲜明特色的主题酒店，在未来会有较大的发展空间；随着体验经济时代的到来，价值追求从务实主义向追求愉悦体验转变，酒店不仅仅是传统休憩场所，还将成为消费者生活方式的延伸。多样化、个性化的住宿需求正推动酒店业不断细分，持续发展的出境旅游市场也推动着中国酒店业的全球化布局。

（2）酒店业新技术的出现

互联网的出现，促进酒店行业不断提升科技含量，用技术手段实现传统产品配置的升级换代，从根本上改变老旧产品结构和落后的服务流程。今天，酒店业正经历着大规模的技术革命，即一种以大规模产品、大众传播媒体及大众化营销手段为特点的机制，正在被一种全新的模式，即"一对一服务"所替代。互联网技术和智能手机的普及，使酒店可以与个体直接联系，更精准地把握顾客对产品和服务的需求，高度适应不同客人的个性需求。

（3）行业发展带来的人才需求

全国酒店行业以每月新增约五百家的速度在扩展，每年新增约50万的从业人员。同时，酒店业所面临的需求变化和新技术的出现，不仅对酒店从业人员的数量补充带来严峻的挑战，更对酒店从业人员的"态度、知识和技能"结构要素带来了新的诉求。酒店行业急需一大批具有国际视野、知晓新一代消费者需求、掌握互联网技术的高素质技术技能型人才，酒店业正面临从业人员十分紧缺的严峻态势。

表2 酒店业从业人数统计

年份	星级酒店从业人员数（万人）	其他住宿业从业人员数（万人）	年平均增长率（%）	合计（万人）
2015	161.20	242.15	5	403.35
2016	169.26	254.25	5	423.51
2017	177.72	271.21	6	448.93
2018	186.09	289.77	6	475.86

（资料来源：基础数据来源于行业报告与市场调研）

表3　酒店业学历分布

学历	人才需求量（万人）	比例（%）
研究生及以上	23.79	5
本科	95.17	20
大专或高职	190.34	40
中职或以下	166.55	35
总数	475.86	100

（资料来源：基础数据来源于行业报告与市场调研）

表4　酒店业技术技能人才结构

地区	酒店从业人数（万人）	比例（%）	酒店行业技术技能人才结构		
			经营管理人员（万人）	专业技术人员（万人）	一线服务人员（万人）
东部	327	68.82	42.51	140.61	143.88
中部	81	17.07	10.53	34.83	35.64
西部	67	14.11	8.71	28.81	29.48
总计	475	100	61.75（13%）	204.25（43%）	209.00（44%）

（资料来源：基础数据来源于行业报告与市场调研）

从酒店行业市场调研的结果可知：与酒店行业发展同步，从业人员的需求总量呈稳步增长态势；随着酒店高新科技含量的提升，凸显专业技术人员严重不足；随着酒店行业从经验管理到科学管理的变革，对高学历人才的需求在不断增加。

三、旅游院校酒店管理专业设置与人才培养质量研究

2016年，全国开设旅游管理类本科专业的普通高等院校604所，共招生5.8万人，毕业4.9万人，在校生22.1万人。其中，开设酒店管理专业的院校202所，共招生1.5万人，毕业3885人，在校生4.6万人。2016年，全国开设旅游管理类高职高专专业的高等院校1086所，共招生11.6万人。其中，开设酒店管理专业的院校668所，共招生4.5万人。2016年，全国开设旅游类相关专业的中等职业学校924所，共招生10.4万人，毕业8万人，在校生23.2万人。其中，酒店管理专业招生2万人，毕业1.7万人，在校生5.4万人。

（一）酒店管理专业招生数及区域分布

表5　酒店管理专业招生情况

年份	2011	2012	2013	2014	2015	2016
本科院校数（所）	19	30	38	119	137	202
招生人数（人）	2614	3777	6943	11 349	13 029	15 000
专业比例（%）	4.8	7.1	13.0	21.2	23.4	32.7
高职院校数（所）	529	574	605	655	644	668
招生人数（人）	50 134	52 199	47 140	47 300	43 306	45 000
专业比例（%）	36.7	38.7	40.8	36.6	39.0	38.8
中职院校数（所）	956	995	981	877	798	790
招生人数（人）	25 400	23 000	23 500	22 050	21 000	20 000
专业比例（%）	27.4%	24.6	23.8	23.1	22.6	19.23

（资料来源：基础数据来源于《2016全国旅游教育培训统计》）

从旅游院校现状调研的结果可知：全国旅游院校酒店管理专业招生的区域分布与酒店业的发展基本同步，即酒店业发达的地区，开设酒店管理专业的院校数和招生数也相对较多；但酒店管理专业的中职生招生比例在下降，高职生招生情况基本稳定。本科生的招生比例增幅虽然较大，但由于本科生的基数较低，在校生规模总量仍然偏小。与中国酒店行业对专业人才的巨大需求量比较，旅游院校在酒店管理专业人才培养的数量方面，与行业需求仍有很大差距。

根据国家旅游局公布的2016年全国旅游教育类数据统计显示，2016年本科、高职、中职招收旅游类新生278 632人，其中本科招生58 415人，高职招生116 271人，中职招生103 949人（图2）。本科、高职及中职旅游类专业招生总人数前五位的省份分别是河南省27 114人，广东省25 594人、山东省23 588人、江苏省22 332人、四川省20 381人。

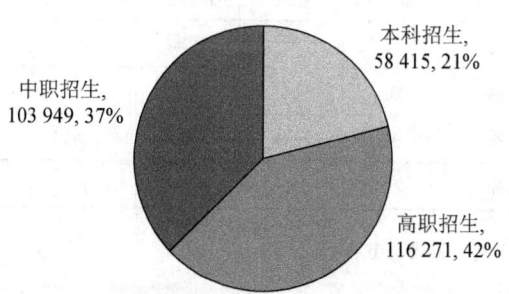

图2　全国旅游院校招生人数分布图

（二）行业需求与院校供给质量的匹配度分析

调研结果显表明，酒店业高级人才匮乏，特别是具有国际视野的跨国经营人才和能从事连锁经营的高级管理人才奇缺。互联网和高新科技的发展，也使酒店业的技术型人才出现空缺。经济型酒店、民宿客栈、精品酒店、长住公寓等一大批住宿新业态的不断涌现，也使酒店行业对这类企业所需的"全面型"经营管理人才产生了巨大需求。

目前，酒店行业紧缺人才的能力要素结构，大致可包括三个基本要素：良好的职业素养、娴熟的专业技能和持续的发展能力。

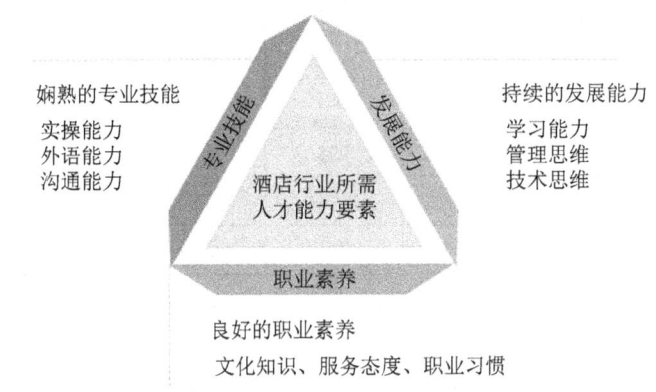

图3　酒店行业所需人才能力要素图

从酒店行业所需人才能力要素与旅游院校培养质量的匹配度分析，二者之间还存在着许多脱节：中职生的职业习惯与实操能力较强，但缺乏管理与创新思维，发展后劲不足，导致行业对中职生的吸引力在下降；高职生的职业习惯与技能较强，具备一定的管理与技术思维；本科生与研究生虽然创新能力与发展后劲强，但职业素养与专业技能较弱，毕业后选择酒店行业的比例很低。

表6　旅游院校酒店管理专业学生能力分析

能力结构	职业素养			专业技能			发展能力		
学历层次	文化知识	服务态度	职业习惯	实操能力	沟通能力	学习能力	管理思维	技术思维	创新思维
研究生	强	弱	弱	弱	较弱	强	较弱	强	强
本科生	较强	弱	弱	较弱	较强	较强	较强	较强	较强
高职生	较弱	强	强	较强	强	强	较强	较强	较强
中职生	弱	强	较强	强	较弱	弱	弱	弱	弱

（资料来源：基础数据来源于行业报告与市场调研）

调研结果表明：中职生的职业取向很明确，职业忠诚度较高，但发展的后劲不足；高职生的职业取向较明确，职业忠诚度较高，有一定的发展后劲；本科生的职业取向不明确，虽具备发展后劲，但职业忠诚度不高。根据专业机构2016年的全国教育满意度调查，目前阶段高职教育的社会满意度高于本科教育。

四、相关政策建议与教育改革的探索

酒店行业紧缺人才具有注重职业道德与人文素养、行业岗位技术含量比较高、技术技能训练周期比较长、专业熟练程度要求比较高的培养特点，必须改革现有旅游院校的传统教学模式，创新"校企合作、工学结合、产教融合"的应用型高素质技术技能型人才培养模式。面对酒店行业发展的新形势和新挑战，旅游院校在构建适应现代酒店行业人才培养模式的机制建设方面，可进行有益的尝试。在现阶段，旅游院校教育改革的"难处"是体制；教育改革的"深处"是课程；教育改革的"痛处"是教师。

（一）构建学校的分类评价体系

要构建"学科导向"与"应用导向"两类不同学校的分类评价体系。中国科技领先世界的研发型人才，需要学术研究型教育；中国经济领先世界的应用型人才，需要应用技术型教育。

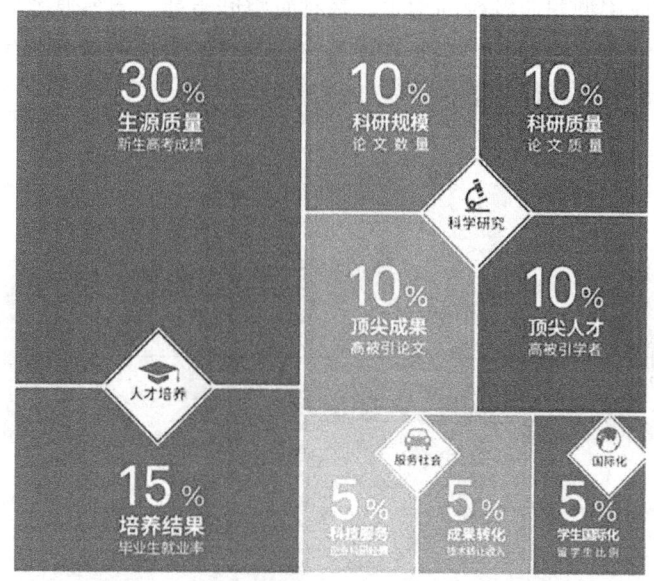

图4 注重学术研究成果的学科导向评价体系

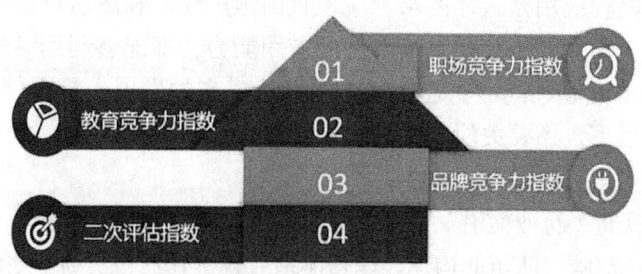

图5 注重人才培养质量的应用导向评价体系

学科导向型大学,强调与社会保持适当距离,遵循学科逻辑,学科建设与人才培养不过分强调与社会直接对接,坚持办学的非功利主义。应用导向型旅游院校,应强调与主流社会相互融合,坚持社会需求逻辑,人才培养面向经济建设的主战场,科学研究注重服务于社会经济发展。

（二）明确应用型人才的培养规格

在旅游院校应用型人才的培养规格上,可分为经验、策略和战略三个层面。中职生定位于经验层面,"怎么做、为什么";高职生定位于经验与策略并重,"还可以怎样去做";本科生定位于策略层面,应是"解决问题的高手";MTA则定位于战略层面,"未来需要做什么"。这几个层面,都具有鲜明的应用型特征。这是因为现代社会知识传递的机制正发生着巨大变化：知识的传递已突破了时间和空间的限制,课堂不再是传授知识的唯一场所;教材和教师已不再是学生的主要知识来源。今天,随时随地获取信息和知识不再困难,应用知识远比拥有知识重要!

调查发现,学术型普通高校的学生,在逻辑熟悉智能、语音智能和内省智能等方面的特征比较突出,而应用型职业院校的学生,在视觉空间智能、自然观察智能、音乐智能等方面的特征比较突出。应用型人才培养的规格定位,更适合旅游院校学生的智能特征,可以给学生更适合的教育,为行业培养更适合的人才。

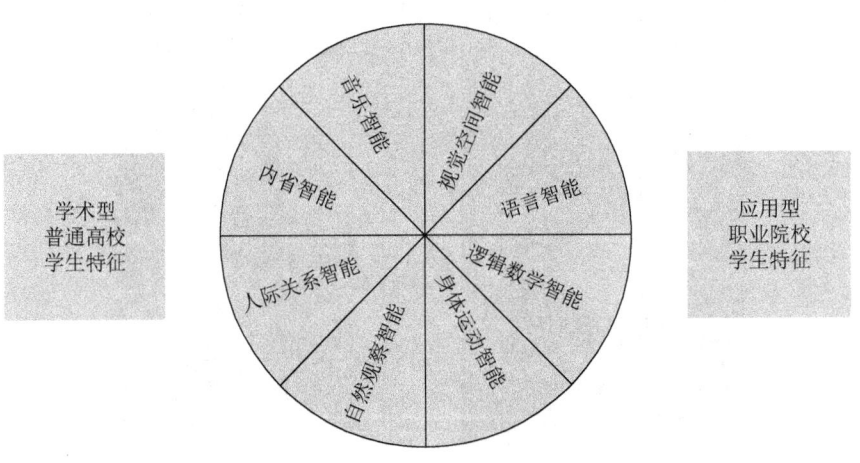

图6 不同类型学生的智能特征辨析

现阶段,旅游院校应用型人才的培养应该直面国民经济和酒店行业的主战场,具备的素质要求也越来越全面化。不仅要具备专门的应用能力,即能够利用科学技术和原理,解决酒店行业现实中的问题;同时,还需要应对行业未来的发展,具有创新的意识和能力。不仅要关注学生的当下,还要关注学生的未来发展。

（三）明晰专业建设目标与路径

要围绕"国际视野、行业前沿"的专业建设目标,制订"校企合作、产教融合"的人才培养方案。明晰从"双师"队伍的构建、课程体系与教材开发、实训基地建设和实践教学设计与推进、"双证融通"的贯彻等酒店行业所需的应用型高素质技术技能型人才培养路径。

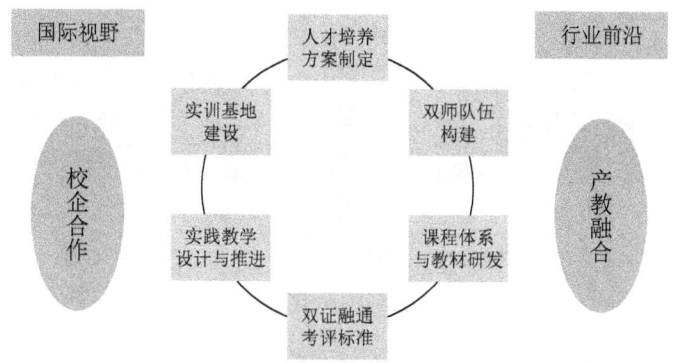

图7 专业建设目标与人才培养路径

要特别重视应用型人才培养的实践教学环节,从酒店认知、社会实践、校内实训、酒店顶岗实习到管理见习,形成从酒店服务生手、技术能手到管理高手的职业生涯上升通道。

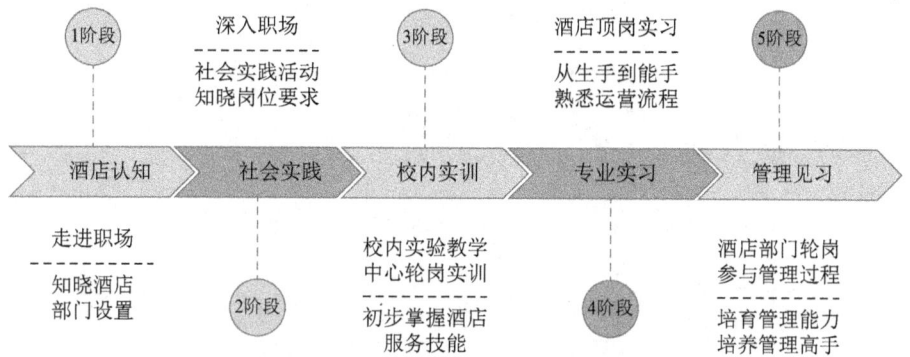

图8 从酒店的服务生手到技术能手、管理高手的职业上升通道

(四)构建专业教师的科学考量指标

要加快构建应用型院校专业教师的科学考量指标体系,重视"双师型"教师队伍的建设,推动师资队伍由单纯考核学术指标向提升学术水平与为企业提供技术创新并重转型。酒店管理专业教育作为一种"跨界的教育",也必然需要专业教师具备"跨界的能力"。

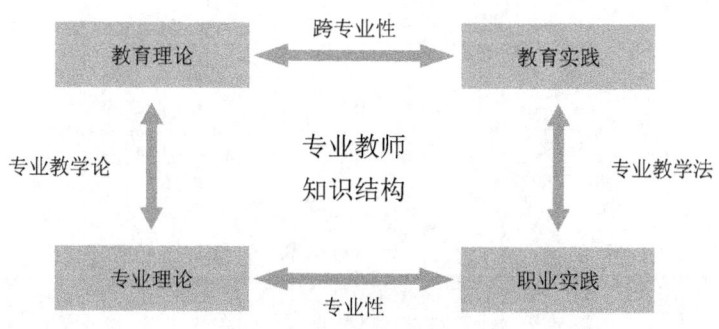

图9 应用型院校专业教师的知识结构

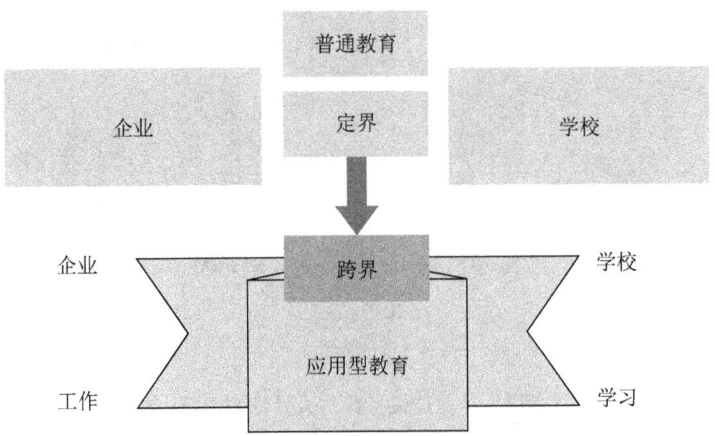

图10　应用型院校专业教师的跨界能力结构

项目名称：中高职衔接酒店管理专业教学标准
项目编号：B-06
项目负责人：周春林
项目负责人所在单位：南京旅游职业学院

中高职衔接酒店管理专业教学标准的开发研究

一、引言

《国家中长期教育改革和发展规划纲要（2010—2020年）》提出要大力发展职业教育，重点是提高质量和促进公平，从而形成能够适应我国发展方式转变和经济结构调整要求、符合终身教育理念、中等和高等职业教育协调发展的现代职业教育体系。2014年，国家教育部等六部门印发了《现代职业教育体系建设规划（2014—2020年）》（以下简称《规划》），明确提出：2020年"形成适应发展需求、产教深度融合、中职高职衔接、职业教育与普通教育相互沟通，体现终身教育理念，具有中国特色、世界水平的现代职业教育体系，建立人才培养立交桥，形成合理教育结构，推动现代教育体系基本建立、教育现代化基本实现"的建设目标。《规划》还提出完善职业人才培养衔接体系，必须加强中高职衔接。要"推进中等和高等职业教育培养目标、专业设置、课程体系、教学过程等方面的衔接。探索对口合作、集团化发展等多形式的衔接方式。逐步扩大职业院校自主招生权和学习者自主选择权，形成多种方式、多次选择的衔接机制和衔接路径。"为了落实国家政策，加快现代职教体系建设，各省围绕中高职衔接纷纷进行试点实践。统计显示，江苏、浙江、河北、湖北、四川、云南、山东等省都陆续启动了酒店管理专业中高职衔接试点项目。根据职业教育发展相关政策及各地高校落实与推进力度，可以明确在今后一段时间内，中高等职业教育之间的科学衔接是构建现代职教体系的关键性问题。

二、开发中高职衔接酒店管理专业教学标准的意义

（一）酒店管理专业中高职衔接培养的意义

1. 推动职业院校酒店管理专业人才培养质量提升

随着产业转型升级，接待住宿业新业态不断涌现，部分专业的中职毕业生已经不能满足行业发展的人才需求。从现有人才培养方式来看，中职毕业生升学途径窄、中职学校招生难、中职学生就业难的现象日趋严重。因此，政府实施中高职衔接教育，是适应产业转

型升级需要,是适应中职学生升学、可持续发展的需要,是建立现代职教体系的需要,在一定程度上激发了中高职院校的办学活力。

高职人才培养的目标是高素质技能型人才。一方面,高技能是在经验不断积累的基础上形成的,需要一定时间的实践。掌握熟练技能是形成系统技术能力的前提。另一方面,高水平职业素质的养成,需要在职业活动和职业熏陶中养成,而这样的职业活动和职业熏陶是需要一定时间基础的。从这两方面来说,中、高职衔接有利于高职学校人才培养达到从熟手向能手的提升,有利于实现学生职业资格证书从初、中级到高级的提升。故而,高职院校需要中、高职衔接推动其人才培养质量的不断提升,实现人才培养与行业产业的有效对接。

2.适应不断发展的酒店行业人才需求

旅游业是国民经济战略性支柱产业,酒店业是旅游业发展的基础性、先导性行业。全行业呈现膨胀性增长,供过于求与发展不平衡并存。集团化、品牌化和智能化成为发展趋势,网络营销成为酒店营销最重要的渠道和手段,酒店服务从标准化向个性化、定制化演化,酒店对人才需求呈现新的特点。

(1)酒店业多业态并存对人才素质提出新要求

酒店消费群体由原先的小众享受型消费逐渐向大众化方向发展,从而催生了经济型酒店、高档会所、酒店式公寓、主题餐厅等多种酒店新业态。当今酒店业已呈现出市场高度细分、多种酒店业态共存共生的局面,这使得酒店业对人才的需求呈现出了多样性的特点。酒店业人才需要具备适应多种业态发展的全方位、多领域、跨界综合的素质。

(2)酒店业转型升级对专业人才培养规格提出新标准

现阶段,酒店行业不断转型升级,酒店经营管理的重心逐渐发生了转变,酒店业更注重客源市场细分、产品个性化创新、酒店品牌形象塑造、经营管理信息化、服务面向国际化。酒店业正从"经验管理"迈向"科学管理""智慧管理"。人才需求除了传统的技能娴熟的服务人员和通晓酒店管理的经营人才外,还需要熟悉国际酒店管理运作、掌握国际酒店服务准则、具有良好的职业素养、沟通能力突出,服务操作技能熟练的管理服务人才,更需要掌握现代信息技术、懂得节能减排、维保酒店工程设备的技术技能型人才以及能策划设计产品、会精准营销、懂收益管理的复合型人才等。

(二)开发中高职衔接专业教学标准的意义

1.酒店管理专业中高职衔接教育质量需要国家层面标准引导

中高职衔接酒店管理专业教学标准的编制是保证酒店管理专业中高职衔接教育效果和酒店人才培养质量的重要手段,这种具有统一性、规范性、系统性并符合行业企业人才需求和专业特点的职业教育顶层设计,是当今国家社会职业教育发展和变革的一大趋势,英国、美国、澳大利亚等国家早在20世纪末就已建立了国家职业教育标准体系。故而,国家中高职衔接酒店管理专业教学标准的制定,是提升其教育竞争力的战略选择。

2.酒店管理专业建设和行业企业发展对接需要国家层面指导

依据现代酒店行业发展对人才的新要求进行专业建设,增强专业结构与酒店行业结构的吻合度、教学标准与用人标准的融合度,这是职业教育必须要解决的。但由于缺乏科学规范的整体设计，部分地区专业结构与酒店行业结构之间还未实现基本吻合，职业教育培养的人才还未真正满足转型升级后的酒店行业发展需求。因此，有必要编制国家教学标准，通过宏观指导帮助地区院校实现酒店专业建设与酒店行业发展的有效对接。

3. 中高职衔接协调发展需要国家层面系统设计

中高职衔接要求中高职教育在各司其职的同时又能有效相互衔接。但从目前各省酒店管理专业中高职衔接试点现状来看，尚未从根本上实现两者的有效衔接，在衔接过程中出现了诸多问题。因此，在国家层面、从整个职教体系协调发展的角度对酒店管理专业中高职衔接教学标准进行系统一体化设计显得尤其重要。

三、酒店管理专业中高职衔接培养情况调研

（一）调研方式与对象

调研方式主要有文献搜集与分析法、问卷调查法、现场与远程访谈调查和专题论坛研讨法。

搜集了知网相关研究文献30余篇、政府网站和酒店专业类网站统计年报、研究报告和专栏文章50余篇（份）、教育主管部门有关中高职衔接教育及现代职教体系建设的通知文件12份、教育部中等职业学校专业教学标准和江苏省中等职业教育指导性人才培养方案各1份。行业资料多来源于国家旅游局、中国饭店业协会、中国旅游报、艾瑞咨询（www.iresearch.com.cn）、浩华（www.horwathhtl-cn.com）、迈点（www.meadin.com）等与酒店业发展密切相关的政府网站和专业门户网站。

问卷调查和访谈的对象既有暑期来南京旅游职业学院参加酒店管理专业骨干教师培训的学员，也有酒店、餐饮业的总经理和人力资源总监（HR）等。由于酒店管理专业中高职衔接培养的毕业生还很少，所以没有专门对这类学生进行调研，仅对本校"对口单招"酒店管理专业的学生（中高职"3+3"）进行了问卷调查。

酒店企业层面的调研，主要针对我国各地区不同省份、不同业态和不同档次的酒店，通过电子邮件的形式，面向南京、上海、北京、广州和成都等城市的酒店人力资源部门相关负责人发放调查问卷80份，回收有效问卷76份，问卷回收率为95%。此外，还对问卷进行了信度和效度检测，确保问卷调查结果的有效性和真实性。酒店问卷调查的主要内容是酒店岗位对人才结构类型和职业素质的需求、对职业资格证书和职业技能的需求以及对旅游院校酒店管理专业毕业生的用人满意度等。此外，面对面访谈了南京绿地洲际、金陵饭店管理公司、江苏中心旅馆管理公司、南京香格里拉、银城皇冠假日、苏州洲际、上海国际会展中心、The Cheesecake Factory®（上海）、山东百川花园和广东南沙大酒店等酒店总经理以及江苏卓越软件、广州问途科技、石基信息等与酒店PMS和在线营销相关企业的负责人近30人，获得了行业发展对人才培养和技术需求的第一手资料。

职业院校层面的调研主要集中在中国旅游院校"五星联盟"（高职）和"七金联合体"（中职）学校，此外，扩展至部分国家示范性高职院校的酒店管理专业。主要选取江苏省、山东省、浙江省、湖北省、四川省、云南省等省相关职业院校的酒店管理专业中高职衔接试点院校人才培养方案作为研究样本，河北省5年一贯制酒店管理专业人才培养方案作为

参照，覆盖了华北、华东、华中、西南等区域，具有一定普遍性和代表性（见表1）。此外，课题组还利用承担中国旅游协会旅游教育分会酒店管理专业教师培训、教育部酒店管理专业骨干教师培训和举办"酒店管理职业教育与发展论坛""第十届中国旅游论坛"等任务的机会，对专家进行个别访谈等，弥补文本分析的不足。

表1　中高职衔接酒店管理专业人才培养分析文本一览

方案名称	试点省份	学段	牵头制订学校
山东省五年制高等职业教育酒店管理专业教学指导方案	山东	3+2	山东旅游职业学院
江苏省中高职院校酒店管理专业（3+3）人才培养衔接方案	江苏	3+3	南京旅游职业学院
浙江旅游职业学院酒店管理专业（3+2）人才培养方案	浙江	3+2	浙江旅游职业学院
湖北省中高职人才培养一体化改革试点人才培养方案（酒店管理专业）	湖北	3+2	武汉职业技术学院
成都职业技术学院酒店管理专业中高职衔接一体化人才培养方案	四川	3+3	成都职业技术学院
云南旅游职业学院五年制酒店管理专业人才培养方案	云南	3+2	云南旅游职业学院

（二）调研内容与分析

1. 行业企业层面调研与分析

（1）酒店行业发展现状及趋势

①总体投资扩大，增长速度放缓

中国酒店行业经过了三十多年的发展，已经积累了相当可观的存量资产。根据国家旅游局官方数据，截至2015年底，仅国家旅游局星级饭店统计管理系统中就有12 327家星级饭店，资产总额约为6473.13亿元，较去年同期增长2.2%。但受国家相关政策以及市场规律等因素影响，从2013年到2015年，星级饭店营业利润、利润总额等数据呈明显下滑趋势，从业人员年均数和大专以上学历人数也出现了减少。尽管如此，我国旅游业整体投资规模仍在不断扩大，2015年全国旅游业实际完成投资10 072亿元，同比增长42%，投资占比最大的是旅游景区项目，投资增长速度最快的是邮轮游艇和体育旅游，酒店行业已经不再是传统的投资热点。与此同时，港中旅4亿英镑收购英国布莱顿酒店集团、锦江集团13亿欧元收购卢浮酒店集团以及安邦保险19.5亿美元收购美国纽约华尔道夫酒店大楼等事件不断见诸报道，标志着我国旅游酒店企业开始加快全球化的投资布局，国际化发展步伐加快。

从数据中我们可以看出，星级饭店大专以上从业人员数量约为25.64万人，占到从业人员年平均总数134.45万的20%不到，结合往年的国家旅游局数据和中国统计年鉴历史数据来看，我国星级饭店从业人员整体大专以上学历人数占比基本在20%左右，而旅行社大专以上从业人员比例则在70%左右，酒店业员工的整体教育水平偏低。

表2 2015年全国星级饭店财务和员工与上年同期对比数据（国家旅游局数据）

序号	类别	指标	单位	五星级	同比%	四星级	同比%	三星级	同比%	二星级	同比%	一星级	同比%	合计	同比%
1	资产负债	资产总额	亿元	2454.29	3.38	2412.43	2.45	1377.60	0.39	224.80	-1.45	4.02	6.35	6473.13	2.20
2		固定资产原值	亿元	1998.66	5.46	1842.16	2.38	1414.37	26.03	203.42	8.25	2.68	-44.17	5461.30	9.02
3		累计折旧	亿元	894.91	8.95	843.32	6.36	709.12	52.89	76.20	15.75	1.14	-8.06	2524.69	17.69
4		流动资产总额	亿元	955.42	4.99	939.22	3.11	534.83	8.24	84.95	-5.37	1.70	150.00	2516.12	4.60
5		负债总额	亿元	1764.41	5.01	1767.17	2.02	959.12	2.80	125.77	-5.39	1.58	8.97	4618.06	3.08
6		所有者权益	亿元	684.20	-2.68	644.45	0.21	419.50	-4.20	98.88	5.40	2.54	6.28	1849.57	-1.64
7	损益及分配	营业收入总额	亿元	766.75	0.21	720.26	-1.77	521.27	-4.45	96.11	-9.02	2.36	26.88	2106.75	-2.08
8		客房收入	亿元	355.47	5.05	312.12	-0.27	220.13	-5.79	46.37	-8.48	0.96	13.09	935.05	-0.16
9		占营业收入比重	%	46.36	2.14	43.33	0.65	42.23	-0.60	48.25	0.29	40.68	-4.79	44.38	0.86
10		餐饮收入	亿元	315.77	3.03	293.75	-1.75	224.26	-5.52	35.64	-13.30	0.82	6.49	870.25	-1.64
11		占营业收入比重	%	41.18	1.13	40.78	0.00	43.02	-0.49	37.09	-1.91	34.55	-6.57	41.31	0.18
12		营业利润	亿元	23.53	286.37	-39.74	-24.17	-21.29	-63.57	2.36	-7.09	0.10	300.00	-34.74	-65.98
13		利润总额	亿元	19.02	234.86	-32.74	-22.10	-4.55	-81.92	3.47	58.45	0.54	350.00	-14.26	-75.92
14		实缴税金	亿元	62.59	0.58	67.95	10.83	64.01	54.80	9.76	3.61	0.60	233.33	204.91	17.39
15	员工	从业人员年均数	万人	30.74	-1.35	46.20	-1.45	48.06	-0.56	9.26	-3.74	0.19	0.00	134.45	-1.28
16		大专以上学历人数	万人	8.13	-4.13	8.76	-10.79	7.58	-3.93	1.15	-11.54	0.03	0.00	25.64	-6.83

②新兴业态层出，产品升级创新加快

据《饭店业杂志》阐述，"中国酒店及住宿业态已经形成以星级标准酒店市场为核心，以品牌标准酒店市场为基础，非标准旅游住宿设施为基础增长点的三重业态结构并存的行业格局"。过去很长一段时间以来，酒店星级评定一直是住宿业最具影响力的等级划分指标，而目前我国酒店等级划分已经突破星级划分，形成一套从低到高的酒店等级划分方法：经济型、中档、精品、豪华、奢华。从具体经营业态来看，商务会议酒店、休闲度假酒店、综合观光酒店、主题文化酒店、精品设计酒店、服务公寓酒店、社会家庭旅馆和民宿客栈比比皆是，邮轮、房车、帐篷、集装箱、蒙古包等非固定住宿业态产品也不断丰富了人们的出行选择。伴随着科技进步和移动终端的不断普及，智能化酒店产品日益丰富。随着人们出行的频繁，酒店产品创新成为行业发展的不竭动力。

③在线营销升温，商业模式更为复杂

《2015中国旅游业发展报告》中表明，在分享经济浪潮下，在线旅游的迅猛发展正在颠覆传统旅游业的格局。《中国公民出境（城市）旅游消费市场调查报告（2014—2015年）》显示，超过67%的出境游客选择"互联网＋旅游"服务。截至2016年6月，我国手机网民规模达 6.56 亿，较 2015 年底增加 3656 万人。网民中使用手机上网的比例由 2015 年底的 90.1% 提升至 92.5%，手机在上网设备中占据主导地位。对于不少酒店来说，微博、微信营销已经成为不可或缺的营销方式。国家旅游局下发的《关于实施"旅游+互联网"行动计划的通知》提出，到 2020 年，旅游业各领域与互联网达到全面融合，互联网成为我国旅游业创新发展的主要动力和重要支撑；在线旅游投资占全国旅游直接投资的 15%，在线旅游消费支出占国民旅游消费支出的 20%。2015 年，中国在线旅游市场交易规模突破 4000 亿元，其中在线住宿市场交易规模突破 800 亿元，同比增长 57.6%，而 OTA 的营收增长对传统酒店行业来说是利润的挤压，促使酒店行业向互联网和移动端营销转型，深入开展大数据管理，开展线上线下企业合作（见图 1）。

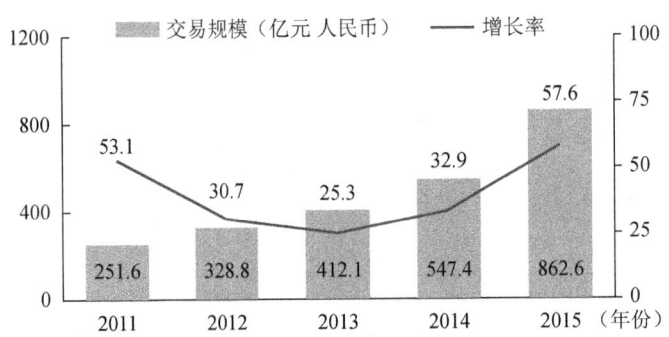

图1　2011—2015年中国在线住宿市场交易规模

（数据来源：Analysys 易观智库数据）

与此同时，酒店与其他行业的跨界经营也悄然成风。酒店管理巨头万豪集团宣布与瑞典家具巨头宜家联手推出一个新的经济型酒店品牌 MOXY；托尼洛兰博基尼（Tonino Lamborghini）酒店于江苏昆山中茵世贸广场开业；全球首家阿玛尼酒店（Armani Hotel）于迪拜哈利法塔开业。这些跨界发展对于酒店传统的市场营销以及各项经营管理工作来说，都是新的机遇和挑战。除了品牌之间的跨界合作外，酒店行业的资产并购、重组也对行业的竞争格局产生了影响，例如 2015 年锦江酒店集团 82 亿并购铂涛酒店集团，万豪集团并购喜达屋集团，如家酒店集团宣布私有化并"嫁入"首旅酒店等。不管是酒店集团的合并，还是在线分销商的相互收购，抑或是多元化旅游集团的海内外全服务链并购，都在传递着行业的发展趋势——新常态下，资源覆盖成为酒店业市场变革的重要手段之一，竞争也将从原来主要表现为客源和产品的竞争扩展到资源、渠道、流量以及全服务链的竞争。

旅游业是酒店行业发展的重要动力来源，通过对旅游业、酒店业的宏观数据分析和行业调研，我们也可以对行业人才的供需状况和变化趋势做出一定的判断：酒店行业人才缺口总量较大，大专以上学历人才占比较低，适合新常态下酒店行业发展的技术型、复合型、具有国际视野和跨文化沟通能力的管理人才有非常大的市场需求。

（2）酒店企业岗位需求与人才供给

主要是通过问卷调查，并结合访谈，了解酒店行业发展对人才需求的新变化。

首先我们调查了酒店在招聘员工时最看中的因素，从调研数据结果来看，除了知识和学历外，职业技能、仪容仪表和职业道德是酒店最为关注的，如表3所示。

表3　酒店招聘员工不同因素的重要性

选项	知识	职业技能	仪容仪表	职业道德	学历
百分比（%）	14.4	30.4	20.3	23.6	11.3

酒店用工和考核提拔过程中，对员工素质的考量是多方面的，最看中的因素如图2所示。

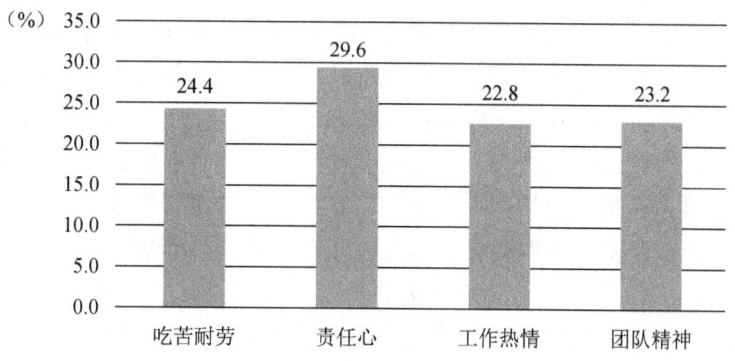

图2　酒店从业人员重要素质分布

职业院校在酒店管理专业人才培养的过程中，往往把餐饮、前厅或者客房职业资格证书的考取作为重要的一个教学环节，而酒店在招聘员工时对职业资格的重视程度不尽相同，但总体来说，学生职业资格证书的获取有利于提高就业能力。

表4　酒店对相关技能等级证书的要求

选项	非常必要	有必要	无所谓	没有必要
百分比（%）	22.4	51.0	25.4	1.2

调查还分析出高职学生和中职学生在工作中的各种能力和待遇之间还是有一定大的差距，高职教育毕业的学生有更好待遇和发展机会。

表5　中高职学生的能力与待遇差异程度

选项	差异悬殊	差异较大	差异较小	没有差异
百分比（%）	14.1	55.9	17.6	12.4

在酒店工作，学生英语能力显得非常重要，绝大多数酒店经理人和HR强调在校英语学习的重要性。

表6 英语能力在酒店工作中的必要性

选项	很有必要	有一定必要	无所谓	没有必要
百分比（%）	71.2	17.4	10.1	1.3

除了问卷调查，课题组还组织专人前往部分酒店进行了走访和实地调研，与不同类型酒店的经营管理者、人力资源相关工作负责人进行了深入访谈，了解酒店管理专业中高职学生在酒店的工作和发展现状，以及用人单位对其能力素质方面的要求和评价，并请酒店对酒店管理专业人才培养方案的设置和专业课程设置提出了宝贵建议。

2. 职业院校层面调研与分析

（1）中高职衔接模式

中高职衔接是指按照建设现代职业教育体系的要求，推动中等和高等职业教育协调发展，系统培养适应经济社会发展需要的技能型特别是高端技能型人才。中等职业教育阶段重点培养技能型人才，发挥基础性作用；高等职业教育阶段重点培养高端技能型人才，发挥引领作用。学生在完成中职教育，通过相关考核后升入高职院校，再接受高职教育，毕业后取得相应中等和高等职业教育学历证书及相关职业等级资格证书，是中高职学校发挥各自优势、与行业企业密切合作联合培养高技能人才的一种办学形式。

根据调研，酒店管理专业中高职衔接的学段模式主要有"3+2"和"3+3"两种形式，即学生在完成3年中等职业教育的基础上，再接受2年或3年高职教育。一般情况下，一所高职院校对接一所或多所中职学校，中、高职学校之间有合作协议，在人才培养，特别是课程衔接和转段考核上有具体约定。经本省教育主管部门批准后，进行分段培养，衔接教育。山东省、浙江省、湖北省、云南省酒店管理专业中高职衔接主要采用"3+2"分段模式，江苏省和四川省主要采用"3+3"分段模式（见表7）。

表7 各省份酒店管理专业中高职衔接模式

模式 \ 省份	江苏	山东	浙江	湖北	四川	云南
"3+2"分段		√	√	√		√
"3+3"分段	√				√	

（2）中高职衔接人才培养目标定位

人才培养目标的定位分为两个大类，一是中、高职阶段人才培养目标分别定位，并注重之间的衔接性，以江苏、湖北、四川等省份为代表；二是中高职培养目标一体化定位，河北、山东、浙江、广东、云南属于此列。无论何种定位，皆涵盖了人才培养的知识目标、素质目标、能力目标、岗位目标和规格定位，体现了中高职人才培养的衔接性和系统性。

中职阶段素质目标涉及"德、智、体、美全面发展""具备良好的职业道德"或"具有良好的文化修养"等；知识能力目标描述较为笼统，四川省描述为"具有较强的酒店运行管理能力和市场营销能力,具有较好的英语听说能力",定位略显错位;岗位目标定位为现代酒店业、餐饮业等服务业一线岗位;人才规格定位为"高素质劳动者和中等技术技能型人才"(江苏)、"中等应用型专业人才"(湖北)或"较高素质应用型人才"(四川)。

高职阶段素质目标部分大体相同;能力目标各有侧重,江苏省强调具有一定的经营管理能力及创新能力,湖北省强调具备实际工作能力,四川省增加熟悉国际接待服务惯例和酒店会展业务;岗位目标明显高于中职定位,江苏省确定为现代酒店业一线服务及督导管理工作岗位,湖北省提出"以高星级酒店的前厅、客房、餐饮、娱乐、康体等业务部门的领班、主管及部门经理为主要就业岗位,以酒店行政、财务等职能部门的经理、执行经理及总监为发展目标",四川省定位为高星级酒店中基层部门运营、管理岗位;人才规格定位提升为高素质、高技能,江苏省定位是"复合型、国际化的高技能人才",湖北省为"高星级酒店管理专门人才",四川省则是"高素质技能型人才"。

(3)中高职衔接课程体系

试点省份酒店管理专业中高职衔接课程体系大体分为文化基础课程、专业通识课程、专业核心课程、素质拓展课程四类。浙江省根据酒店管理岗位群工作任务与职业能力分析结果,依据高职教育教学规律和学生认知发展规律,将课程分为"基础能力模块"(人文素质课程、行为素质课程)、"专业能力模块"(核心服务能力课程、核心管理能力课程)、"发展能力模块"(职业技能发展课程、职业知识发展课程)三模块、六体系。云南省的课程体系则分为专业能力课、专业基础课、基础素质文化课三类课程,虽然没有明确拓展课模块,想必应有题中之意。

根据统计,①试点省份中高职衔接的必修课程数量多在50门左右,相对一致。②文化基础课程、专业通识课程和专业核心课程模块的多数课程设置具有一定的相似性,但不同模块内课程设置呈现出不平衡和交叉性;素质拓展课程模块的课程离散度非常大,体现了明显的区域差异。③课程体系模块划分标准和模块内涵缺乏统一认识,导致课程设置杂乱。部分课程在不同的试点省份被归入不同的模块类别。④中高职分段培养目标定位不清,部分试点省份中、高职阶段课程衔接性不够,课程设置倒挂和重复的现象依然存在,如一些专业核心课程。⑤相似的课程教学内容,因拆分或因循传统或因随性,课程冠名五花八门,如英语类课程。⑥执行国家相关课程政策力度不一,中职酒店管理类专业国家指导性方案规定的课程、高职教育部规定的相关课程没有能够完全纳入课程体系,设置创新创业教育课程的仅有两个省份。

(4)专业核心课程

比较试点省份酒店管理专业中高职衔接专业核心课程,中职阶段主要集中在三个方向:一是餐饮方向,如餐饮服务与管理、茶事服务与管理、酒水知识与管理等;二是客房方向,如客房服务、客房运行与管理、康乐服务与管理等;三是前厅方向,如前厅管理、前厅服务、前厅服务与管理等。个别省份将应属高职阶段的课程列入中职阶段,如饭店服务质量管理、酒店市场营销等。高职阶段核心课程主要分为四个方向:一是餐饮方向,如餐饮经营与管理、西餐服务、酒水服务与管理、酒水知识与酒吧管理、宴会设计等;二是客房方向,如客房运行与管理、康乐服务与管理等;三是前厅方向,如前厅运行与管理、前厅服务与酒店管理软件应用等；四是其他管理或技术方向，如饭店服务质量管理、饭店收益管理、饭店信息化管理、酒店市场营销、酒店人力资源管理、酒店财务管理、酒店安全管理、酒店工程管理、酒店电子商务、酒店督导、酒店领导力等。

从核心课程名称来看，中高职衔接课程体现出一定的衔接性。多数省份在餐饮、客房、前厅方向的核心课程设置上能够体现出人才培养规格要求的层次性与阶段性，中职阶段重在服务技能培养，高职阶段重在管理能力培养。同时，高职核心课程与中职相比，更体现出技术技能培养和经营管理人才的培养目标。当然，中高职课程衔接方面也还存在主要核心课程方向雷同、课程内容重复，个别课程中高职倒挂的现象。

（5）师资队伍

各省份对酒店管理专业中高职衔接师资队伍都提出一定的要求，统计大致如下：一是对专业负责人的要求。学历具有本科学历且中高级职称或研究生学历，从事本专业至少3年以上，具有高级以上职业资格；熟悉饭店行业发展现状与趋势，具有一定的企业经历；主持市级或以上教改课题并在省级刊物上发表多篇酒店管理专业研究论文。二是对专业教师的要求。具有硕士学位或中级职称；双师型教师比例达专任教师70%；具有酒店管理专业理论知识和实践能力；有一定的教学和科研能力，能够从事课程开发和教学设计；具备指导学生进行毕业设计、创新设计、职业技能比赛的能力；定期赴企业挂职锻炼。三是对兼职教师的要求。兼职教师占专任教师的11%～20%；从事酒店行业企业相关岗位工作3年以上，具有丰富的实践经验；经过职业教育教学培训，有一定的教育教学能力。

从调研结果看，各省份对酒店管理专业中高职衔接师资队伍，从学历、职称、专业理论与实践能力、教学能力、教研能力都提出了一定的要求。但个别省份对于师资队伍教师结构的比例并未做出明确规定，且对于教师的企业挂职要求部分省份还有待重视。

（6）实训实习条件

试点省份酒店管理专业中高职衔接普遍具有较为完备的校内实训平台。首先，实训场地、仪器设备台套按照同时满足50人/教学班开设实训教学的标准进行配置；其次，实训室的信息化建设基本可以满足实训需求，各技能专项实训室（如酒店信息系统实训室、前厅实训室、中式铺床实训室、模拟标准间实训室、酒吧实训室、中餐实训室、西餐实训室）的相应场地及设施设备配置基本到位。不足的是，个别省份的技能专项实训室类型需要拓展，不能充分涵盖酒店管理专业岗位技能类型。此外，校外实训实习条件和基地，大多省份并未明确表示。

（7）本校学生调查

本校"对口单招"学生中，22人认为中职与高职院校专业课程设置重复比例低于10%，占总人数的4.3%；165人认为专业课程设置重复在10%~30%，占总人数的32.3%；289人认为重复比例为30%~50%，占总人数的56.6%；28人认为重复比例在50%~70%，占总人数的5.5%，7人认为重复比例高于70%，占总人数的1.4%。由此看来，绝大多数学生认为中高职酒店管理专业课程有近一半的课程相类似，中高职衔接的关键在于课程体系、教学内容、课程实施和教学评价的有效衔接。

四、酒店管理专业中高职衔接问题分析

通过对酒店行业企业的调研，发现尽管高星级酒店不同程度地出现"用工荒"的情况，但对高职高专的酒店管理专业毕业生依然抱有较高的期望，对学生的实际动手操作能力、人际沟通能力、抗压耐挫能力和英语能力都有着较高的要求。在具体用人岗位上，餐饮服务员、前厅服务员和客房服务员是用人需求量最大的，酒店市场营销部、人力资源部和财务管理部人员流动率较低。很多酒店提出要重视学生"体能"训练，强调要重视学生"职业道德"（权重占47.06%）、"团队意识"（占15.69%）与"创新能力"（占16.47%）的培养（"专业知识"仅占17.25%）。越来越多的酒店强调"复合型"人才在酒店职业生涯发展中会具有更强的竞争优势。转型升级过程中的酒店行业对人才需求提出了多层次、多类型、跨界能力强的要求，中高职衔接培养人才在一定程度上可以满足行业发展的新需求。

目前国内酒店管理专业中高职衔接试点院校在人才培养方案制订过程中，积累有一定的经验，形成一系列的理念、实践方案及文本成果，但仍然存在一系列亟须解决的问题。

（一）中高职衔接模式各省之间存在差异，需要更加统一化

就目前的调研结果看来，我国酒店管理专业中高职衔接主要存在两种模式：一贯制和分段式。一贯制即五年制高职，该模式的人才培养过程是由高职院校独立完成的，不存在中职学校与高职学校之间的衔接问题。分段式即"3+2"和"3+3"中、高职分段培养，通过培养目标、培养规格、课程体系等方面的衔接，充分实现学生对酒店行业发展的工具性价值和自身能力持续发展的人本性价值。从多数试点省份来看，建议以"3+2"分段培养作为全国统一学段要求。

（二）中高职衔接试点工作部分省份前期调研不足，需要更加科学化

前文提及中高职衔接需要实现学生对酒店行业发展的工具性价值和自身能力持续发展的人本性价值，这是酒店管理专业中高职衔接的根本宗旨。这需要对国内酒店行业发展现状、酒店行业岗位设置及各岗位人才需求规格、酒店行业岗位职业能力、中高职衔接毕业生与酒店行业需求的契合度、毕业生和在校生对社会行业的适应性和满意度以及对自身发展的要求等，进行充分的调研。教学标准的制定是要让培养出的人才既能现代酒店行业的持续发展，又能拉动相对落后地区酒店业的改革，同时能够满足自身综合发展的多元要求。充分调研是保证中高职衔接教学标准价值与功效实现的基础和依据。

（三）中高职衔接人才培养目标定位表述不一，需要更加精准化

根据调研结果，我国酒店管理专业中高职衔接的人才培养目标主要存在以下几个问题：一是目标描述较为随意，标准不一，缺乏规范，如此在人才培养的过程中会缺乏目标引领的指导性；二是培养目标缺乏衔接性，多数省份未区分中、高职阶段的培养目标。培养目标应体现出层次上、社会适应性上、职业能力上以及自身发展方面的衔接，应分别提出中职及高职阶段的培养目标，使中、高职阶段的人才培养更加具有针对性，避免重复、倒挂、缺乏系统性等现象；三是部分省份人才培养目标层次不清，且有一定的重叠性。如

中职目标描述有部分内容明显高于中职生培养应达到的目标要求,不仅不符合学生专业目标定位,还会造成衔接上的错位。目标定位应通过对综合素质、专业知识、职业能力、就业领域、目标岗位等方面的准确定位,科学区分中高职专业培养目标,并保证中高职培养目标的有效衔接。

(四)中高职衔接课程模块设计与体系衔接存在不妥,需要更加规范化

课程体系需要体现出中高职阶段的教学衔接性,但国内酒店管理专业中高职衔接多数省份课程体系及课程内容设置皆没有在衔接性上有所体现。为确保合理科学的教学顺序与实施路径,避免课程内容的重复与交叉,促进课程衔接的连续性、逻辑性与梯度性,在课程设置上,应体现出其中高职阶段不同的培养规格、目标要求,体现出不同层次的区分。试点省份课程体系分类、课程设置与命名、国家课程与地方课程、校本课程布局的不平衡、交叉性、随意性亟须修正,系统化、标准化和规范化是设置课程体系必须优先考虑的原则。中高职课程体系的设置:一要充分体现酒店行业对不同层次的人才需求特征,符合不同层次的酒店行业人才培养目标定位;二要充分保证中、高职阶段课程在专业知识传授、学生习得规律和能力发展方面的衔接性;三要体现人的全面发展和可持续发展,满足社会和行业多样化、高素质的人才需求。

五、中高职衔接酒店管理专业教学标准开发原则与指导思想

(一)教学标准开发的原则

教学标准开发始终遵循三个原则:一是内容结构与体例格式的一致性。严格参照《国家中高职衔接专业教学标准框架和编写说明》;二是国家标准普适性与地方方案特殊性的统一。充分考虑国家中高职衔接专业教学标准普适性与各地已实施的中高职衔接专业教学标准特殊性的矛盾问题处理;三是标准编制专业性与发展性的统一。

(二)教学标准开发的指导思想

1. 更新育人理念,创新培养模式,培养高素质、复合型人才

(1)关注学生未来发展。高职高专酒店管理专业应该根据我国酒店住宿业的发展趋势和行业人才需求,培养综合素质强,具有复合型人才特征的酒店管理专业人才。修正"技能为王"和"毕业即就业"倾向,强调以德为先、全人教育的目标。

(2)创新人才培养方式。针对中高职衔接学生来源的多样性和差异性,开展针对性的因材施教培养。将酒店不同业态、不同岗位的需求与学生自主选择、差异发展相结合,根据不同的学业水平实施分层次、分方向的培养。有条件的院系或专业可以实施卓越人才培养计划,有目的地选拔精英人才、管理培训生,进行重点培养。

(3)注重综合素质培养。校企合作,挖掘酒店行业资源,营造职业文化氛围,产教融合,提供职业生涯规划,强化从业信心。关注生源差异和职业情感教化,强化心理与沟通教育,注重养成教育。改革教学方法,针对性地实施基于问题、基于项目、基于团队和基于案例的教学方法,培养学生的自主学习能力、实践操作能力和创新创业意识。

2. 以国家职业标准为基础，以综合职业能力为主线，整体设计酒店管理专业中高职衔接课程体系

（1）基于工作过程导向设计职业学习领域课程。职业学习领域课程模块遵循从"服务员—领班（主管）—部门经理"的职业成长及学生认知规律，实践教学"整体设计、分段递进、持续贯穿"，将职业技能训练贯穿整个课程体系。技能训练要体现中高职承接与延续的关系，分段完成职业技能培训。中职阶段侧重职业基本技能训练以及基本操作规范和方法等的培养，高职阶段注重综合职业能力的训练以及对解决复杂问题能力的培养。多开设具有前沿性、技术性的选修课程，如酒店创意设计、酒店在线营销、酒店收益管理、酒店电子商务、酒店节能减排、酒店物业管理、连锁酒店经营等，适应业态和学生职业生涯多样性发展的需要。

（2）基于社会生活过程设计基础课程体系。构建以社会生活过程为导向的、与专业课程相融合的基础课程体系，促进学生的可持续发展，培养具有社会生活素质的全面发展的人。立足学生渐进性学习和终身学习的需要，中职阶段注重基础素质教育，高职阶段注重学生知识、技能和职业素养全面培养，提高学生可持续发展能力。由于酒店管理专业学生就业有很强的涉外性，因此，中职的基础英语和酒店服务英语与高职的综合英语和酒店专业英语课程教学内容必须系统设计，确保专业英语应用能力梯级提升。

六、中高职衔接酒店管理专业教学标准文本（见附件1）

七、中高职衔接酒店管理专业教学标准编制说明

在教学标准的制定过程中，我们面临的一个主要问题是国家中高职衔接专业教学标准普适性与各地已实施的中高职衔接专业教学标准特殊性的矛盾问题。不同地区酒店行业构成、发展需求不同，酒店管理技术应用水平不同，从而导致各地区酒店行业企业对人才类型、人才层次的要求也有所不同；加之各区域职业教育的要求、标准和水平不同，导致各地已实施的中高职衔接专业教学标准存在其地区特殊性。而国家专业教学标准面向全国范围内的中高职衔接酒店管理专业试点院校，必须具有较强的普适性。

为实现中高职衔接酒店管理专业教学标准的普适性，我们在编制教学标准的过程中注重与国家职业标准的对接。根据酒店行业国家职业标准中的职业定义、职业能力特征，制定专业人才培养目标；根据酒店行业国家职业标准中的职业道德、基础知识、职业能力特征、职业等级及鉴定要求等确定具体的人才培养规格。此外，在课程设置及内容开发中融入国家职业标准的相关内容，以能力标准中的工作任务为主线进行专业课程设置。

而普适性是一个相对意义上的概念，国家专业教学标准在发挥统一性、规范性作用的同时，可以允许局部上的差异，通过授权各地、各校针对性地设置相应的选修课程，实现标准的灵活应用。

（作者：吕胜男、夏雯婷、樊平、周春林 南京旅游职业学院）

附件1：中高职衔接酒店管理专业教学标准

一、专业名称及代码

中职：高星级酒店运营与管理（代码：130100）

高职：酒店管理（代码：640106）

二、入学要求

中职入学要求：初中毕业生或具有同等学力者。

高职入学要求：完成中职阶段相应专业学业，转段或入学考试合格。

三、基本学制与学历

（一）学制

以5年为主，中职阶段3年，高职阶段2年为主。

（二）学历

中职阶段学业成绩合格取得中职教育学历，高职阶段学业成绩合格取得高职专科学历。

四、培养目标

（一）总体培养目标

培养适应经济社会发展，满足技术进步和生产方式变革以及社会公共服务的需要，德、智、体、美全面发展，具有综合职业能力和可持续发展能力，面向高等级酒店、高档餐饮、豪华邮轮、会议中心等旅游企业，从事餐饮、客房、康乐、前厅、营销等部门生产、服务和管理一线工作的高素质劳动者和技术技能人才。

（二）分段培养目标

1. 中职阶段培养目标

本专业主要培养面向高星级酒店、豪华邮轮、高档餐饮、高档会所、会议中心等旅游企业，从事餐饮、客房、康乐等部门工作，具备较强的生产、服务与基层管理等职业能力的高素质劳动者和技能型人才。

2. 高职阶段培养目标

本专业主要培养面向高星级酒店、高档餐饮、豪华邮轮、高档会所、会议中心等旅游企业，从事餐饮、客房、康乐、前厅、营销、安保等部门工作，具备较强的服务、创新与中层管理等职业能力的高素质劳动者和高端技能型人才。

五、职业范围

序号	对应职业（岗位）	职业资格证书	专业（技能）方向
1	前厅服务员	前厅服务员（四级，人力资源和社会保障部颁发）	酒店运营与管理
2	客房服务员	客房服务员（四级，人力资源和社会保障部颁发）	
3	餐厅服务员	餐厅服务员（四级，人力资源和社会保障部颁发）	
4	茶艺师	茶艺师（四级，人力资源和社会保障部颁发）	

续表

序号	对应职业（岗位）	职业资格证书	专业（技能）方向
5	调酒师	调酒师（五级，人力资源和社会保障部颁发）	酒店运营与管理
6	咖啡师	咖啡师（四级，人力资源和社会保障部颁发）	
7	网络营销师	网络营销师（中级，工业和信息化部颁发）	
8	电子商务师	助理电子商务师（中级，人力资源和社会保障部颁发）	
9	营养师	营养师（五级，人力资源和社会保障部颁发）	
10	康乐服务员	康乐服务员（四级，人力资源和社会保障部颁发）	
11	插花员	插花员（五级，人力资源和社会保障部颁发）	

本专业学生在校期间应取得下列人力资源和社会保障部颁发的三种职业资格证中任意两种：

1. 四级餐厅服务员职业资格证书；

2. 四级客房服务员职业资格证书；

3. 四级前厅服务员职业资格证书；

上表中其他证书可根据专业（技能）方向自行考取。

六、人才规格

本专业毕业生应具有以下职业素养、专业知识和技能：

（一）中职阶段人才规格

1. 职业素养

（1）具备主动、热情、周到、甘于奉献的服务意识。

（2）具有诚实守信、忠于职守、爱岗敬业的职业道德。

（3）具有健康的体魄、良好的心理承受能力和抗挫折能力。

（4）乐于与人交往，具有人际交流沟通能力和团队协作精神。

（5）遵守酒店行业行为规范，具有良好的礼仪素养、优雅的形象气质。

（6）具有节约资源、倡导绿色消费的意识。

2. 专业知识和技能

（1）能掌握本专业所必需的旅游行业的基本知识并应用于日常工作。

（2）能识别高星级酒店各种产品，熟悉各部门分工，能运用主要服务用语。

（3）具有酒店服务与管理基础知识、基本技能、礼仪知识、健康卫生知识、食品营养知识和酒水知识。

（4）能了解与本专业有关的方针、政策、法律、法规，能以之为准则维护宾客、酒店和自身的利益。

（5）能参与高星级酒店的前厅、客房、餐饮、康乐等部门服务接待与运营，能娴熟地完成住宿、餐饮、会议等服务项目的工作。

（6）具备安全使用及日常维护保养相关工作设备的能力，具有使用、指导使用、日常维护相关客用设施设备的能力。

（7）具备在酒店服务、运营与管理工作中处理常规问题及一般非常规问题的能力。

（8）能使用外语（主要是英语）进行一般接待服务。

（9）能熟练使用酒店应用办公等软件对客服务，处理相关电子资料。

（10）能熟练掌握现代服务业的标准化操作规范，并能适当开展个性化服务工作。

（二）高职阶段人才规格

1. 职业素养

（1）具有良好的思想政治素质、较强的社会责任感和良好的社会公德。

（2）具有爱岗敬业、诚实守信的职业道德。

（3）具有团结协作、吃苦耐劳的品德和宾客服务意识。

（4）具有正确的审美观和较高的文化修养。

（5）具有健康的体魄和良好的心理素质。

（6）具有正确的择业观、健康的择业心态、正确的择业态度。

（7）具备适应行业变化、在酒店职业道路自我提升的潜质。

2. 专业知识和技能

（1）掌握大学语文、应用文写作和旅游方面的知识。

（2）掌握信息通信技术（ICT）和酒店信息化应用的基本知识。

（3）掌握酒店前厅、客房、餐饮服务与管理的基本知识。

（4）掌握酒店财务、成本控制的基本知识。

（5）掌握酒店基层管理、市场营销和收益管理的知识。

（6）掌握常用专业英语词汇和跨文化交流的知识。

（7）具备良好的服务意识和一线岗位的服务技能。

（8）具备酒店基层岗位管理能力和中层岗位管理能力的潜质。

（9）具备较强的计算机运用能力，熟练运用办公软件和酒店信息系统管理软件。

（10）具备一定的英语读写、听说能力，熟练使用常用职业英语，并能进行一般业务沟通。

（11）具备良好的人际沟通能力、团队协作能力和主动学习能力。

（12）具备一定的创新意识，能创造性地开展工作，满足宾客个性化要求。

（13）具备解决酒店服务、运营与管理中常见问题的能力，并能应对各种突发状况。

七、主要接续专业名称与代码

本科：酒店管理（120902），旅游管理（120901K）

八、课程结构

中高职衔接酒店管理专业课程体系

高职阶段

专业选修课
1. 酒店装潢与装饰
2. 艺术品鉴赏
3. 奢侈品鉴赏
4. 酒店形象管理
5. 酒店模拟运营

公共选修课
1. 创新创业理论与实践
2. 创业实务

顶岗实习

专业课程（高职）：
- 康乐服务与管理
- 酒水知识与酒吧管理
- 酒店信息管理软件应用
- 厨房管理
- 酒店电子商务
- 酒店市场营销 II
- 酒店英语与听说 II
- 前厅服务与管理 II
- 餐饮服务与管理 II
- 客房服务与管理 II
- 酒店工程管理
- 酒店安全管理
- 酒店财务管理
- 酒店人力资源管理

公共基础课（高职）：
- 管理学原理
- 救护知识
- 沟通技巧
- 应用文写作
- 计算机应用基础 II
- 体育 II
- 形体
- 形势与政策
- 思想道德修养与法律基础
- 毛泽东思想和中国特色社会主义理论体系概论
- 军事训练 II

中职阶段

专业选修课
1. 茶艺
2. 咖啡制作
3. 烹调基础知识
4. 旅游文学鉴赏
5. 旅游与民俗

公共选修课
1. 心理健康
2. 地理
3. 旅游学概论

顶岗实习

专业核心课（中职）：
- 酒店服务活动策划
- 酒店财务基础
- 酒店市场营销 I
- 酒店英语与听说 I
- 前厅服务与管理 I
- 餐饮服务与管理 I
- 客房服务与管理 I
- 食品营养与卫生
- 酒店服务心理学
- 酒店礼仪
- 酒店概览

公共基础课（中职）：
- 军事训练 I
- 历史
- 公共艺术
- 体育 I
- 计算机应用基础 I
- 英语
- 数学
- 语文
- 哲学与人生
- 经济政治与社会
- 职业道德与法律
- 职业生涯规划

九、课程设置及要求

本专业课程设置分为公共基础课和专业技能课。

公共基础课包括德育、语言、计算机信息技术、体育与健康、艺术以及其他自然科学和人文科学类基础课。

专业技能课包括专业核心课和专业拓展课,实习实训是专业技能课教学的重要内容,含校内外实训、顶岗实习等多种形式。

（一）中职阶段课程

1. 公共基础课

序号	课程名称	主要教学内容和要求	参考学时
1	职业生涯规划	依据《中等职业学校职业生涯规划教学大纲》开设，使学生掌握职业生涯规划的基础知识和常用方法，树立正确的职业理想和职业观、择业观、创业观以及成才观，形成职业生涯规划的能力，增强提高职业素质和职业能力的自觉性，做好适应社会、融入社会和就业、创业的准备。	32
2	职业道德与法律	依据《中等职业学校职业道德与法律教学大纲》开设，使学生了解职业道德的作用和基本规范，陶冶道德情操，增强职业道德意识，养成职业道德行为习惯并以之自律酒店从业行为；掌握与日常生活和职业活动密切相关的法律常识，树立法治观念，增强法律意识，成为知法守法的公民，懂得运用法律工具维护各方权益。	32
3	经济政治与社会	依据《中等职业学校经济政治与社会教学大纲》开设，引导学生掌握马克思主义的相关基本观点和我国社会主义经济建设、政治建设、文化建设、社会建设、生态文明建设的有关知识；提高思想政治素质，坚定走中国特色社会主义道路的信念；提高辨析社会现象、主动参与社会生活的能力。	32
4	哲学与人生	依据《中等职业学校哲学与人生教学大纲》开设，学生应了解马克思主义哲学中与人生发展关系密切的基础知识，提高用马克思主义哲学的基本观点、方法分析和解决人生发展重要问题的能力，能进行正确的价值判断和行为选择，形成积极向上的人生态度，为人生的健康发展奠定思想基础。	32
5	语文	依据《中等职业学校语文教学大纲》开设，学生正确理解与运用祖国语言文字，提高科学文化素养，适应就业和创业的需要；掌握日常生活和职业岗位需要的现代文阅读能力、写作能力、口语交际能力，具有初步的文学作品欣赏能力和浅易文言文阅读能力，掌握基本的语文学习方法，养成自学和运用语文的良好习惯，接受优秀文化的熏陶，提高思想品德修养和审美情趣，形成良好的个性、健全的人格，促进职业生涯的发展。	198
6	数学	依据《中等职业学校数学教学大纲》开设，学生掌握一定的计算技能、计算工具使用技能和数据处理技能，提高观察能力、空间想象能力、分析与解决问题能力和数学思维能力逐步养成良好的学习习惯、实践意识、创新意识和实事求是的科学态度，提高学生就业能力与创业能力。	128
7	英语	依据《中等职业学校英语教学大纲》开设，学生掌握听、说、读、写等语言技能，初步形成职场英语的应用能力；激发和培养学生学习英语的兴趣，提高学生学习的自信心，帮助学生掌握学习策略，养成良好的学习习惯，提高自主学习能力；引导学生了解、认识中西方文化差异，培养正确的情感、态度和价值观。	132

续表

序号	课程名称	主要教学内容和要求	参考学时
8	计算机应用基础（Ⅰ）	依据《中等职业学校计算机应用基础教学大纲》开设，使学生掌握必备的计算机应用基础知识和基本技能，使学生初步具有应用计算机学习的能力，为其使用酒店管理系统和终身学习奠定基础；提升学生的信息素养，使学生了解并遵守相关法律法规、信息道德及信息安全准则，培养学生成为信息社会的合格公民。	130
9	体育（Ⅰ）	依据《中等职业学校体育与健康教学指导纲要》开设，并注重培养学生参与运动、增强体能、体育技能、身体健康、心理健康、社会适应和职业素质等在本专业中的应用能力。	144
10	公共艺术	依据《中等职业学校公共艺术教学大纲》开设，通过艺术作品赏析和艺术实践活动，使学生了解或掌握不同艺术门类的基本知识、技能和原理，增强文化自信，丰富学生人文素养与精神世界，培养学生艺术欣赏能力，提高学生文化品位和审美素质，培养优雅的社交气质，锻炼职场交际灵活性与抗压能力。	36
11	历史	依据《中等职业学校公共艺术教学大纲》开设，通过本课程的学习，使学生对中国历史文化有一个较为广泛的了解和认识，从而加深对祖国文化的理解，提高学生的文化素质，并且激发学生的民族自豪感，从而达到感悟历史文化，激励人生的目的。	36

公共基础课程，特别是语文、数学、英语等科目，在依据部颁教学大纲的前提下，既要注重培养学生在本专业的应用能力，也要考虑学生中高职衔接、升读高职院校接续专业的需求，要使学生具备接受高一级教育的水平和能力。

2. 专业课程

（1）专业核心课

序号	课程名称	主要教学内容和要求	参考学时
1	酒店概览	学生能描述酒店及其酒店的产生、发展历程，能分辨不同类型的酒店、不同星级的酒店，能列举知名品牌酒店集团，会分析中外酒店业现状及发展趋势，熟悉酒店组织机构的类型与部门构成，能列举出酒店业务运转部门、职能部门与行政部门，能描述各部门工作岗位职责及运营概要。	34
2	酒店礼仪	学生掌握外在形象礼仪、服务语言礼仪和酒店服务礼仪知识，培养职场面试、团队沟通、跨文化沟通的相关技巧，规范酒店岗位工作中的服务语言和服务礼仪，养成良好的心理素质，在对客服务和工作沟通中能从容应对、优质高效。	34
3	酒店服务心理学	学生能掌握心理学基本知识，能分析客人对酒店前厅服务、客房服务、餐饮服务、康乐服务等的心理需求，能根据不同客人的服务需求，为其提供人性化和个性化的服务，并能进行自我心理调适，完成各项对客接待服务工作。	34
4	前厅服务与管理（Ⅰ）	学生能辨别并正确使用前厅部设施设备和表单；能描述预订服务、礼宾服务、入住登记服务、收银服务、前厅其他服务和督导管理等各项工作的流程和标准并按照规范标准提供相应服务；能初步处理前厅部领班、主管的督导工作；能流畅地使用前厅对客服务用语，适应前厅部各岗位的工作要求。	66

续表

序号	课程名称	主要教学内容和要求	参考学时
5	客房服务与管理（I）	学生能识别常见客房类型、客用设备及用品；能够按规范程序和标准独立完成各类客房的清扫、夜床服务，正确进行客衣收送、擦鞋、客房小酒吧控制、物品借用等服务以及客人委托代办的相关事宜；会选用合适的清洁剂和清洁设备并按照工作流程进行公共区域日常清洁保养；能够接待VIP、政府代表团等各类特殊客人，提供私人管家服务，懂得进行初步的成本控制工作。	66
6	餐饮服务与管理（I）	学生能运用中西菜点知识、中西餐服务方式、文化与礼仪，能辨别餐饮餐具的种类及用途，能按照规范标准进行餐厅基本服务技能的操作，能按照规范标准进行中餐早、午、晚餐服务，熟练进行各种西餐厅服务，能进行规范的宴会预订与服务，具有良好的实践能力和宴会设计能力，能进行初步的菜单设计、菜肴定价、服务质量管理。	128
7	酒店市场营销（I）	学生能对酒店市场进行调查和分析，并根据调查和分析进行酒店客源市场的选择和细分；能描述酒店产品设计、创新与组合、酒店产品定价方法；能较好地完成推销任务；能通过广告宣传和营业推广宣传促销酒店产品；能描述设计酒店产品内部促销的方法，对酒店促销活动方案能提出合理化建议。	36
8	酒店服务活动策划	学生能较系统地描述活动方案的基本概念、原理、步骤与技术方法；能将所学到的活动策划知识应用到酒店服务活动策划实践中；养成创新意识、形象意识、团队意识、沟通意识和统筹意识；能进行组织策划、创意应变、协调沟通、统筹指挥、检查评估等工作，具备一定项目策划案例分析及活动策划实战能力。	36
9	食品营养与卫生	学生能了解营养与健康的关系，掌握营养学基础知识、各类食品的营养价值、不同人群食品的营养要求，掌握食品营养与卫生学的基本知识，掌握如何改善营养，预防食品污染、食物中毒和其他食源性疾病的知识，并能运用于合理营养与膳食的实践，指导宾客平衡饮食，合理搭配膳食结构。	36
10	酒店财务基础	学生应掌握会计语言要素及运用，认识酒店各部门财务工作的管理与核算、高星级酒店财务状况的评价方法，能初步了解财务管理的理论及方法，了解财务管理的实务运作，能胜任酒店收银岗位的工作，能运用财务知识进行简单的成本与收益核算的工作。	36
11	酒店英语听说（I）	学生能熟练使用酒店服务工作中常用的专业英语词汇、术语、句型及习惯用语；能用英语向客人介绍酒店主要设施设备及服务项目；能听写、记录使用英语的客人的电话预订及留言；完成工作表中英语书写的有关信息的填写；能使用英语与外宾作基础沟通，提供服务。	128

专业核心课程的内容设置和要求，必须考虑中高职衔接的问题，应定位于培养技能型人才，发挥基础性作用，体现中职学校在现代职教体系中的地位和角色。

（2）专业选修课

根据各地、各校的具体情况，开设具有地域特色和校本特点、反映行业和业态发展趋势的选修课程。如旅游概论、旅游地理、茶艺、咖啡制作、心理健康等。

（3）综合实训

学生在校内或校外实训基地完成综合实训，实训时间可分散在各学期进行。形式可以多样化，内容主要包括入学教育与军训、职业养成教育、到旅游酒店等企业开展短期见习或模块化实训、技能考证培训，等等。通过综合实训，增强学生对酒店企业的感性认识，提高专业技能，培养吃苦耐劳的敬业精神，培育沟通合作能力和责任意识，为学生顶岗实习和毕业就业打下坚实基础。

（4）顶岗实习

主要安排在高星级酒店为主的校外实习基地开展顶岗实习，实习岗位涵括餐饮、前厅、客房、康乐等，学生参与在实习岗位的工作计划安排、服务接待、业务开展，让学生熟练掌握各项操作技能，适应酒店严明的管理制度，感受酒店企业文化，接受酒店人文环境的熏陶，提高综合职业能力，为毕业顺利融入社会、进入酒店行业或升学进入高职院校继续学习奠定基础。

（二）高职阶段课程

1. 公共基础课

序号	课程名称	主要教学内容和要求	参考学时
1	毛泽东思想和中国特色社会主义理论体系概论	依据思政课相关文件要求开设，融入专业社会实践，紧密结合专业实际和旅游酒店行业发展开展教学。	36
2	思想道德修养与法律基础	依据思政课相关文件要求开设，融入专业社会实践，紧密结合专业实际和旅游酒店行业发展开展教学。	36
3	形势与政策	依据思政课相关文件要求开设，融入专业社会实践，紧密结合专业实际和旅游酒店行业发展开展教学。	36
4	形体	旨在矫正学生的不良举止和姿态，培养高雅气质，主要通过健美操、站姿、走姿、芭蕾、形体姿态训练、华尔兹的训练等塑造学生良好的体态，优雅的仪态，提高肢体协调能力。	72
5	体育（Ⅱ）	依据《高等学校体育工作基本标准》等相关文件开设，紧密结合旅游酒店专业特点设置训练专项。	72
6	计算机应用基础（Ⅱ）	学生了解信息科学的基础知识和理论，具备基本的计算机操作和使用技能，熟练地运用典型的系统软件、应用软件进行各种基本操作，同时兼顾介绍计算机应用领域的前沿知识，培养学生的综合信息素养和应用信息网络技术持续学习的能力。	72
7	应用文写作	学生了解常用的应用文的用途及其写作要领，熟练掌握与酒店业务相关应用文的写作，提高文字应用和书面表达能力。	36
8	沟通技巧	学生学习人际商务沟通的相关理论和实务，使学生了解人际沟通的基本原则并掌握实用的沟通技巧。重在全面培养学生的沟通实践能力，提高学生的综合素质和社会适应性。	36
9	救护知识	学生掌握日常生活和酒店工作中必备的急救知识，并能够在酒店实际服务过程中加以恰当应用。	36
10	管理学原理	学生掌握管理学的基础知识和基本理论，通过情境设置训练和培养学生的计划能力、组织能力、领导能力和控制能力，为专业学习奠定基础。	36

2.专业课程
(1)专业核心课

序号	课程名称	主要教学内容和要求	参考学时
1	酒店市场营销（Ⅱ）	阐述酒店市场营销学的基本内涵，使学生熟悉市场营销战略，了解市场营销环境；熟悉游客购买行为，掌握市场调查与预测方法，学会运用各种营销渠道策略。	72
2	酒店人力资源管理	通过对人力资源管理六大模块：人力资源规划、人员的招聘与配置、培训与开发、绩效管理、薪酬管理、劳动关系管理的阐述，让学生掌握现代酒店人力资源的相关内容。	36
3	酒店财务管理	学生了解酒店企业财务管理的相关知识、基本理论以及应用，重点掌握报表阅读和财务分析、资产管理、成本费用控制、预算管理、融资管理、筹资管理等。	36
4	酒店安全管理	学生熟悉酒店经营所涉及的治安、消防等各方面的法规、安全流程和防范措施，掌握酒店必需的安防技能，熟练操作相关设施设备。	36
5	酒店工程管理	学生掌握酒店设施设备以及相关保养的基础知识，熟悉酒店工程硬件设施功能并能进行初步维护和管理。	36
6	酒店电子商务	了解电子商务的应用背景与应用规律，掌握酒店电子商务营销技术，熟悉酒店电子商务相关岗位的工作内容，具备酒店电子商务网站应用、维护和对客服务的能力。	36
7	厨房管理	学生掌握厨房管理的相关流程和标准，了解厨房不同岗位任务和出品特点，并能在餐饮服务实际工作中加以应用。	72
8	客房服务与管理（Ⅱ）	熟练掌握客房服务与管理的基础知识、基本管理理论和客房部各项工作的操作流程、规范。通过实训，能够胜任酒店客房服务与基层管理工作。	72
9	餐饮服务与管理（Ⅱ）	以餐饮经营服务与管理的运作流程为中心线索，以管理理论为指导，以餐饮实际业务活动为基础，以实用的管理方法与操作技能为主要内容，培养学生的服务意识与服务能力，突出餐饮经营管理能力提升。	72
10	前厅服务与管理（Ⅱ）	学生熟练掌握前厅服务的知识与相关环节的工作任务与工作程序，会操作酒店前厅PMS系统（如OPERA），能够独立完成前厅相关服务和管理工作。	36
11	酒店信息管理软件应用	学生了解酒店管理软件与特点，学会应用酒店管理系统进行酒店前厅、客房、餐饮的管理和酒店产品的营销工作，能够进行酒店信息管理软件的数据统计、分析和更新维护等。	36
12	酒水知识与酒吧管理	学生掌握各种酒品、酒具、用具的基础知识以及茶艺、葡萄酒、咖啡、鸡尾酒调制的基本原理和方法。熟悉酒吧运行管理的知识与流程，能够胜任酒水服务与酒吧基层管理工作。	36
13	康乐服务与管理	了解酒店康乐部的项目设置、组织构架和经营方法等，掌握酒店主要康体项目、娱乐项目和保健项目的服务功能，能够操作和维护不同的康乐设施与设备。	36
14	酒店英语听说（Ⅱ）	掌握基于不同工作情境的酒店英语听说的技巧与能力，能够有针对性地为国外宾客提供酒店个性化服务，熟悉跨文化交流方式、方法和途径。	324

（2）专业选修课程

根据各地、各校的具体情况，开设具有地域特色和校本特点、反映行业发展和技术应用前沿的选修课程。如酒店形象管理、酒店装潢与装饰、奢侈品鉴赏、酒店模拟运营、酒店收益管理、旅游与民俗等。

（3）综合实训

学生在校内或校外实训基地完成综合实训，实训时间可分散在各学期进行。形式可以多样化，主要包括职业养成教育、企业实景实训、专项技能实训和虚拟仿真培训等。通过综合实训，提高学生的专项技能和管理协调能力，为学生顶岗实习和毕业就业打下坚实基础。

（4）顶岗实习

高职阶段顶岗实习是中职顶岗实习的提升。通过顶岗实习，使学生把专业理论知识应用到酒店对客服务与经营管理之中，培养良好的职业道德、服务观念、合作意识、健康心智，提升学生从事酒店相关岗位专业技能和职业素养，使学生全面了解酒店运营的过程和方法，为毕业后从事酒店服务和基层管理工作奠定基础。

（5）毕业实习报告

结合顶岗实习，运用所学专业知识，分析实习企业产品设计、营销或服务的得失，或者结合实习岗位，分析岗位任务、服务流程和工作绩效等，为企业改进产品和服务等提供参考。通过撰写毕业实习报告，培养和检验学生综合运用所学理论、知识和技能，分析解决实际问题的能力，促进学生的专业化成长。

十、教学时间与进程安排

（一）基本要求

1. 每学年为52周，其中教学时间40周（含复习考试），假期12周。每周一般为28学时。顶岗实习一般按每周30小时（1小时折1学时）安排。每学期的具体学时数，学校可结合实际情况参照执行。

2. 实行学分制的学校，一般16~18学时为1个学分，中职段总学分不得少于170。入学教育、军训、职业养成教育、企业实践、毕业教育等，每1周计1学分。

3. 公共基础课中，教育部规定的课程必须列为必修课，其他自然和人文科学类课程可列为公共基础课中选修课。选修课的数量和学时允许不同地区、不同学校根据人才培养的实际需要在规定的范围内适当调整。公共基础课的必修内容和学时必须保证。

4. 专业技能课程学时一般占总学时的2/3。其中，专业核心课程为必修课，综合实训和顶岗实习是专业技能课的重要组成部分。顶岗实习原则上累计学时不超过一学年，中高职阶段分别集中安排，具体时间各学校可结合具体情况，参照执行。各学校可根据具体情况开设一定数量的专业选修课程，选修课教学时数占总学时的比例应不低于10%。

5. 中职阶段第三学年第六学期对于未达到高职转段要求或不再参加高职阶段学习的学生，可安排顶岗实习。

（二）教学安排建议

课程类别		序号	课程名称	学分	总学时	各学期课时分配（节/周）									
						第一学年		第二学年		第三学年		第四学年		第五学年	
						一	二	三	四	五	六	七	八	九	十
公共基础课程	公共必修课	1	职业生涯规划	2	32	2									
		2	职业道德与法律	2	32		2								
		3	经济政治与社会	2	32				2						
		4	哲学与人生	2	32					2					
		5	公共艺术	2	36	2									
		6	历史	2	36			2							
		7	语文	12	198	2	2	2	2						
		8	数学	6	128	2	2	2	2						
		9	英语	8	132	2	2								
		10	计算机应用基础（Ⅰ）	8	130	2	2	2	2						
		11	体育（Ⅰ）	8	144	2	2	2	2						
		12	军事训练（Ⅰ）	2	36	1									
		13	军事训练（Ⅱ）	2	36							1			
		14	毛泽东思想和中国特色社会主义理论体系概论	2	36									2	
		15	思想道德修养与法律基础	2	36							2			
		16	形势与政策	2	36								2		
		17	形体	4	72							2	2		
		18	体育（Ⅱ）	4	72							2	2		
		19	计算机应用基础（Ⅱ）	2	36							2			
		20	应用文写作	2	36							2			
		21	沟通技巧	2	36							2			
		22	救护知识	2	36							2			
		23	管理学原理	2	36							2			
			课时小计	82	1436										

续表

课程类别		序号	课程名称	学分	总学时	各学期课时分配（节/周）									
						第一学年		第二学年		第三学年		第四学年		第五学年	
						一	二	三	四	五	六	七	八	九	十
公共基础课程	公共选修课	1	心理健康	1	18										
		2	旅游地理	1	18										
		3	创新创业理论与实践	1	18										
		4	创业实务	1	18										
		5	旅游概论	1	18										
			课时小计	5	90										
			公共基础课时合计	87	1526										
专业课程	专业核心课	1	酒店概览	2	34		2								
		2	酒店礼仪	2	34		2								
		3	酒店服务心理学	2	34				2						
		4	食品营养与卫生	2	36					2					
		5	客房服务与管理（Ⅰ）	4	66					2	2				
		6	餐饮服务与管理（Ⅰ）	8	128				2	2	2				
		7	前厅服务与管理（Ⅰ）	4	66					2	2				
		8	酒店英语听说（Ⅰ）	8	128					2	2				
		9	酒店市场营销（Ⅰ）	2	36					2					
		10	酒店活动服务策划	2	36					2					
		11	酒店财务基础	2	36							2			
		12	酒店市场营销（Ⅱ）	4	72								4		
		13	酒店人力资源管理	2	36								2		
		14	酒店财务管理	4	72								4		
		15	酒店安全管理	2	36							2			
		16	酒店工程管理	2	36									2	
		17	酒店电子商务	2	36								2		
		18	厨房管理	4	72									2	
		19	客房服务与管理（Ⅱ）	4	72								4		
		20	餐饮服务与管理（Ⅱ）	4	72							4			

续表

课程类别		序号	课程名称	学分	总学时	各学期课时分配（节/周）									
						第一学年		第二学年		第三学年		第四学年		第五学年	
						一	二	三	四	五	六	七	八	九	十
专业课程	专业核心课	21	前厅服务与管理（Ⅱ）	2	36								2		
		22	酒店信息管理软件应用	2	36								2		
		23	酒水知识与酒吧管理	2	36								2		
		24	康乐服务与管理	2	36							2			
		25	酒店英语听说（Ⅱ）	18	324							6	4	4	
			课时小计	92	1606										
	专业选修课	1	茶艺	1	18										
		2	咖啡制作	1	18										
		3	烹调基础知识	1	18										
		4	酒店装潢与装饰	1	18										
		5	艺术鉴赏	1	18										
		6	奢侈品鉴赏	1	18										
		7	酒店形象管理	1	18										
		8	酒店模拟运营	1	18										
			小计	8	144										
	实习实训	1	综合实训	8	160					4			4		
		2	顶岗实习	60	1200							30			30
		3	毕业设计	5	100										5
			小计	73	1460										
			专业课时合计	175	3210										
总计				260	4736										

说明：

①选修课不限于列表中的课程，各校可根据实际情况开设其他有利于提高学生素质、技能的课程。

②《职业生涯规划》课程应加大创业、就业教育的比重，注重对学生进行就业指导。

③综合实训中的入学教育与军训安排在第一学期；企业实习可安排在第一学期，也可根据需要分别安排在其他学期；模块化实训、专项技能实训或培训考证，各校可据自身实际条件合理安排。

（三）课程结构比例

课程类别	学时数	占总学时的比例（%）	学分数	占总学分的比例（%）
公共基础课	1526	32.2	87	33.5
专业课程	3210	67.8	173	66.5
总计	4736	100	260	100
其中：选修课	234	6.8	13	5.0

十一、教学基本条件

（一）师资条件

1. 中职阶段

（1）校内专职教师要求

根据教育部颁布的《中等职业学校教师专业标准》和《中等职业学校设置标准》的有关规定，进行教师队伍建设，合理配置教师资源。专业教师学历职称结构合理，至少应配备具有相关专业中级以上专业技术职务的专任教师2人；建立"双师型"专业教师团队，其中"双师型"教师应不低于30%；应有业务水平较高的专业带头人；师生比不低于1∶20，专任专业教师数不低于全体专业教师数的50%；骨干教师占专业教师比例大于40%。

专任教师每两年不少于两个月的酒店企业实践经历；应有良好的师德，关注学生发展；应为酒店管理或旅游管理专业本科以上学历，具备中等职业学校教师资格证书和职业资格三级以上证书；熟悉教学规律，具备终身学习能力和教学改革意识，能持续吸收行业和教育界新知；对酒店行业有较为全面的了解，有下企业的实践或者调研及其他在企业工作的经历。

（2）企业兼职教师要求

行业、企业高技能人才担任兼职教师的比例不低于20%。

2. 高职阶段

（1）校内专职教师要求

校内专职教师应具有硕士学位或讲师及以上职称，具有酒店服务与管理的专业理论知识和实践能力；掌握先进的职业教育教学理论，具有课程开发与教学设计能力；具备指导学生进行毕业设计、创新设计、职业技能比赛的能力。

（2）企业兼职教师要求

企业兼职教师应责任心强，热心高等职业教育事业；从事酒店行业企业相关岗位工作3年以上，具有丰富实践经验；经过职业教育教学培训，有一定的教育教学能力。

（二）实习实训条件

根据酒店行业人才需求和职业教育特点配备校内实训实习室和校外实习基地。

1. 校内实训室

针对专业课程和校内实践性教学的需要配备校内实训实习场所。校内实训实习必须具备中西餐服务、前厅服务、客房服务等基础实训室，主要设施设备及数量见下表。各表中工具、设施设备按每年2个平行班，每班40名学生配置设备及其用品，如班级数量增加应相应增加配置。新建实训室建议设施设备配置标准参照《旅游酒店星级的划分与评定》（GB/T14308-2010）四星级及以上要求。有条件的学校也可与周边酒店共享实训设施设备。

序号	实训室名称	主要工具和设施设备		
		设备名称	配置标准	数量
1	前厅实训室	总台柜台		1个
		电脑显示终端		10台
		钥匙卡制作机	中号	1个
		显示电话机		2部
		信用卡刷卡机	小号	1个
		酒店运行软件系统		1套
		复印机		1台
		打印机	中号	1台
		电动打字机	中号	1台
		打时机		1台
		行李车	中号或小号	1台
		贵重物品保险箱	中号	1个
		验钞机		1台
		计算机		2套
		世界时钟		1套
		传真机		1台
		学生椅		40把
		各类木制家具		各一件
		各部门账单		适量
		外币样本		若干
		各类耗品	选配	适量
2	客房中式铺床实训室	床架连床垫		10张
		床单	100%精梳棉高支高密80支纱/400针	30张
		被芯		20张
		被套	100%精梳棉高支高密80支纱/400针	40张
		枕芯		30块
		枕套	100%精梳棉高支高密80支纱/400针	60只
		席梦思保护垫（床褥）		20块

续表

序号	实训室名称	主要工具和设施设备		
		设备名称	配置标准	数量
3	客房（标准房）实训室	床（床架连床垫）	按四星级酒店标准配置	2张
		床头柜		1个
		行李柜		1个
		书桌		1张
		办公座椅		1把
		电话机		2部
		穿衣镜		1面
		卫生间梳妆镜		1面
		单人沙发连小腿垫		2张
		茶几或茶台		1张
		酒柜		1个
		浴缸（一体式淋浴间）	按四星级酒店标准配置	1套
		便盆		1个
		洗脸盆		1个
		大理石台		1张
		灯具		盏/间
		床品		套/床
		五巾		适量
		各类易耗品		适量
		各类备品		适量
		保险箱		1个
		防火面罩		2套
4	餐厅（中餐）实训室	大圆桌	直径180厘米，高75厘米	8张
		中式餐椅		80张
		工作台	200厘米×100厘米，高75厘米	8张
		转盘	直径90厘米	8套
		托盘	外径32厘米，内径30厘米	50只
		小方台（配圆台面）	100厘米×100厘米	8套
		重托盘（长方形）	60厘米×40厘米	10只
		录像机		1台

续表

序号	实训室名称	主要工具和设施设备		数量
		设备名称	配置标准	
4	餐厅（中餐）实训室	视频展示台		1台
		投影设备（含电脑）		1套
		消毒柜		1台
		餐厅点菜POS机		1套
		储物架		适量
		摆台物品（如下）	按中餐宴会摆台10人位，8桌	80套
		*台布及装饰布	台布：正方形，240厘米×240厘米，台布70%棉，30%化纤 装饰布：圆形，直径320厘米，装饰布的材质约30%的棉，70%的化纤	8块
		*餐巾（口布）	56厘米×56厘米	80条
		*花瓶	外径17.5厘米，内径16.5厘米，底径13.5厘米，盆高7.5厘米	8个
		*餐碟（骨碟）	外径20.3厘米，内径12.5厘米	80个
		*汤碗（翅碗）	碗口直径11.3厘米，底部直径5厘米，高4厘米	80个
		*味碟	碟口7.3厘米，底部4厘米，高1.8厘米	80个
		*汤勺（瓷更）	长13.4厘米，宽4厘米	80个
		*筷架	长7.1厘米，底部长7.3厘米；宽3.1厘米；底部宽3.3厘米；高1.5厘米；勺子位长4.9厘米，圆形凹口位2.5厘米；筷子位顶部2.2厘米，凹位1.3厘米，高度1.1厘米	80个
		*筷子	长24.5厘米，筷子头直径0.4厘米；带筷套：长29.5厘米，宽3厘米	80双
		*长柄勺（银更）	全长20.4厘米，勺子长6.4厘米，直径4.3厘米	80个
		*水杯（414ML）	杯口外径6.5厘米，杯口内径6.1厘米，内高13.5厘米，外高18.7厘米，杯底直径6.7厘米，厚0.4厘米	80个
		*葡萄酒杯（14CL）	杯口外径5.8厘米，杯口内径5.5厘米，内高6.9厘米，外高14厘米，杯底直径5.7厘米，厚0.2厘米	80个

续表

序号	实训室名称	主要工具和设施设备		
		设备名称	配置标准	数量
4	餐厅（中餐）实训室	*白酒杯（2.6CL）	杯口外径3.7厘米，杯口内径3.4厘米，内高3.3厘米，外高8.9厘米，杯底直径4.1厘米，厚0.2厘米	80个
		*牙签	长8.3厘米，宽1.5厘米	80个
		*菜单	长24.3厘米，外宽14.7厘米，内宽29.7厘米，厚1.4厘米	16个
		*桌号牌	底座长10厘米，宽4.5厘米，高8.1厘米，底座厚度0.8厘米	8个
		*公用餐具（公筷架、筷子、公勺）	公筷架全长9.5厘米，底座长5.9厘米，宽1.2厘米，勺座直径2.5厘米，筷座长3.5厘米，宽1.2厘米	16套
		折叠餐巾花专用大盘	直径40厘米	8个
		茶杯及茶碟		80套
		茶壶		16个
		汤碗		80个
		各种菜盘		适量
		毛巾碟		适量
		净手巾	30厘米×30厘米	8条
5	餐厅（西餐）实训室	西餐台	120厘米×120厘米，高75厘米	12张
		椅子		48把
		工作台	200厘米×100厘米，高75厘米	6张
		餐厅点菜POS系统	可与中餐合用	1套
		客前烹制车		1辆
		服务手推车		1辆
		自助餐保温锅		6只
		录像机		1台
		视频展示台		1台
		投影设备（含电脑）		1套
		重托盘（长方形）	60厘米×40厘米	10只
		装饰布	各种类型	10块

续表

序号	实训室名称	主要工具和设施设备		数量
		设备名称	配置标准	
5	餐厅（西餐）实训室	托盘	外径32厘米，内径30厘米	40只
		台布	200厘米×200厘米	12块
		*台布	200厘米×165厘米	12块
		摆台物品（如下）	按西餐宴会摆台配置	48套
		*餐巾（口布）	56厘米×56厘米	48块
		*装饰盘	7.2寸~10寸	48个
		*面包盘	4.5寸~6寸	48个
		*黄油碟	1.8寸~3.5寸	48个
		*主菜刀		48把
		*鱼刀		48把
		*开胃品刀		48把
		*汤勺		48把
		*甜品勺		48把
		*黄油刀		48把
		*主菜叉		48把
		*鱼叉		48把
		*开胃品叉		48把
		*甜品叉		48把
		*水杯		48只
		*红葡萄酒杯		48只
		*白葡萄酒杯		48只
		*花瓶、花坛或其他装饰物		12个
		*烛台		24个
		*盐瓶、胡椒瓶		24套
		*牙签盅		24套
		咖啡杯、咖啡碟、咖啡勺		48套
		餐具垫		48个
		特殊餐具		适量

续表

序号	实训室名称	主要工具和设施设备		
		设备名称	配置标准	数量
5	餐厅（西餐）实训室	面包篮		12个
		服务叉、服务勺		12套
		菜盘、汤盆等		适量
		冰水壶		8个
		折叠餐巾花专用大盘	直径40厘米	12个
		净手巾	30厘米×30厘米	12条
6	★酒吧实训室	调酒壶	不锈钢	10
		量杯	不锈钢	10
		调酒机	玻璃	4
		吧勺	不锈钢	10
		滤冰器	不锈钢	4
		冰桶、夹子	不锈钢	2
		酒桶架	不锈钢	2
		雀嘴量酒器	不锈钢	2
		顶压式量酒器	不锈钢	2
		酒篮	金属	4
		开塞器		5
		扳手		5
		制冰机		1
		煮咖啡机		1
		磨咖啡机		1
		炒咖啡机		1
		爱尔兰咖啡机		1
		爱尔兰咖啡机加热酒精炉		1
		各式酒杯	玻璃	适量
7	★茶艺实训室	授课演示台	木	1
		学生操作台	木	12
		展示柜	木	2

续表

序号	实训室名称	主要工具和设施设备		
		设备名称	配置标准	数量
7	★茶艺实训室	茶艺器具	紫砂、瓷	12
		茶具（盖碗、茶杯、茶海）		12套
		玻璃壶（带酒精灯）		24个
		茶荷		12个
		茶道组		12套
		随手泡		12个
		茶巾		24条
		公道杯		48个
		玲珑壶		24个
		饮水机		1个
		各类茶叶		适量

说明：

①带★的实训室为开设相关实训课程的学校推荐配备。建议有条件的学校还可建设酒店电子商务、酒店财务、酒店模拟经营或虚拟仿真等实训室。

②形体训练室是旅游服务类职业院校的标配实训室，可配置常规木地板、把杆（悬挂式、立柱为直径5厘米的钢管，内由直径为3厘米的实心圆钢做升降杆，升降高度为80~110厘米），用于进行基本形体训练、基本功训练、身韵训练、舞蹈训练、舞蹈排练和基本的礼仪体态训练。

2.校外实训基地

本专业应有不少于4个相对稳定的、高水平的酒店作为顶岗实习、课程见习、实训的基地。建设校外实训基地应遵循长期规划、深度合作、互助互信的原则，选择运作比较成熟，经营情况比较理想，专业上有技术能手，人才培养、选拔体系比较完善的行业龙头企业，如国际连锁酒店集团、在当地知名度、美誉度较高的酒店。校外实训基地应能完成餐饮、前厅、客房、康乐、销售等岗位群核心技能的训练，承担学校综合实训和顶岗实习之需，能满足中等职业教学改革要求，配合学校开展订单式培养、模块化教学等人才培养模式的探索。

十二、教学实施建议

（一）教学要求

1.公共基础课

公共基础课是本专业课程体系的重要组成部分，是提高学生服务意识、夯实文化基础、提升优雅形象气质的重要保证，迎合从事高星级酒店服务、运营与管理之需。公共基础课应为学生树立正确的人生观、价值观和全面的素质培养服务，为学生专业能力的学习和岗位需要以及持续发展服务，为学生的终身教育发展需要服务。基础课要注重教学方法、教学组织形式的改革，教学手段、教学模式的创新，注重通识教育与专业教育的有机结合，调动学生学习积极性，为学生综合素质的提高、职业能力的形成和可持续发展奠定基础。

2. 专业技能课

通过深入企业调研，分析酒店行业典型职业活动和核心职业技能，由职教专家、行业专家、专业教师组成课改小组共同构建基于酒店工作过程、以项目为导向、以工作任务为载体、以职业生涯发展路线为整体脉络的课程体系，专业技能课程体现课程设置与酒店岗位群对接，课程内容与岗位核心任务对接，按照相应职业岗位（群）的能力要求，强调理论实践一体化，突出"做中学、做中教"的职教特色。专业技能课程建议采用项目教学、案例教学、任务驱动、情境教学和虚拟仿真等方法，创新课堂教学方法。

（二）教学管理

教学管理要更新观念，改变传统的教学管理方式。教学管理要有一定的规范性和灵活性，合理调配教师、实训室和实训场地等教学资源，为课程的实施创造条件；要加强对教学过程的质量监控，改革教学评价的标准和方法，促进教师教学能力的提升，保证教学质量。

（三）教学评价

构建以服务酒店行业为目标，以学生素质、能力为核心，教育与产业、校内与校外结合的评价机制，实行学分制、多层次、多元化的考评，引导学生全面提升和个性发展。

1. 评价机制改革

（1）改革考核手段和方法，加强实践性教学环节的考核，如口试评价、技能评价，注重学生自评、互评以及过程考核和结果考核相结合；

（2）突出过程评价与阶段评价，结合课堂提问、训练活动、阶段测验等进行综合评价；

（3）应注重学生分析问题、解决实际问题内容的考核，综合评价学生能力；

（4）注重学生的职业素质考核，引导学生服务意识和职业气质的养成；

（5）引入校外评价，吸收家长、行业企业参与评价，有条件的学校还可引入第三方评价。

2. 考评内容及方法

（1）学习过程考核

学习过程考核的目的是在于引导学生注重平时的学习过程，保持学生课程学习的主动性和持久性。过程考核主要考查学生在课程学习期间的学习质量、接受程度、学习态度、出勤率等。

（2）综合设计能力考核

综合设计能力考核主要目的是为了考查学生的核心技能掌握程度和应用能力，主要考核内容为学生对任务情境的整体把握能力、任务设计分析和处理能力，另外还可结合学生的表述与沟通能力进行考核评价。

（3）自主学习考核

自主学习考核主要考核学生在课下对课程的自主学习能力，主要包括学生搜集和处理信息的能力、对技能的自我巩固能力等。

十三、转段考核与毕业要求

学生按中、高职衔接人才培养方案要求，完成三年中职学段主要学习任务，各项考核合格，修完规定学分，获得规定的职业资格证书，在第五学期末自愿申请参加对口高职院校组织的转段单独招生考试。

考试方式和录取原则由对接学校之间提前约定。可面试，也可笔试，或者根据学生中职阶段综合测评成绩按一定比例录取。原则上，转段升学比例控制在中职段毕业学生数的 90% 以下。未被录取的学生按照教学计划完成顶岗实习，准备就业或参加其他类型的高职院校招生考试。拟录取的学生按照教学计划完成顶岗实习，第七学期升入对接高职院校的相应专业，完成后两年的高职阶段学习。修完规定课程并取得相应学分，获得规定的职业资格证书，即可获得高职专科毕业证书。

（一）转段考核要求

1. 德育素质

具有坚定的马列主义立场，敬岗爱业，热爱酒店事业；有正确的人生观、价值观和高度的社会责任感；具有客观辩证的思想意识。

凡在中职阶段受到过纪律处分且毕业前尚未撤销的学生不能转入高职阶段学习。

2. 专业素养

具备良好的人文素养，德、智、体、美全面发展；诚实守信、谦虚谨慎、积极进取，具有良好的服务意识和职业习惯；具有良好的身体素质、心理素质，乐观向上、自信宽容。

3. 专业能力

掌握酒店一线工作岗位及相关职能岗位必备的知识与技能；具备一定的日常交际能力和工作接待能力；具备一定的组织、协调和应变能力；具备终身学习能力。

4. 学业成绩

（1）人才培养方案中规定的中职阶段的各门课程均达到及格以上水平；

（2）文化课程（语文、数学、英语、德育）需通过当地学业水平测试，每门课程成绩须达到及格水平。

5. 技能等级与职业资格证书

（1）计算机 ATA 技能等级证书（中级以上）或国家计算机等级证书一级 B 以上；

（2）普通话二级乙等以上证书；

（3）餐饮中级服务员证书。

6. 转段考核

第五学期结束时，学生除满足前五个基本条件外，还需经过转段考核。具体考核方式由对接的中高职院校约定。建议面试考核，具体可包括：仪容仪表、英语能力测试（自我介绍、口语对话）和专业知识或技能考核等。面试考核成绩须达到合格水平。

（二）毕业要求

1. 人才培养方案中规定的中、高职阶段的各门课程均达到及格以上水平；

2. 计算机 ATA 技能等级证书（中级以上）或国家计算机等级证书一级 B 以上；

3. 具备客房、前厅、餐饮中级服务员证书中的两个职业资格证书；

4. 全国英语应用能力考试 A/B 级等级考试证书。

（执笔：马卫、姜华　统稿：周春林）

附件 2：工作任务与职业能力分析表

工作项目	工作任务	职业能力	能力要求	
			中职	高职
1 宴会预订	1.1 接受预订	1.1.1 掌握宴会预订岗位职责 1.1.2 掌握宴会预订程序 1.1.3 能说出饭店宴会场所的面积、设备设施和服务项目 1.1.4 掌握饭店预订合约的政策 1.1.5 能接受普通宴会预订 1.1.6 能接受大型宴会预订 1.1.7 能接受会议的预订 1.1.8 能正确填写各类预订表单 1.1.9 掌握会议预订通知单的填写方法和下发流程	●	
	1.2 宴会跟踪	1.2.1 具有良好的语言沟通能力 1.2.2 有良好的部门协调能力 1.2.3 能做好宴会前的组织准备工作 （1）掌握宴会通知单的内容 （2）能明确服务人员的分工 （3）掌握宴会厅布置的方法 （4）熟悉菜单，熟知主要菜点及上菜顺序 （5）能妥善准备好宴会餐用具 （6）能铺设餐台、摆放冷菜 1.2.4 能掌握宴会前迎宾的技能 1.2.5 能做好宴会就餐服务 （1）能帮助来宾入席 （2）能掌握斟酒服务要领 （3）能掌握上菜服务要领 （4）能掌握分菜服务要领 （5）能掌握席间服务要领 1.2.6 能做好宴会结束工作 （1）能做好结账准备工作 （2）能做好拉椅送客、取递衣帽服务 （3）能做好收台检查工作，并清理现场	●	
	1.3 客户档案管理	1.3.1 熟练掌握计算机系统及文档、图像、数据处理技能 1.3.2 具有收集、整理顾客信息的能力 1.3.3 具有良好的观察能力及沟通能力 1.3.4 具有资料汇总、筛选、整理的能力		●

续表

工作项目	工作任务	职业能力	能力要求 中职	能力要求 高职
2 中餐	2.1 零点服务	2.1.1 具有良好的语言技巧及沟通能力 2.1.2 熟悉基本的礼仪规范 2.1.3 具有妥善做好餐前准备工作的能力 2.1.4 掌握迎宾服务准备的程序 （1）熟悉迎宾岗位职责及主要工作 （2）掌握迎宾服务程序 （3）熟悉餐厅预订记录及餐位安排 （4）掌握迎宾台清洁卫生方法 2.1.5 掌握点菜服务技能 （1）能够做好点菜准备工作 （2）能根据不同客人需求推荐和介绍餐厅菜肴 （3）熟悉餐厅特色菜肴及口味特征、制作方法 （4）能按程序接受客人点菜及点酒水 2.1.6 熟悉上菜服务准备程序和方法 2.1.7 熟悉分菜服务流程 （1）熟悉桌面分菜程序和方法 （2）熟悉边桌分菜程序和方法 （3）掌握特殊菜肴如汤羹、带皮类、壳类、带骨、刺类菜肴的服务方法 2.1.8 熟悉更换骨碟服务程序和方法 2.1.9 了解添加酒水和饮料服务程序和方法 2.1.10 了解餐后台面清洁的主要程序及方法	●	
	2.2 宴会服务	2.2.1 具有良好的语言技巧及沟通能力 2.2.2 熟悉基本的礼仪规范 2.2.3 具有妥善做好餐前准备工作的能力 2.2.4 掌握迎宾服务准备的程序 2.2.5 掌握宴会台型布置的方法 2.2.6 具有合理安排来宾座次的能力 2.2.7 具有布置装饰宴会餐台面的能力	●	
	2.3 会议服务	2.3.1 具有良好的语言技巧及沟通能力 2.3.2 熟悉基本的礼仪规范 2.3.3 掌握宴会台型布置的方法 2.3.4 掌握席间服务的流程与标准 2.3.5 掌握各类设施设备的使用方法	●	
3 西餐	3.1 自助餐服务	3.1.1 具有良好的语言技巧及沟通能力 3.1.2 熟悉基本的礼仪规范 3.1.3 具有妥善做好餐前准备工作的能力 3.1.4 掌握迎宾服务的程序 3.1.5 具有按需求布置自助餐台的能力 3.1.6 掌握自助餐值台技能 （1）能够具有细致观察力 （2）具有分菜、斟酒等服务技能 3.1.7 掌握传菜服务技能，及时补充菜点、餐具的程序 3.1.8 掌握巡台服务技能 3.1.9 掌握自助餐后结束工作的程序 （1）掌握结账程序 （2）掌握台面清理程序，熟悉口布、餐具、各种器皿的收纳清洁方法	●	

续表

工作项目	工作任务	职业能力	能力要求 中职	能力要求 高职
3 西餐	3.2 宴会服务	3.2.1 具有良好的语言技巧及沟通能力 3.2.2 熟悉基本的礼仪规范 3.2.3 具有妥善做好餐前准备工作的能力，妥善预备各种餐具 3.2.4 掌握迎宾服务准备的程序 　（1）熟悉迎宾岗位职责及主要工作 　（2）掌握迎宾服务程序 　（3）熟悉餐厅预订记录及餐位安排 　（4）掌握迎宾台清洁卫生方法 3.2.5 掌握西餐菜品上菜顺序及程序 3.2.6 熟悉上菜服务准备程序和方法 3.2.7 熟悉中餐分菜服务流程 　（1）熟悉桌面分菜程序和方法 　（2）熟悉边桌分菜程序和方法 　（3）掌握特殊菜肴的服务方法 3.2.8 熟悉结账的一般程序 3.2.9 了解添加酒水和饮料服务程序和方法 3.2.10 了解餐后台面清洁的主要程序及方法	●	
	3.3 零点服务	3.3.1 具有良好的语言技巧及沟通能力 3.3.2 熟悉基本的礼仪规范 3.3.3 具有妥善做好餐前准备工作的能力，妥善预备各种餐具 3.3.4 掌握迎宾服务准备的程序 　（1）熟悉迎宾岗位职责及主要工作 　（2）掌握迎宾服务程序 　（3）熟悉餐厅预订记录及餐位安排 　（4）掌握迎宾台清洁卫生方法 3.3.5 掌握点菜服务技能 　（1）能够做好点菜准备工作 　（2）能根据不同客人需求推荐和介绍餐厅菜肴 　（3）熟悉餐厅特色菜肴及口味特征、制作方法 　（4）能按程序接受客人点菜及点酒水 3.3.6 熟悉上菜服务准备程序和方法 3.3.7 熟悉中餐分菜服务流程 　（1）熟悉桌面分菜程序和方法 　（2）熟悉边桌分菜程序和方法 　（3）掌握特殊菜肴的服务方法 3.3.8 熟悉结账的一般程序 3.3.9 了解添加酒水和饮料服务程序和方法 3.3.10 了解餐后台面清洁的主要程序及方法	●	

续表

工作项目	工作任务	职业能力	能力要求 中职	能力要求 高职
3 西餐	3.4 送餐服务	3.4.1 掌握接受订单的程序和要求 3.4.2 掌握送餐准备程序 （1）熟悉餐具准备程序和方法 （2）熟悉餐车准备程序和方法 （3）熟悉服务用品准备程序和方法 3.4.3 掌握送餐服务的一般流程 （1）能够检查核对菜肴 （2）能够检查核对餐具、用品等 （3）能够按时提供送餐服务 （4）了解房内用膳餐台布置和服务程序及方法 （5）了解签单结账服务程序和方法 （6）能够填写送餐记录 3.4.4 掌握餐具回收的方法 （1）了解餐具回收程序和方法 （2）熟悉餐具回收记录填写程序和方法	●	
	3.5 冷餐酒会	3.5.1 具有良好的语言技巧及沟通能力 3.5.2 熟悉基本的礼仪规范 3.5.3 具有妥善做好餐前准备工作的能力 3.5.4 掌握冷餐酒会台型布置的方法 3.5.5 具有良好的观察能力，能够随时为客人服务 3.5.6 了解添加酒水和饮料服务程序和方法 3.5.7 了解餐后台面清洁的主要程序及方法	●	
	3.6 鸡尾酒会	3.6.1 具有良好的语言技巧及沟通能力 3.6.2 熟悉基本的礼仪规范 3.6.3 具有妥善做好餐前准备工作的能力 3.6.4 掌握鸡尾酒会台型布置的方法 3.6.5 具有良好的观察能力，能够随时为客人服务 3.6.6 了解添加酒水和饮料服务程序和方法 3.6.7 具有良好的巡台能力，了解宾客的需要并及时为宾客服务 3.6.8 熟悉各类酒水、饮料制作及提供程序的方法 3.6.9 了解餐后台面清洁的主要程序及方法	●	
	3.7 茶歇服务	3.7.1 具有良好的语言技巧及沟通能力 3.7.2 熟悉基本的礼仪规范 3.7.3 具有妥善做好餐前准备工作的能力 3.7.4 掌握茶歇台型布置的方法 3.7.5 具有良好的观察能力，能够随时为客人服务 3.7.6 了解添加酒水和饮料服务程序和方法 3.7.7 具有良好的巡台能力，了解宾客的需要并及时为宾客服务 3.7.8 熟悉各类茶歇主要服务提供程序和方法 （1）掌握烟灰缸更换的方法 （2）掌握空杯、空盘更换的方法 （3）掌握点心、咖啡等服务的方法 3.7.9 了解餐后台面清洁的主要程序及方法	●	

续表

工作项目	工作任务	职业能力	能力要求 中职	能力要求 高职
4 酒吧	4.1 烈酒服务	4.1.1 熟悉世界著名烈酒的产地、起源、原料和基本工艺和总体特征 4.1.2 熟悉主要烈酒的分类、著名品牌、等级和口感特点 4.1.3 能够正确辨认，并正确成列、摆放、保存不同种类的烈酒 4.1.4 能够正确提供中英文点单服务并正确填写烈酒点单 4.1.5 能够按照正确的方法和程序，使用正确的用具给客人提供烈酒零点和整瓶销售服务 4.1.6 能够正确进行烈酒盘点 4.1.7 能够正确填写烈酒提供货单		●
	4.2 葡萄酒服务	4.2.1 熟悉葡萄酒的著名产地，及其种植历史、工艺、葡萄品种、等级和主要特点 4.2.2 能够读懂葡萄酒酒标上的相关信息，并能够准确辨认不同的葡萄酒 4.2.3 能够在正确的温度和环境下，使用正确的容器和方法储存或陈列葡萄酒 4.2.4 能够正确进行点单服务，并能够运用中英文双语，根据酒菜搭配规则和客人偏好，给客人推荐、介绍葡萄酒 4.2.5 能够根据葡萄酒的种类，按照正确的方法和程序，使用正确的工具和酒杯，向客人提供取运、示酒、开瓶、包瓶、醒酒、斟酒等服务 4.2.6 能够对零点和整瓶销售的葡萄酒存货进行盘点 4.2.7 能够根据酒吧葡萄酒存量，正确填写签发提货单		●
	4.3 鸡尾酒服务	4.3.1 熟悉鸡尾酒的概念、起源、分类、内部组成结构以及传统鸡尾酒调制技术 4.3.2 能够正确辨认和正确使用鸡尾酒调制工具 4.3.3 能够用中英文双语和客人进行沟通，提供鸡尾酒推荐、介绍和点单服务 4.3.4 能够根据客人的点单，严格按照鸡尾酒酒谱上规定的，运用正确的调制工具和杯具，按照规定的调制方法、原料比例来调制鸡尾酒，并制作装饰物 4.3.5 能够进行鸡尾酒改良，甚至创造发明新的鸡尾酒，并制作新酒单 4.3.6 能够对混合销售酒品存货进行盘点，并根据存货量的需要，填写仓库提货单 4.3.7 能够对相关调酒工具、杯具、原料和吧台内部环境进行清洁整理		●
	4.4 啤酒服务	4.4.1 熟悉啤酒的概念、基本原料、不同种类及其工艺和特点 4.4.2 熟悉啤酒的不同产地、著名品牌和主要特点 4.4.3 能够正确地对啤酒及其载杯进行保存或陈列（重点是温度） 4.4.4 能够正确提供啤酒点单、下单服务，并对客人推荐或介绍酒瓶 4.4.5 能够按照正确的方法和程序，向客人提供啤酒服务 4.4.6 能够对啤酒存货进行盘点，并根据盘点结果，填写签发提货单		●

续表

工作项目	工作任务	职业能力	能力要求 中职	能力要求 高职
4 酒吧	4.5 咖啡服务	4.5.1 熟悉咖啡的定义、世界主要咖啡树种、不同的咖啡豆种类及其主要产地和品质特征 4.5.2 熟悉当前市场上流行的主要咖啡产品，及其特征与原料组成比例 4.5.3 能够正确操作使用和清洁保养咖啡机和其他制作设备 4.5.4 能够正确提供点单和下单服务 4.5.5 能够根据客人的要求，按照正确的方法、程序和配方调制不同的咖啡产品 4.5.6 能够进行咖啡装饰拉花 4.5.7 能够正确储存和盘点咖啡存货，并根据情况适时填写提货单提货		●
	4.6 茶水服务	4.6.1 熟悉茶叶的分类产地基本种植、采摘和加工工艺产地和基本特征，以及各大类茶叶的代表性著名茶叶品种 4.6.2 熟悉主要茶叶品种的知识和文化内涵 4.6.3 能够进行茶水点单和下单服务 4.6.4 能够根据茶叶的不同种类，使用正确的茶具，按照正确的方法和程序，为客人冲泡茶水，并提供服务 4.6.5 能够在一定程度上进行茶道和冲泡制作的表演和演示 4.6.6 能够定期进行茶叶存货的盘点，并根据情况填写仓库提货单		●
	4.7 软饮服务	4.7.1 熟悉软饮的分类及其特征 4.7.2 能够提供软饮的点单和下单服务 4.7.3 能够使用正确的用具，以正确的程序和方法提供软饮斟倒等服务 4.7.4 能够定期对各种软饮存货进行盘点，并根据情况，适时填写仓库提货单		●
5 餐务管理	5.1 餐具洗涤保养	5.1.1 餐具洗涤 （1）了解玻璃器皿洗涤程序和方法 （2）了解瓷器洗涤程序和方法 （3）了解不锈钢餐具洗涤程序和方法 （4）了解特殊餐具洗涤程序和方法 5.1.2 餐具保养 （1）了解镀银餐具维护与保养方法 （2）了解镀金餐具维护与保养方法 （3）了解其他高档餐具维护与保养方法 5.1.3 了解一般洗碗机的使用与保养方法		●
	5.2 餐具管理	5.2.1 了解餐具申领、发放的程序 5.2.2 熟悉各类餐具贮存方式 5.2.3 了解餐具日常损耗管理方法 5.2.4 了解餐具盘存表填写与使用方法		●

续表

工作项目	工作任务	职业能力	能力要求 中职	能力要求 高职
6 餐饮部基础管理	6.1 人员管理	6.1.1 人员配置 （1）了解不同餐厅的主要功能和经营需要 （2）了解服务与产品的标准 （3）了解员工的技能水平 （4）了解操作标准，合理安排人员的方法 （5）了解销售量，巧妙安排人员的方法 6.1.2 了解员工班次合理安排的方法		●
	6.2 财务管理	6.2.1 了解餐饮成本的构成要素 6.2.2 了解餐饮成本控制的内容和方法 6.2.3 了解餐饮原材料消耗的计算方法 6.2.4 了解餐饮制品售价制定的方法 6.2.5 了解劳动力成本控制的基本方法		●
	6.3 物品管理	6.3.1 了解物资定额管理的基本方法 6.3.2 了解物资消耗定额的方法 6.3.3 了解餐具破损管理的方法 6.3.4 了解布草管理的方法		●
	6.4 厨房管理	6.4.1 厨房安全 （1）了解厨房生产流程的管理和方法 （2）了解厨房加工的程序与标准 （3）熟悉厨房突发状况的处理办法 6.4.2 食品安全 （1）了解厨房卫生管理的内容和方法 （2）了解食品卫生安全的基本内容和管理方法 （3）了解菜品质量监控的基本方法 （4）熟悉标准菜谱制定的程序和方法		●
	6.5 销售管理	6.5.1 了解餐饮市场调研的内容和方法 6.5.2 了解问卷内容的设计和评价的方法 6.5.3 了解餐饮营销计划内容的制订 6.5.4 了解餐厅内部环境和氛围的布置 6.5.5 熟悉餐饮定价策略的内容和方法 6.5.6 熟悉菜单销售的基本方法		●

续表

工作项目	工作任务	职业能力	能力要求 中职	能力要求 高职
7 楼层	7.1 客房清扫	7.1.1 掌握清扫客房前的准备工作 （1）了解核实房态 （2）安排客房清扫顺序 （3）布置房务工作车 （4）备齐清洁剂和清洁器具 7.1.2 掌握各类客房的清扫整理 （1）走客房的清扫 （2）住客房的清扫 （3）空房的整理 （4）客房的简单整理 7.1.3 掌握常见问题的处理 （1）"请勿打扰"房的处理 （2）"请即打扫"房的处理 （3）外宿房的处理 （4）客人贵重物品或现金的处理 （5）清扫时客人回房的处理 （6）其他问题的处理 7.1.4 掌握报表、交班本的填写 7.1.5 掌握简单的外语（英语或第二外语）并用于交流 7.1.6 熟悉客房计划卫生的项目及安排方法 7.1.7 掌握客房计划卫生工作的程序并能操作 （1）电热水壶的清洁 （2）墙纸除污处理 （3）电源控制面板的清洁 （4）小冰箱的清洁 （5）空调回风口/出风口的清洁 （6）卫生间排风扇的清洁 7.1.8 掌握客房常用消毒剂的分类、配制及使用 7.1.9 掌握客房杀菌消毒的程序与标准 7.1.10 能进行客房杀菌消毒工作 （1）掌握卧室杀菌消毒处理 （2）掌握卫生间的消毒处理 （3）掌握电话机的消毒处理 （4）掌握杯具的消毒处理	●	
	7.2 客房维保	7.2.1 掌握各类设施设备的检查 7.2.2 掌握工程维修问题的报告及跟进 7.2.3 掌握工程维修单的填报 7.2.4 能进行设备用品的保养 （1）掌握木质家具上蜡 （2）掌握床垫的翻转 （3）掌握金属器件的清洁保养 （4）掌握卫生洁具的清洁保养		●

续表

工作项目	工作任务	职业能力	能力要求 中职	能力要求 高职
7 楼层	7.3 楼层服务	7.3.1 熟悉对客服务的程序和标准，能提供各项对客服务 （1）楼层迎送客服务 （2）茶水、饮料服务 （3）小酒吧服务 （4）开夜床服务 （5）洗衣服务 （6）擦鞋服务 （7）访客服务 （8）加床服务 （9）托婴服务 （10）租借物品服务 （11）客房拼床服务 （12）客房报纸的派送服务 7.3.2 熟悉客房设备用品的使用方法 （1）客房保险箱的使用 （2）加湿器/抽湿机的使用 （3）空气净化器的使用 （4）网络连接方法及操作 （5）电视频道及各类端口连接方法及操作 7.3.3 能检查走客房并报告遗留物品 （1）掌握走客房检查 （2）掌握客房检查报告的填写 （3）掌握遗留物品处理方法 7.3.4 掌握相关特殊情况的处理方法 （1）客人报失的处理 （2）客人损坏客房设备用品的处理 7.3.5 熟悉贵宾服务的相关程序及要求 （1）贵宾抵店前的客房准备工作 （2）贵宾到店前的接待工作 （3）贵宾住店后的日常服务工作 （4）贵宾离店时的送别工作 7.3.6 掌握特殊客人的服务要求 （1）残、障客人的服务 （2）伤、病客人的服务 （3）醉酒客人的服务 7.3.7 能用外语（英语或第二外语）进行日常交流	●	
8 公共区域	8.1 公共区域日常保洁	8.1.1 熟悉清洁剂的类型与用途并能正确使用 8.1.2 熟悉清洁器具的使用及保养方法 8.1.3 熟悉公共区域日常的保洁方法及要求 （1）大厅的保洁 （2）公共洗手间的保洁 （3）客用电梯的保洁 （4）玻璃、镜面的保洁 （5）金属器件的保洁 （6）沙发、餐椅和地毯的清洗 8.1.4 了解花卉、植物的养护方法 8.1.5 能进行简单的外语（英语或第二外语）会话	●	

续表

工作项目	工作任务	职业能力	能力要求 中职	能力要求 高职
8 公共区域	8.2 公共区域计划卫生	8.2.1 熟悉各类面层材料的特性及清洁保养方法 8.2.2 熟悉公共区域计划卫生的项目及安排方式 8.2.3 掌握公共区域计划卫生的程序并能操作 （1）地毯的保养 （2）硬质地面的保养：打蜡、抛光、除蜡、晶面处理 （3）大型灯具的保养 （4）金属器件的保养 8.2.4 掌握清洁保养常见问题的处理		●
9 洗衣房	9.1 布草房管理	9.1.1 熟悉各类布草及员工制服的保管方法并能妥善保管 9.1.2 掌握布草及员工制服的收发、分类、缝补工作 9.1.3 掌握布草盘点、统计的方法并能操作	●	
	9.2 洗涤管理	9.2.1 熟悉洗衣房的运行流程 9.2.2 熟悉洗涤用品的用途，能使用洗涤用品 9.2.3 熟悉洗烫设备的操作程序 9.2.4 熟悉衣物类别及特性并能识别 9.2.5 熟悉衣物常见污迹并能识别及去除 9.2.6 熟悉各类布草、衣物洗烫程序及要求 （1）床单被套枕套的洗涤熨烫 （2）毛巾的洗涤熨烫 （3）台布、口布的洗涤熨烫 （4）客衣、员工制服的洗涤熨烫折叠 （5）特殊布草的洗涤 9.2.7 熟悉洗涤设备的维护要求并能操作	●	
10 客房部基础管理	10.1 人员管理	10.1.1 熟悉客房部员工编制定员的步骤及方法 10.1.2 掌握员工排班的基本方法 10.1.3 熟悉新员工的岗前培训并能参与培训 10.1.4 熟悉班前、班后会的内容与要求 10.1.5 能督促员工规范、安全操作		●
	10.2 物资管理	10.2.1 了解客房部设备物品的配置要求及发展趋势 10.2.2 了解客房设备物品的更新改造计划 10.2.3 掌握客房部设备物品的管理方法与要求 10.2.4 掌握客房部设备物品账卡的建立 10.2.5 掌握客房部设备设施的检查 10.2.6 掌握客房部用品的领发、统计及盘点工作 10.2.7 熟悉客房部用品保管的方法		●
	10.3 成本费用管理	10.3.1 掌握人力成本的控制方法 10.3.2 掌握客用品成本的控制方法 10.3.3 掌握布草的控制方法 10.3.4 掌握清洁剂的控制方法		●

续表

工作项目	工作任务	职业能力	能力要求 中职	能力要求 高职
11 预订	11.1 PMS 在预订中的应用	11.1.1 熟练掌握新建预订的操作 11.1.2 熟练使用查询预订功能 11.1.3 能够根据客人的要求更改和更新预订 11.1.4 能够根据客人的要求取消预订 11.1.5 能够在本饭店客房用量紧张时熟练使用预订等候名单 11.1.6 熟练使用房间分配功能，为客人合理分房 11.1.7 能够根据客人的要求提供个性化服务	●	
	11.2 客房预订	11.2.1 掌握客房的相关知识 （1）熟悉本饭店客房产品 （2）熟悉本饭店房价政策 （3）熟悉本饭店客源市场细分 （4）熟悉与饭店签订协议的公司情况 （5）熟悉饭店信用政策并保证付款方式的正确 （6）掌握客房销售技巧，能推销高价房 （7）会操作饭店客房预订电脑系统 （8）熟悉饭店贵宾等级划分 （9）会填写"客房预订单" （10）会回复确认订房传真 （11）掌握排房技巧，会排房 11.2.2 掌握受理订房的相关知识 （1）能受理无协议客人电话订房 （2）能受理有协议客人电话订房 （3）能受理传真订房 （4）能受理网络订房 （5）能受理面谈订房 （6）能受理团队订房 （7）能受理订房更改与取消 11.2.3 能跟踪预订未抵的客人 11.2.4 能流利使用英语口语	●	
	11.3 餐饮预订	11.3.1 掌握本饭店餐饮的相关知识 （1）熟悉本饭店餐饮产品 （2）熟悉本饭店菜肴与酒水的价格政策 （3）熟悉本饭店客源市场细分 （4）熟悉与饭店签订协议的公司情况 （5）熟悉饭店信用政策并保证付款方式的正确 （6）掌握餐饮预订销售技巧 （7）会操作饭店餐饮预订电脑系统 （8）熟悉饭店贵宾等级划分 （9）会填写"餐饮预订单" （10）会回复确认餐饮预订传真 11.3.2 掌握受理餐饮预订的相关知识 （1）能受理无协议客人电话餐饮预订 （2）能受理有协议客人电话餐饮预订 （3）能受理传真餐饮预订 （4）能受理网络餐饮预订 （5）能受理面谈餐饮预订 （6）能受理团队餐饮预订 （7）能受理餐饮预订更改与取消 11.3.3 能跟踪预订未抵的客人 11.3.4 能流利使用英语口语	●	

续表

工作项目	工作任务	职业能力	能力要求 中职	能力要求 高职
11 预订	11.4 会议预订	11.4.1 掌握本饭店会议的相关知识 （1）熟悉本饭店会议相关产品 （2）熟悉本饭店会议预订的价格政策 （3）熟悉本饭店客源市场细分 （4）熟悉与饭店签订协议的公司情况 （5）熟悉饭店信用政策并保证付款方式的正确 （6）会填写"会议预订单" （7）会回复确认会议预订传真 11.4.2 掌握受理会议预订的相关知识 （1）能受理无协议客人电话会议预订 （2）能受理有协议客人电话会议预订 （3）能受理传真会议预订 （4）能受理网络会议预订 （5）能受理面谈会议预订 （6）能受理团队会议预订 （7）能受理会议预订更改与取消 11.4.3 能跟踪预订未抵的客人 11.4.4 能流利使用英语口语	●	
	11.5 康乐预订	11.5.1 掌握本饭店康乐的相关知识 （1）熟悉本饭店康乐项目产品 （2）熟悉本饭店康乐项目的价格政策 （3）熟悉本饭店客源市场细分 （4）熟悉与饭店签订协议的公司情况 （5）熟悉饭店信用政策并保证付款方式的正确 （6）掌握康乐项目销售技巧 （7）熟悉饭店贵宾等级划分 （8）会填写"康乐预订单" （9）会回复确认康乐预订传真 11.5.2 掌握受理康乐预订的相关知识 （1）能受理无协议客人电话康乐预订 （2）能受理有协议客人电话康乐预订 （3）能受理传真康乐预订 （4）能受理网络康乐预订 （5）能受理面谈康乐预订 （6）能受理团队康乐预订 （7）能受理康乐预订的更改与取消 11.5.3 能跟踪预订未抵的客人 11.5.4 能流利使用英语口语	●	
	11.6 其他预订	11.6.1 掌握受理饭店其他项目预订 11.6.2 熟悉饭店其他项目产品的相关知识 11.6.3 熟悉饭店其他项目产品的价格政策 11.6.4 能受理不同方式的预订 11.6.5 能跟踪预订未抵的客人 11.6.6 能流利使用英语	●	

续表

工作项目	工作任务	职业能力	能力要求 中职	能力要求 高职
11 预订	11.7 预订业务的跟踪落实	11.7.1 打印查看预订报表 11.7.2 查看交班，处理未做好的预订工作 11.7.3 了解最新预订情况及当日可预订状况 11.7.4 为有预订的客人订接机 11.7.5 饭店预订产品调价时，输入新的合同价	●	
	11.8 收益管理	11.8.1 协助制订年度市场销售计划 11.8.2 准备本饭店经营预测报表，调整各细分市场的房间分配和价格策略，通过数据和出租率的分析，将收入最大化 11.8.3 优化各细分市场的价格体系，特别是公司、团队和散客 11.8.4 确保价格体系现在相关渠道，包括网站、第三方和全球预订系统 11.8.5 与销售人员协商所有团队的价格和房间数量，检查团队预订情况，确保团队预订，包括截止时间、名单、控制团队房间预订（确认、取消及减少） 11.8.6 从本饭店收入最大化的角度，通过分析提供给决策层书面建议 11.8.7 确保各分销渠道中的饭店信息准确无误 11.8.8 负责所有分销客户的合同和销量提升 11.8.9 准备每日竞争对手调查报告（平均房价、出租率、平均产出、市场份额和收入分析） 11.8.10 负责所有相关收入、预测和分析的报告		●
	11.9 预订系统的维护	11.9.1 饭店预订产品调价时，输入新的合同价 11.9.2 饭店的房型和数量有变化时，及时进行更新		●
12 前台接待	12.1 PMS 在前台接待中的应用	12.1.1 熟练操作为有预订客人办理入住手续 12.1.2 熟练操作为无预订客人办理入住手续 12.1.3 熟练操作为客人办理退房手续 12.1.4 熟练操作为客人办理提前离店退房手续 12.1.5 能够快速查询住店客人的信息 12.1.6 能够按照客人的要求熟练快速进行换房操作 12.1.7 能够熟练使用系统排房 12.1.8 能够熟练使用系统进行挂账		●
	12.2 客人抵店前的准备工作	12.2.1 能够阅读交班本，确保理解交班本上有关客人的信息 12.2.2 熟悉酒店客房位置、类型、房费、折扣 12.2.3 熟悉酒店设施、营业时间以及特殊促销等 12.2.4 掌握抵店客人信息，包括贵宾、会员、常客、团体客人抵店相关信息 12.2.5 能够检查房间状态	●	

续表

工作项目	工作任务	职业能力	能力要求 中职	能力要求 高职
12 前台接待	12.3 入住登记	12.3.1 熟悉本饭店客房产品 12.3.2 熟悉本饭店房价政策 12.3.3 熟悉证件常识 12.3.4 熟悉前台电脑系统并会操作 12.3.5 会填写住店客人登记单 12.3.6 熟悉饭店贵宾等级划分 12.3.7 会做房间钥匙 12.3.8 掌握排房技巧，会排房 12.3.9 能办理有预订散客入住登记 12.3.10 能办理无预订散客入住登记 12.3.11 能办理团队入住登记 12.3.12 会按照客人要求在电脑中分账、做账 12.3.13 熟悉饭店预付款政策，会收预付款 12.3.14 能识别各种信用卡 12.3.15 能处理客人入住时无干净房的问题 12.3.16 能识别人民币真伪 12.3.17 能熟练使用英语口语	●	
	12.4 在店服务	12.4.1 能提供准确的留言服务 12.4.2 能够为有需要的客人提供叫醒服务 12.4.3 能根据客人的需要快速办理换房服务 12.4.4 能处理客人延住服务 12.4.5 能处理预离房间 12.4.6 能处理房态差异 12.4.7 会审核房租报告 12.4.8 正确为客人提供处理贵重物品保险问题 12.4.9 能识别外币真伪并提供兑换服务 12.4.10 会兑换支票、旅行支票 12.4.11 能处理预订未抵 12.4.12 能做好访客登记服务 12.4.13 能提供问询服务 12.4.14 能流利使用英语口语	●	
	12.5 客人离店前的准备工作	12.5.1 能将客人的入住登记表及个人资料提前准备好 12.5.2 能将客人住店期间的消费挂账核对无误 12.5.3 能提前准备好客人离店时的账单 12.5.4 能为客人准备好离店时的用车服务	●	
	12.6 结账退房	12.6.1 熟悉现金结账程序与方法 12.6.2 熟悉信用卡结账程序与方法 12.6.3 熟悉公司挂账结账程序与方法 12.6.4 熟悉免费房结账程序与方法 12.6.5 熟悉旅行社凭证结账程序与方法 12.6.6 熟悉办理团队结账程序与方法 12.6.7 能办理快速结账 12.6.8 能流利使用英语口语	●	

续表

工作项目	工作任务	职业能力	能力要求 中职	能力要求 高职
12 前台接待	12.7 服务延伸	12.7.1 了解处理超额预订流程 12.7.2 能处理客人住店期间的一般投诉 12.7.3 客人离店后做好客史档案的收集与整理		●
13 礼宾服务	13.1 客人迎送服务	13.1.1 能迎送散客 13.1.2 能迎送团队 13.1.3 能识别和迎送贵宾 13.1.4 能提供机场迎送服务 13.1.5 能提供车站迎送服务	●	
	13.2 行李服务	13.2.1 会使用和维护行李车 13.2.2 能递送散客行李 13.2.3 能引领客人至客房,并根据情况用中英文介绍服务设施和客房设备 13.2.4 能递送团队行李 13.2.5 能提供换房行李服务 13.2.6 会行李寄存	●	
	13.3 问询服务	13.3.1 能准确提供客人入住期间的客房问询服务 13.3.2 能准确提供客人入住期间的餐饮问询服务 13.3.3 能准确提供客人入住期间的会议问询服务 13.3.4 能准确提供客人入住期间关于酒店相关产品的问询服务 13.3.5 能准确提供客人入住期间的其他相关问询服务 13.3.6 能做好问询信息的收集与更新 13.3.7 能流利使用英语口语	●	
	13.4 代办服务	13.4.1 能提供订票服务 13.4.2 能提供出租车预约服务 13.4.3 能提供快递服务 13.4.4 能提供本市旅游介绍并安排 13.4.5 能提供订餐、订花服务 13.4.6 能提供维修服务 13.4.7 能处理航班延误所引起的本店客人在信息需求和行李方面的问题 13.4.8 能流利使用英语口语	●	
14 GRO	14.1 参访接待	14.1.1 英语口语流利 14.1.2 能迎送接待重点客人 14.1.3 能接待同行参观		●
	14.2 入住引领	14.2.1 熟悉饭店总台各点工作范围、职责 14.2.2 熟悉酒店各项产品并能向客人推销 14.2.3 掌握领房的程序 14.2.4 熟悉客房内各设备设施的位置和使用方法		●
	14.3 礼仪服务	14.3.1 掌握服务礼仪 14.3.2 掌握商务礼仪 14.3.3 掌握涉外礼仪		●

续表

工作项目	工作任务	职业能力	能力要求 中职	能力要求 高职
14 GRO	14.4 客户关系维护	14.4.1 能解答客人各种询问 14.4.2 能收集客人对饭店的意见、建议 14.4.3 能处理客人的不满和投诉 14.4.4 能够对客人进行回访和跟踪服务	●	
	14.5 VIP 客人接待	14.5.1 能按标准检查贵宾房 14.5.2 熟悉 VIP 接待标准 14.5.3 英语口语流利	●	
15 商务中心	15.1 文印服务	15.1.1 能提供传真服务 15.1.2 能提供复印服务 15.1.3 能提供打印服务 15.1.4 能提供文件装订服务	●	
	15.2 票务服务	15.2.1 英语口语流利 15.2.2 能帮客人代订火车票 15.2.3 能帮客人代订飞机票	●	
	15.3 其他商务服务（小型会议、洽谈服务等）	15.3.1 能提供打字服务 15.3.2 能够提供翻译服务 15.3.3 能够提供名片、席卡的印制服务 15.3.4 能提供会议服务 15.3.5 英语口语流利	●	
16 行政楼层	16.1 客人抵店	16.1.1 熟悉本饭店客房产品 16.1.2 熟悉本饭店房价政策 16.1.3 熟悉证件常识 16.1.4 熟悉总台电脑系统并会操作 16.1.5 会填写住店客人登记单 16.1.6 熟悉饭店贵宾等级划分 16.1.7 会做钥匙 16.1.8 能办理有预订散客入住登记 16.1.9 能办理无预订散客入住登记 16.1.10 能识别各种信用卡 16.1.11 能识别人民币真伪 16.1.12 能处理客人入住时无干净房的问题 16.1.13 英语口语流利	●	
	16.2 行政酒廊	16.2.1 英语口语流利 16.2.2 会使用咖啡机 16.2.3 会调配几种简单的鸡尾酒 16.2.4 能够根据客史档案为客人提供个性化服务 16.2.5 能提供简单的餐饮服务	●	
17 前厅部基础管理	17.1 人员管理	17.1.1 熟悉各岗位员工素质要求 17.1.2 熟悉各岗位工作流程 17.1.3 能协助前厅员工制订他们的职业发展规划 17.1.4 能完成前厅部员工的招聘与培训 17.1.5 能完成前厅部员工的考核和评估 17.1.6 掌握一定的培训方法、培训技巧		●

续表

工作项目	工作任务	职业能力	能力要求 中职	能力要求 高职
17 前厅部基础管理	17.2 质量管理	17.2.1 了解如何对酒店各岗点进行质量预控 17.2.2 能制定前厅服务质量标准 17.2.3 能处理客人的不满和投诉 17.2.4 能处理各种突发情况及善后工作流程 17.2.5 能完成前厅部服务质量分析与报告		●
	17.3 绩效管理	17.3.1 能读懂客房营业日报表 17.3.2 会做客房种类出租分析 17.3.3 能制作客源分析表 17.3.4 能读懂出租率和平均房价走势 17.3.5 会根据各类订房资料预测客房出租情况 17.3.6 能理解与执行酒店营销政策 17.3.7 能制定销售激励机制 17.3.8 能制定与执行前厅部门营销政策 17.3.9 能完成前厅 KPI 制定		●
	17.4 财务审核	17.4.1 能够核查前厅的异常账务 17.4.2 能够防止员工财务不诚信的现象		●
	17.5 信息管理	17.5.1 了解客史档案的管理 17.5.2 了解酒店网评的管理 17.5.3 能处理好部门间的沟通协调		●
18 健身	18.1 健身房	18.1.1 前台接待 （1）能够及时准确地为客人进行登记，提供更衣柜钥匙、毛巾等用品 （2）熟练掌握健身房《健身房须知》，在客人登记时明示《健身房须知》所载内容并负责解释 （3）填写工作日报表 18.1.2 健身房服务 （1）熟练掌握各种健身设施设备的性能、作用、使用方法及注意事项，能够指导客人使用健身设备 （2）熟练掌握各种健身设施设备的维护、保养方法和步骤 （3）能够在客人使用危险系数较大的健身设施设备时提供保护服务 （4）熟练掌握基本的急救知识，能够利用健身房常备的急救药品、设施对受伤的客人进行紧急处理和急救 （5）熟练掌握健身房卫生标准，保持健身房、更衣室、健身设施设备卫生符合标准		●

续表

工作项目	工作任务	职业能力	能力要求 中职	能力要求 高职
18 健身	18.2 游泳池	18.2.1 前台接待 （1）能够及时准确地为客人进行登记，提供更衣柜钥匙、毛巾等用品 （2）熟练掌握健身房《游泳池须知》，在客人登记时明示《游泳池须知》所载内容并负责解释 （3）填写工作日报表 18.2.2 游泳池服务 （1）熟练掌握泳池清洁的步骤和方法 （2）熟练掌握游泳设施设备的使用、维护保养方法，确保设施设备能够正常使用 （3）熟练掌握基本的急救知识，能够利用游泳馆常备的急救药品、设施对受伤的客人进行紧急处理和急救 （4）根据客人需要及时准确地为客人提供购买游泳装备、饮料小食服务 （5）熟练掌握游泳池卫生标准，保持游泳池、更衣室、卫生间卫生符合标准 18.2.3 救生员 （1）必须同时持有《国家职业资格证书》和《中国救生协会游泳救生员注册证书》方可上岗 （2）具有高度的安全意识和责任感，对游客安全负责 （3）做好客人的安全管理，严格按规定进行管理，对越界和违反规定的客人进行警告 （4）按时上岗，坚守工作岗位，有事必须事先请假，不得擅离职守，不得私自串岗、找人顶岗、不得空岗、漏岗 （5）上岗时排除杂念，关注池内动态，发现客人有异常情况应立即做预见性警告并做好救生准备		●
	18.3 球类服务	18.3.1 前台接待 （1）能够及时准确地为客人进行登记、开单、计时，提供更衣柜钥匙、毛巾等用品 （2）熟悉相关球类设施的运动规则、计分方法 （3）具有相关球类的运动技能，能够向客人讲解相关球类运动的基本知识和技法 （4）填写工作日报表 18.3.2 球类服务 （1）熟悉相关球类设施的运动规则、计分方法 （2）具有相关球类的运动技能，能够向客人讲解相关球类运动的基本知识和技法 （3）熟练掌握基本的急救知识，能够利用常备的急救药品、设施对受伤的客人进行紧急处理和急救 （4）熟练掌握球类设施设备的清洁、维护、保养的步骤和方法 （5）熟练掌握相关球馆卫生标准，保持球馆卫生符合标准		●

续表

工作项目	工作任务	职业能力	能力要求 中职	能力要求 高职
19 休闲娱乐	19.1 SPA	19.1.1 前台接待 （1）能够及时准确地为客人进行登记，提供更衣柜钥匙、毛巾等用品 （2）能够准确了解各个功能区域位置、路线并引领客人到达 （3）了解馆内所有产品和服务，并能够根据客人的需要推荐 （4）填写工作日报表 19.1.2 SPA 服务 （1）能够准确了解各个功能区域位置、路线并引领客人到达 （2）了解馆内所有产品和服务，并能够根据客人的需要推荐 （3）更衣房服务生需协助客人更衣，保证客人更衣柜内物品安全 （4）根据客人需求填写"消费单"，并请客人确认 （5）随时清理浴巾等使用过的客用品，随时保持卫生符合标准 19.1.3 技师 （1）所有岗位技师必须持证上岗 （2）服务热情、礼貌、大方，但又要掌握分寸 （3）主动征求客人意见，选择相应的手法和适当力度为客人服务 （4）注意观察客人反映和面部表情，认真听取客人意见和建议，及时改进工作，为客人提供优质的服务		●
	19.2 KTV	19.2.1 前台接待 （1）能够及时准确地为客人进行登记、处理预订 （2）根据客人的要求与安排引领客人去相应的包厢 （3）能够妥善处理客人之间的纠纷 （4）填写工作日报表 19.2.2 KTV 服务 （1）熟练掌握 KTV 内设施设备的使用步骤和方法，能够指导客人使用 （2）熟练掌握 KTV 内设施设备的维护和保养方法、步骤，能够快速排除非技术性故障 （3）熟悉 KTV 内提供的产品和服务，能够及时准确地为客人提供相关产品和服务或根据客人需要推荐相关产品和服务 （4）能够妥善处理客人之间的纠纷 （5）熟练掌握 KTV 卫生标准，客人离开后能够快速地清理包厢卫生，保持包厢卫生符合标准		●

续表

工作项目	工作任务	职业能力	能力要求 中职	能力要求 高职
19 休闲娱乐	19.3 棋牌室	19.3.1 前台接待 （1）能够及时准确地为客人进行登记、处理预订、计量开单 （2）根据客人的要求与安排引领客人去相应的包厢 （3）能够妥善处理客人之间的纠纷 （4）填写工作日报表 19.3.2 棋牌室服务 （1）熟练掌握棋牌室内设施设备的使用步骤和方法，能够指导客人使用 （2）熟练掌握棋牌室内设施设备的维护和保养方法、步骤，能够快速排除非技术性故障 （3）熟悉棋牌室内提供的产品和服务，能够及时准确地为客人提供相关产品和服务或根据客人需要推荐相关产品和服务 （4）能够妥善处理客人之间的纠纷 （5）巡视各包厢及时制止赌博行为		●

（执笔：潘援、赵程凌云、姚建园、王则天、田园、王天辰、徐斌

统稿：苏炜、陈瑶、匡家庆、冯明）

项目名称：中高职衔接（旅游管理）专业教学标准
项目编号：B—05
项目负责人：樊豫陇
项目负责人所在单位：郑州旅游职业学院

《中高职衔接旅游管理专业教学标准》调研报告

一、前言

（一）调研背景

20世纪80年代以来，我国颁布出台了系列政策，提出逐步建立具有中国职业教育特色的现代职业教育体系的思路。2002年颁布的《国务院关于大力推进职业教育改革与发展的决定》中首次明确提出了五年制高职和现代职业教育体系的概念，并首次提出了建立"中等职业教育与高等职业教育相衔接的课程体系"[1]的要求；2005年颁布的《国务院关于大力发展职业教育的决定》提出不仅要建立、而且更要完善现代职业教育体系的建设；2010年7月，国务院颁布了《国家中长期教育改革和发展纲要（2010—2020年）》，要求从教育体系内考虑所有职业教育的课程衔接问题，并指出"推进职业学校专业课程与职业标准相衔接"[2]的要求，为中高职衔接课程体系构建提供了方法上的指导；《国务院办公厅关于开展国家教育体制改革试点的通知》《教育部关于推进中等和高等职业教育协调发展的指导意见》以及《中等职业教育改革创新行动计划（2010—2012年）》三个文件是全面指导中、高等职业教育协调发展的意见，让中高职衔接教学标准的制定完全具备了政策条件。

2016年我国旅游行业依然维持稳健增长态势。根据国家旅游局的统计，2016年国内旅游收入达到4.69万亿元，同比增13.6%，10年CAGR高达22.43%；国际旅游收入预计达到583亿美元，同比增4%。国家旅游局数据显示，我国国内旅游、出境旅游人次和国内旅游消费、境外旅游消费均列世界第一。随着国内旅游产业的迅猛发展及旅游产业转型升级的迫切要求，旅游教育特别是旅游人才的人才培养质量面临新的挑战。人才规格、服务质量、岗位层级的需求都有了较大变化，这些变化对旅游职业教育提出了新的要求。打

---

[1] 国务院关于大力发展职业教育的决定 [Z].国发〔2005〕35号.2005-10-28.
[2] 国家中长期教育改革和发展规划纲要（2010—2020年）[EB/OL]. http://www.china.com.cn/policy/txt/2010-03/01/content_19492625_4.htm.

通职业教育体系关键一环中高职衔接的呼声进一步加大。

（二）调研目的

当前，中、高等职业教育之间的衔接非常不充分，导致人才培养目标与产业需求之间有差距。调研始终以职业教育大环境为中心，以区域产业及旅游人才需求状况分析为出发点，立足学生发展需要为终极目标。调研数据对我国现代职业教育体系建设是一种丰富；调研方法拓宽了关于中高职课程衔接体系建设研究的视角与立足点；调研报告对中高职衔接的实践应用具有一定指导意义。中高职衔接旅游管理专业教学标准调研的实践与探索，既体现了我国现代职业教育体系建设成就，也为我国进一步完善现代职业教育体系建设中"中职高职衔接"细节问题提供了分析样本。

（三）概念界定

关于中高职教育衔接的概念，可从广义和狭义两个层面理解，王育培认为，广义上是指中职教育和高职教育在学制、招生考试制度、培养目标、专业设置、课程结构、教学内容、教学模式等多方面的衔接关系，狭义上主要是指中职教育和高职教育之间在层次、专业和课程等方面的衔接[①]。

单武雄则认为，广义的"中高职教育衔接"是根据职业教育特点，以专业为基轴，既明确专业的层次规格，专业布局又与产业体系对接，与区域经济互动，既在各自定位上办出特色，又要整合职业教育专业目录，使之上下贯通、左右融通的全方位、立体化的职业教育专业成长体系，也可称为"中高职协调发展"。狭义则主要针对中等职业教育和高等职业教育，是指以专业为载体，包含专业人才培养方案、专业课程教材、师资、实训基地等的区分层次、明确定位的中职与高职的人才培养规格的有机衔接[②]。

江洁则认为，中高职教育衔接是指"中等职业学校与高等职业学校两个不同教育层次之间在管理体制、培养目标、课程设置、教学内容等方面构成的相互联系和相对分工，以及两者之间不脱节、不重复的一种结合状态，通过两者的相互渗透与充分交流，从而实现办学效益和教学质量的提高[③]。"

杜怡萍、李海东认为，中高职衔接是中等职业教育和高等职业教育的衔接，包括中职、高职专科、本科直至专业学位研究生各层次职业教育间的衔接[④]。

二、调研情况与分析

（一）调研形式与对象

按照调研方案的要求，确定调研对象为：旅游企业、中等职业院校、高职旅游院校。旅游企业以深度访谈的方式与旅游企业领导及各级管理人员进行沟通、交流，以问卷调查的方式对在企业工作的中高职毕业生进行调查；中高职旅游院校以实地及发函调研的方式，通过问卷形式调研在校学生；并与受访院校分管校长或教务处长、旅游管理专业负责

---

① 王育培.中等和高等职业教育衔接的理论与实践研究：以福建省为例[M].厦门大学出版社，2012.
② 单武雄.中高职教育衔接论[M].中南大学出版社，2014.
③ 江洁.中高职教育衔接研究与实践[M].中国科学技术大学出版社，2013.
④ 杜怡萍，李海东.中高职衔接标准建设新视野：从能力到课程[M].广东高等教育出版社，2015.

人、学科骨干教师开展深入访谈。院校实地及发函调研的中高职旅游院校有30所；调研的旅游企业57家，主要采用实地调研法和网络调研法。实地调研主要采取问卷调查与座谈访谈相结合的方式，网络调研采用问卷网、微信、电子邮件等方式进行。

调研范围覆盖了七大地理区域（华东地区、华南地区、华中地区、华北地区、西北地区、西南地区、东北地区），院校调研主要选择的是各地区具有代表性的、一定影响力的重点旅游院校或是将旅游管理作为重点专业的院校如中职的七金联合体、高职的五星联盟等；旅游企业主要涉及了旅行社、旅游景区、酒店和旅游电子商务四种业态（因人力、物力所限，同时考虑到本专业的就业与培养定位主要是旅行社，其次是旅游景区、酒店和旅游电子商务，因此本次调研主要涵盖了上述四种业态，对旅游交通企业、旅游规划企业、旅游营销与策划企业等未涉及）。调研样本数量及结构详见表1。

表1 调研的相关中高职院校和旅游企业

区域	院校		旅游企业			
	中职院校	高职院校	旅行社	酒店	景区	旅游电商
华北	北京外事学校 天津中华职业学校	成都职业技术学院	众信旅游	京海大厦 北京希尔顿酒店 天津万达文华酒店 天津桔子精品酒店 7天连锁酒店（天津步行街店） 汉庭酒店（天津步行街店）	天津静园景区 北京圆明园景区 额济纳胡杨林景区	
西南	四川省旅游学校 重庆市旅游学校	四川旅游学院 重庆工商职业学院 云南旅游职业学院	桂林昊海旅行社 桂林市缤纷假期国际旅行社有限责任公司		桂林漓江逍遥湖旅游开发有限公司	
西北	陕西省旅游学校 西安旅游职业中专		四川新署国际旅行社有限公司西安分公司 西安中国国际旅行社集团有限责任公司	西安皇冠假日酒店 西安威斯汀酒店		
华东	苏州旅游与财经高等专科学校	上海旅游高等专科学校 南京旅游职业学院 山东旅游职业学院	杭州独木桥旅行社公司	杭州千古情主题酒店 上海滴水湖皇冠假日酒店 无锡希尔顿酒店 汉庭酒店（杭州西湖天地店）	杭州宋城景区 浙江横店影视城有限公司 宁波凤凰山海港乐园 上海迪士尼乐园 山东侨乡国际旅游有限公司 宜兴市善卷洞风景区	同程网络科技股份有限公司 携程旅行网

续表

区域	院校		旅游企业			
	中职院校	高职院校	旅行社	酒店	景区	旅游电商
东北	沈阳市旅游学校		黑龙江省康辉国际旅行社有限公司		大连老虎滩海洋公园	
华南	海口旅游职业学校 广东省旅游职业技术学校 琼州学院—海南省民族技工学校		广东中妇旅国际旅行社有限责任公司越秀分社	广州欧豪酒店 深圳希尔顿酒店	深圳华侨城景区	
华中	巩义一职专 鹤壁市机电信息工程学校 沁阳市职业中等专业学校 鹤壁工业中专 新乡市职业教育中心 武汉市第一职业教育中心 洛阳旅游学校 郑州机电工程学校 驻马店财经学校	郑州旅游职业学院 武汉民政职业学院 武汉信息传播学院	中国国旅（武汉）国际旅行社有限公司 河南中国旅行社集团有限公司 河南省中国旅行社 河南鑫凤凰国际旅行社 河南中原国际旅游集团 河南省招商国际旅行社 河南南湖国际旅行社 河南旅游集团 郑州海外国际旅行社 郑州康辉国际旅行社有限责任公司 张家界湘西中旅国际旅行社有限公司 洛阳邮电国际旅行社 洛阳中国青年旅行社有限责任公司王城分社 河南友谊旅行社有限公司 河南省中国青年旅行社	武汉丽枫酒店 索菲特国际饭店 郑州绿地jw万豪酒店	黄鹤楼景区 开封清明上河园 洛阳万山湖旅游有限公司	
合计	20	10	23	17	15	2

（二）调研内容

（1）在校师生调研内容主要包括四大部分：专业人才培养目标及人才规格；课程体系及课程结构设置状况；人才培养方案或教学计划的制订与教学实施情况；实习就业希望等。

（2）毕业生调研主要了解四大方面：毕业生对专业教学内容、教学过程、教学条件、师资培养等方面的意见反馈；毕业生在企业就业岗位群及分布情况，以及毕业生岗位升迁经历及升迁条件；毕业生对学校教学工作的评价与建议；企业对毕业生的社会能力和职业素养的具体要求等。

（3）各院校人才培养方案及教学计划的搜集。

（4）旅游企业调研内容主要包括：企业旅游管理专业中高职学生的占比；企业对中高职学生的素质要求；针对旅游管理专业中高职学生的主要岗位设置；岗位工作的任务和内容；未来企业的用人需求等。

（三）调研结果与分析

1. 中职院校调研结果分析

本次课题调研组共发放问卷（包括企业和院校）900 份，回收 788 份，回收率为 87.56%，有效问卷 731 份，有效率为 81.22%；与受访院校分管校长或教务处长、旅游服务与管理专业负责人、学科骨干教师开展深入访谈，共计 98 人/次。问卷包括"中职旅游服务与管理专业教师调研问卷""中职旅游服务与管理专业在校生调研问卷"和"中职旅游服务与管理专业毕业生调研问卷"三个问卷。

（1）在校师生调研

在调研实际中发现，中职旅游服务与管理专业建设已取得良好成绩，但在专业定位、人才培养目标、师资培养、课程设置及教学实施等方面仍然存在不少问题。研究重点应放在如何进行中职、高职旅游管理专业教学标准衔接上，通过调研数据的分析，准确区分中职和高职旅游管理专业两者的人才培养目标、规格，尤其是专业设置和课程体系方面的区分度，充分考虑在人才培养定位、人才培养模式、课程体系、实践教学体系、实训条件等方面的一体化衔接。

①专业定位与人才培养目标

由于专业名称与人才培养目标及专业定位具有较强的正相关性，所以调研组首先对调研样本院校的专业名称进行了归纳汇总。统计结果显示：中等职业院校办学类型大体分为五种类型：即"3 年制中专""3+2 联合办学（专科）""5 年一贯制""3+4 联合办学（本科）"及"5+2 联合办学（本科）"。而"3 年制中专"类型基本上统一使用《中等职业学校专业目录（2010 年修订）》中确定的"旅游服务与管理"，"3+2 联合办学（专科）"类型普遍采用高等职业学校专业目录（2014 年修订稿）中确定的"旅游管理"，"5 年一贯制"类型使用的名称相对较多——有"旅游管理""连锁经营管理""导游"及"旅游服务与管理"等，"3+4 联合办学（本科）"与"5+2 联合办学（本科）"两种类型都采用的是《本科专业目录》中确定的"旅游管理"这一名称。

在选定的调研样板院校中，开设 3 年制中专并使用"旅游服务与管理专业"这一名称是最常见的。而"苏州旅游与财经高等职业学校""沈阳市旅游学校""四川省旅游学校""海南省旅游职业技术学校"等院校因办学类型多样，呈现了多样化的专业名称，有着差异性的专业定位和培养目标。综合来说，培养目标上可分为就业型和升学型，在专业定位及职业面向方面分为集中型和宽泛性，项目组通过对取得的人才培养方案的归纳梳理，并最终呈现出四种组合状态（见表 2）。

表 2 中职旅游服务与管理专业定位与培养目标总结一览表

	就业型	升学型
集中型	培养旅行社、旅游公司的门市接待、景点导游、外联、计调、销售、中文导游等岗位需要的初中级应用型人才。	（1）酒店管理方向：培养现代酒店业餐饮、客房、前厅、酒吧等管理与服务岗位所需的高素质技能型专门人才。 （2）旅行社管理方向：培养导游、门市接待、计调、外联等旅行社管理与服务岗位所需的高素质技能型专门人才。

	就业型	升学型
宽泛型	培养酒店、旅行社、旅游景点、各类展览馆等第一线岗位,具备服务及管理技能的可持续发展的应用型技能人才。	培养高星级酒店、旅行社,旅游景区及旅游交通企业等相关岗位所需的高素质复合型服务及经营管理人员。

在调研实际中,发现有特色"冠名班"的院校旅游服务与管理专业招生火爆;"3+2联合办学(大专)""5年一贯制""3+4联合办学(本科)"与"5+2联合办学(本科)"招生形势也是一片良好;但是普通的三年制中专的招生形势严峻,生源逐年萎缩;此外,在企业调研中,用人单位普遍认为中职毕业生在外语水平、理解力、沟通力、执行力及创造力方面,与高职及本科学生的差异显著,故对中专学生的需求逐年下降。这说明中高职衔接是符合时代发展趋势的,中职院校办学模式应该向升学型倾斜更有利于招生。

关于人才培养方案的编制方面,首先,在对拥有多种办学模式的受访院校的调研中,发现这些院校针对升学型和就业型都制订了相应的人才培养方案,但在课程设置、教学安排等方面差异并不明显;其次,在人才培养方案的取得方面,参考国家标准、省级标准或直接采用其他院校占33.67%,借鉴七星联盟等院校基础上修订的占40.82%,本校组织专业指导委员会论证、与其他院校联合开发及与企业合作开发编制的仅占25.51%(如图1所示);再次,在人才培养方案修订方面,主要通过深入访谈的形式开展,调研中发现由于招生需求,几乎所有受访院校每年都会对人才培养方案进行简单修订,85.8%的院校每3年会进行人才培养方案全面修订,14.2%院校每5年进行一次全面修订。关于人才培养目标与企业人才要求规格一致性自评方面,54.51%的受访院校认为一致,38.63%的受访院校认为不一致,6.87%的受访者认为所属院校并不是特别了解企业对人才培养规格的具体要求情况(如图2所示),这说明中职旅游服务与管理专业的人才培养目标及培养规格需要进一步明确。

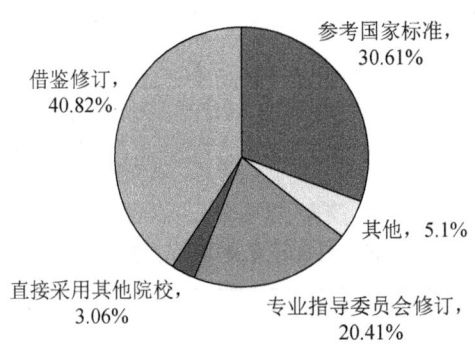

图1 旅游服务与管理人才培养方案的编制方式

注:图中数据有四舍五入现象。下同。

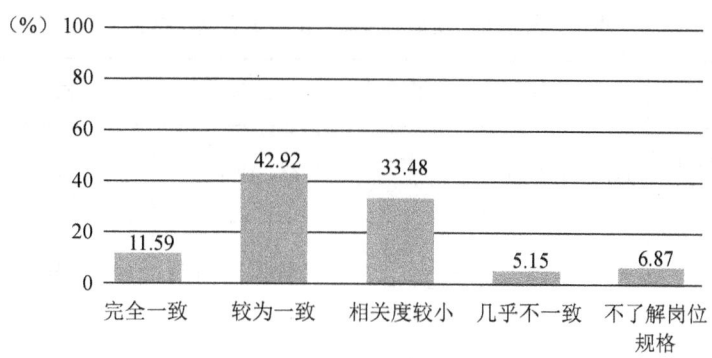

图2 人才规格与人才培养目标一致性自评结果统计图

关于旅游服务与管理专业人才培养规格各方面的重要性度调查方面，持同意态度的受访者占绝大多数，说明在校师生对于本校的人才培养规格还是持肯定态度的，但是完全同意的比重并不具有优势，尤其是在校生评价，说明在校师生对本校的人才培养规格是有着更高要求的（如表3、4所示）。

该矩阵题平均分：4.2。

表3 人才培养规格七大因子重要性统计（教师）

题目/选项	5完全同意	4同意	3一般	2不同意	1完全不同意	平均分
本专业对于在校成绩要求高	11（11.22%）	55（56.12%）	16（16.33%）	14（14.29%）	2（2.04%）	3.6
本专业更注重实践技能的训练	39（39.8%）	46（46.94%）	10（10.2%）	3（3.06%）	0（0%）	4.23
本专业更注重职业资格证书的获取	33（33.67%）	55（56.12%）	9（9.18%）	0（0%）	1（1.02%）	4.21
更重视学生的团队合作与人际沟通能力	46（46.94%）	46（46.94%）	4（4.08%）	2（2.04%）	0（0%）	4.39
更重视学生的服务与经营管理能力	32（32.65%）	52（53.06%）	10（10.2%）	4（4.08%）	0（0%）	4.14
更倾向于培养学生良好的文化修养	41（41.84%）	51（52.04%）	4（4.08%）	2（2.04%）	0（0%）	4.34
更注重培养学生爱岗敬业的职业道德	49（50%）	44（44.9%）	5（5.1%）	0（0%）	0（0%）	4.45

表4 人才培养规格七大因子重要性统计（学生）

题目/选项	5完全同意	4同意	3不确定	2不同意	1完全不同意
本专业特别偏重理论课程的教学	111（29.06%）	152（39.79%）	65（17.02%）	45（11.78%）	9（2.36%）
本专业特别注重专业实践技能的训练	86（22.51%）	155（40.58%）	83（21.73%）	40（10.47%）	18（4.71%）
本专业更倾向于培养学生良好的文化修养	116（30.37%）	185（48.43%）	54（14.14%）	19（4.97%）	8（2.09%）
本专业更注重培养学生爱岗敬业的职业道德	121（31.68%）	177（46.34%）	76（19.9%）	7（1.83%）	1（0.26%）
本专业更重视学生相关职业资格证书的获取	116（30.37%）	165（43.19%）	73（19.11%）	22（5.76%）	6（1.57%）
更重视培养学生的专业服务与经营管理能力	113（29.58%）	178（46.6%）	72（18.85%）	16（4.19%）	3（0.79%）
更重视培养学生的团队合作与人际沟通能力	132（34.55%）	160（41.88%）	74（19.37%）	12（3.14%）	4（1.05%）

②课程体系及课程结构

在课程设置方面，依据《中等职业学校旅游服务与管理专业教学指导方案》（2013版），结合旅游业当前发展形势、新型业态构成以及未来发展趋势，参照七金联合体院校课程构成情况，调研组将本专业课程构成分为公共基础课、专业技能课（理论课和实践课）及选修课三种类型，并重点针对23门专业理论课、10门专业实践课及10门选修课程进行了开设必要性分析。总体而言，在调研的院校中，相关专业课程的设置和教学计划的安排区别度不大，传统痕迹明显，新开发课程欠缺，且未突出专业特色、地域特色及本校特色。

首先，在专业理论课程方面，专业基础性课程的认可度较低，分别有41.83%、35.71%、34.69%、34.69%及31.63%的受访者认为生态旅游、食品营养与卫生、中国旅游文学、旅游票务及旅游学概论等课程开设不必要或非常不必要，旅行社类课程反应的问题十分突出，分别有21.43%、20.41%的受访者认为开设旅行社运营实务、旅行社情景英语等课程不必要或非常不必要，受访者认为这些课程与实际严重脱节、课程内容体系滞后性突出、实用性差，在课程标准制定、师资培养及选用、教材内容更新及编写、考核方式等方面亟待改革（如表5所示）。其次，在实践课程方面，受访者更偏好于开设旅行社类课程，对于酒店类课程的开设课程有较弱的偏好。在选修课程方面，选修课程的开设状况堪忧，由于受限于专业师资薄弱、教学设施设备有限以及院校重视度不足等因素，绝大多数院校的选修课程名存实亡。

表5 旅游服务与管理专业理论课程必要性统计

题目/选项	5非常必要	4必要	3一般	2不必要	1非常不必要
1.旅行社运营实务	44（44.9%）	33（33.67%）	17（17.35%）	3（3.06%）	1（1.02%）
2.导游实务	61（62.24%）	33（33.67%）	4（4.08%）	0（0%）	0（0%）
3.旅游市场营销	45（45.92%）	32（32.65%）	15（15.31%）	6（6.12%）	0（0%）
4.全国导游基础知识	72（73.47%）	25（25.51%）	1（1.02%）	0（0%）	0（0%）
5.旅行社门店实务	45（45.92%）	41（41.84%）	10（10.2%）	1（1.02%）	1（1.02%）
6.旅行社计调实务	40（40.82%）	46（46.94%）	9（9.18%）	2（2.04%）	1（1.02%）
7.旅行社外联实务	39（39.8%）	47（47.96%）	10（10.2%）	1（1.02%）	1（1.02%）
8.旅行社情景英语	49（50%）	29（29.59%）	17（17.35%）	2（2.04%）	1（1.02%）
9.旅游学概论	37（37.76%）	30（30.61%）	24（24.49%）	6（6.12%）	1（1.02%）
10.旅游服务礼仪	65（66.33%）	31（31.63%）	2（2.04%）	0（0%）	0（0%）
11.旅游心理学	40（40.82%）	43（43.88%）	10（10.2%）	4（4.08%）	1（1.02%）
12.旅游政策法规	63（64.29%）	31（31.63%）	3（3.06%）	1（1.02%）	0（0%）
13.中国旅游地理	48（48.98%）	38（38.78%）	11（11.22%）	1（1.02%）	0（0%）
14.中国旅游客源地概述	28（28.57%）	56（57.14%）	12（12.24%）	2（2.04%）	0（0%）
15.中国旅游文学	27（27.55%）	37（37.76%）	31（31.63%）	3（3.06%）	0（0%）
16.生态旅游	27（27.55%）	30（30.61%）	33（33.67%）	8（8.16%）	0（0%）
17.景点导游	46（46.94%）	35（35.71%）	14（14.29%）	3（3.06%）	0（0%）
18.旅游电子商务	41（41.84%）	32（32.65%）	20（20.41%）	5（5.1%）	0（0%）
19.旅游景区（点）服务	40（40.82%）	36（36.73%）	19（19.39%）	3（3.06%）	0（0%）
20.民俗知识	39（39.8%）	46（46.94%）	12（12.24%）	1（1.02%）	0（0%）
21.地方旅游基础知识	55（56.12%）	35（35.71%）	8（8.16%）	0（0%）	0（0%）
22.食品营养与卫生	30（30.61%）	33（33.67%）	25（25.51%）	10（10.2%）	0（0%）
23.旅游票务	32（32.65%）	32（32.65%）	32（32.65%）	2（2.04%）	0（0%）

在针对调研院校课程设置的自评方面，首先，课程结构不合理。75.51%的受访者认为所在院校课程设置最突出的问题是理论课偏多、实践课偏少，67.35%的受访者认为学生实践训练的时间短、频数小，36.73%的受访者认为选修课范围狭窄（如图3所示）。究其原因：一是教授实践课程及选修课程的教师有限，在面向专业教师的调研数

据统计显示，在2011年5月—2015年5月期间，到企业挂职锻炼0次占29.59%，1次占32.65%，2次占17.35%，3次及以上的仅为21.41%，此外，在教师拥有的职业证书调查中显示，持有领队证的仅占3.06%，持旅行社计调师证的有40.8%，旅行社经理资格证的仅占2.04%，可见中职旅游专业教师中可以承担高水平实践课程的人员有限；二是教学条件有限，校内、外实训基地有限，校企合作程度不够，辅助性教学实施设备不完善。

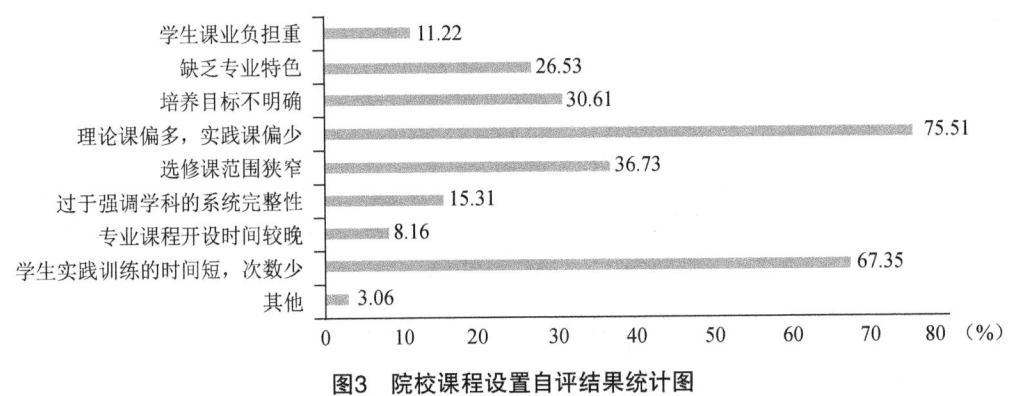

图3 院校课程设置自评结果统计图

③教学条件和教学实施情况

在教学实施方面：实践课设置比例大都比较低，集中在50%以下，但是学校还是比较注重学生基础能力的培养，有67.8%的受访者表示学校的考核方式主要体现在平时表现，有45.5%的受访者表示学校是通过团队任务来考核的，而更多的学生希望本专业的考试方式也是集中在这两个方面，均超过60%。在具体实施环节，在问到学校有无通过学习、见习及合作旅游企业的途径来增加学生的旅游专业认知时，只有37.17%的学生回答是"偶尔"，说明大部分中职旅游院校实践活动组织较少（见图4），而参加的实践活动主要集中在模拟导游和礼仪训练上（见图5）。在实习环节，大部分学校安排都是半年或是一年，为学生提供的实习场所主要集中在旅行社和旅游景区。

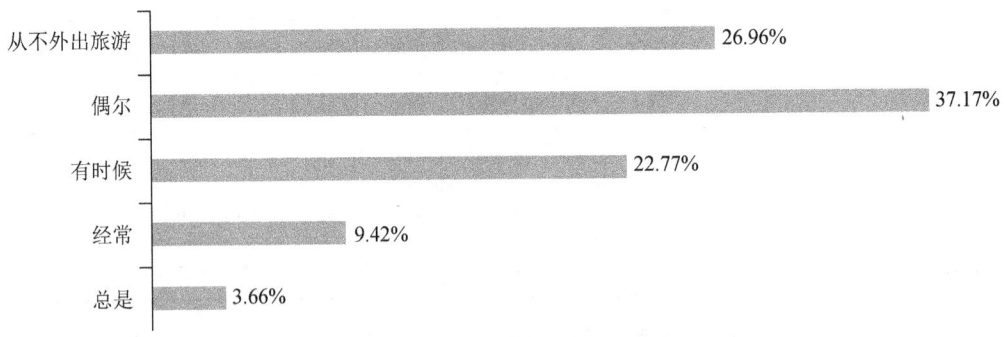

图4 学生参加实践活动的频率对比图

选项	小计	比例（%）
模拟导游	261	68.32
旅游线路设计	143	37.43
旅游门市接待	60	15.71
旅游实训	102	26.7
旅行社技能实训	64	16.75
前厅服务训练	74	19.37
客房服务训练	67	17.54
酒水训练	62	16.23
模拟康乐服务	21	5.5
餐饮摆台服务	52	18.61
茶艺实训	71	18.59
插花实训	35	9.16
模拟酒店管理系统操作	25	6.54
毕业设计	25	6.54
形体训练	114	29.84
礼仪训练	198	51.83
其他	20	5.24
本题有效填写人次	382	

图5　实训环节参与项目图

④旅游服务与管理专业人才规格与课程设置的对接

从在校生的自我评价方面：认为自己通过学校专业的学习，其专业技术能力、人际协调能力都得到了很大提升（见图6），而且，从最初入学选择专业的决定因素看，45.55%的受访者表示是自己喜欢，比率较高，说明学生喜欢并愿意学习该专业。对于毕业后发展的方向，旅行社是首选（见图7），占到36.39%，其次是事业单位，而继续升学的比率也占到了9.95%，被排到了第3位，这也说明，中高职教育衔接一体化教育是符合学生意愿所向的。其中的原因主要有两个：一方面是现在我国正处于产业转型时期，知识更新速度飞快，每个人都需要不断地学习才能满足岗位需要，仅仅中职所学知识很难适应职业岗位的需要。另一方面，现在招聘单位多以学历为门栏，先不论中职生能力如何，单从学历上看中专文凭在激烈的社会竞争中毫无优势，整个就业市场趋向高学历化，中职生为了将来自身的出路不得不考虑继续学习。因此，学生继续升学的意向说明了中高职的教育衔接是适应经济结构调整、技术结构升级和发展方式对技能型、技术型人才的要求，也是顺应现阶段旅游时代发展趋势的。

另外，结合调研院校现行人才培养规格、调研的旅游企事单位对人才需求现状，将本专业人才培养的规格分为知识、职业技能及职业道德等三方面的要求。并根据企业调研反馈，首先，加强对于职业道德方面的关注，从指导思想、培养目标及课程设置等方面加大着力点；其次，继续加强对于专业技能的培养，优化课程比例、开发新型实用课程、更新课程内容；最后，在知识培养方面立足于遵循够用原则，立足中职，不拔高，为日后的持续学习打好基础。

选项	小计	比例（%）
专业技术能力	184	48.17
逻辑思维能力	142	37.17
经营管理能力	104	27.23
人际协调能力	162	42.41
产品创新能力	70	18.32
知识的学习吸收能力	145	37.96
适应能力	135	35.34
调查研究能力	42	10.99
创业能力	30	7.85
营销能力	41	10.73
抗风险能力	25	6.54
创新能力	47	12.3
团队合作能力	106	27.75
其他	17	4.45
本题有效填写人次	382	

图6 专业学习对能力提升的影响

选项	小计	比例（%）
旅行社	139	36.39
旅游酒店	24	6.28
会展中心	16	4.19
旅游景区景点	29	7.59
旅游交通	13	3.4
其他旅游企业	26	6.81
与旅游无关的行业	25	6.54
旅游事业单位	50	13.09
继续升学	38	9.95
其他	22	5.76
本题有效填写人次	382	

图7 毕业从业意向统计图

表6 人才规格和课程设置对接

知识	课程设置	技能	课程设置	职业道德	课程设置
人际交往与沟通的基本知识	沟通技巧（理论课）	较强的语言表达和思辨能力	普通话训练（实践课）、口才与演讲、模拟导游	爱岗敬业的素养	职业道德与法律 旅游政策与法规
基础性文化知识	语文、英语、计算机应用、中国旅游文学	用英语进行服务和沟通能力	旅游英语（理论）、英语视听说、英语口语训练	基本的企业忠诚度	职业道德与法律
旅行社服务的基本知识	旅游学概论、旅行社运营实务、旅行社门店实务、旅行社计调实务、旅行社外联实务	自我职业规划及设计能力	职业生涯规划 就业创业指导	吃苦耐劳的品质	职业道德与法律
导游工作基本操作技能	导游实务（理论课）、旅游政策法规、全国导游基础知识、地方旅游基础知识、模拟导游（实践课）、民俗知识、旅游景区（点）知识、景点导游、中国旅游地理、世界遗产概述（选修）	人际沟通、交往和协调能力	沟通训练（实践课）、旅游服务礼仪、礼仪训练、形体训练、口才技巧	诚实守信的品格	职业道德与法律 旅游政策与法规
应急处理知识	旅游突发事件应对	突发事件应对能力	旅游突发事件应对	团结协作	体育（以足球、篮球等团体体育运动为主）
一定的营销知识	旅游市场营销、旅行社外联实务、旅游电子商务	初级管理能力	管理学原理（选修）	遵纪守法、遵行守规	旅游政策与法规
一定的心理学基础知识	旅游心理学	旅行社产品设计能力	旅游线路设计 旅游市场营销	环境保护	生态旅游
一定的公文写作知识	语文或应用文写作	继续学习和适应职业变化能力	就业指导、职业生涯规划		
其他应备知识	第二外语	一定的创新意识和创业能力	就业指导		
		其他应备能力			

（2）毕业生调研

在对毕业生调研时，调研组发现各单位对中职毕业生的需求会逐年减少，认为中职学生的潜能提升不够，这个对于中职办学方向也引起了思考。在具体调研中，课题组还调研了一部分高职院校对口升学的学生以及五年制的学生对课程设置的反馈。

①中职毕业生就业基本情况调查

首先是月收入情况：41.63%的受访中职毕业生月收入在2000元以下，有35.19%的毕业生工资收入在2000~3999元，只有13.7%的毕业生能达到4000~5999元，仅9.44%的学生收入能在6000元以上，中职毕业生月收入总体水平偏低。而只有36.65%的受访者表示目前从事的工作跟专业有关，对口就业率有待于提升；而中职旅游管理毕业生在企业中所处的工作岗位较低，总体发展层次有待提升，由图8可以看出大部分的中职毕业生都处于普通员工的层次，处于中层以上的干部占比不到30%。

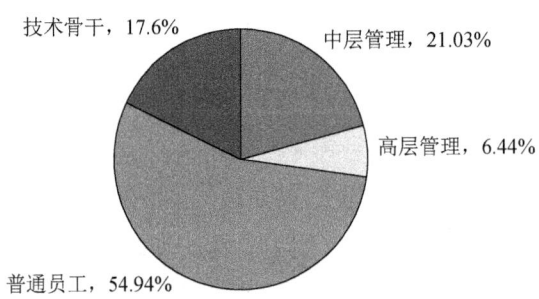

图8 旅游服务与管理专业毕业生在企业中的工作岗位调查表

②中职毕业生工作流动性分析

据调研结果显示，53.65%的旅游服务与管理中职毕业生一次就业后，再无更换过，41.2%的毕业生更换过2~4次，5.15%的毕业生更换工作在5次以上，大部分毕业生工作变动性比较小，少部分毕业生更换工作频繁。应该受制于学历层次性问题以及受访者还有相当一部分是对口升学的学生；而对于更换工作的原因，主要还是收入问题（见图9），说明中职生对工作的领悟较低，对于未来的职业生涯没有合理规划。

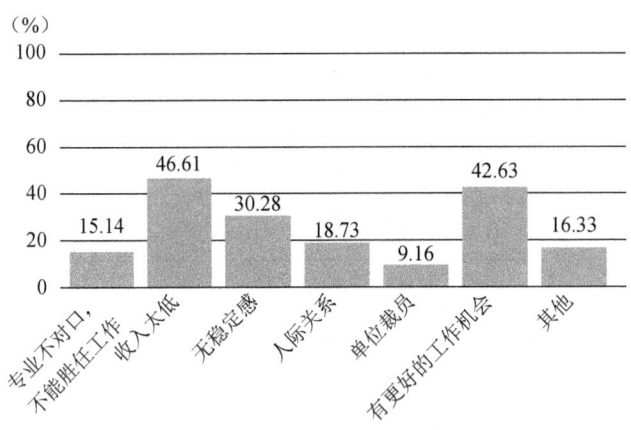

图9 毕业生更换工作原因分析图

③中职毕业生对专业课程设置的关联度分析

调研结果表明：中职旅游服务与管理毕业生认为在就业过程中起主要作用的因素是

综合素质，占到55.38%，其次为专业技能，而社会因素和其他因素则占非常少的份额。在人才培养规格上，53.39%的受访中职旅游服务与管理毕业生认为自己在学校所学知识和旅游职业的岗位需求完全一致或者较为一致，33.47%的毕业生认为相关度较小（见图10），应该跟中职专业对口率有直接关系。在对课程开设的评价上，主要存在的问题还是觉得课程开设的内容丰富但是用到的很少，22.32%的调研对象认为中职旅游管理所学内容理论太多，实际操作不够，缺乏足够的动手能力；只有22.75%的毕业生认为自己在校所学与实际联系紧密，能够用得上，总体满意度比较低，说明目前中职这一块的培养目标定位还比较模糊。在收集中职人才培养方案的时候我们也发现，大部分学校没有人才培养方案，可能只有一个简单的计划或是课程表，收集起来也难度重重，一些学校并不愿意对外公示，这说明中职院校的开放度和交流度有待于提升。

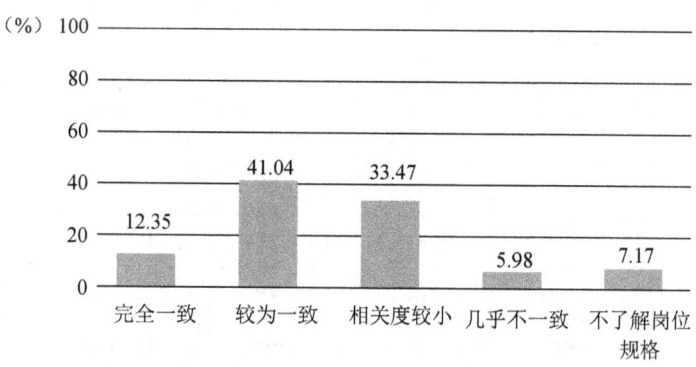

图10 旅游服务与管理专业毕业生在校所学知识和岗位人才规格调查表

④对课程体系及课程结构满意度分析

中职毕业生总体认为旅游服务与管理专业理论课程设置大部分都是非常必要的，数据总体均衡，接近平均分2.61，具体而言，旅行社门店实务、旅行社外联实务、旅游概论、旅游票务和中国旅游客源地概况相对来说，更加重要一点；而地方旅游基础知识、服务礼仪、模拟导游等科目的重要性弱一点，这个重要性或者不太重要性，也体现在一部分对口升学的学生，把高职和中职知识进行对比后会从关联性来思考（见表7）。在实践课程设置上，认为也大都有开设的必要，大都接近平均分2.62，其中以插花训练、酒水训练、和茶艺训练更为必要；而礼仪训练尤为不必要。但是在旅游企业调研时，很多中高层管理人员却恰恰提到了礼仪的重要性，说明中职毕业生在对问题本质的认识上还有所偏差（见表8）。

表7 旅游服务与管理专业理论课程设置必要性调查表

题目\选项	5非常必要	4必要	3一般	2不必要	1非常不必要	平均分
旅行社运营实务	78（33.48%）	45（19.31%）	45（19.31%）	18（7.73%）	47（20.17%）	2.62
导游实务	82（35.19%）	61（26.18%）	19（8.15%）	18（7.73%）	53（22.75%）	2.57
旅游市场营销	66（28.33%）	58（24.89%）	43（18.45%）	22（9.44%）	44（18.88%）	2.66

续表

题目\选项	5非常必要	4必要	3一般	2不必要	1非常不必要	平均分
全国导游基础知识	97（41.63%）	47（20.17%）	17（7.3%）	14（6.01%）	58（24.89%）	2.52
地方旅游基础知识	98（42.06%）	44（18.88%）	23（9.87%）	17（7.3%）	51（21.89%）	2.48
旅行社门店实务	46（19.74%）	64（27.47%）	62（26.61%）	25（10.73%）	36（15.45%）	2.75
旅行社计调实务	56（24.03%）	63（27.04%）	50（21.46%）	27（11.59%）	37（15.88%）	2.68
旅游客源国概况	53（22.75%）	66（28.33%）	47（20.17%）	26（11.16%）	41（17.6%）	2.73
旅行社外联实务	53（22.75%）	60（25.75%）	53（22.75%）	28（12.02%）	39（16.74%）	2.74
旅游情景英语	84（36.05%）	42（18.03%）	42（18.03%）	20（8.58%）	45（19.31%）	2.57
旅游概论	60（25.75%）	48（20.6%）	51（21.89%）	32（13.73%）	42（18.03%）	2.78
服务礼仪	93（39.91%）	48（20.6%）	27（11.59%）	22（9.44%）	43（18.45%）	2.46
旅游心理学	71（30.47%）	55（23.61%）	39（16.74%）	23（9.87%）	45（19.31%）	2.64
旅游政策法规	91（39.06%）	50（21.46%）	22（9.44%）	23（9.87%）	47（20.17%）	2.51
中国旅游地理	77（33.05%）	55（23.61%）	41（17.6%）	23（9.87%）	37（15.88%）	2.52
中国旅游客源地概况	54（23.18%）	63（27.04%）	50（21.46%）	28（12.02%）	38（16.31%）	2.71
模拟导游	93（39.91%）	49（21.03%）	21（9.01%）	26（11.16%）	44（18.88%）	2.48
旅游景区（点）服务	76（32.62%）	47（20.17%）	44（18.88%）	23（9.87%）	43（18.45%）	2.61
民俗知识	80（34.33%）	58（24.89%）	27（11.59%）	28（12.02%）	40（17.17%）	2.53
食品营养与卫生	61（26.18%）	55（23.61%）	58（24.89%）	23（9.87%）	36（15.45%）	2.65
旅游票务	56（24.03%）	55（23.61%）	59（25.32%）	26（11.16%）	37（15.88%）	2.71
旅游电子商务	76（32.62%）	55（23.61%）	45（19.31%）	14（6.01%）	43（18.45%）	2.54

表8 旅游服务与管理专业实践课程设置必要性调查表

题目\选项	5非常必要	4必要	3一般	2不必要	1非常不必要	平均分
模拟导游	98（42.06%）	47（20.17%）	18（7.73%）	12（5.15%）	58（24.89%）	2.51
旅游线路设计	84（36.05%）	50（21.46%）	28（12.02%）	29（12.45%）	42（18.03%）	2.55
旅行社技能实训	87（37.34%）	49（21.03%）	28（12.02%）	24（10.3%）	45（19.31%）	2.53
前厅服务训练	63（27.04%）	59（25.32%）	46（19.74%）	28（12.02%）	37（15.88%）	2.64
客房服务训练	60（25.75%）	53（22.75%）	52（22.32%）	32（13.73%）	36（15.45%）	2.7
酒水训练	57（24.46%）	54（23.18%）	56（24.03%）	31（13.3%）	35（15.02%）	2.71
茶艺训练	52（22.32%）	61（26.18%）	56（24.03%）	33（14.16%）	31（13.3%）	2.7

续表

题目\选项	5非常必要	4必要	3一般	2不必要	1非常不必要	平均分
插花训练	41（17.6%）	64（27.47%）	62（26.61%）	33（14.16%）	33（14.16%）	2.8
形体训练	82（35.19%）	44（18.88%）	41（17.6%）	23（9.87%）	43（18.45%）	2.58
礼仪训练	103（44.21%）	36（15.45%）	25（10.73%）	24（10.3%）	45（19.31%）	2.45

⑤知识、能力培养满意度分析

毕业生从自身学习经历出发，对自身影响因素进行了评价与反馈。更多的中职旅游服务与管理专业毕业生认为英语水平、计算机水平以及取得执业资格证书对自身现在的发展至关重要；而职业道德、思想政治素质和良好的语言文字表达能力则相对来说影响要小一点，具体见表9。另外在个人能力短板上，除了认为自己在专业技术能力上不够优秀外，最主要提出的就是知识的学习吸收能力，占40.24%，其次是环境适应能力和营销能力。提出如果再回去学习，最需要提升的还是专业知识和实践技能，这说明中职毕业生在岗位任职时感觉到了工作的难度，认为自身的能力对于职业生涯的持续发展来说难以适应和继续拔高（见图11）。

表9 旅游服务与管理专业毕业生学习经历影响因素调查表

该矩阵题平均分：2.71

题目\选项	5非常满意	4满意	3一般	2不满意	1非常不满意	平均分
思想政治素质	66（28.33%）	60（25.75%）	43（18.45%）	19（8.15%）	45（19.31%）	2.64
职业道德水平	71（30.47%）	57（24.46%）	42（18.03%）	19（8.15%）	44（18.88%）	2.61
专业知识水平	63（27.04%）	56（24.03%）	50（21.46%）	21（9.01%）	43（18.45%）	2.68
实践技能	64（27.47%）	47（20.17%）	58（24.89%）	23（9.87%）	41（17.6%）	2.7
良好的语言和文字表达能力	70（30.04%）	56（24.03%）	44（18.88%）	21（9.01%）	42（18.03%）	2.61
组织管理能力	58（24.89%）	51（21.89%）	58（24.89%）	25（10.73%）	41（17.6%）	2.74
创新能力	52（22.32%）	54（23.18%）	71（30.47%）	25（10.73%）	31（13.3%）	2.7
团队合作能力	59（25.32%）	65（27.9%）	45（19.31%）	23（9.87%）	41（17.6%）	2.67
英语水平	43（18.45%）	49（21.03%）	77（33.05%）	32（13.73%）	32（13.73%）	2.83
计算机水平	46（19.74%）	52（22.32%）	70（30.04%）	29（12.45%）	36（15.45%）	2.82
取得职业资格证	56（24.03%）	52（22.32%）	55（23.61%）	29（12.45%）	41（17.6%）	2.77
发展潜能	53（22.75%）	58（24.89%）	59（25.32%）	26（11.16%）	37（15.88%）	2.73
人际交往与协调能力	58（24.89%）	62（26.61%）	49（21.03%）	25（10.73%）	39（16.74%）	2.68
逻辑思维能力	51（21.89%）	58（24.89%）	62（26.61%）	21（9.01%）	41（17.6%）	2.76

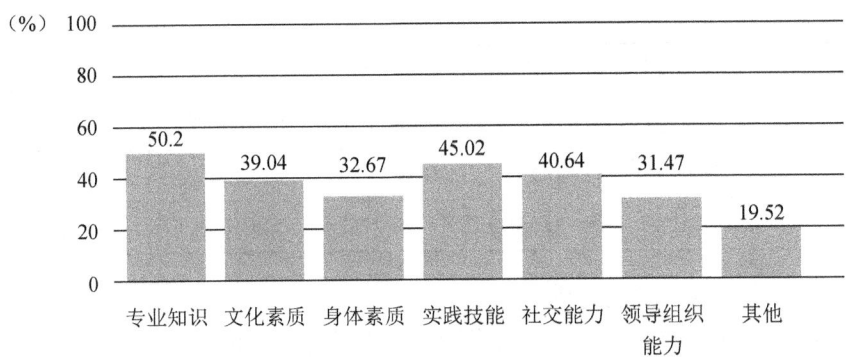

图11 中职毕业生希望提升的能力分析图

2.高职院校调研结果分析

对于高职院校,调研组共发放问卷(包括企业和院校)800份,回收692份,回收率为86.5%,有效问卷646份,有效率为80.75%;并与受访院校分管校长或副校长、旅游服务与管理专业负责人、学科骨干教师开展深入访谈,共计56人/次。问卷包括"高职旅游管理专业教师访谈问卷""高职旅游管理专业在校生调研问卷"和"高职旅游管理专业毕业生调研问卷"。

(1)在校师生调研

重点在人才培养定位、人才培养模式、课程体系、实践教学体系、实训条件等方面的一体化衔接。

①衔接模式的调研

目前的衔接模式中,旅游管理专业较多地采用"3+2""中专对口升学""五年一贯制""单招"这几种(如图12)。

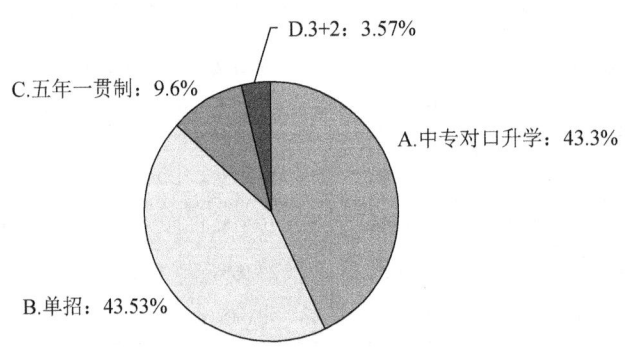

图12 旅游管理专业中高职衔接模式

②高职专业人才培养目标定位情况

专业人才培养目标是专业教学的引领,教师作为学生专业学习的主要指导者,应对本专业的人才培养目标有一个全方位的认识,这样才能在专业教学中有效的引领学生的专业学习。

表10 对专业人才培养目标定位的了解情况

序号	选项	人数（人）	频率（%）
1	比较了解	6	10.7
2	一般了解	38	67.9
3	不清楚	12	21.4

由上表可以看出，被调查的教师只有10.7%的教师对于本专业的人才培养目标有足够的认识和了解，而存在超过67%的教师只是一般了解，更有20%以上的教师是不清楚的。由上表可以看出，被调查的专业教师对于本专业的人才培养目标定位的认知程度较低，那么其对于中职同专业的人才培养目标的了解程度也可想而知，所以这样是不利于中高职课程衔接的有效实现的。

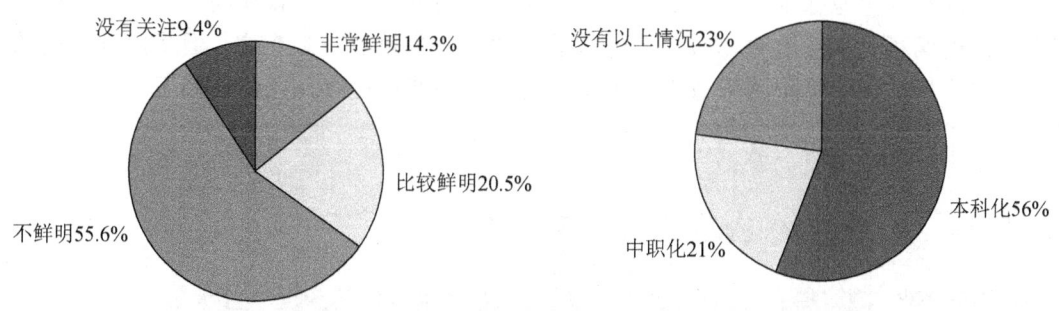

图13　人才培养目标特色程度　　　　图14　人才培养目标情况

在调查问卷中，关于培养目标特色程度选项中，特色非常鲜明、比较鲜明、不鲜明的比例分别是14.3%、20.5%、55.6%。在关于培养目标是否有"本科化""中职化"的调查中，有"本科化"倾向、有"中职化"倾向、没有以上情况的比例分别是56%、21%、23%。具体情况如图13、图14所示。

③专业课程设置情况

课程设置是职业教育专业建设的重要方面，中高职衔接的效果很大程度上依赖于课程设置是否合理有效。旅游管理专业课程设置的满意度情况见图15。

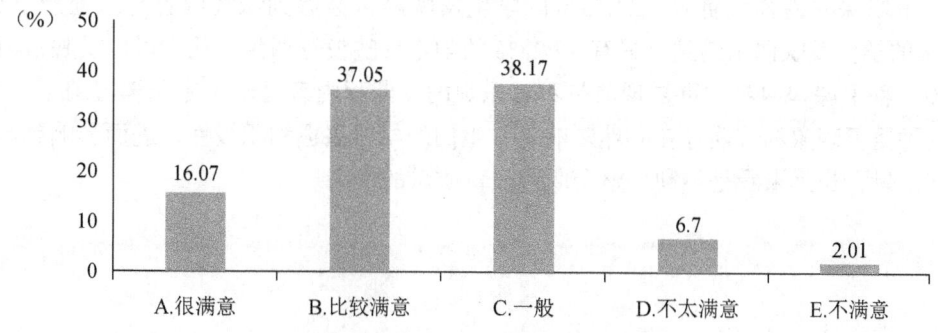

图15　旅游管理专业课程设置的满意度

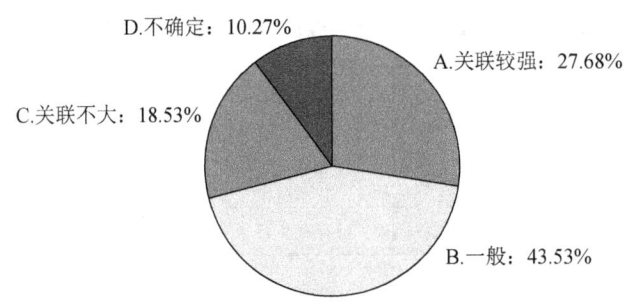

图16　高职阶段开设的课程和中职课程是否具有关联性

由图 16 可知,有 43.53% 的学生反映中高职课程设置的关联性一般,有 27.68% 的学生反映二者的课程设置关联性是比较强的,18.53% 的学生认为课程设置关联性不大。由于高职的生源除了中职生之外还有普通高中的毕业生,二者在高中阶段接受的是完全不同的两种类型的教育,对二者进行适当的区分和教学是必要的,但是由学生们的反应可知,目前高职学校并未对不同生源进行专门的课程设置,这将不利于学生的专业学习。

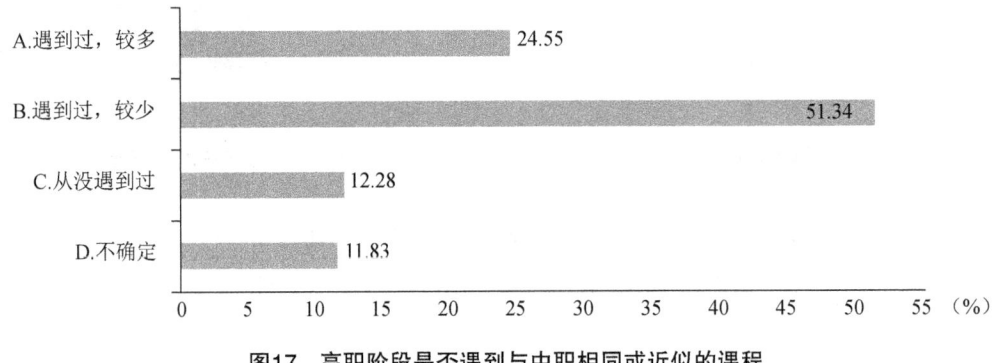

图17　高职阶段是否遇到与中职相同或近似的课程

中高职旅游管理专业的衔接往往是相近或是相同专业的衔接,这就必然会出现一些课程重复开设的问题和现象。统计结果如图 17 所示。由上图以看出,对于专业课程内容是否与中职课程内容重复时,24.55% 的学生反映经常会遇到课程内容与之前所学重复,51.34% 的学生反映偶尔遇到,只有 12.28% 的学生反映没有遇到,从中可以反映目前中高职衔接过程中课程内容的重复现象是不容乐观的。课程内容是学生专业学习的主要方面,然而这种重复现象的普遍存在必然影响了学生们的学习兴趣和积极性,进而影响到学习的效率和结果,长远来看是不利于整个职业教育质量的提高。

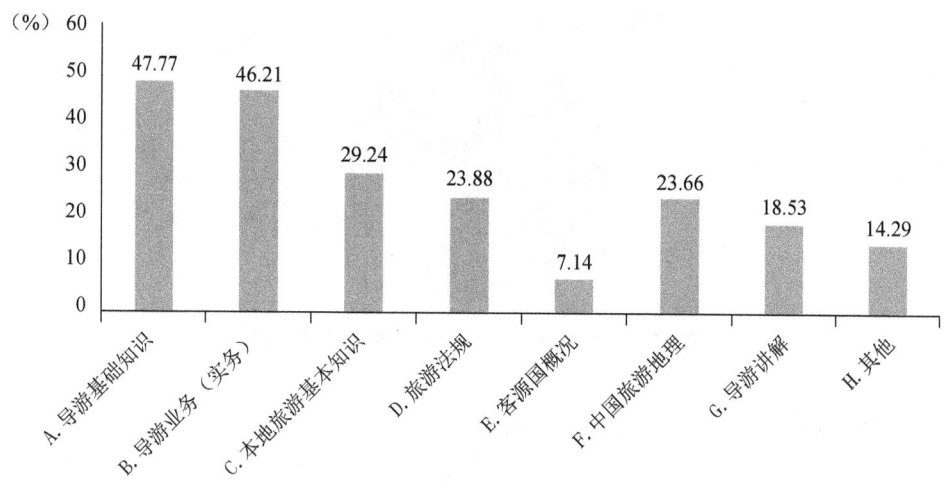

图18 与中职重复度最高的课程统计

④教学方法和实践实习环节的情况

在教学方法和手段上，就整体状况而言，多媒体教学是使用的最为普遍的一种现代教育技术，说明高职旅游院校在教学过程中对现代化教学设施的使用已经达成共识；案例教学是各院校老师经常采用的教学形式，而讨论式教学、启发式教学等现代教学方法在课堂中开设不足，传统的"满堂灌"的教学形式仍主宰着旅游管理专业的教学，与国际接轨的"双语教学"是实施明显不足。

学校在讲授与中职课程内容重复度较高的课程时，教学方法和中职时是否有所不同的调研结果显示，差异较大的占33.71%，有差异但不大的占58.48%，完全一样的占到7.81%（见图19）。无差异的中高职课程教学内容造成学生学习兴趣度低是制约中高职衔接推行的重要原因。

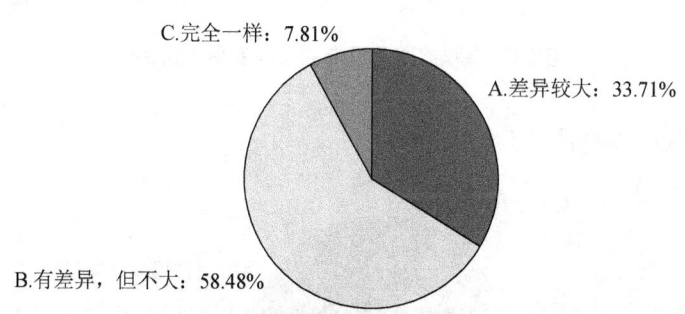

图19 教学方法和中职时是否存在差异的情况统计

与中职阶段相比，高职阶段的教学更加注重的内容有：理论体系17.86%，实践技能52.68%，知识深度占22.99%，其他为6.47%（见图20）。此外，一些旅游高职院校甚至没有智能模拟，多媒体网络教学等现代化教学设施，部分院校即使有这些设备，也在一定程度上没有得到充分开发和利用，形同虚设。

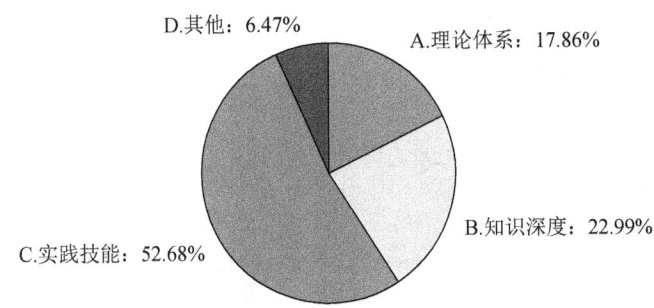

图20　高职阶段的教学更加注重的内容统计

对于实践实习环节主要存在两个问题：

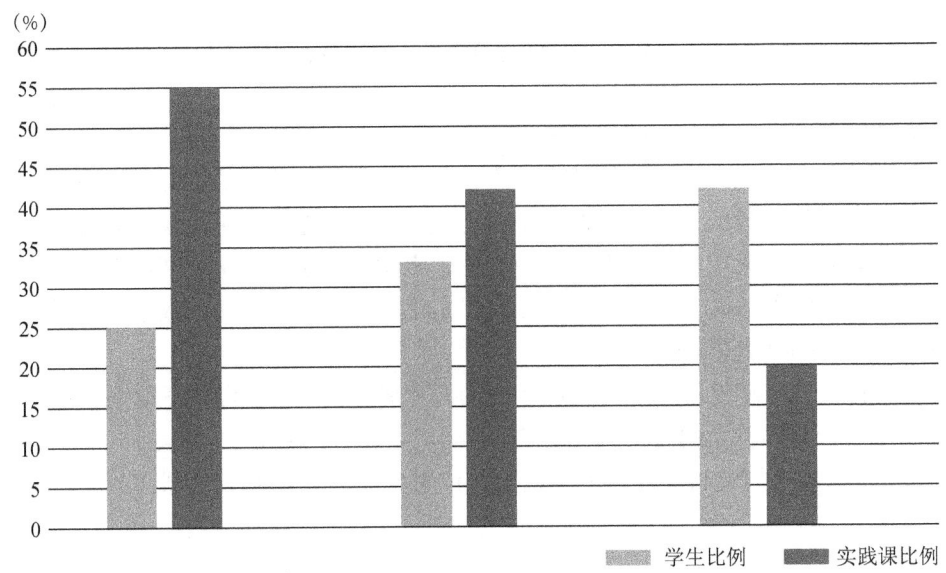

图21　高职旅游管理专业实践课所占比例

一是实习实践环节的时间不足。

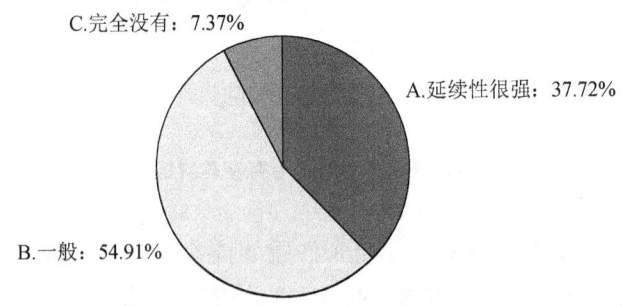

图22　实践技能培养高职阶段相对中职是否有延续性的调研

二是实习质量不高。

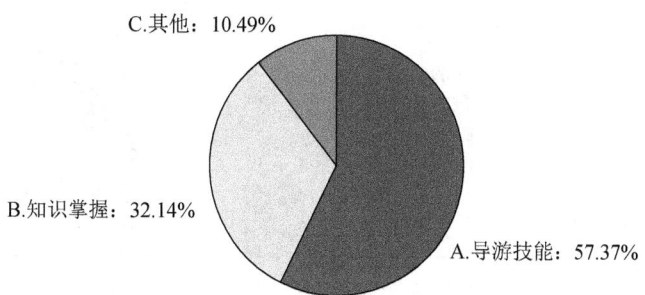

图23　高职阶段的见习注重的内容

在对旅游管理专业毕业生的调研中发现，对学生工作影响较大的活动为社会实践，占69.19%，其次是毕业实习，占40.91%，短期实训实习紧随其后，占39.9%，结论是实践学习对学生的职业生涯满意度更高（见图24）。

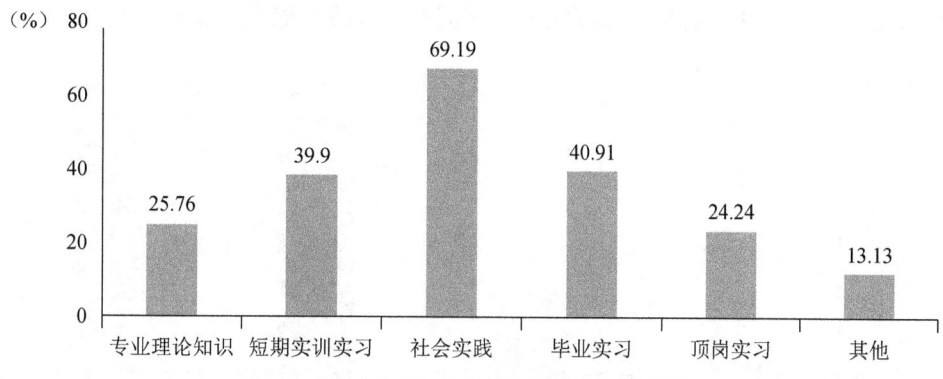

图24　对高职学生工作影响较大的活动调研

⑤高职旅游管理专业学生的就业能力结构分析

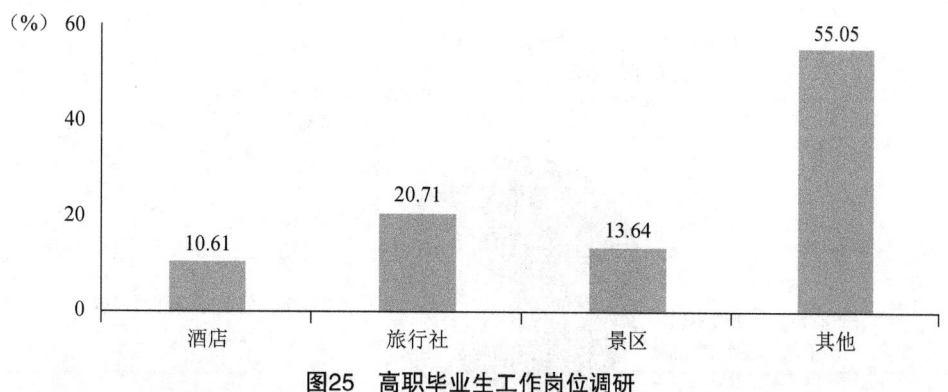

图25　高职毕业生工作岗位调研

通过调研，了解了"旅游企业对旅游专业毕业生就业能力的看法尤其是对高职毕业生所需具备能力结构差异的看法，以及旅游专业毕业生自身对就业能力的看法"得出以下内容：

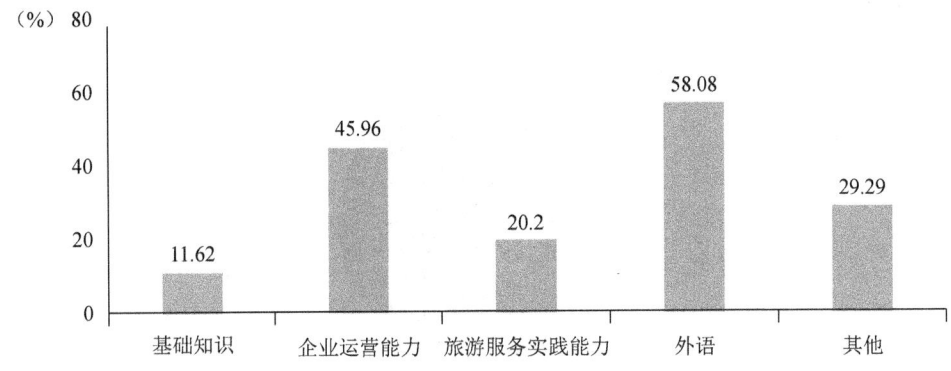

图26 高职毕业生对就业能力的看法的调研

根据表对旅游企业的受访者来说，总体而言他们更加看重的是能力，尤其是外语能力和企业运营能力，一方面包括个人品质、适应能力、岗位胜任能力、人际沟通能力与团队合作其他能力；另一方面由于我们旅游行业以流动量大并且多而复杂的人作为服务对象，就要求从业者必须要具有很强的适应能力，适应不同消费对象对工作提出的要求。

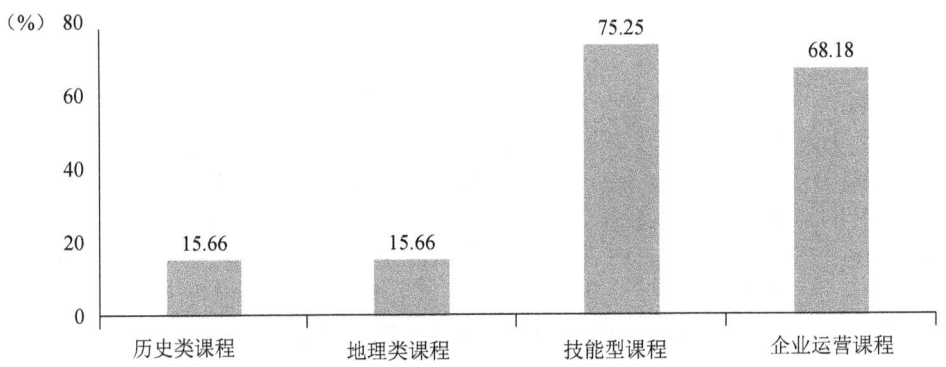

图27 毕业生对高职阶段课程认知的调研（1）

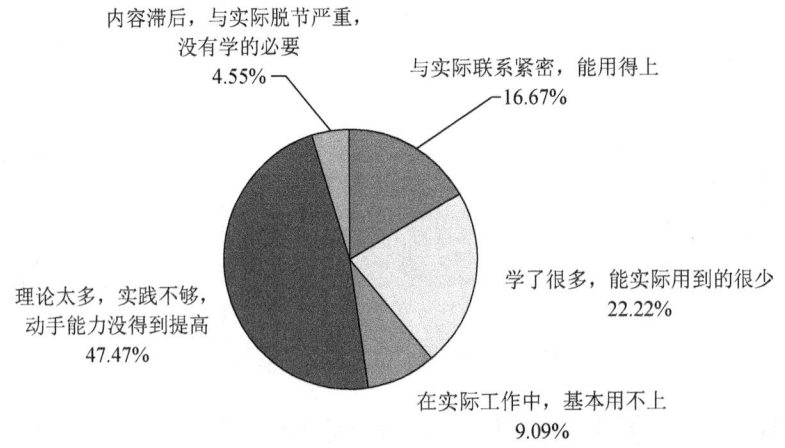

图28 毕业生对高职阶段课程认知的调研（2）

普遍认为品质和能力是从业过程中最重要的因素，同时也感受到学历对工作有一定的影响，表现为个人素质、知识掌握、技能习得方面。

3. 旅游企业岗位与人才需求调研结果分析

在企业调研中，以问卷方式调查了 23 家旅行社，回收有效问卷 115 份；15 家旅游景区，回收有效问卷 72 份；17 家酒店，回收有效问卷 62 份；2 家旅游电子商务企业，回收有效问卷 41 份。在企业规模样本上，注意大、中、小型企业相结合。在企业类型上，尽量兼顾各级各类不同企业。通过对国内 57 家旅游企业的问卷调查，结果发现，受访企业员工旅游管理专业中职生平均占比 8%，旅游管理专业高职生平均占比 80%，由此可见，旅行社在员工的招聘中，更倾向于旅游管理专业高职生。

由于旅游管理专业中职生与高职生在生理、心理、知识和能力结构方面的差异，因此在企业的岗位设置上，对旅游管理专业中职生和高职生也存在着需求的差异性，具体见职业能力分析表格。本项目运用 CBE/ DACUM 课程理论对职业能力进行分析，编制一份 DACUM 表。

（1）旅行社

表 11　旅行社主要岗位职业能力分析表

工作岗位	工作任务	职业能力	学习阶段	
旅行社导游	团队、散客接待	能进行自我仪容、仪表、仪态规范	中职	高职
		能掌握团队、散客接待的服务程序、标准		
		与游客、旅行社、合作单位等多方面能进行有效沟通，善于协调、合作、应变，执行力强		
		熟悉不同客源地及客源的基本特点		
		能将标准化、个性化服务有效结合		
		能熟练开展接待、讲解、旅途服务		
		能回答游客的问题并展开交流、探讨		
		能进行环保、文物保护等知识的宣教		
		能对进行当地旅游资源进行有效宣传		
		能提供基础外语服务		
		能落实服务中的安全细节		
		能应对旅游突发事件和意外情况		
		懂财务报销、支取的基础常识和手续		
		能有效运用旅游业相关的法律常识		

续表

工作岗位	工作任务	职业能力	学习阶段	
旅行社计调、外联	计调	能进行自我仪容、仪表、仪态规范	中职	高职
		掌握计调业务的程序、标准		
		与同行、合作单位等多方面能进行有效沟通，善于协调、合作、应变，执行力强		
		能进行基础外语交流		
		能落实产品中的安全细节		
		能应对旅游突发事件和意外情况		
		懂成本、利润核算的基础常识		
		能有效运用旅游业相关的法律常识		
		懂证照常识		
		熟悉国内外及本地主要旅游产品的概况、特点及报价，能熟练组合、采购旅游产品		
		能熟练使用现代办公软件、设备		
	外联	能进行自我仪容、仪表、仪态规范	中职	高职
		能掌握旅游外联业务的程序、标准		
		与游客、同行、合作单位等多方面能进行有效沟通，善于协调、合作、应变，执行力强		
		能进行基础外语交流		
		产品中的安全细节		
		能应对旅游突发事件和意外情况		
		懂成本、利润核算的基础常识		
		能有效运用旅游业相关的法律常识		
		能对市场需求进行基础分析		
		能熟练开展洽谈、营销工作，招徕客源		
		能熟练使用现代办公软件、设备		

续表

工作岗位	工作任务	职业能力	学习阶段	
旅游企业办公室文秘	办公室文秘	能进行自我仪容、仪表、仪态规范	中职	高职
		能熟练使用现代办公软件、设备		
		能进行有效沟通，执行力强		
		能进行基础业务文案整理、写作、收发		
		能进行基础档案管理		
		能进行基础会议安排、日程安排		
		能应对旅游突发事件和意外情况		
		注意安全操作，有环保意识		
		能进行基础外语交流		
旅行社门店接待	门店接待	能进行自我仪容、仪表、仪态规范	中职	高职
		能熟练使用门市办公软件、设备		
		能进行有效沟通、应变，协调能力强		
		能进行基础报价文案写作		
		能进行基础业务档案管理		
		能应对突发情况		
		注意安全操作，有环保意识		
		能进行基础外语交流		
		能回答咨询，针对不同游客类型进行产品推销		
		能掌握旅行社主要旅游线路产品常识		
		能办理单项委托、合同签订、结算		
		能有效运用旅游业相关的法律常识		

表12　旅行社职业资格证书

序号	对应职业（岗位）	职业资格证书举例	专业（技能）方向	发证机构	备注
1	导游员	导游资格证书	旅行社计调 旅行社外联 旅行社导游	旅游行政主管部门	为获取证书奠定基础
2	旅行社计调	旅游计调师（助理师）		人社部中国就业培训技术指导中心	
3	旅行社外联	旅游咨询师（助理师）		人社部	

（2）旅游景区

表13　景区主要岗位职业能力分析表

工作岗位	工作任务	职业能力		学习阶段	
票务中心	订票服务	正确填写订票日期、领票人信息		中职	高职
		能选择要订购的票务类型和数量			
		跟游客确认订单			
		协助游客网上或现场支付，对出现的支付问题及时处理			
		协助游客现场取票，对出现的问题及时处理			
	售票服务	售票前的准备	能按流程规范领票	中职	高职
			能按财务要求步骤正确兑换零钞		
		售票服务	按照工作流程规范售票		
			能与游客有效礼貌地沟通		
			能按照规定为特殊游客提供优惠票		
			对售票中出现的特殊问题按规定妥善处理		
		交款及统计	做好每日交接和盘点工作		
			做好工作日记		
			将售票日报表和钱款交给财务室		
游客接待中心	咨询服务	电话咨询服务	能够按照电话咨询服务流程规范接打电话，并做好记录	中职	高职
			注意接打电话的礼仪规范		
			对景区知识掌握全面，能够解答游客的咨询		
		当面咨询服务	保持良好的礼仪形象		
			熟悉景区及周边情况，能够解答游客的咨询		
			能够准确回答游客提出的问题，并进行准确记录和总结		
			能够按照服务流程为游客提供规范咨询服务		

续表

工作岗位	工作任务	职业能力		学习阶段	
游客接待中心	投诉处理	能够正确面对投诉的游客，控制好自己的情绪，做到认真聆听，问清原因			高职
		针对游客的投诉做到及时记录和反应			
		妥善道歉，恰当用词			
		及时解决问题，并注意征求游客的意见			
		做好跟踪服务			
	卡口服务	检票服务	提前做好开园准备工作，包括个人仪容仪表自查、机器设备检查等、备好导游图等	中职	高职
			能够礼貌迎客，熟练使用普通话，同时熟悉票价、景区路线、礼貌用语等简单英语对话		
			熟悉免票、优惠票的条件，并按规定查验		
			坚持原则，按规定检票，不漏票、放人		
			客流量较大时，主动疏导游客，避免拥堵混乱现象，做好统计工作		
		排队服务	有效引导、安抚排队游客		
			及时调整排队服务生产能力		
			提供等待服务		
导游部	服务准备	熟悉景区景点管理规定		中职	高职
		掌握一定的环境和文物保护知识、安全知识			
		能根据游客情况准备相应的讲解内容和方式			
		准备好导游图册、相关资料和讲解工具			
	导游服务	规范地向游客致欢迎词，并能根据游客和现场环境进行灵活调整			
		带领游客按照游览路线进行参观并提供讲解			
		结合景物或展品向游客宣传环境或文物保护知识，并解答游客问询			
		关注游客的动向与安全			
		灵活运用导游讲解技巧和方法			
	送别服务	向游客规范地致欢送词			
景区经营部	娱乐服务	营业前的准备工作	能提前到岗，着统一工装，佩戴工作标志，完成考勤签到做好服务准备	中职	高职
			每日运营前例行安全检查		

续表

工作岗位	工作任务	职业能力		学习阶段	
景区经营部	娱乐服务	营业中的服务	能迅速准确验收票券，主动引导游客顺序进场 注意微笑服务，使用礼貌用语	中职	高职
			普通话流利，接待海外游客的服务人员能使用相应外语为游客服务		
			活动开始前，向游客详细介绍相关规定和注意事项		
			游乐过程中密切注意游客动态，保障游客安全		
			对意外事故，能按规定程序立即报告并采取有效措施		
			随时掌握现场动态，准确回答游客问询		
		营业结束	营业结束后，整理、清扫、检查游乐场地、设施设备，确保整洁、安全		
			对营业情况按时进行信息数据统计		
	购物服务	购物接待服务	能按购物服务流程规范操作	中职	高职
			热情主动为游客提供帮助和服务		
			熟悉商品特性，能针对游客需求提供服务		
		收银结账服务	准确迅速收银、找零		
			按规定开具发票		
		售后服务	能按照规定流程为游客办理退换货		
			妥善处理游客有关购物的投诉		
市场营销部	根据景区需要制订市场调研方案				高职
	根据方案实施调研活动				
	整理调研信息，并撰写调研报告				
	根据调研结果进行市场细分				
	能依据市场细分有效地选择景区目标市场				
	针对区域市场需求特点和偏好，运用营销战略组合策略，制订营销方案				
人力资源部	针对景区企业需求，制订招聘方案，拟订招聘启事				高职
	依据招聘流程，为企业甄选合适的员工				
	根据景区建设和发展的需要，合理调配和使用员工				
	密切关注培训市场发展的新趋势，结合景区企业需求，进行员工的培训与开发				
	依据市场及景区需求，不断完善绩效考核体系，制定员工绩效考核方法				
	根据景区企业发展，不断建设激励机制				
	不断完善景区企业文化				

（3）酒店

表 14 酒店主要岗位职业能力分析表

工作岗位	职业能力	学习阶段	
餐厅服务员	准时到岗打卡，做好仪容仪表准备，接受领班分配的任务	中职	高职
	做好餐厅清洁		
	做好开餐前的准备工作，及时补充各种物品		
	能按照标准规范，进行摆台		
	按照操作流程和服务标准，做好迎客、领座、点菜、巡台、起菜、买单、送客等环节的对客服务		
	主动征询客人对餐厅的意见和建议，及时处理客人的投诉		
	熟知餐厅的菜式和酒水，针对客人的需求、口味和禁忌，能用流利的中文/英文向客人推销		
	积极参与餐厅组织的各类培训和文娱活动，具有学习的主动性和成长性，不断提高服务技能和技巧，提升综合素质		
餐厅传菜员	能做好备餐间的开餐准备，包括按服务标准备好各种调味品、公用刀、叉、匙及菜盘、垫盘、托盘等用具	中职	高职
	能按标准对菜肴、佐料进行装碟、配备		
	迅速、准确地传递订单和划单，走菜及时		
	控制好上菜质量		
	能主动协助餐厅服务员撤换餐具，并做好备餐间的清洁工作		
	负责传菜间的卫生清洁		
	及时领取餐厅的各类调味品、水果及服务用品等		
	妥善保存菜单，以便事后复查、审核		
	自觉遵守酒店的各项规章制度		
餐厅迎宾员	做好开餐前的准备，包括个人仪容仪表、核对订餐等	中职	高职
	主动热情地问候用餐客人，礼貌领位，妥善安排客人就座，对餐厅内的突发事件，能随机应变进行处理		
	规范接听电话，协助处理餐厅预订		
	能熟记客人姓名和就餐偏好，以便客人惠顾时热情招呼		
	礼貌送客，协助客人按电梯，叫出租车等		
	对餐厅业务做好数据统计和书面记录		
	做好餐厅意见卡的保管和收发		

续表

工作岗位	职业能力	学习阶段	
餐厅收银员	熟悉餐厅酒水菜品价格	中职	高职
	熟悉各种结算方式		
	能按操作流程和餐厅规定正确收银，具有辨认伪钞的能力，迅速准确为客人结账		
	对出现的特殊情况，能及时报告，妥善处理		
前台接待	按时到岗，仪容仪表符合规定	中职	高职
	热情接待订房客人，能流利使用中英文接待客人预订		
	严格按照工作流程处理订房业务		
	熟悉酒店各营业场所的位置、营业时间、服务特色、服务项目及收费标准，并充分掌握酒店相关的交通、周边环境等信息，以便回答客人问询		
	积极、主动地推销，熟悉VIP客人和常客的有关信息，与相关业务单位保持良好的合作		
	熟悉预订资料，了解客人情况，记住VIP客人的资料，了解酒店近期的活动		
	正确迅速为客人办理入住登记手续，并做好记录		
	能及时与客房中心核对房态		
	正确迅速为客人办理退房离店手续		
	按标准办理客人使用贵重物品保险箱手续		
	妥善处理特殊情况，并及时报告		
	能正确编制填写各类报表		
客房服务员	按时参加班前例会	中职	高职
	了解房态，检查房间后向领班汇报		
	按照操作流程与服务标准清扫房间，并保持楼道整洁、安全		
	根据客人的实际消费，补充物品，每做完一个房间的服务，如实填写工作日报表和记录		
	严格按酒店规定，正确处理客人遗留物品		
	正确使用磁卡，并做好保管磁卡工作		
	工程维修问题及时上报，并及时回报信息		
	确保各种服务用具良好		

续表

工作岗位	职业能力	学习阶段
人力资源部	针对酒店需求，制订招聘方案，拟定招聘启事	高职
	依据招聘流程，为企业甄选合适的员工	
	根据酒店建设和发展的需要，合理调配和使用员工	
	密切关注培训市场发展的新趋势，结合企业需求，进行员工的培训与开发	
	依据市场及酒店需求，不断完善绩效考核体系，制订员工绩效考核方法	
	根据酒店企业发展，不断建设激励机制	
	不断完善企业文化	

（4）旅游电子商务

表15 旅游电子商务主要岗位职业能力分析表

工作岗位	工作任务	职业能力	学习阶段	
呼叫中心	客户咨询应答	对业务知识完全掌握	中职	高职
		逻辑清晰，能与客人良好沟通		
		耐心回答客人的问题，普通话标准，用词规范		
		准确记录客人的需求，做好并注意跟踪服务		
	预订业务办理	熟练掌握订票规范及票务相关知识		
		能按照规范流程为游客提供预订服务		
		提醒客人票务使用的注意事项		
	订单确认	能够根据客户需求，使用通过主动电话、传真、短信、邮件等方式与客户确认行程及各项细节		
	退改签	完全掌握退改签业务知识		
		正确核对退票/改签损失		
		严格按照流程操作退票/改签业务		
		对改签客人，能有效协助客人减少损失，并与客人正确核对改签后的票务		
		妥善处理突发状况及客人投诉		
		与人沟通及抗压能力强		

续表

工作岗位	工作任务	职业能力	学习阶段
运营推广	配合完成旅游电商企业安排的各项推广工作		高职
	负责网络平台在区域范围内的推广工作及各类活动的执行		
	收集推广相关信息,充分了解行业竞争对手		
	熟悉企业产品,及时向企业反馈产品在行业内的动态信息		
	树立企业良好品牌形象		
	应用网络推广对企业产品进行营销		
	负责网络推广的培训和指导		
	根据市场活动要求结合品牌策略发展,策划、组织、管理产品/品牌推广工作		
	负责网络推广计划的执行、过程监控及评估		
	监督网络推广策略的执行		
	根据网络推广策略及计划指定区域网络推广计划并监督区域执行		
	与网站管理人员协作对网站进行更新		
	组织协调其他人员的网络推广工作等		

(四)存在问题分析

1. 管理体制不完善,中高职衔接不通畅

在调研中,课程组发现2013年中职国标建设规范,定位明确,主要是以培养应用型人才为主,注重专业核心课程和实践技能训练,仍然具有一定的参考价值,但是在调研中,只有30.61%的受访教师表示本校采用或参考的是国家标准,说明2013年制定的《中等职业学校旅游服务与管理专业教学标准》的推行并不彻底,有效推广范围较窄。而高职目前没有发现统一的国标,关于中高职的衔接没有国家统一标准。

2. 社会需求认识不足,人才培养目标不明确

调研中发现,大多数院校人才培养目标不明确,规格不细化,与产业人才需求规格不一致,与产业转型升级不同步。中高职之间的人才培养目标无差异化,同质化。

3. 旅游人才需求规格变化大,人才培养模式需改革

调研数据显示,随着旅游产业的快速发展,旅游产业对旅游人才的需求规格变化日新月异。这就要求中高职院校及时调整人才培养规格,甚至一定程度上要有超前意识。为适应这一需求,企业介入人才培养等人才培养模式的变革显得尤为重要。

4. 中高职课程体系需优化

调研数据分析显示中高职课程存在不衔接的问题。一方面是课程的重复设置,另一方面是课程设置随意,没有充分考虑衔接的问题,造成学生知识碎片化。

三、结论与建议

调研显示，旅游业已成为全球经济中发展势头最强产业之一，是前景广阔的朝阳产业。旅游企业的岗位设置与旅游管理专业学生的职业发展具有一定的对应性，但亟须提升人才培养规格。

目前的中高职衔接中存在的问题有：一是衔接模式，较多地采用"3+2、中专对口升学、五年一贯制、单招"等形式，专业衔接的各个方面的确也不同程度地存在着不利于有效衔接的问题，课程、学制、招生等方面的问题尤为突出；二是中高职课程设置的连贯性差，课程体系需优化；三是中高职衔接的人才培养规格无差异化。

为解决上述种种问题，我们建议如下：

（一）完善统一管理体制，保障中高职衔接通畅

要完善中高职衔接统一管理体制，为中高职衔接的畅通提供外在的保障，也有利于制定宏观衔接的政策。政府在促进中高职课程衔接上起着主导作用，促进中高职衔接是政府的重要职责。各级政府要高度重视中高职衔接的工作，将教育事业发展的主要目标与任务纳入当地经济与社会发展规划，纳入目标管理，切实加强领导，采取有效措施积极推进。政府应在改革招生考核制度、沟通平台、统一管理等方面保障中高职课程有效衔接的实现。

（二）建立中高职课程衔接沟通平台

积极调动社会各个部门的力量为实现中高职课程有效衔接创造有利的外部环境和因素。这些部门可以是相关教育行政部门也可以是研究组织、职业院校和行业企业等，平台的建立将有利于与人单位与用人单位，衔接院校之间的交流与信息共享。所以构建多元顺畅的交流沟通平台对促进中高职课程衔接有重要的意义。

（三）实行学分制，课程设置弹性衔接

通过学分制和学分互认制构建中高职课程衔接的管理平台，统一相近专业的不同学科、不同教学单元、不同学历层级的学分标准，使学分能被各级各类中高职院校相互认可。利用学分制实现差异化管理，兼顾不同生源素质的培养，使不同背景的学生按学分制的规定灵活选择相应的课程。所以中等职业教育和高等职业教育的课程衔接不应当是静态的硬性衔接，而应该是以学分制为引导的动态弹性衔接。只有将这些工作做好了，才能使中高职课程衔接更顺畅。

（四）加强职教师资培养，提高教师的专业素养

1. 注重中高职专业教师的互换与交流

应建立起一个中高职院校师资共享的教师队伍。两个领域的教学经历，教师的授课内容将对中高职衔接的体系起到更大作用。

2. 注重企业兼职教师的培养

企业的兼职教师一是可以带给学生更为前沿的行业技能和知识，二是可以更清晰的勾勒出中高职各自不同阶段的技能要求，有利于中高职衔接人才培养规格的错位。

参考文献

[1] 覃岭等.中高职衔接培养技术技能型人才研究：基于职业能力视角[M].北京：清华大学出版社，2014.

[2] 单武雄.中高职教育衔接论[M].长沙：中南大学出版社，2014.

[3] 刘育锋.中高职课程衔接的理论与实践：英国的经验与我国的借鉴[M].北京：北京理工大学出版社，2012.

[4] 江洁.中高职教育衔接研究与实践[M].合肥：中国科学技术大学出版社，2013.

[5] 王育培.中等和高等职业教育衔接的理论与实践研究：以福建省为例[M].厦门：厦门大学出版社，2012.

[6] 上海市中等职业教育课程教材改革办公室编.上海中等职业学校旅游服务与管理专业教学标准[M].上海：华东师范大学出版社，2008.

[7] 江西财经职业学院商贸旅游系编.旅游管理专业人才培养方案[M].北京：经济科学出版社，2013.

[8] 中华人民共和国教育部编.中等职业学校教学标准（试行）：旅游服务类（第一辑）[M].北京：高等教育出版社，2015.

附件：中高职衔接（旅游管理）专业教学标准

一、专业名称及代码

中职：旅游服务与管理（代码130200）

高职：旅游管理（代码640101）

二、入学要求

中职入学要求：初中毕业及同等学力者。

高职入学要求：中职学校经过转段或考核合格后的旅游服务与管理专业学生。

三、基本学制与学历

（一）学制

中高职衔接（"3+2"学制），中职学段3年，高职学段2年。

（二）学历

中职阶段学业成绩合格取得中职教育学历，高职阶段学业成绩合格取得专科学历。

四、培养目标

（一）总体培养目标

本专业培养适应我国现代化建设需要，德、智、体、美全面发展，掌握必备的文化基础知识和专业知识、熟练的职业技能，同时，具备一定的文化素养、礼仪风范、外语沟通能力，面向旅行社、景区（景点）、导游服务公司、旅游电子商务、酒店等旅游企事业单位，从事导游、景点讲解、接待服务、旅游策划、在线旅游产品预订、旅游企业运营管理等一线工作的高素质技能型人才。

(二) 分段培养目标

1. 中职阶段培养目标

本专业培养面向旅行社、景区（景点）、酒店、旅游电子商务等企事业单位，能够从事接待、讲解、在线客服、酒店等一线服务等岗位的工作，具备讲解、接待、景区服务、酒店服务等职业能力，具备较高的旅游服务和职业道德水平、规范的服务礼仪和语言表达能力，热爱旅游事业，具有持续学习能力的技能型人才。

2. 高职阶段培养目标

本专业培养面向旅行社、导游服务公司、景区（景点）、酒店、旅游电子商务等企事业单位，能够从事导游、旅游咨询、接待咨询、讲解、旅行社产品策划、计调、酒店基层管理等旅游服务与基层管理岗位的工作，具备讲解、接待、景区服务、酒店服务等职业能力，具备较高的旅游服务技能和职业道德水平、规范的服务礼仪和语言表达能力，热爱旅游事业，发展型、创新型技术技能型人才。

五、职业范围

序号	对应职业（岗位）	专业（技能）方向举例	职业资格证书举例
1	景点讲解员（中职、高职） 导游（高职）	导游服务 景区（点）讲解服务 应变问题处理	导游资格证书
2	市场营销（中职、高职）	产品销售技巧 线路策划 语言沟通	不需要
3	计调（高职）	旅游线路设计 行程安排	旅游计调职业资格证书
4	旅游策划（高职）	项目或目的地策划创意 POP海报制作 策划文案写作能力	不需要
5	酒店基层岗位（中职、高职）	餐厅服务 房务中心 康乐服务 前厅服务（房间预订、客房销售技巧、酒店结算） 宴会设计	酒店各类服务员职业资格证书
6	旅行社服务网点接待（中职、高职）	产品销售技巧 接待咨询 应变问题处理	不要求
7	外联（中职、高职）	旅行社产品采购	不要求
8	在线预订客服（中职）	旅游产品销售 产品售后服务 投诉处理	不要求
9	自助游产品设计（高职）	销售技巧 线路整合 资源调配	不要求

六、人才规格

（一）中职阶段人才规格

1. 职业素养

（1）具备良好的政治思想素质、道德品质和法律意识，遵守行业法律法规，具有正确的世界观、价值观和人生观和服务中国特色社会主义建设的理想信念；

（2）具备人文和科学素养，形成稳固的专业思想和良好的生活态度；

（3）具有岗位适应、团队合作、应变问题处理的能力；

（4）具有健康的体魄和良好的心理素质，具有面对挫折和挑战的处理能力，待人友善，生活、工作乐观向上。

2. 专业知识和技能

（1）专业知识

①掌握本专业必备的思想政治理论和文化基础知识；

②掌握与本专业相适应的礼节礼仪知识；

③掌握旅游服务相关的历史、地理、宗教、民俗、建筑、园林、饮食等基本知识；

④了解旅游心理学、消费心理学等心理学基本知识。

（2）专业技能

①掌握景区、景点一般讲解方法和技巧；

②具备较熟练的计算机操作能力，满足旅游企事业单位客服、接待岗位工作需要；

③具有旅行社服务网点产品推介和订票、出票、退改签、票款结算等票务服务能力；

④具备扎实的餐厅服务、康乐服务、前厅服务等岗位技能；

专业（技能）方向1：讲解服务

（1）掌握景点讲解员和导游所必需的文化基础知识；

（2）具有人文史地、政策法规、讲解技巧、心理学、导游基础、旅游景观等知识；

（3）具有良好的沟通能力、语言表达能力和组织能力；

（4）具有独立执行政策和独立进行宣传讲解的能力；

（5）具备灵活的工作方法和应变问题处理能力；

专业（技能）方向2：餐饮服务

（1）掌握本专业所必需的文化基础知识；

（2）掌握扎实的餐厅服务知识和岗位技能；

（3）熟悉消费心理学和销售技巧；

（4）熟悉计算机基础知识；

（5）具有良好的沟通能力；

（6）有持续学习的能力；

专业（技能）方向3：旅游呼叫中心服务

（1）掌握本专业所必需的文化基础知识；

（2）熟悉航空政策、票务预订、财务结算、旅游产品等知识；

（3）具有较强的语言表达能力和沟通能力；

（4）熟悉投诉处理的环节和程序；

（5）具备较熟练的计算机操作能力和票务软件的操作能力。

（二）高职阶段人才规格

1. 职业素养

（1）具备较高的政治思想素质、道德品质和法律意识，遵守行业法律法规，具有科学的世界观、价值观、人生观和服务中国特色社会主义建设的理想信念；

（2）具备较深厚的人文和科学素养，稳固的专业思想，具有较强的审美能力和开阔的职业视野；

（3）具备正确的职业观、创业观以及熟练的应变问题处理能力；

（4）具有健康的体魄和积极乐观的态度，健全的人格品质。

2. 专业知识和技能

（1）专业知识

①掌握本专业必备的思想政治理论和文化基础知识；

②熟悉与本专业相应的职场礼仪；

③掌握旅游的基本概况、旅游史地法知识和旅游心理学知识；

④掌握现代酒店各部门的运作流程和管理知识，具有较强的前厅、餐饮、康乐等酒店服务和管理能力；

⑤掌握导游服务、景点讲解的相关知识和旅行社各部门的运作流程和管理知识，具有扎实的导游技能和基本的旅行社运营与管理能力；

⑥熟悉旅游产品策划与营销基础知识。

（2）专业技能

①具有较强的语言表达能力和营销能力；

②具备熟练的计算机操作能力，能够熟练使用办公软件和办公自动化设备；

③具备较强的导游讲解技能，独立执行政策和独立进行宣传讲解的能力；

④具备扎实的餐厅、前厅与康乐服务技能；

⑤具有信息收集和处理能力、交流沟通能力、解决问题能力、组织协调能力和终身学习能力；

⑥具有敏锐的市场预测和分析能力；

⑦具有一定的旅游产品策划能力；

⑧具有一定的财务核算能力。

专业（技能）方向1：导游（讲解）服务

（1）掌握导游员和讲解员所必需的讲解技巧；

（2）具有良好的沟通能力、语言表达能力和组织能力；

（3）具备灵活的工作方法和应变问题处理能力；

（4）熟悉常见病急救常识；

（5）具备通关手续办理能力。

专业（技能）方向2：酒店服务

（1）掌握酒店餐厅、活动组织、前厅、康乐等部门接待和基层管理技能；

（2）掌握旅游接待外语口语交流技能；

（3）熟练使用办公软件和宾客管理系统；

（4）熟练运用职业礼仪。

专业（技能）方向3：旅游项目策划

（1）掌握项目策划、旅游学、心理学、市场学、社会学及其他相关知识；

（2）具有较强的信息收集预处理能力；

（3）具备调研、分析、策划、管理、实施、协调的能力；

（4）具备策划文案写作能力，线路设计能力；

（5）具备旅游产品市场调研能力；

专业（技能）方向4：旅游电商运营

（1）掌握地理、交通、目的地旅游接待、票务预订、财务结算、政策法规、项目策划、线路策划、出入境手续、公共关系等知识和技能；

（2）具有敏锐的市场预测分析能力；

（3）具有线路策划的能力；

（4）具有较强的销售技巧；

（5）具备熟练的计算机操作能力。

专业（技能）方向5：旅行社计调

（1）熟练掌握规范签署旅游合同；

（2）具备旅游线路策划能力；

（3）具备较强的旅行社内部资源的调配能力；

（4）熟练操作办公软件；

（5）了解POP海报的设计与制作；

（6）对旅游客源市场有敏锐的观察与分析能力。

七、主要接续专业名称与代码

本科：旅游管理专业（专业代码120901K）

八、课程结构

编写说明：对课程结构体系进行总体说明和概括性介绍。

《中高职衔接旅游管理专业教学标准》调研报告

专业基础课
1. 旅游市场营销
2. 中国饮食文化
3. 世界文化遗产概论
4. 各国文化遗产保护
5. 客源国概况
6. 旅游美学
7. 民俗与建筑知识
8. 宗教知识

专业基础课
1. 旅游概论
2. 旅游心理学
3. 中国旅游地理
4. 中国历史文化

顶岗实习

专业课方向（技能）方向课：
- 多媒体技术应用 / 旅游电商运营 / 旅游电商运营方向
- 旅游门市接待 / …… / 呼叫服务方向
- 旅游景区规划与设计 / 旅游市场营销 / 景区管理方向
- 活动策划技能 / 情景英语 / …… / 活动组织方向
- 旅游策划实务 / 旅游线路规划设计 / 旅游策划方向
- 餐饮技能 / 饭店英语 / 餐饮服务方向
- 前厅运营管理 / 旅游情境英语 / 前厅服务方向
- 导游基础知识 / 导游服务技能 / …… / 导游服务方向

核心专业课
- 景区管理实务
- 旅行社运营管理
- 导游实务原理
- 酒店管理概论
- 旅行社运营实务
- 导游业务
- 酒店运营实务
- 餐饮服务与管理

公共选修课
1. 语言艺术
2. 心理健康教育
3. 音乐欣赏

公共选修课
1. 普通话基础
2. 礼仪与交际

公共基础课

高职阶段：
- 实用应用文写作
- 计算机应用基础
- 大学英语
- 军事理论
- 大学生职业发展与就业指导
- 形势与政策
- 思想道德修养与法律基础
- 毛泽东思想和中国特色社会主义理论体系概论

中职阶段：
- 历史
- 体育与健康
- 计算机应用基础
- 英语
- 数学
- 语文
- 哲学与人生
- 经济政治与社会
- 职业道德与法律
- 职业生涯规划

九、课程设置及要求

课程设置可分为公共基础课程和专业课程两类，专业课程包括专业核心课和专业方向课。

中职阶段的公共基础课程由德育课、文化课（语文、历史、数学、外语、计算机应用基础）、体育与健康课、人文素养课等必修课及其他选修课程组成。高职阶段的公共基础课程一般包括思想政治理论课（两课+形势政策）、大学语文、高等数学、大学英语、计算机应用、体育、人文素养、心理健康教育、职业发展与就业指导、军事课等课程。不同专业还应根据需要，开设关于公共安全教育、创新创业教育、节能减排、环境保护、传统文化、信息技术应用、人口资源、海洋科学、管理类以及人文素养等方面的选修课程或专题讲座（活动）。

专业课程采用专业核心课加专业（技能）方向课的课程结构，实习实训是专业技能课教学的重要内容，包括认知实习、岗位见习和顶岗实习等多种校内外实习形式。

（一）中职阶段课程

1. 公共基础课

序号	课程名称	主要教学内容和要求	参考学时
1	职业生涯规划	教学内容：面向未来的职业生涯规划、职业理想的作用发展从所学专业起步、发展要立足本人实际、发展要善于把握机遇、确定发展目标、构建发展台阶、制定发展措施、正确认识就业、做好就业准备。 教学目标：使学生掌握职业生涯规划的基础知识和常用方法，树立正确的职业理想和职业观、择业观、创业观以及成才观，形成职业生涯规划的能力，增强提高职业素质和职业能力的自觉性，做好适应社会、融入社会和就业、创业的准备。	36
2	职业道德与法律	教学内容：本课程主要对学生进行爱国主义、集体主义、社会主义和人生观、价值观教育，阐述社会主义道德的基本理论和价值导向，进行道德观教育；阐述法律基本理论知识，进行法制观教育。 教学目标：通过课堂教学以及社会实践，帮助大学生尽快适应大学生活，提高大学生的思想道德修养和法律修养，树立正确的世界观、人生观、价值观和法制观，树立远大崇高的理想。	36
3	经济政治与社会	教学内容：本课程以邓小平理论和"三个代表"重要思想为指导，深入贯彻落实科学发展观，对学生进行马克思主义相关基本观点教育和我国社会主义经济、政治、文化与社会建设常识教育。 教学目标：引导学生掌握马克思主义的相关基本观点和我国社会主义经济建设、政治建设、文化建设、社会建设的有关知识，提高思想政治素质，坚定走中国特色社会主义道路的信念；提高辨析社会现象、主动参与社会生活的能力。	36
4	哲学与人生	教学内容：坚持从客观实际出发，脚踏实地走好人生路、用辩证的观点看问题，树立积极的人生态度、坚持实践与认识的统一，提高人生发展的能力、在社会中发展自我，创造人生价值。 教学目标：帮助学生树立积极的人生态度，用坚持实践与认识的统一的辩证思维，来提高学生人生发展的能力，同时力求以哲学理论知识指导学生的人生成长。	36

续表

序号	课程名称	主要教学内容和要求	参考学时
5	语文	教学内容：在初中语文的基础上，进一步加强现代文和文言文阅读训练，提高学生阅读现代文和浅易文言文的能力；加强文学作品阅读教学，培养学生欣赏文学作品的能力；加强写作和口语交际训练，提高学生应用文写作能力和日常口语交际水平。 教学目标：通过课内外的教学活动，使学生进一步巩固和扩展必需的语文基础知识，养成自学和运用语文的良好习惯，接受优秀文化熏陶，形成高尚的审美情趣。	288
6	数学	教学内容：集合与逻辑用语、不等式、函数、指数函数与对数函数、任意角的三角函数、数列与数列极限、向量、复数、解析几何、立体几何、排列与组合、概率与统计初步。 教学目标：通过教学，提高学生的数学素养，培养学生的基本运算、基本计算工具使用、数形结合、逻辑思维和简单实际应用等能力，为学习专业课打下基础。	288
7	英语	教学内容：语言体系知识、话语知识、英语国家的社会文化知识。 教学目标：通过本阶段的学习和训练，学生应牢固掌握英语的基本语音、基本语法和基本词汇；在此基础上能正确熟练地应英语进行听、说、读、写，达到进行交际的目的，为学生进入高年级学习打下坚实的基础。	288
8	计算机应用基础	教学内容：微型计算机基础知识；微型计算机系统的组成和各组成部分的功能；操作系统的基本功能和作用，掌握Windows的基本操作和应用；文字处理的基本知识；电子表格软件基本知识；演示文稿的基本知识，掌握PowerPoint的基本操作和应用；计算机网络的基本概念和互联网的初步知识，掌握互联网的简单运用；多媒体和数据库应用基础知识。 教学目标：通过本课程的学习，学生学会Word、Excel、PPT等办公软件的操作，学会用互联网搜集专业信息和资料，进行学习。	144
9	体育与健康	教学内容：基本的体育理论以及田径、球类、健美操、武术等项目的基本知识、技术、技能。 教学目标：提高学生体能和运动技能水平，增强体育实践能力和创新能力，展现良好的心理品质，增强人际交往技能和团队意识；形成运动爱好和专长，培养终身体育的意识和习惯。	144
10	形体艺术	教学内容：与九年义务教育相衔接，将有利于提高学生艺术鉴赏能力、培养学生创新能力和合作精神，且学生普遍具有一定认知基础、喜闻乐见的音乐和美术作为主要内容。 教学目标：使学生了解不同艺术类型的表现形式、审美特征和相互之间的联系与区别，培养学生艺术鉴赏兴趣；掌握欣赏艺术作品和创作艺术作品的基本方法，学会运用有关的基本知识、技能与原理，提高学生艺术鉴赏能力；增强学生对艺术的理解与分析评判的能力，开发学生创造潜能，提高学生综合素养，培养学生提高生活品质的意识。	108
11	历史	教学内容：以历史事件为经，以经济、文化、社会制度、风俗为纬，以中华五千年的历史发展、制度变迁、社会风俗更易、疆域的变化和文化的演变为主要教学内容。 教学目标：了解历史时序及相应的社会背景；从整体上把握历史事件的完整过程；了解和体验多种历史呈现方式；从多种渠道获取历史信息；依据史料解释历史。	72

2. 专业课

（1）专业核心课

序号	课程名称	主要教学内容和要求	参考学时
1	餐饮服务	教学内容：包括概述、基本技能、中餐服务、西餐服务、菜肴与酒水知识、餐饮推销、餐饮服务中的矛盾处理等。 教学目标：使学生全面地了解餐饮服务的内容，掌握餐饮服务规范和操作技能，学会处理和解决餐饮服务中的一般性问题，培养学生实际应用能力和创新能力。	36
2	活动策划实务	教学内容：作为度假休闲地的工作人员，能够为客人策划具有地域文化特色的个性化接待方案。 教学目标：熟悉活动策划流程，掌握活动策划技巧，知晓游客个性化心理需求。	36
3	导游业务	教学内容：导游服务程序、导游服务技能、特殊问题的处理以及导游服务的其他相关知识。 教学目标：掌握导游的基础知识、团队导游和散客导游的工作程序、全陪导游和地陪导游的工作职责、导游的带团技能、导游的语言技能以及导游的讲解技能等，为学生将来从事导游工作奠定基础。	72
4	旅行社运营实务	教学内容：旅行社概述、旅行社前台、旅行社计调部、旅行社导游部、旅行社车队、旅行社票务部、旅行社销售部与广告部、旅行社内务后勤部和财务部。 教学目标：使学生树立正确的旅游管理思想，形成现代旅游管理理念；掌握旅行社的产品开发、促销和销售管理、接待管理和信息管理的基本知识；通过学习和养成训练，使学生具备旅游管理的基本素质和实际操作水平，能够胜任旅行社管理工作，成为高素质的旅行社经营与管理的专门人才。	68

（2）专业（技能）方向课

专业（技能）方向1：讲解（导游）服务方向

序号	课程名称	主要教学内容和要求	参考学时
1	导游基本知识	教学内容：基本概念、文化现象、景观特点、掌握其中的历史过程、民族风情、风物特产，使其对导游人员业务素质要求有基本认识，以提高学生的导游讲解水平和应变能力。 教学目标：通过本课程的教学，使学生系统掌握导游从业人员应具备的各方面基础知识；为进一步学习其他有关旅游的专业课程打下坚实的理论基础；为进行旅游管理和从事旅游经济问题研究提供依据和指导。	36
2	导游服务技能	教学内容：导游基本素质训练、导游讲解服务训练、旅游交通服务训练、旅行生活服务训练。 教学目标：使学生具有导游工作的基本技能，掌握导游职业能力中的"核心能力"：导游员独立工作能力、沟通协调合作能力、解决问题的能力、信息处理能力、导游词演说能力等；胜任导游员的工作岗位。	36

专业（技能）方向2：餐饮服务方向

序号	课程名称	主要教学内容和要求	参考学时
1	餐饮技能	教学内容：餐饮概述，餐厅服务技能，餐厅服务与管理，酒吧服务与管理，主题宴会服务与管理，餐饮服务质量管理，餐饮促销，餐饮成本控制。 教学目标：掌握餐饮服务、运营及管理中所必需的基本理论和基础知识；熟悉餐饮服务的基本程序和方法；熟悉餐饮服务与管理技能，达到餐厅服务高级服务师的水平。	36
2	饭店情景英语	教学内容： Front Office，Housekeeping，Food & Beverage，Shopping，Health & Recreation。 教学目标：熟悉在前厅部工作不同的岗位使用的英语，能灵活运用语言进行交际；熟悉在客房部工作不同的情境下使用的英语，能灵活运用语言进行交际；熟悉在餐饮部工作不同的情境下使用的英语，能灵活运用语言进行交际；熟悉在不同购物场所需要使用的英语，能灵活运用语言进行交际；熟悉在康乐部工作所需使用的英语，能灵活运用语言进行交际。	36

专业（技能）方向3：活动组织专员方向

序号	课程名称	主要教学内容和要求	参考学时
1	活动策划实务	教学内容：地域特色个性化接待方案设计、旅游节庆活动策划。 教学目标：熟悉活动策划流程，掌握活动策划技巧，知晓游客个性化心理需求。	36
2	酒店情景英语	教学内容：Front Office，Housekeeping，Food & Beverage，Shopping，Health & Recreation。 教学目标：熟悉在前厅部工作不同的岗位使用的英语，能灵活运用语言进行交际；熟悉在客房部工作不同的情境下使用的英语，能灵活运用语言进行交际；熟悉在餐饮部工作不同的情境下使用的英语，能灵活运用语言进行交际；熟悉在不同购物场所需要使用的英语，能灵活运用语言进行交际；熟悉在康乐部工作所需要使用的英语，能灵活运用语言进行交际。	36

专业（技能）方向4：呼叫服务方向

序号	课程名称	主要教学内容和要求	参考学时
1	旅游客服工作实务	教学内容：接待服务、旅游产品销售。 教学目标：掌握接待的技巧；具备对客介绍与销售旅行社产品的能力；对各种信息及时处理与更新及售后服务。	36

（3）实习实训

根据学生培养的专业技能方向，中职阶段的实习实训安排主要结合专业技能课在校内实训室进行集中项目实训，并辅以短期校外实训基地实训，实训内容更主要包括模拟导游实训、客房服务实训、餐饮服务实训和旅游呼叫服务实训等内容。

序号	集中实训课程	学期	学时	所在周	教学实践内容、要求	实践地点	考核方式
1	模拟导游	3	54	4~16	模拟对客人讲解	导游讲解实训室	项目操作
2	活动策划与实务	5	72	3~16	老、中、青、少个性化游客的接待策划	酒店客房实训室	项目操作
3	餐饮服务与管理	5	72	3~16	中西餐摆台 托盘运用 分菜 宴会设计	酒店餐厅实训室	项目操作
4	旅游呼叫服务	5	72	3~16	旅游呼叫系统操作 模拟对客服务 投诉处理	呼叫中心实训室	项目操作

（二）高职阶段课程

1. 公共基础课

序号	课程名称	主要教学内容和要求	参考学时
1	毛泽东思想和中国特色社会主义体系概论	教学内容：本课程是以中国化的马克思主义为主题，以马克思主义中国化为主线，以中国特色社会主义为重点，着重讲授中国共产党将马克思主义基本原理与中国实际相结合的历史进程，以及马克思主义中国化两大理论成果即毛泽东思想和中国特色社会主义理论体系等相关内容。 教学目标：培养学生运用马克思主义基本原理分析和解决实际问题的能力，坚定在党的领导下走中国特色社会主义道路的理想信念，增强投身到我国社会主义现代化建设中的自觉性、主动性和创造性。	76
2	思想道德修养与法律基础	教学内容：追求远大理想、坚定崇高信念、继承爱国传统、弘扬中国精神、领悟人生真谛、创造人生价值、学习道德理论，注重道德实践、领会法律精神、理解法律体系、树立法治理念，维护法律权威。 教学目标：系统学习人生观、价值观理论，引导学生深入思考有关人生是什么、人生意义是什么等基本问题，领悟人生真谛、树立正确的人生观，积极投身人生实践，创造有价值的人生。了解社会主义道德基本理论、中华民族优良道德传统、社会主义荣辱观、公共生活中道德与法律规范。	54
3	形势与政策	教学内容：形势与政策教育的内容包含形势与政策两部分内容。形势是国际和国内社会政治和经济发展的状况和态势，政策是党和国家为实现一定时期的目标和任务而制定的行为准则。 教学目标：帮助学生全面正确地认识党和国家面临的形势和任务，及时了解国际国内发生的重大事件，正确判断，精准分析，辨别是非，拥护党的路线、方针和政策，增强拥护改革开放和实现社会主义现代化建设宏伟目标的信心和社会责任感。	18
4	大学生职业发展与就业指导	教学内容：本课程主要讲解大学生就业形势与政策，指导大学生求职技巧和能力储备，讲解就业法规政策和权益保护。 教学目标：为学生毕业之后的就业及学生在未来职业生涯中将遇到的实际问题和职业困惑提供一定的指导。	18

续表

序号	课程名称	主要教学内容和要求	参考学时
5	计算机应用基础	教学内容：计算机基本操作； OFFICE应用软件使用；关系数据库的基本使用方法；计算机网络操作与网络信息检索方法。 教学目标：使学生了解掌握四个领域（即计算机系统平台、计算机程序设计基础、数据分析与信息处理、信息系统开发）的概念性基础层次的内容，以及计算机系统与平台领域的大多数内容。重点掌握四个方面的应用技能。	36
6	实用应用文写作	教学内容：应用写作基础，行政公文写作等常用应用文写作训练。 教学目标：使学生掌握旅游应用文书的写作规律和方法技巧，提高学生实际写作的能力，以适应未来工作的需要。	36
7	体育	教学内容：本课程全面讲授了体育运动与健康的基本理论知识，如体育运动对人体生理和心理活动的影响、运动损伤的预防与处理、一些常见疾病的预防、运动处方的制定等，并对一些基本的体育技能作了详尽的描述。 教学目标：使学生在了解基本理论的基础上，能科学地进行体育锻炼，提高自己的运动能力，掌握常见运动创伤的处置方法。	108
8	大学英语	教学内容：本课程以外语教学理论为指导，以英语语言知识和应用技能、跨文化交际和学习策略为主要内容，并集多种教学模式和教学手段为一体的教学体系。 教学目标：培养学生的英语综合应用能力，特别是听说能力，使他们能够在今后的工作、生活和社会交往中能用英语进行有效的交流，同时增强其自主学习的能力，提高综合文化素养，以适应我国社会发展和国际交流的需要。	216

2. 专业课

（1）核心专业课

序号	课程名称	主要教学内容和要求	参考学时
1	酒店管理概论	教学内容：饭店管理的基本概念、原理和发展历史与趋势，以及围绕饭店服务质量管理、饭店市场营销、饭店人力资源管理与饭店物质设备管理四大模块展开的基于饭店管理工作过程系统化的课程体系教学。 教学目标：使学生能够做到理论联系实际，学会提出问题、分析问题和提高解决实际问题的能力。把学科理论的学习融入对旅游管理活动实践的研究和认识之中，切实提高实践能力。	72
2	导游实务原理	教学内容：导游服务程序、导游服务技能、特殊问题的处理以及导游服务的其他相关知识。 教学目标：掌握导游的基础知识、团队导游和散客导游的工作程序、全陪导游和地陪导游的工作职责、导游的带团技能、导游的语言技能以及导游的讲解技能等，为学生将来从事导游工作奠定基础。	72
3	旅行社运营管理	教学内容：旅行社的性质、基本业务；旅游市场需求与供给的基本规律；产品设计、市场开发、旅游服务及其财务等的有效管理。 教学目标：使学生能够做到理论联系实际，学会提出问题、分析问题和提高解决实际问题的能力。把学科理论的学习融入对旅游管理活动实践的研究和认识之中，切实提高实践能力。	72

续表

序号	课程名称	主要教学内容和要求	参考学时
4	景区管理实务	教学内容：景区的资源管理、项目管理、游客体验管理、标准化管理、营销管理等，主要介绍景区经营管理的基本规律和管理方法，以及景区经营与管理的理论素养和操作技能。 教学目标：了解景区经营与管理的相关概念；了解景区经营与管理的相关理论体系；熟悉并掌握景区经营与管理的规律与方法；为以后从事景区经营与管理实践活动打下基础。	36

（2）专业（技能）方向课

专业（技能）方向1：导游（讲解）服务方向

序号	课程名称	主要教学内容和要求	参考学时
1	导游基础知识	教学内容：包括中国简史、中国特产、中国民俗、中国旅游资源布局等。	72
2	导游服务技能	教学内容：口头语言表达技巧、态势语言技巧、讲解技巧、讲解礼仪、导游词撰写。 教学目标：掌握讲解的基本技能，熟悉导游讲解注意事项，熟悉导游讲解礼仪，达到基本独立讲解操作的能力。	72

专业（技能）方向2：酒店服务方向

序号	课程名称	主要教学内容和要求	参考学时
1	酒店管理概论	教学内容：包括酒店各运营部门和行政部门的名称、职责、地位。 教学目标：熟悉酒店部门的类型，熟悉酒店各部门的工作职责，掌握酒店运营中组织、沟通协调、解决问题等能力。	72
2	旅游情境英语	教学内容：世界旅游组织、各国民俗、中国历史遗迹、旅游质量的衡量标准、中国菜系的基本特点、旅游服务。 教学目标：结合学生毕业后的工作实际要求，力求向学生提供未来工作岗位所需要的专业英语知识和技能，培养学生的专业英语交际能力，课程力求做到基础与专业完美结合、知识与技能有机结合，介绍国际旅游新动态，全面提高学生旅游英语综合应用能力，培养跨世纪专业人才。	72

专业（技能）方向3：旅游策划方向

序号	课程名称	主要教学内容和要求	参考学时
1	旅游产品策划	教学内容：策划原理；传统旅游产品的策划与营销；主题（特色）旅游产品的策划与营销。 教学目标：具备一定的信息搜索和Word、Excel处理能力；熟悉旅游产品的策划与营销的方法和流程，能独立完成具体项目主题产品的设计和营销方案；具备一定的审美水平；能运用逻辑性较强的语言阐述旅游产品策划与营销的理念。	36

续表

序号	课程名称	主要教学内容和要求	参考学时
2	旅游线路规划设计	教学内容：旅游线路设计要素的评价与选择；旅游线路目标市场的需求分析；旅游线路方案的评价与选择等内容。 教学目标：了解旅游线路设计者的必备素质，掌握旅游线路的概念、类型，旅游线路设计的原则，熟悉旅游资源、旅游设施、旅游服务、旅游线路的特点等基本知识及掌握旅游线路市场调研的方法，以及旅游线路设计的方法。	36

专业（技能）方向4：旅游电商运营方向

序号	课程名称	主要教学内容和要求	参考学时
1	旅游电子商务	教学内容：旅游电子商务技术基础、旅游目的地营销系统、旅游电子商务市场渠道与电子分销系统、旅游企业信息化应用实务等。 教学目标：掌握接待的技巧；具备对客介绍与销售旅行社产品的能力；对各种信息及时处理与更新及售后服务。	36
2	多媒体信息技术应用	教学内容：多媒体技术的基本概念、特征、主要应用领域以及多媒体技术的发展历史与发展趋势；多媒体信息数字化的基本原理；声音数字化方法以及音频信息采集原理及其编辑、加工的技术方法；计算机动画技术的基本原理与动画制作方法；以及多媒体信息集成等内容。 教学目标：了解多媒体技术的应用领域及其发展；掌握图形、图像、声音和动画、视频等多种多媒体技术的应用技术和方法；熟悉多媒体技术在旅游方面的应用。	36

专业（技能）方向5：旅行社计调方向

序号	课程名称	主要教学内容和要求	参考学时
1	OP操作实务	教学内容：包括计调工作职责、计调业务能力要求、计调操作流程、计调应变问题处理。 教学目标：掌握计调工作的流程，熟悉计调工作过程中遇到问题的处理，熟悉计调工作职责。	36
2	旅游线路规划设计	教学内容：旅游线路设计要素的评价与选择；旅游线路目标市场的需求分析；旅游线路方案的评价与选择等内容。 教学目标：了解旅游线路设计者的必备素质，掌握旅游线路的概念、类型，旅游线路设计的原则，熟悉旅游资源、旅游设施、旅游服务、旅游线路的特点等基本知识及掌握旅游线路市场调研的方法，以及旅游线路设计的方法。	72

（3）实习实训

根据各学期专业方向技能课程的培养，高职阶段的实习实训主要分布在各个学期以小组竞赛、项目操作、实地演练等方式进行，实训内容主要包括旅游线路策划、模拟景区经营、旅游轰动策划、景观制图设计和前厅运营服务。

序号	集中实训课程	学期	学时	所在周	教学实践内容、要求	实践地点	考核方式
1	旅游线路策划	7	54	4~16	模拟各类旅游线路规划设计	旅游综合实训室	项目操作
2	ERP沙盘模拟经营	8	54	5~10	模拟景区运作	电子商务沙盘模拟实训室	小组竞赛
3	旅游活动策划	8	72	3~16	旅游节庆活动策划	旅游策划实训室	项目操作
4	OP操作	7	72	3~16	园林景观制图	旅游规划实训室	项目操作
5	酒店服务技能	7	72	3~16	前厅入住系统操作、模拟各部门对客服务	酒店综合实训室	项目操作

（4）顶岗实习

顶岗实习分两个阶段安排。第一个阶段安排在中职阶段第6学期，为期半年，对直接就业不参加转段的学生。第二个阶段安排在高职阶段的第10学期，为期半年。

顶岗实习主要分布在校外实习实训基地，顶岗实习内容主要包括旅行社导游岗位、旅游计调岗位；旅行社接待岗；酒店各运营岗位；景区游客服务中心、游客咨询公司、景区讲解岗位、旅游企业市场营销部等岗位实习；旅游景区策划部；旅游电子商务企业呼叫中心和旅游产品策划岗位实习，顶岗实习涵盖了目前四个常见旅游业态的服务和基层管理岗位。

名称	典型工作任务	能力要求
导游员（讲解员）	接待 行程安排 景点讲解 酒店入住办理 沟通协调 突发事故处理	1.掌握导游基础知识； 2.掌握接待旅游团技能； 3.熟悉景区讲解、旅游接待、客服技能； 4.掌握出入境手续的办理技能。
计调	旅游线路设计 旅行社产品定价 旅行社产品销售 旅行社采购 旅行社接待	1.具备线路设计能力； 2.具备旅行社产品定价、市场调研能力； 3.具备产品销售、旅行社内部资源调配能力； 4.良好的组织沟通、突发事件处理能力。
旅行社服务网点接待	接待咨询 产品销售	1.掌握接待的技巧； 2.具备对客销售旅行社产品的能力； 3.具备信息处理和产品售后服务。
客房预订	预订服务 客房销售	1.能掌握客情预测方法； 2.能按照礼仪规范接挂电话； 3.能熟练受理与婉拒预订； 4.能建立和维护客户资料。

续表

名称	典型工作任务	能力要求
总台接待	接待服务与管理 问讯服务与管理 掌握信用卡、旅行支票、外币兑换等金融知识 熟悉护照、身份证的辨识	1.掌握接待礼仪； 2.掌握客房销售技巧； 3.熟悉预订资料查询； 4.熟练操作入住登记系统； 5.熟练办理团队（散客）入住登记和退房手续。
礼宾服务	行李服务 代办服务 咨询服务	1.掌握一般客户和VIP客人的迎宾礼仪； 2.了解"委托代办"服务的注意事项； 3.熟练采集对客服务信息。
总机服务	应接服务 叫醒服务 电话转接 转达留言	1.熟练操作电话交换机接挂电话； 2.熟练掌握标准业务用语； 3.准确转达留言； 4.受理并提供叫醒服务； 5.提供信息查询服务。
房务中心服务	接待服务 管家服务 叫早服务	1.有效管理客房物资； 2.正确处理损坏客房用品的赔偿事宜； 3.掌握对客服务礼仪。
餐饮服务	餐台布置 迎送服务 菜品销售 酒水销售 菜单设计 宴会预订	1.掌握托盘技巧； 2.掌握餐巾折花技巧； 3.掌握促销菜点、酒水技巧； 4.掌握席间服务、餐后结账的技巧。
会议服务	会场布置 座席安排 茶水服务	1.掌握不同会议类型的布置； 2.熟悉音响、投影等会议设备使用方法； 3.熟练进行迎宾服务。
旅游策划	新产品策划 节庆策划 活动项目策划	1.策划方案的设计； 2.市场调研与分析。
旅游电子商务企业客服	产品销售 接受投诉 售后服务	1.熟练计算机操作能力； 2.投诉处理技巧； 3.产品销售技巧； 4.信息处理汇总能力。

十、教学时间与进程安排

课程类别		序号	课程名称	学分	总学时	各学期课时分配（节/周）										备注说明
						第一学年		第二学年		第三学年		第四学年		第五学年		
						一	二	三	四	五	六	七	八	九	十	
公共基础课程	公共必修课	1	职业生涯规划	2	36	2										
		2	职业道德与法律	2	36	2										
		3	经济政治与社会	2	36		2									

续表

课程类别		序号	课程名称	学分	总学时	各学期课时分配（节/周）										备注说明
						第一学年		第二学年		第三学年		第四学年		第五学年		
						一	二	三	四	五	六	七	八	九	十	
公共基础课程	公共必修课	4	哲学与人生	2	36		2									
		5	历史	2	72	2	2									
		6	语文	4	288	4	4	4	4							
		7	数学	4	288	4	4	4	4							
		8	英语	4	288	4	4	4	4							
		9	计算机应用基础	2	144	2	2	2	2							
		10	体育与健康	4	144	2	2	2	2							
		11	毛泽东思想、邓小平理论和"三个代表"重要思想概论	2	76							2	2			
		12	思想道德修养与法律基础	2	54							2	1			
		13	形势与政策	1	18								1			
		14	大学生职业发展与就业指导	1	18									1		
		15	军事理论	1	18	0.5						0.5				
		16	大学英语	4	216							4	4	4		
		17	计算机应用基础（高职）	1	36							1	1			
		18	实用应用文写作	1	36									2		
		19	体育	2	108							2	2	2		
		20	形体艺术	2	108							2	2	2		
			课时小计	45	2056	22.5	22	16	16			13.5	13	11	0	
	公共选修课	1	普通话应用基础	1	36	1										
		2	礼节礼仪（旅游接待礼仪）	1	72	2						2				
		3	语言艺术	1	18							1				
		4	心理健康教育	2	36							2				
			音乐欣赏	2	72					2				2		
			课时小计	7	234	3	0	0	0	2	0	4	0	2	0	
			公共基础课时合计	52	2290											

续表

课程类别		序号	课程名称	学分	总学时	各学期课时分配（节/周）										备注说明
						第一学年		第二学年		第三学年		第四学年		第五学年		
						一	二	三	四	五	六	七	八	九	十	
专业课程	核心专业课	1	餐饮服务	2	72			2	2							
		2	客房服务	2	72					2	2					
		3	导游业务	2	72			2	2							
		4	旅行社业务	2	72					2	2					
		5	酒店管理概论	2	72							4				
		6	导游实务原理	2	72							2	2			
		7	旅行社运营管理	2	72							2	2			
		8	景区管理实务	2	72							2	2			
		9	酒水与酒吧管理	1	36					2						
			课时小计	17	612	0	0	4	6	6	4	10	4	0	0	
	餐饮服务方向课程	1	餐饮技能	2	36								2			
		2	酒店情景英语	2	72								2	2		
			课时小计	4	108								2	4		
	客房服务方向课程	1	客房技能	2	36								2			
			课时小计	2	36								2			
	导游服务方向课程	1	导游基础知识	2	72							4	2			
		2	导游服务技能	2	72							2	2	2		
			课时小计	4	144							6	4	2		
	呼叫服务方向课程	1	旅游服务网点接待	1	18									1		
			课时小计	1	18									1		
	前厅服务方向课程	1	前厅运营与管理	2	36							2	2			
		2	旅游情境英语	2	72							2	2	2		
			课时小计	4	108							4	4	2		

续表

课程类别		序号	课程名称	学分	总学时	各学期课时分配（节/周）										备注说明
						第一学年		第二学年		第三学年		第四学年		第五学年		
						一	二	三	四	五	六	七	八	九	十	
专业课程	旅游策划方向课程	1	旅游线路规划与设计	2	36									2		
		2	旅游产品策划	2	36								2			
			课时小计	4	72								2	2		
	旅游规划方向课程	1	旅游规划与设计	2	72							2	2			
		2	景观规划制图	1	72							2	2			
			课时小计	3	144							2	4	2		
	旅游电商运营方向课程	1	旅游电子商务	2	36							2				
		2	多媒体信息技术应用	1	36							2				
			课时小计	3	72							4				
	专业基础课	1	旅游学概论	2	36							2				
		2	旅游心理学	2	36							2				
		3	中国旅游地理	2	72									2	2	
		4	形体训练	2	72									2	2	
		5	客源国概况	2	36									2		
		6	中国饮食文化	1	18								1			
		7	旅游市场营销	2	36							2	2			
		8	旅游环境保护	1	18									1		
			小计	14	324	0	0	0	0	0	0	6	7	7		
	实习实训	1	综合实训	4	288					4	4			4	4	
		2	顶岗实习	6	300						1200				1200	
			小计	10	588					1	1	1200		1	1	1200
			专业课时合计	49	2514											
			总计	118	4804											

编写说明：1. 每学年为 52 周，其中教学时间 40 周（含复习考试），假期累计 12 周，五年制中高职衔接总学时约为 4500~5000 学时。实行学分制的学校，一般 16~18 学时计为 1 个学分，五年制中高职衔接总学分一般不少于 250 分，军事理论与训练、社会实践、入学教育、毕业教育等活动，以 1 周为 1 学分。

2. 在严格遵守国家关于公共基础课程必修要求的基础上，允许不同专业根据行业人才培养的实际需要在规定的范围内适当调整。顶岗实习累计时间原则上以半年为主，一般可集中安排在高职阶段最后一学期。选修课程的教学时数占总学时的比例应不少于 10%，实践性教学环节学时数原则上应达到总学时的 50%。

3. 中职阶段第三学年第六学期对于未达到高职转段要求或不再参加高职阶段的学生，可安排顶岗实习（表中不再单独列出）。

十一、教学基本条件

（一）师资条件

本专业建设需要一支师德高尚、数量适度、专兼结合、任职资格事宜的师资队伍。

1. 中职阶段

（1）校内专职教师要求

参照《中等职业学校设置标准》，师生比不低于 1∶20，专任教师中，具有高级专业技术职务人数不低于 20%，双师型教师不低于 30%。

（2）企业兼职教师要求

参照《中等职业学校设置标准》要求，聘请有实践经验的兼职教师应占专任教师总数的 20% 左右。本专业兼职教师应来源于企业一线的技术能手及能工巧匠，必须在相关岗位工作两年以上，拥有丰富的实践工作经验，能够带来旅游行业的新理念、新知识、新技术、新工艺、新标准。对兼职教师按照学院正规教师进行管理，全程参与专业人才培养方案的制订、实施、修订，以及专业建设、课程建设、实践教学等教学活动。

2. 高职阶段

（1）校内专职教师要求

参照《高等职业院校人才培养工作评估方案》和《高等职业学校设置标准》，师生比不低于 1∶18，本专业至少配备副高级专业技术职务以上的本专业的"双师型"专任教师 2 人，每门主要专业技能课程至少配备相关专业中级技术职务以上的专任教师 2 人。

（2）企业兼职教师要求

本专业兼职教师来源于企业一线的业务专家、高管及能工巧匠，必须在相关岗位工作两年以上，拥有丰富的实践工作经验和理论知识，能够带来旅游行业的新理念、新知识、新技术、新工艺、新标准。对兼职教师按照学院正规教师进行管理，全程参与专业人才培养方案的制订、实施、修订，以及专业建设、课程建设、实践教学等教学活动。

（二）实习实训条件

1. 校内实训室

校内综合实训基地以主要培养具备高素质的应用型人才为目标，使学生掌握贴近岗位需求的技能，为今后工作打下良好基础，按 50 人为自然班，具体配置要求如下：

中职段实训室要求

序号	实训室名称	主要工具和设施设备		
		名称	规格	数量（台/套）
1	模拟导游实训室	模拟导游一体化设备	地方代表性景点数据库、主控台、环幕播放系统、训练考试系统	1
2	房务实训室	客房用床 床上用品	酒店标准间配置	10
		吸尘器	一线品牌	2
		地毯清洁机、抛光机	一线品牌	各2
3	餐饮实训室	中餐用品	一线品牌	5
		西餐用品	一线品牌	5
		酒水	一线品牌	—
4	前厅服务实训室	接待实训设备	一线品牌	1
		结算实训设备	一线品牌	1
		预订实训设备	一线品牌	1
5	礼仪实训室	更衣柜	一线品牌	1
		把杆 墙面镜	一线品牌	4×5
		化妆台	一线品牌	1
		多媒体系统	一线品牌	1

高职段实训室要求

序号	实训室名称	名称	规格	数量（台/套）
1	旅游策划实训室	策划台	一线品牌	10
		投影仪	一线品牌	2
		计算机	一线品牌	50
2	旅游信息管理实训室	计算机	一线品牌	50
		旅行社操作系统	一线品牌	1
		酒店管理系统	一线品牌	1
		餐饮管理系统	一线品牌	1
		多媒体系统	一线品牌	1

续表

3	微格实训室	微格录像控制机 微格评课系统 广播对讲系统 数字电源控制器 高清微格视频数字处理平台 操作台 液晶显示器（12）		1
4	模拟讲解实训室	模拟导游一体化设备	地方代表性景点数据库、主控台、环幕播放系统、训练考试系统	1

2.校外实训基地

校外实训实习基地必须具备能够满足专业实践教学和技能训练要求，满足校企双赢和满足学生顶岗实训半年以上的生产性校外实训基地。学生通过顶岗实习可以了解服务流程，初步掌握岗位技能，了解管理和运营的基本知识。

（1）旅行社、导游公司、旅行社服务网点。该类实训基地为学生提供了解旅行社操作流程，掌握导游服务过程。要求：旅行社具有国内和国际旅游服务经营资质的各2家以上旅行社。

（2）酒店。该类实训基地供学生实地了解酒店运营部门工作流程，以及掌握酒店服务技能。要求：酒店达到四星级以上标准；酒店无不良记录；旅游类酒店，常年有团队和散客入住；2家以上。

（3）景区（博物馆、纪念馆）。该类实训基地为学生提供实地了解讲解服务程序、项目策划流程、接待服务流程，锻炼学生讲解能力，并开展实地讲解、接待、项目策划等工作。要求：景区为4A级以上标准；景区资源具有代表性；景区无不良记录；2家以上。

（4）旅游电子商务企业。该类实训基地为学生提供实地了解呼叫中心流程、产品策划流程，锻炼学生的应急处理能力，并开展对客服务、产品策划等工作。要求：旅游电子商务企业无不良记录、实力进入全国20强；2家以上。

十二、教学实施建议

（一）教学要求

教学组织形式要突出"以学生为中心"，根据课程具体特点，主要实施任务驱动的项目教学，调动学生的参与意识，教师的课堂驾驭能力得到加强。学生的团队合作意识也在小组合作完成任务，任务展示过程中得到加强。

在教学方法和手段上，充分利用多媒体等现代化教学手段和校内实训设施，采用浸入式教学、互动式教学、实景教学、案例教学等多种手段和方法提高教学效果。

（二）教学管理

管理制度上，应针对不同层次、不同类型的学生特点和不同项目的目标要求，细化实施办法和组织方式，引导学生选择好学习项目和内容，有效提高个人能力。

在教学环节上，要考虑多层次、多种类、多角度的组合方式，充分利用优质资源，促进创新能力的培养和个性化学习的需要。

实施过程中，要充分体现教学管理新理念，着力新人才培养，理解人、尊重人的人本精神，有效提高管理效能。

总之,我们的教学管理须从以教材、教师、教室为中心的传统封闭式管理模式,向开放综合的信息化管理模式转变,从传统的知识教育转变为方法教育,从传授知识转变为注重培养创新能力,培养出基础知识扎实,专业面宽,富于应变能力,适应性强的技术型人才。

(三) 教学评价

强调对学生的实践动手能力、团队协作精神、职业道德修养、创业能力等方面的培养。学生评价内容应涵盖"知识、能力和素质"为核心,三者兼顾,没有主次之分。

十三、转段考核与毕业要求

转段考核分为课程考核和直接转段升学两种情况,其中课程考核分为三个环节:

(一) 课程考试

转段考核明确指定前段部分核心课程作为考试课程,重点考查学生文化基础素质、专业基础理论和专业核心技能的掌握情况,课程考试成绩占到总成绩的60%,凸显职业教育专业和技术技能特质,为后段学校技术技能人才系统培养奠定坚实基础。

(二) 过程考核

转段考核应加强过程性考核,重点考核学生学习期间各类主要课程的掌握情况,课程考试成绩占到总成绩的40%。人才培养方案中各门课程均应明确为达到合格以上要求,获得规定学分;部分核心课程可要求达到良好。

(三) 综合评价

分段培养在前段学习结束后、转入后续阶段学习前,必须对课程考试、过程考核均合格的学生进行综合评价。综合评价形式由各参与学校共同商定。主要评价学生在校期间的德育成绩、专业综合能力和社会实践能力。经综合评价合格的学生方可转入后续阶段的学习。

(四) 直接转段升学情况

学生在校期间参加全国及全省职业院校技能大赛成绩优异的(获国赛三等奖、省赛二等奖及以上),且德育成绩合格,经各省、区、直辖市教育厅核实无误后,可直接转段升学。

学生完成中职阶段学业经学校考核合格后,统一颁发中职毕业证书。获得相应证书后,方能参与转段录取。经综合测试转入高职阶段学习的学生,完成规定学业经学校考核合格后,对中职学校转入高职阶段学习的学生由学校统一颁发专科毕业证书。转入高职阶段学习的学生,按照国家有关规定注册学籍,接受按培养方案要求进行的对口贯通培养,获得相应的学业证书,不得转学、转专业,除此之外,享受统一高考录取高职学生的相同待遇。